SC

PIERO COLAPRICO

SOȚIA CAMPIONULUI

editura rao

Descrierea CIP a Bibliotecii Naţionale a României
COLAPRICO, PIERO
Soţia campionului / Piero Colaprico; trad. Cerasela Barbone. - Bucureşti: Editura RAO, 2010
ISBN 978-606-8251-08-0

I. Barbone, Cerasela (trad.)

821.131.1-31=135.1

Editura RAO
Grupul Editorial RAO
Str. Turda 117–119, Bucureşti, România
www.raobooks.com
www.rao.ro

PIERO COLAPRICO
La donna del campione

Traducere din limba italiană
CERASELA BARBONE

2010

ISBN 978-606-8251-08-0

I

Profesiile din oraşul M.

Consultantul

Poliţistul

Killerul

1

Corrado Genito oprise casetofonul în momentul în care corul de tenori se tânguia, cu o determinare feroce, spre cine ştie care Dumnezeu. Mai mult decât un recviem, părea un protest public. Muzica contemporană poate că devenise puţin prea contemporană chiar şi pentru unul ca el, „îmbibat de modernitate“, aşa cum se lăuda că este. Se duse să deschidă uşa blindată a agenţiei lui de consultanţă de securitate. Nu avea nici cea mai mică dorinţă să o accepte pe Maretta Zara drept clientă. Dar nu putuse refuza să o primească.

Soţul ei, Elvio Bomber Wolfson, fusese răpit. Interesul pentru caz se înălţase până la stele când, pentru a-l face să revină acasă şi în Formula 1, familia primise o cerere de răscumpărare demnă de bugetul unui stat din Lumea a Treia.

Genito frunzărise articolele ce tratau despre eveniment, până când înţelesese că, în ciuda titlurilor de-o şchioapă, ştiri adevărate nu mai apăreau. Precauţia îl sfătuia să se ţină departe de interesele Procuraturii. Şi apoi, ca să o spunem pe şleau, cu toată curiozitatea, dacă ar fi depins de el, nici măcar n-ar fi primit-o pe doamna în taior roşu. Ar fi lăsat-o dincolo de uşa blindată şi ar fi urmărit-o cu camerele de supraveghere. Cu cât se ţinea mai departe de reflectoare, cu atât era mai bine. În ultimii ani – prudenţi pentru el şi agitaţi pentru ceilalţi –, acesta devenise mottoul lui Genito.

În schimb, iat-o aici.

Maretta îl privise pătrunzător pe proprietarul agenţiei. De parcă i-ar fi putut citi gândurile. Dificil. CV-ul detectivului atesta două decenii de simulări foarte reuşite, iar el, la rândul său, studia trăsăturile feţei şi hainele doamnei Zara. „Are nişte ochi înşelători, asta e o vrăjitoare“, îşi spuse Genito.

Apăruse dezbrăcată de sărbătoare, într-un taior scurt şi indecent. La încheietură, purta cu ostentaţie un ceas cu brăţara bătută cu rubine şi cadranul, tot roşu, cu intarsii de coral. La gât, un fel de zgardă de doberman, cu câteva sute de grame de pietre lucioase. Părul, blond şi ciufulit, era tuns scurt. La cincisprezece ani, spuneau biografiile, câştigase titlul de Miss Sorriso[1]. Acum, chiar dacă îşi muşca uşor buzele în formă de inimă cu dinţii puţin disproporţionaţi, se înţelegea că timpul zâmbetelor se terminase. Dar femei ca ea, obişnuite să fie foarte frumoase încă din adolescenţă, au încredere în eternitatea emoţiilor pe care le stârnesc.

Minunatul ei însoţitor, o fiinţă subumană, bronzată, de formă pătrată, rotindu-se ca să-i ofere braţul pentru sprijin, lăsase vederii o coadă împletită, de un blond pai. Şi masa de păr se gudurase la autoritarul: „Manu, aşteaptă-mă jos“, abia şoptit de stăpâna care, întinzând mâna către detectiv şi strângându-i-o atât de viguros că părea drogată, se aşezase pe scaunul rezervat unui singur

[1] Miss Zâmbet

musafir. Pentru că foarte rar în interiorul CIA, sau agenția Cotonifici Italiani Associati[1], nume de acoperire al agenției fostului căpitan de carabinieri, Corrado Genito, stăteau mai mult de două persoane. Nu trebuia să existe martori la anumite discuții.

După ce-l examină, Maretta nu făcu nici o introducere:

– Pot să întreb ce știți în legătură cu răpirea soțului meu? spuse.

Detectivul particular știa, mai mult sau mai puțin:

– Ceea ce știu toți, răspunse.

Până la răpire, cariera lui Elvio și cea a Marettei fuseseră o lectură foarte urmărită de presa de scandal. Primul nu era doar unul dintre sportivii internaționali cei mai faimoși, dar și unicul fiu al unui magnat din construcții și președinte al SuperM., a treia mare echipă de fotbal a orașului, Fulvio Helmut Wolfson, antreprenor cu multe interese – și susținător financiar al Dreptei. Dacă Elvio nu ar fi avut un accident de motocicletă la douăzeci și unu de ani, când juca în Serie A și i se spunea noul Platini, ar fi devenit un mare fotbalist. Însă, cu femururile zdrobite în câteva bucăți, își luase adio de la stadioane și, fără văicăreli, se dusese în Statele Unite unde, pentru o vreme, negociase cu marile societăți de fotbal american. Apoi își inventase meseria de organizator pugilistic și, în fine, își găsise calea, adică circuitul: viteza mare, monopostul, carcasele sau fabricarea cauciucurilor nu aveau secrete pentru el. Devenise „genialul director tehnic", schimbase trei echipe în trei ani, triplându-și de fiecare dată câștigurile.

---

[1] Asociația țesătoriilor de bumbac italiene

Se distra printre concursuri şi fete de pe copertele revistelor, până când înflorise povestea modernă, cu bani şi sex în loc de broscoi şi scufiţe roşii, putere şi *glamour* în loc de mere otrăvite şi pantofiori de cristal, când el şi Maretta, o fată splendidă cu obiceiuri nu prea clare şi dintr-o familie dubioasă, hotărâseră să se căsătorească.

Desigur, culmea popularităţii Marettei fusese atinsă graţie unui filmuleţ porno făcut de un fost iubit, nicidecum resemnat din cauza abandonului, şi postat pe internet în ajunul nunţii secolului. Şi Genito îl văzuse, de mai multe ori. Era ea, sărăcuţa, care pentru a-l satisface pe individul ăla, proprietar de discoteci şi de restaurante, improviza un striptease şi apoi se aşeza în patru labe în faţa camerei, mergând de-a buşilea pentru a se aranja mai bine, iar el, cu o cămaşă albastră şi pulpe costelive, chelălăia în urma ei şi se înţelegea foarte bine că nu era şi n-ar fi fost niciodată un campion în aşternuturi. Maretta şi efortul pe care-l făcea ca să-i aprindă simţurile acelui maniac meritau însă cele douăsprezece minute ale filmuleţului.

Cu sau fără film, căsătoria se celebrase, oricum, într-o biserică din Brianza. Urmată de o trataţie pentru opt sute de invitaţi, cu campioni, staruri rock, prinţi cu sânge regal, modele şi industriaşi. După acea binecuvântare globală, orice zvon despre trecutul ei se stinsese, ea fiind, cel mult, o prezenţă implicită în talk-show-urile în care era adesea invitată. Era o fată care ar fi putut s-o sfârşească prost dacă n-ar fi redresat direcţia, dar reuşise, transformându-şi bărcuţa vieţii într-un iaht.

O demonstrau coperte, programe, petreceri, jet-set-uri internaţionale, o pecete „made in Italy" citată de mai multe ori în discursurile politicienilor şi ale

Confindustriei[1]. Până când Elvio Wolfson, „numărul unu al Formulei 1", fusese răpit. Dispărut. Luminile roz ale presei de scandal se stinseseră brusc, lăsând locul girofarurilor albastre ale poliției.

Fuseseră scrise pagini întregi despre posibilul amestesc al boșilor pariurilor clandestine. Apoi fusese lansată ipoteza unei fugi din dragoste, în străinătate, cu un model venezuelean, devenită un star datorită unui calendar – și recomandărilor amantului ei, un bos din Alcamo cu interese în satele turistice. Se compilau intrigi despre neînțelegerile din interiorul puternicei și dubioasei familii. Unul dintre aștrii jurnaliști, care se nasc o dată la doi ani, se lansase în mai multe articole de anchetă asupra posibilei pierderi a memoriei provocate de un medicament interzis, dar folosit de piloții echipei. Și câteva săptămânale legaseră dispariția lui Elvio de inițiativele edilitare ale tatălui Fulvio, un om care semănase ranchiună pretutindeni. Protejat de anonimat, un nobil lombard povestise jurnaliștilor despre ciudata moarte a doi bogătași, după refuzul lor de a-și vinde terenurile familiei Wolfson. Unul fusese omorât în timpul unui jaf într-un bar, altul fusese accidentat de o mașină pirat și al treilea ar fi putut fi el, „cel păcălit", cum se autodefinea.

Ziare, telejurnale, ediții speciale televizate, dimineața, după-amiaza, seara, noaptea sufocaseră cu informații Italia, inundaseră jumătate din Europa bunăstării și a vitezei, presărând *news* până și în depărtatul Irak. Toate rubricile europene de Dispăruți îi dedicaseră articole

---

[1] Confederazione Generale dell'Industria Italiana – Confederația Generală a Industriei Italiene

întregi lui Elvio Wolfson. Ba chiar fusese realizată o emisiune cotidiană intitulată *Wolf Wanted Elvio*. Când, după ce câştigase ultimul Campionat Mondial al Constructorilor[1], acel bărbat tânăr, bogat, frumos şi foarte faimos dispăruse, durerea familiei, teama, frenezia derutată a investigatorilor, fără piste reale la îndemână, deveniseră un infinit spectacol tragic.

Articolele insistau fără încetare. Nu renunţaseră nici o clipă la caz. Reparcurgeau, pas cu pas, ancheta. Se ştia doar că în ceea ce toţi denumeau deja Ziua X, considerată ca fiind ziua răpirii, Elvio Wolfson parcă se dizolvase în eter. Într-un răstimp cuprins între ora 11.00, când plecase din librăria Feltrinelli în Piaţa Piemonte împânzită de mii de fani care voiau să obţină un autograf pe primul său roman, intitulat *Soţia campionului*, şi ora 19.00, ora întâlnirii prevăzute cu primarul împreună cu echipa de mecanici. Tocmai fuseseră sponsorizaţi de o marcă de *haute couture* din oraşul M., ai cărei stilişti se inspiraseră din povestea filmuluir *Războiul Stelelor*. Dar ceva – o misterioasă necunoscută – oprise parcursul. A identifica acest „ceva" era o altă discuţie: o discuţie imposibilă.

Nimeni nu-l văzuse, sau cel puţin aceasta era versiunea oficială a Procuraturii. Şi totuşi era vorba de una dintre cele mai fotografiate feţe din lume. Părul lung, purtat adesea cu bentiţă, în loc să-i dea un aer feminin, îi întărea trăsăturile feţei, fruntea înaltă şi plată. Ochii puţin cam mici, dar dispuşi ironic, în contrast cu expresia concentrată şi destul de amară a gurii. Faţa aceasta trăia

[1] Formula One World Constructors' Championship

în filme video, în fotografii, în telejurnale, pe internet, şi totuşi fusese ştearsă din realitate.

Zero absolut până când sosise, pe neaşteptate, cererea de răscumpărare. O scrisoare scrisă cu şablonul de litere. Fără nici o amprentă, nici un fir de păr, nici un pic de salivă. Împreună cu scrisoarea, trimisă medicului de familie, era o fotografie înspăimântătoare ţinută, evident, secretă.

În părul lung, lipit de gât din cauza jegului şi a transpiraţiei, se distingea o parte mai închisă la culoare, ca şi cum Bomber făcuse insolaţie. Unul din ochii lui ageri era închis de o vânătaie, şi buza de jos era însemnată cu o linie albastră. Probabil erau semnele de când, pe neaşteptate, fusese răpit şi, cum era obişnuit, se luptase. Şi, pentru prima oară în viaţa lui de aur, pierduse.

Pentru câteva zile, interdicţia de a vorbi despre scrisoarea răpitorilor fusese respectată şi, între reuniuni, analize, agenţi, infiltraţi, colaboratori, spioni, timpul fugise fără nici cel mai mic progres. Viceprocurorul Velia Longino din magistratura oraşului M., cea mai dedicată carierei, freneticul *dottor* Arrigo Palma şi procurorul adjunct Armando Plebei, cel mai mare expert în lupta cu crima organizată, primiseră nişte ziarişti judiciari, care ştiau ceva despre scrisoare şi despre răscumpărare, dar care, cu acordul directorilor, promiseseră să nu publice un rând, din simţ de răspundere şi de teamă să nu i se întâmple ceva rău campionului. Ştirea era una dintre cele care fierb mereu şi nu sunt niciodată gata să fie servite. Până când, într-un telejurnal, nu le păsase de forme şi se interesaseră de substanţă. Îl conducea un tip care, de-a lungul vieţii, fusese mereu un expert în jocul anticipării, abil să înţeleagă când era momentul să se lege de un politician şi când de un antreprenor, un geniu al salturilor şi astfel, concomitent cu primul mare exod al turiştilor, lansase ditamai titlul:

> 370 de milioane pentru eliberarea lui Elvio,
> aceasta este cererea din partea organizaţiei Anonima[1].

Magistraţii nu reacţionaseră în mod oficial la ştire doar pentru a evita să se repete, ca să folosim cuvintele viceprocurorului Arrigo Palma, fenomenul „ecuaţiei porcului“, adică: „Într-o singură chestie jurnaliştii şi magistraţii seamănă cu porcii. Atunci când îl tragi de coadă pe unul şi ţipă toţi“. Însă viceprocurorii erau atât de furioşi, că ordonaseră Gărzii Financiare să controleze, în mod sistematic, declaraţiile de venituri a zece redactori de la acel telejurnal. Unica reacţie publică fusese o conferinţă de presă a avocatului familiei, un sard bărbos şi zbârcit, cu un mare smoc de păr umflat în mod misterios şi roşiatic, care ceruse să nu mai fie publicat nimic în legătură cu cazul. Nimeni nu-i respectase cererea.

Şi acesta era un semn ulterior că sistemul puterii se destrămase. Familia Wolfson, după ce fusese atât de influentă, acum plătea ani de invidie, dacă nu chiar de ură: alţi importanţi preşedinţi de cluburi de fotbal de Serie A şi proprietari de companii auto, înşelaţi de lipsa de scrupule în contracte din partea lui Elvio, fiul demn al

---

[1] Totalitatea organizaţiilor criminale specializate în răpiri de persoane (n.tr.)

tatălui său, puteau, în sfârşit, să se răzbune. Erau industriaşi, la rândul lor legaţi de proprietăţile din mass-media, şi le sugeraseră directorilor să uite de milă.

Cifra exactă cerută de răpitori era, oricum, şaptezeci de milioane, cum răsuflase în zilele următoare, şi nu trei sute şaptezeci. „O mică eroare în marea noastră ştire bombă“, repeta, cu fiecare ocazie, directorul.

– Bine, *dottor* Genito, dacă ştiţi numai cât au publicat ziarele, restul vi-l povestesc eu, spuse Maretta. Şi pentru că – vă rog, acesta este un secret absolut – în aceste zile există posibilitatea unui contact cu răpitorii. Am venit să vă întreb dacă vă puteţi ocupa dumneavoastră de el. Preîntâmpină orice bombănit de împotrivire grăbindu-se să adauge: Dar vorbim despre asta cu calm, vă rog, cu calm. Ştiţi că biroul acesta seamănă cu un *pied-à-terre*[1]. Aveţi cumva din cel alb?

– Poftim?

– Vin alb. Dacă înţelegeţi mereu aşa, din zbor, o să fie bine.

[1] Reşedinţă temporară sau secundară (n.tr.)

2

Era prima clientă care îi cerea un pahar de vin. Genito se ridică, deschise larg uşa micului şi scumpului frigider din aluminiu, citi cele trei etichete din compartimentul *winery*. Se gândi că, având în vedere cât timp îi luase să-şi facă acel birou, să fie definit *pied-à-terre* nu fusese prea politicos. Putu să arunce o altă privire de ansamblu asupra musafirei destupând, lângă ea, o sticlă de vin din Trentino.

Machiaj uşor, studiat pentru a însoţi, cu precizie, privirea celuilalt spre gura excitantă şi pentru a face un tur începând de la nas, cărnos şi pronunţat. Din taiorul roşu Valentino, decoltat şi scurt, se ivea un sutien lucios şi închis la culoare, stilul „uite ce ţâţe tari am". În alte circumstanţe, detectivul ar fi privit. Ei da, îşi confirma lui însuşi, sigur ar fi încercat.

Dar nu era cazul: nu voia ca acea vizită să aibă vreo continuare. Chiar nu. Să pună în mişcare operaţiunile necesare pentru a rezolva răpirea unei persoane nu mai era o muncă demnă de un consultant de rangul lui. Îl solicitau guverne şi servicii secrete occidentale: datorită acelor dobitoci amăgiţi de teroriştii al-Qaeda, era foarte ocupat cu o muncă plătită bine.

Turnând vinul, descoperi cu plăcere că şi Maretta avea un parfum bun, de citrice şi de... Franţa. În plus, degusta vinul alb cu competenţă.

Maretta lăsă paharul şi reluă:

– Prietenul lui, Malesci, ne-a spus – „ne“ vine de la mine şi de la Socru, sper că aţi auzit majuscula S – să nu vă ascundem nimic.

La televizor, vorbea ca o ignorantă simpatică şi părea adesea pe dinafară. În schimb, în faţa lui, se exprima cu aplombul celui care a făcut, dacă nu şcoli bune, cel puţin lecturi bune.

– Întâi de toate, trebuie să ştiţi că la Procuratură, şi datorită unei agilităţi personale pe care am să v-o explic apoi... sunt constrânsă să o fac, date fiind circumstanţele... în fine, magistraţii sunt convinşi că ştiu cine sunt cei doi care l-au răpit pe soţul meu. Şi, de când ştiu asta, sunt terorizaţi, pentru că le e teamă... Se blocă privindu-l pe Genito care încercă să fie expresiv ca un grec. Este vorba de doi calabrezi puşi sub urmărire. Personaje din planul doi, aşa îi considerau. Şi îi căutau de ceva timp. Bineînţeles că nu i-au găsit, dar ei, între timp, l-au găsit pe soţul meu.

– Nu-mi vine să cred, şi am să vă explic, obiectă Genito. Luând un aer profesionist, adăugă: unul pus sub urmărire, dacă ştie să se mişte, merge peste tot, dar în cadrul propriului teritoriu. Şi, dacă şi oraşul M. ar fi teritoriul lui, unul căutat ce poate face? Să presupunem că l-au urmărit după prezentarea cărţii. Dar ce urmărit ar alege o ocazie publică pentru a agăţa o persoană ca să o răpească? Prea multe riscuri. Camere de televiziune, fotografi, pisălogi, curioşi. Dădu din cap. Trebuie, măcar, să aibă nişte complici mai mult decât de încredere. Altfel, scuze, dar urmăresc şi eu puţin sport... Cine i-a scris cartea soţului dumneavoastră?

– Şi dumneavoastră, cine v-a citit-o?

– Imaginaţi-vă cum ar fi ca, având atât de puţin timp la dispoziţie, să citesc cartea unui scriitor de weekend.

– Soţul meu a scris o carte foarte bună, care, aşa cum ştiţi, e în topul clasamentelor din jumătate de Europa. Şi, oricum, l-am ajutat eu. În ce priveşte obiecţia dumneavoastră profesională, au făcut-o deja cei de la Procuratură. Şi au răspuns spunând că ăştia doi or fi chiar nişte răufăcători liberi, cu câţiva prieteni sau boşi în spate, dar fără organizare în teritoriu. Însă l-au prins ei, poate datorită unui noroc chior, şi îl ţin cine ştie unde şi cine ştie cum. Şi, când se vor simţi pierduţi, primul lucru pe care-l vor face va fi să-l omoare. Soţul meu ar putea fi deja mort, aşa spun magistraţii în întâlnirile discrete. Eu, în schimb, sunt convinsă că trăieşte, adică ştiu că trăieşte. Ştiu sigur. Şi mă adresez dumneavoastră.

– Eu însă...

– Lăsaţi-mă să termin, vă rog. Nimeni nu ştie cum l-au prins, dar, după spusele unui poliţist cam scund, al cărui nume îmi scapă acum, unul cu faţă de jolly joker din cărţi...

„Rosario Cedro“ îl identifică Genito. De pe vremea organizaţiei Anonima se ocupa de principalele răpiri în Lombardia. Ceilalţi făceau o figură frumoasă, se duceau la conferinţe de presă, dar el era, pe ascuns, cel care îşi asuma responsabilitatea de a-i ajuta pe magistraţi făcând, din când în când, fie pe diplomatul în căutarea unei negocieri, fie pe călăul şi pe apostolul fermităţii.

– ... „Ar fi capabili să-i rupă toate oasele pe care le are, unul câte unul, până când obţin banii de pe răscumpărare“, mi-a spus acel polițist. Un mare tact, nu-i așa?

– Câți bani au fost promiși pe ascuns informatorilor?

– Zvonul unei recompense considerabile a fost pus în circulație în anturajul rău famat, dar nimeni, până acum, nu ni i-a vândut. Se știe că l-au răpit și că, după patru zile de la ziua X, carabinierii au găsit mașina lui, un Audi R8 nou-nouț.

– Amănuntul acesta nu era în presă.

– Exact, se pare că nu au lucrat rău magistrații, chiar dacă până acum rezultatele sunt cele care sunt, adică foarte proaste. Mașina era parcată în curtea interioară a unui condominiu, cu alarma pusă, în aceeași zonă unde celularul fusese închis și orice urmă electronică a lui Bomber dispăruse pentru totdeauna. Nici o amprentă digitală, în afara amprentelor lui și ale persoanelor pe care le cunoaștem, nu a fost găsită pe mașină.

– De genul acelor povești cu farfurii zburătoare care iau cu ele un automobilist?

– De ce această expresie sceptică? Nu, nu sceptică, ci distrată.

– Nu sunt distrat.

– Îmi închipui că nu vreți să vă ocupați de noi, dar mai așteptați până vă hotărâți.

Genito dădu din cap simulând o amabilitate pe care o pierduse de mult. Tipa aia, fără nici un dubiu, putea și, probabil, voia să-l facă să comită vreo greșeală. Genito intuia asta, greșeala pândită, și, din cauza asta, își obliga pupilele să efectueze traiectorii prudente. Departe de gură, de sâni, de picioare. Mai mult sau mai puțin, îi rămâneau ochii și golul, pe lângă cotoarele volumelor din bibliotecă, diversele uși blindate care împărțeau diversele camere, colecţia lui de orologii franceze din secolul al XVII-lea, unele cu superbe smălţuiri pe aur.

Însă, în timp ce privea acele obiecte scumpe, simbolul bunăstării la care ajunsese, îi veneau în minte imaginile descărcate de pe internet. În alte condiţii, cu una ca Maretta ar fi încercat foarte, dar foarte bucuros.

– Cealaltă ştire?

– Da, tocmai, e lucrul despre care trebuie să vă vorbesc, greşeala mea. O poveste care poate vă va face să râdeţi sau poate vă va ajuta să înţelegeţi cine sunt, pentru că, îmi dau seama, dumneavoastră mă studiaţi. Ridică o mână ca să împiedice reacţia lui Genito. Din nou ticul, muşcatul uşor al buzelor înainte să adauge: În fond, eu pentru dumneavoastră, ca pentru oricine nu mă cunoaşte, sunt prostituata din film care a dat lovitura vieţii căsătorindu-se cu un milionar, pe deasupra şi tânăr, şi frumos.

– Sigur trebuie să vă fi simţit judecată toată viaţa dacă folosiţi această argumentaţie pedantă cu unul al cărui interes este, până la urmă, să vă ia banii, o întrerupse Genito.

Ea dădu din cap şi, în sfârşit, zâmbi.

Era un zâmbet încântător, nu putu să nu se gândească Genito. Zâmbea cu gura şi cu ochii, fusese sfântă câştigarea de odinioară a titlului de Miss Sorriso, când râdea, până şi pielea i se lumina, iar ochii deveneau profunzi şi sinceri. Îşi aminti de alte priviri asemănătoare, directe şi puţin ironice. De fiecare dată când vreuna îl privise aşa, mai devreme sau mai târziu, dacă merita şi se ivea ocazia, se culcase cu ea. Cu Clara chiar se logodise şi suporta convieţuirea, în ciuda vieţii dificile din ultimii zece ani. Dar cu ea nu, cu Maretta Zara „băiaşa îmbietoare“, după titlul unuia dintre filmele ei, nu voia nici un contact mai strâns. Chiar dacă din taior deborda un centimetru de abundenţă foarte bronzat pe care numai o invidioasă l-ar fi definit inutil.

Soţia lui Bomber îşi reluase expunerea:

– Eu credeam că am organizat, pe ascuns, o cale discretă de negociere. Nu sunt o proastă, nu mă judecaţi greşit, lăsaţi-mă să vă explic. Telefonul de acasă suna de multe ori, aproape întotdeauna pisălogeli. Dar şi alţi foşti sechestraţi care îşi exprimau solidaritatea sau rudele lor. M-am informat datorită experienţelor lor, am citit o duzină de cărţi scrise de convertiţi şi de aşa-zişi superdetectivi şi am înţeles că fiecare sechestrator, când are ostaticul în mâini, are un singur scop. Să înceapă negocierile fără ca poliţia să ştie. Aşa că n-am fost surprinsă când, într-o zi, un şef al fanilor a încercat să obţină o întâlnire. Cu mine. Voia să vorbească numai cu mine.

– Şi cine e acesta?

– Un ţopârlan. Nimeni nu ştia că este un prieten al lui Elvio, dar aşa e soţul meu, o persoană care face confidenţe unor indivizi dubioşi. Cum este acest Marcone. Îmi spune că tocmai a primit un telefon de la Elvio. Şi, după spusele lui, soţul meu era furios pe toţi, inclusiv pe mine. Se temea că va fi omorât, trebuia să-mi vorbească neapărat.

– Şi dumneavoastră aţi reuşit să?...

– I-am auzit vocea.

– Cum era?

– Înfuriată. Un semn bun, nu? Elvio e raţional, aşa cum e un creier pe circuitele auto, aşa e şi în viaţă.

Maretta mai bău puţin vin.

– Elvio îi spusese ţopârlanului cum să-şi procure, printr-un prieten comerciant, un celular elveţian, imposibil de interceptat aici, în Italia. Apoi să vină fuga la mine, dar să nu vorbească în casă de teamă să nu fie microfoane şi controale. Trebuia să reuşească să mă ducă la el acasă. Tipul ăsta, Marcone, de vreo sută douăzeci de kile de grăsime şi duhoare, a început să-mi povestească isprava pe palier, mi-a scris trei sau patru *pizzini*[1], şi nu era un mafiot. Mi se părea o nebunie. În cele din urmă l-am chemat pe Manu şi ne-am dus... dacă se poate numi casă... Şi celularul a sunat.

– Aţi răspuns dumneavoastră?

– Marcone. A lăsat să se înţeleagă că eram acolo şi a dictat numărul telefonului elveţian. După zece minute, celălalt celular a sunat. Şi am răspuns eu.

Maretta strânse pleoapele. Lăsă să treacă câteva clipe.

– Am auzit vocea, furibundă, a soţului meu. Şi apoi, spuse, clicul unui aparat de înregistrat care e oprit. Am auzit respiraţia şi vocea unui bărbat. Nu mai era Elvio.

Femeia îl fixă pe Genito drept în ochi, aproape la fel cum sunt obişnuiţi să facă militarii de carieră. De câteva minute ţinea aproape continuu spatele drept, chiar şi fără obiceiul de a-şi da la o parte vreun smoc de păr rebel de pe frunte. Era perfectă şi precisă. Şi cu cât ea lua acea atitudine imobilă, cu atât Genito se temea să se oprească cu privirea pe acea gură chinuită de dinţi, pe acei sâni

---

[1] *Pizzino* este un cuvânt care derivă din termenul sicilian *pizzinu*, care indică o bucată de hârtie sau un bilet şi face parte deja din lexicul italian regional din Sicilia, păstrându-şi semnificaţia originară, şi din limba italiană curentă cu semnificaţia de foaie de hârtie cu care boşii mafioţi le aduc la cunoştinţă celor afiliaţi ordine sau comunicate. (n.tr.)

rotunzi care se umpleau de speranțe și se goleau de suferințe. Voia să evite complicațiile, dar gândurile contradictorii nu-i dădeau pace. Ideea lui de a o goni după primele cuvinte despre poveste începea, treptat, să dispară. Era chemarea anchetei, o forță obscură pe care unii o au, alții nu. El o avea. Instinctul de urmărie. Vânătoarea de oameni.

– Îmi mai puneți puțin vin?

„Instinctul de urmărire îl are și ea", se gândi Genito, observând-o pe Maretta zâmbindu-i.

– Am început negocierea. Ar fi fost de ajuns certitudinea dovezii că e în viață și am fi plătit imediat o parte din răscumpărare. Știu, nu mă priviți așa, îmi dau seama că a fost o greșeală. Dar o știu acum.

Bău din nou și-și drese glasul:

– Dovada că e viu am primit-o. O fotografie cu Elvio legat la ochi și imobilizat, cu *Gazzetta dello Sport* deschisă la pagina cu un interviu luat unui fotbalist. Și, alături, un cuvânt scris de el. Știți, despre acest fotbalist, Galatina, Elvio mi-a spus un lucru care nu e neapărat de domeniu public, pe care-l știam doar eu.

Genito își etală vastele cunoștințe în dificila artă a bârfei de *report*, adică acele informații private care pot servi la șantajarea cuiva.

– Știu toți aceia care știu cum stau multe lucruri în Italia. Este homosexual, chiar dacă s-a căsătorit cu o *soubrette*. A avut o legătură mai întâi cu bătrânul lui președinte și fostul fundaș central, acum este cu un alt homosexual sub acoperire, actorul Pio Lorusso, la rândul lui căsătorit cu fiica lui...

– Cuvântul pe care soțul meu l-a scris lângă fotografia lui Galatina este numele unui oraș unde a fost vândută o partidă. Galatina a greşit o lovitură de pedeapsă împotriva acelei echipe, pentru a se supune cui pariase bani frumuşei pe câştigătoarea campionatului. Încântat de noua bârfă?

– În interviuri face mereu pe curăţelul şi, în schimb, ia te uită! De îndată ce voi putea, îl voi cotonogi pe Galatina pentru totdeauna, spuse Genito, puţin glumind, puţin vorbind serios. Şi eu, se plânsese, pariasem, dar un trio, şi singurul rezultat care mi-a lipsit a fost acela. Încă un strop de vin?

– Cu plăcere. Eu şi omul de la telefon ne-am pus de acord şi am vorbit de mai multe ori pe celulare pe care le considerăm sigure. O sumă de cinci milioane de euro eram în stare să o strâng în câteva zile, fără să răsufle nimic, şi datorită unui alt preşedinte de Serie A care ne e un foarte bun prieten, Pietrino Cucchi.

– Cucchi din Genova?

– Câţi cunoaşteţi?

– Nu fiţi aşa de nervoasă. Precizarea îmi foloseşte la memorarea pasajelor. E cel care şi-a pierdut de curând fiica, nu?

– Cucchi ar face totul pentru noi şi noi pentru el, suntem ca fraţii de ani de zile. E un gentleman. Gentleman e cuvântul potrivit. Delia...

– Cum?

– Fiica se numea Delia, o fată foarte frumoasă. O sinucidere care i-a doborât pe toţi.

– Îmi pare rău.

– Nu reuşesc încă să mă gândesc la asta. Şi, oricum, aveam cele cinci milioane, iar pe celelalte, la revenirea acasă a lui Elvio, le-ar fi plătit el, fără şmecherii. Familia Wolfson are o mulţime de fonduri negre în paradisurile fiscale. Păreau toţi convinşi de asta. Aşadar, ţopârlanul de Marcone s-a oferit să mă ajute să duc ditamai genţile grele cu cinci milioane avans şi eu l-am trimis şi pe Manu al meu. E din Bolivia, a fost mulţi ani omul de încredere al unor prieteni foarte înstăriţi din Cuernavaca, şi concluzia a fost...

– Că i-au răpit, o întrerupse Genito.

– Nu, mai rău.

– I-au bătut măr şi...

– Nu, îl întrerupse, sechestratorii n-au nici o legătură.

– A, atunci e într-adevăr mai rău din punctul vostru de vedere. V-au surprins cei de la Procuratură? Aceasta e greşeala de care îmi vorbeaţi mai devreme?

– Da, am urmat indicaţiile, ne-am dus în parcul Ticino, am găsit un mesaj într-o sticlă pe jumătate îngropată sub un copac, şi înaintam, puţin descurajaţi, când, dintr-un tufiş, a ţâşnit acel poliţist care ştia tot, Cedro, aşa îl cheamă.

– Cedro? Nu mi se pare să-i fi auzit vreodată numele. Era singur?

– Singur? Erau vreo zece oameni în costume de camuflaj, păreau că sunt la război. Ne urmăreau şi astfel au confiscat toţi banii. L-au speriat de moarte pe socrul meu şi nu e uşor să faci asta. Magistraţii ne-au acuzat de lucruri care sper că sunt menite să fie spulberate. Inspectorul Cedro a ameninţat să ne terfelească personal numele pe la toate televiziunile. Nu era urmă de răpitori şi, din acel moment, eu sunt spionată şi supravegheată.

– Bravo, îmi face plăcere că aţi venit imediat la mine.

– Nu mă consideraţi mai puţin vicleană decât sunt. Ca să vin aici, am folosit mii de precauţii şi, fiţi liniştit, sunt sigură că nu m-a urmărit nimeni. Dumneavoastră sunteţi ultima noastră şansă.

– Aşa îmi place, să mă diferenţiez de restul lumii.

– Unicul fir pentru a ajunge la soţul meu, dacă veţi accepta, desigur.

– Dar dacă legătura cu răpitorii s-a întrerupt...

– Nu, nu s-a întrerupt. Peste exact patru zile vor suna.

Scotoci în geantă şi scoase un celular.

– Vor suna pe telefonul acesta. Nimeni nu ştie nimic în afară de mine, nici măcar socrul meu. Iar acum ştim numai noi doi.

– Sună pe acest telefon?

– Exact aşa. E al unui asociat luxemburghez de-al lui Elvio.

Chestiunea se complica.

– Noi toţi, continuă femeia, vrem să plătim şi să-l aducem acasă pe Elvio. Mă puteţi ajuta?

– Trebuie să vă adresaţi unei societăţi de gărzi de corp private.

– Nu acceptaţi. Dar de ce? Credeţi-mă, sunt dispusă să fac orice pentru a-mi ajuta soţul.

– Nu fac pe transportatorul de valori. Chiar dacă judecata mea e diferită de cea a Procuraturii, concluziile mele sunt aceleaşi. Cât timp se poate, nu trebuie să se plătească. Niciodată, niciodată, niciodată.

Genito îşi turnă vin, fusese ani în şir la divizia Antirăpiri, în Serviciul pentru combaterea terorismului, trăsese în Orientul Mijlociu, când trecuse la serviciul secret militar şi civil. Acum lucra, în salturi, cu americanii şi israelienii, uneori cu sauditii şi sirienii, nu fusese niciodată un sfânt sau un cavaler fără pată, însă i se declanșa imediat repulsia când trebuia să încline capul în fața criminalilor și a teroriștilor.

Repetă, teatral, „niciodată, niciodată, niciodată“, simțindu-se puțin tâmpit, dar ea lucrase multă vreme în televiziune ca să nu-i ierte prostia aceea, se gândi. Cu o voce mai puțin răsunătoare, adăugă:

– Niciodată să nu dai banii imediat, oricum. E nevoie să analizezi, să te gândești. Dacă ne gândim bine, există diferite moduri de a-l face să revină acasă pe soțul dumneavoastră. Din păcate, în această perioadă, sunt foarte ocupat în altă direcție.

– Poate nu ați înțeles până la capăt. Nu sunt numai eu cea care vă vrea pe dumneavoastră, dar și Socrul meu, amintiți-vă S-ul mare, plus câțiva președinți ai echipelor de Serie A. Tot ceea ce e într-adevăr important e legat de fotbal, și dumneavoastră știți asta. În America este Hollywood, noi, europenii, pentru mase – inclusiv eu, să fie clar, nu există o plebee mai plebee decât mine – avem campionatul, cupele și Formula 1. Nu vă cer să îmbrățișați cauza, însă trebuie să ne dedicați partea cea mai importantă din timpul dumneavoastră. E o rugăminte, dar v-o fac zeii acestei țări. Vreți să spuneți nu celor care dețin cheile paradisului?

În realitate, nu se gândise la situație din acea perspectivă. Dușmani avusese deja prea mulți, și unii dintre ei nu așteptau altceva decât un pas greșit, ca să contribuie la ciomăgirea lui. Nu era momentul să-și facă alți dușmani, cu inima ușoară.

– Scuzați-mă, dar cred că dumneavoastră continuați, poate involuntar, să omiteți un detaliu important.

– Vreți să știți cum au aflat judecătorii că eram pe punctul de a plăti o parte din răscumpărare?

– Da, nu v-aţi dat seama că sunteţi supravegheaţi? Fie a vorbit cineva de la o bancă, fie aveţi o cârtiţă în casă. Care din cele două?

Se înţelegea tot mai bine de ce Maretta Zara câştigase titlul de Miss Sorriso. Se opri să se gândească, şi o scânteiere răutăcioasă îi traversă chipul.

– Nu, din păcate nu sunt cârtiţe, ba am fost foarte prudenţi. Datorită secretarului meu, Manu, care m-a însoţit mereu, am identificat microfoanele, telefoanele controlate şi chiar şi apartamentul din clădirea din faţă care funcţionează ca un fel de turn de supraveghere al agenţilor. Nu am greşit cu nimic, în afară de faptul că eu am comis o greşeală personală despre care e mai bine să nu vorbesc. Ca să fiu sigură că Marcone nu face prostii, am întrecut limitele.

– Aţi întrecut limitele cu ţopârlanul? În ce fel? întrebă detectivul.

– V-am spus că eram şi sunt dispusă să fac orice.

Îşi trecu o mână prin păr, îşi puse, în sfârşit, picioarele bronzate unul peste altul şi, acoperind cu un râs contagios o roşeaţă uşoară şi neaşteptată, povesti:

– Într-o seară l-am luat pe Marcone de urechi şi m-am băgat în patul lui. Se aprobă singură. Se înţelegea că se gândea numai la asta.

– Ce ciudat, nu?

– Ştiu că am acest efect, nu-i aşa? întrebă fixându-l pe Genito.

Detectivul îşi obligă ochii să fixeze stiloul de lângă computer.

– Tipul ăla se simţea prea inferior ca să mi-o ceară, şi totuşi nu putea să nu o facă.

Stiloul se făcea ţăndări, privirea lui Genito era concentrată ca o rază laser.

– Şi începea să se enerveze.

– Văd că aţi învăţat să vorbiţi precum fanii.

– Îi vorbeam de soţul meu şi el căpăta culoarea celofanului.

– Pariez că avea mâinile moi şi transpirate ca o moluscă.

– De unde ştiţi? Şi astfel, la un moment dat...

Genito îşi simţea buzele uscate, în mod cert nu din cauza aerului condiţionat. Nu o încurajă să continue, dar ea o făcu oricum:

– Am procedat ca de obicei când era nevoie. I-am desfăcut primul nasture de la pantaloni.

Genito îşi închipui o lumină difuză, o saltea şi pe ea. Ea, Miss Sorriso. I-ar fi tras-o cu bucurie enormă chiar în acel moment, dar era mai bine să continue să nu se gândească, să lase în afara uşii neuronice a creierului său imaginile din filmuleţul ei.

– Deci, dacă am înţeles bine, l-aţi făcut foarte fericit.

– O greşeală, din multe puncte de vedere, adăugă Maretta. Suporterul a făcut confidenţe unui alt idiot, un şef din fotbal, unul Ossi. A povestit detaliile unei nopţi sălbatice, care, de altfel, n-a fost aşa. Dimpotrivă, ăla e bun numai să strige „Jos Inter!“, şi nu ca să facă o tipă să urle în pat. Celălalt însă, acest Ossi, sau poate Otti, Ozzy, ceva de genul ăsta, ca să se laude, la rândul lui, şi ca să mă facă să trec drept o mare curvă, de parcă pe mine m-ar putea interesa reputaţia de fată bună, l-a căutat pe prietenul lui poliţist, unul care se dă actor, un anume Bagni.

– A, pe ăsta îl ştiu şi e un individ foarte rău, spuse Genito, în realitate foarte mulţumit de acea veste.

Îi făcea plăcere, şi nu puţină, să ştie că prietenul lui de încredere, Francesco Bagni, este chiar în mijlocul problemei. Cu Bagni se ajuta de douăzeci de ani pe străzile din oraşul M. Şi el fusese cel care i-o prezentase pe fata cu care trăia, Uma. Nu avea nevoie de marfă de schimb, dar se simţea ceva mai sigur.

– N-am avut niciodată încredere în el. E dintre cei periculoşi.

– Desigur, se pare că, odată, Bagni ăsta nu l-a arestat pe şeful suporterilor, deşi îl prinsese că punea ilegal în circulaţie droguri, chiar în spatele lozincilor Legionarilor echipei SuperM., şi, de atunci, îl obligă să toarne orice află. Ne-au tras-o într-un chip măreţ, lăsă capul în jos Maretta Zara. Când Bagni află povestea contactului dintre mine şi răpitori, i-o pasează poliţistului cu faţă de jolly joker, şi viceprocurorului Velia Longino. Şi, astfel, aia, bună, dar o adevărată nemernică, plasează un microfon nu în casa mea, unde aveam situaţia sub control, ci în cea a lui Marcone. O nenorocire. Am reuşit să salvez numai acest faimos celular prin care ţin legătura cu răpitorii, încheie doamna.

Genito fixă cu privirea micul aparat: îl salvase Maretta datorită abilităţii ei sau o lăsaseră să-l salveze intenţionat? Nu îi spuse nimic. Nu erau chestiuni pe care să le poată lămuri Miss Sorriso, erau exclusiv la îndemâna unui călător în abisuri ca el. Admiţând că ar fi acceptat.

– Dumneavoastră ce vreţi mai exact, doamnă Wolfson? întrebă.

– Să-l aduceţi acasă înainte de 18 septembrie.

– Înainte de 18?...

– Da, peste două săptămâni, când se organizează Marele Premiu de la Monza. Dacă aş avea bagheta fermecată, aş vrea ca dumneavoastră să plătiţi răscumpărarea în locul nostru, dacă e de plătit. Sau să-i plătiţi pe informatorii dumneavoastră şi să-i eliminaţi pe cei doi nenorociţi, eliberându-l însă pe Elvio.

– Dar drept cine mă luaţi? Nu sunt un asasin.

O spuse fără prea multă convingere. Şi, pe de altă parte, minţea. Omorâse. O făcuse când era în serviciu, în timpul unui conflict cu un grup de răpitori. O făcuse după ce, intrase în serviciile secrete, lucrând în străinătate, iar în Liban fusese nevoit să împuşte un informator pe care nu se putea baza şi îi era teamă că avea să-l păgubească pe şeful mai mic, dar foarte violent al unei facţiuni. Omorâse în calitate de consultant pentru securitate şi reuşise să menţină secretul absolut în legătură cu operaţiunile lui. Era un om care se pătase cu sânge de mai multe ori. Un „agent botezat“, cum îşi spun spionii şi foştii spioni între ei.

– Ascultaţi-mă, Genito, nu mă interesează dacă sunteţi sau nu sunteţi un asasin. Trebuie să încheiem contractul cu televiziunile şi cu sponsorii, aşteptăm să ştim cât urcă în cazul revenirii directorului. Este adevărul. Ştiţi ce spune socrul meu? „E în joc mai mult de o viaţă, sunt în joc companii multinaţionale.“ Zece milioane de euro sunt deja pregătite, ni le împrumută tot prietenul nostru Cucchi, e cel mai generos. Alte zece le-a ascuns bine familia noastră, din fonduri personale, şi mă ocup eu de ele, sunt la dispoziţia mea totală. Trei milioane sunt banii mei şi în total sunt douăzeci şi trei. Nu sunt puţini.

– Nu sunt puţini deloc.

– Şi am ajuns la dumneavoastră. Marino Malesci, prieten de-al socrului meu, i-a explicat că puteţi mult. Şi socrul meu, ca să vă convingă să acceptaţi, m-a trimis pe mine. Sunt autorizată să vorbesc şi de retribuţia dumneavoastră. Două milioane şi jumătate net, în orice ţară doriţi, şi alte două milioane şi jumătate pentru cheltuieli, fără să fie nevoie de documente şi rapoarte scrise. Desigur, câştigaţi mult mai puţin decât un pilot din echipa lui Elvio, glumi ea, dar dumneavoastră participaţi la o cursă diferită şi nu trebuie să faceţi să viseze mulţimile de oameni de la sfârşit de săptămână, dumneavoastră trebuie să recuperaţi un om. Şi dacă nu vreţi să faceţi pe transportatorul de valori, adoptaţi orice alt mijloc posibil şi, în caz de probleme serioase, vă va ajuta cineva şi din punct de vedere legal sau politic. Dumneavoastră sunteţi îngerul zeilor.

– Îngerul răzbunător.

– Dacă aş putea, i-aş omorî cu mâinile mele pe delincvenţii care-l fac să sufere pe Elvio. Sau aş plăti un ucigaş. Şi jur că n-aş avea remuşcări. Credeţi-mă, aşa e. Îmi mai turnaţi nişte vin?

3

Prima sticlă se terminase, iar Genito băuse un pahar şi jumătate. Se duse să ia alta din frigider. Era o sticlă specială, de la un mic producător din Friuli, o păstra pentru ocazii importante. La cât alcool rezista femeia aia? Şi de ce bea atât de mult?

– Doamnă Maretta.

– E un da?

– E începutul unei întrebări esenţiale, pentru că e ceva ce nu se potriveşte. Am relatarea dumneavoastră şi ceea ce am citit în ziare, dar povestea asta cu răpirea... Unul ca el... o faţă care se recunoaşte între alte miliarde, un bărbat atât de bogat şi de faimos nu poate dispărea dacă nu se bagă singur în necazuri. Nu are un şofer, o escortă, prieteni, acele ajutoare care îl însoţesc mereu? Sau?

– E vorba de sex.

Afirmaţia fusese trântită fără reţineri.

– Soţul meu e înnebunit după orice variaţiune pe această temă.

– Faceţi-mă să înţeleg puţin mai bine, spuse Genito, tulburat de întorsătura pe care o lua discuţia.

– Fete de la recepţia hotelurilor, cameriste, poştăriţe, o plasatoare de la Scala, ziariste, o doamnă expertă de bonton pe care o striga noaptea, urlând de iubire. Şi chiar şi prostituate internaţionale de înaltă clasă. Acelaşi lucru s-a întâmplat şi cu mine, la început.

Genito nu putu să-şi împiedice o privire care smulse un râset tinerei soţii a celui răpit.

– Nu, nu eram o curvă, dar aţi înţeles ce vreau să spun. A suferit o atracţie fatală, a fost dragoste la prima vedere pentru amândoi şi ne-am simţit atât de bine, încât s-a căsătorit cu mine. Credeam că mă iubeşte, poate nu cum îl iubesc eu... Dar acum, după doi ani de viaţă împreună, nu ştiu dacă soţul meu ştie ce este dragostea. Se pierde în spatele altor mecanisme. Şi pune multe lucruri în practică de unul singur. Dispare, se organizează, e foarte inteligent şi în această privinţă, nu numai în alegerea celor mai bune cauciucuri pentru Marele Premiu. Evident, n-am spus asta niciodată nimănui, cu atât mai puţin celor de la Procuratură.

– Credeţi că nu o ştiu deja?

– N-o ştiu. Nu e prost, v-am spus. Din studierea sms-urilor primite pe celular şi a e-mail-urilor lui ştiu că nu-şi refuză câte o aventură, nu ştiu până la ce punct.

– Şi nu s-a făcut referire la aceste activităţi ale lui nici măcar în timpul apelurilor date de răpitori?

O umbră îi acoperi privirea, dar vocea rămase hotărâtă:

– Despre aceste activităţi nu s-a vorbit. Nu ştiu ce s-a întâmplat. Nu am indicii să presupun o întâlnire galantă, dar nu o pot exclude. O capcană? Se poate. Ştiu doar că noi vrem să-l aducem acasă, poveştile lui nu mă preocupă. Nici măcar eu nu practic castitatea şi fidelitatea.

– Cu atât mai bine pentru dumneavoastră şi pentru prietenii dumneavoastră norocoşi, îi scăpă lui Genito.

– Am adus fotocopiile tuturor anchetelor desfăşurate de Procuratură. Le am în maşină. Dacă acceptaţi, vi le aduce sus Manu. V-am spus, socrul meu este influent, are prieteni oriunde, şi în tribunal. Într-o noapte, cineva a avut acces la camera viceprocurorului Longino, spuse Maretta Zara.

– Familiei Wolfson i se răspunde adesea cu da.

– Spuneţi-mi şi dumneavoastră da. Spuneţi-i da, îl incită, strângându-i mâinile, unei femei dispuse să facă orice.

Cineva poate fi profesionist o viaţă întreagă, poate crede că ştie mereu ce trebuie şi ce nu trebuie să facă. Poate fi sigur că a învăţat să-şi domine impulsurile şi chiar şi zvâcnirile, că a înţeles valoarea unor anumite renunţări. Poate fugi sau poate rămâne. Dar gândul la şeful suporterilor care se culcase cu ea nu-i dădea pace lui Genito. În plus, o avea în faţă, starul porno din întâmplare, în toată splendoarea abilă şi, mai ales, în ceea ce se numeşte stare de necesitate. Şi-ar fi reproşat toată viaţa că a fost idiot dacă i-ar fi permis să plece aşa, fără să lase deschisă măcar o portiţă. Ar fi trebuit să fie mai amabil. Mai primitor. Mai puţin rece. Trebuia să-şi schimbe atitudinea. Trebuia să urmeze ce îl îndemnau pantalonii. Se gândi la toate motivele pro şi contra în câteva secunde şi se dezlipi de ea. Doar nu era prost. Se duse la minibar să ia nişte apă.

Apoi, cu un pahar în mână, se întoarse să se aşeze la birou. Ea nu ar fi trebuit să se ridice, dar o făcea. Îşi lăsase micul fotoliu şi îl urmase, ducându-se aproape de el.

– Ce trebuie să fac să vă conving şi pe dumneavoastră să spuneţi da? Trebuie să mă aşez pe genunchii dumneavoastră ca o secretară dispusă să satisfacă orice, şi subliniez, orice dorinţă a şefului ei? luă Maretta iniţiativa, cu aerul competent al cuiva care ştie bine cum să grăbească lucrurile.

Rămânând în picioare, îşi ridică fusta, dezvăluind ciorapii cu jartieră adezivă, cu zece centimetri de elastic şi dantele, şi nişte chiloţi de câţiva centimetri care lăsau fesele, tari şi rotunde, libere la vedere. Se lăsă în jos ca să se aşeze călare pe genunchii lui. Şi zâmbi, îi adresă acel zâmbet de miss, care o întinerea, o înflăcăra.

Genito rămase nemişcat până când simţi greutatea şi căldura femeii, apoi se apropie de ea cu buzele, pentru un mic sărut.

„Dobitocule“, îşi spuse. Dar continuă cu un alt sărut. Şi un altul mai apăsat.

Se sărutară într-o poziţie incomodă, ca şi cum ar fi avut capul înţepenit, până când abandonară scaunul ca să îngenuncheze pe parchet.

– Seara se îmbunătăţeşte.

– Nu poţi spune asta încă.

– Sigur că pot, aş avea o senzaţie foarte precisă.

Genito se ridică. Şi, strângându-i coatele, cu delicateţe, o ridică şi pe ea. Fără să vorbească. Apoi o privi.

Maretta părea departe, foarte departe. Când Genito o sărută uşor pe obraz, ea se retrase foarte încet.

– Te gândeşti că am făcut bine? o întrebă.

– Da, răspunse, după câteva secunde, cu un râset ciudat, aproape scuzându-se.

Dar odată ce ai văzut ochii trişti ai unei femei, nu poţi spera să fie sincer zâmbetul care urmează.

– Hai să facem așa. Spune-i lui Manu să aducă dosarul și apoi, odată ce ajungeți acasă și el s-a convins că nu are coadă...

– Coadă?

– Scuze, când e sigur că nu ați fost urmăriți, mă suni de la un telefon public.

– Ca să-mi dai ordine, ar trebui să fim ceva mai intimi.

– Adică?

– Să faci ce ai fi vrut să faci, spuse uitându-se la ceasul roșu.

Poate avea altă întâlnire. Sau nu putea să mai stea acolo.

– Ce ai decis să faci? Accepți, deci? Ni-l eliberezi pentru 18 septembrie? Pot să-i spun socrului meu? întrebă.

– Lasă-mă să mă uit rapid pe agendă. Nu, pe 18 am treabă, dacă vrei, ți-l eliberez pe 17.

– E bine și pe 17.

– Îmi închipuiam. Și 19?

– Pe 19 e bine pentru mine, dar nu pentru atâta lume care urmărește cazul din orice colț al lumii.

– Lasă-mi telefonul de contact.

Maretta exultă:

– Mulțumesc, îți mulțumesc mult. Ni-l eliberezi?

– Citesc ce au descoperit, spuse deschizând ușa blindată, și decid. Trebuie să știu un lucru și trebuie să îl știu acum. Până unde pot risca să încalc regulile?

– Fă cum ai făcut deja când a fost vorba să-l aduci acasă pe fiul lui Marino Malesci.

Genito ar fi preferat să nu mai audă pronunțându-se acel nume. Atunci omorâse două persoane într-o poveste botezată de ziare „sechestru în stil milanez" şi, din fericire, nu îl descoperiseră niciodată. Nu, nu voia să repete experienţa. Nu – cel puţin dacă nu era absolut necesar.

4

Genito era blocat într-o zi nesfârşită. Ceasul arăta numai ora 20.00, aşa că în birou petrecuse puţine ceasuri. Dar destul de intense, îşi spuse.

Controlă telefoanele. Logodnica lui sunase pe două dintre numere. Nu lăsase mesaje. „Semn că s-a enervat“, se gândi.

Era mai bine să o sune imediat. Se înţelegeau bine în acea perioadă, posibilitatea unei crize de cuplu fusese înlăturată cu câţiva ani în urmă. Se ajutau să meargă înainte într-o viaţă dificilă pentru oricine. Abia se întorseseră după trei zile petrecute într-un faimos grand hotel pe riviera din Romagna. Salate pe plajă, cu câteva vizite în restaurantele cu vedere spre munţii Apenini. Câteva muzee. O noapte pe un vas de pescuit, cu cizmele şi hainele de vânt. Şampanie în fiecare seară, chiar şi pe fileurile de angus.

O frumoasă, relaxantă şi liniştită vacanţă, până când l-a sunat un vechi prieten şi informator din cercul politicienilor, fostul consilier pe probleme de urbanism, Marino Malesci.

– Consideră că e vorba de o favoare personală, din cele care se cer o dată în viaţă, îi spusese.

„Ar fi a treia sau a patra“, ar fi vrut să-i răspundă Genito, dar îl ascultase. Cazul era incitant, fără îndoială. Şi, neştiind să reziste la tentaţii şi la presiuni importante, îi spusese logodnicei că vor trebui să se întoarcă mai devreme decât plănuiseră.

Clara rostise un rece:

– A, da? De ce?

– Trebuie să mă întâlnesc cu Maretta Zara, în legătură cu răpirea. Nu puteam să spun nu, cred că mă înţelegi.

Clara dăduse din cap, vorbise despre problemele pe care le înfrunta la facultate cu noii studenţi, golise sticla de şampanie, comandase un imens merenghi cu ciocolată şi, puţin înainte de 23.00, acuzând dureri de stomac, se dusese la culcare, lăsându-l cu ţigara lui parfumată în plinele rafale de iod înţepător ale vântului nisipos. Nici o stea pe cer, stoluri de ţânţari, prea mult usturoi în spaghetele cu fructe de mare –, şi o ştia bine, acolo nu sunt stânci, numai o platformă de nisip populată de peregrini ai soarelui, ai discotecilor, ai meselor copioase şi ai partidelor de sex.

Clara – tăcută când se trezeşte şi apoi şi la micul dejun, valizele – făcute cu ceva exces de izbitură la închidere. Genito evitase să-i vorbească – o ştia bine pe profesoară şi nu intervenea. Îi deschisese chiar şi portiera maşinii roşii Porsche, model 1967, şi se răzbunase pe tăcerea şi gelozia neexprimată numai după ce îşi pusese centura, parcurgând drumul dintre autostrada Rimini şi oraşul M. în două ore şi şapte minute, în timp ce ea îl întreba:

– Te grăbeşti să o vezi pe aia?

Da, e mai bine să o sune pe Clara, doar ca să-i sondeze starea analizând tonul vocii:

– Lucrez, da, a plecat deja. Dacă vrei, vino să controlezi. Trebuie să închid, din păcate, Clara. Ajung târziu. Te sărut, pa. Dar gândeşte-te că e o clientă şi, în plus, una care apoi s-ar duce să vorbească despre asta la *Maurizio Costanzo Show*, râse. Nu, nu ştiu dacă accept, sigur că propunerea e foarte, dar foarte rentabilă, am putea să mergem în vacanţă ani întregi. Îţi povestesc pe urmă. Mă găseşti la birou, pe fix, acum închid celularele, nu vreau să fiu deranjat de prieteni, noapte bună, te iubesc, spuse.

– Bine, mă prefac că te iert, şi eu te iubesc.

Genito, liniştit, se afundă în citirea dosarelor. Era un efort care putea să dureze ore în şir şi să nu folosească la nimic, dar era inevitabil. Fie se porneşte de la scrieri, fie nu se porneşte: trebuie să ştii, pentru că a şti înseamnă a putea.

Porni casetofonul. Ca fundal, nu îi displăcea confuzia melodioasă din *War Requiem* op. 66 de Benjamin Britten. Erau ani de când asculta mai ales recviemul. Începuse mult înainte de 11 septembrie şi, când se întâmplase atacul terorist, i se confirmase teoria urechii lipite de pământ, în prerie, adică: „Sunt oameni care puneau urechea la pământ şi ascultau venind bizonii, ca indienii din America. Noi, în schimb, punem urechea pe asfalt şi-i ascultăm venind pe nenorociţii ăştia". Se simţea cufundat în spiritul vremii. Cumpărase duzine de recviemuri şi pe altele le descărcase de pe internet. Alame, tobe, coruri care evocau mirosul de tămâie şi flăcăruile lumânărilor, retorica celui care se duce şi a celui care rămâne să-l plângă – dar, în fond, cine rămâne se gândeşte numai la el însuşi.

Intonarea fragmentului *Dies Irae* era în toi, când primi telefonul de la Manu, ciudata gardă de corp a Marettei care, fără să precizeze cine era, îi garanta că nimeni nu-i urmărise.

– Să sperăm, îi răspunse.

Nu avusese niciodată încredere în oamenii care purtau părul strâns în coadă, pentru că, statistic, până la urmă, se dovedeau puţin prea vanitoşi ca să fie de încredere. Era mult mai bine ca el, cu părul scurt, se gândea.

Cu cât citea şi studia mai mult, cu atât era mai puţin pătruns de muzică. Ancheta era realizată foarte atent şi precis. Meritul lui Cedro şi al unei Procuraturi de specialişti. „Longino asta promite multe, ar putea să devină o dură."

Cunoscuse mulţi magistraţi buni, dar cei excepţionali, de genul lui Armando Plebei, se numărau pe degetele de la o mână. Ca şi poliţiştii buni. Dar el abandonase serviciul, după scandalul creat cu artă pentru a-l elimina, iar alţii erau încă în funcţie. În mod sigur împreună cu Longino lucra cel care pusese pe fugă bandele din anii '70.

– Ăştia sunt nişte mizerabili care cunosc metodele şi trucurile, spuse cu voce tare.

Se gândi la Cedro. Ştia că fusese unicul poliţist cu care un condamnat pe viaţă, un şef al organizaţiei *'ndrangheta*[1], acceptase un dialog în închisoare şi, pe scurt, un ostatic dus în Aspromonte[2] se întorsese în

---

[1] Cea mai importantă reprezentantă a crimei organizate din Calabria (n.tr.)

[2] Masiv muntos din provincia Reggio Calabria, în sudul Italiei (n.tr.)

oraşul M. Era clar că oamenii importanţi din poliţie făceau reuniuni periodice, dar, practic, numai Cedro, împreună cu cineva din vechea gardă ca să-şi împartă telefoane, urmăriri şi denunţări, rămăsese.

Citirea dosarelor îi întări convingerea. Detectivii de la Procuratură analizaseră mii de telefoane date şi primite pe diferite telefoane fixe şi mobile care sunau de îndată ce Elvio se mişca prin oraş. Analizaseră creşterea consumului de energie electrică şi gaz în sute de apartamente. Aproape şase sute de percheziţii fuseseră deja efectuate.

Mai interesante erau profilurile celor doi presupuşi răpitori. Un celular interceptat în Calabria şi câteva urmăriri restrânseseră câmpul anchetei în jurul clanurilor celor din *'ndrangheta*, cărora îi aparţineau Mario Panarello, de patruzeci şi patru de ani, zis Nino, şi Teodoro Siddi, de patruzeci şi unu, zis 'u Verru, care fuseseră identificaţi datorită unei pete de transpiraţie lăsate pe mesajul descoperit de anchetatori în parcul văii Ticino. Când încercaseră să extorcheze, greşiseră. Aşa se întâmplă aproape mereu.

Doi tipi puşi sub urmărire, nici măcar figuri de prim-plan, în aparenţă, şi fără prea multe legături.

Genito începu să-şi ia notiţe, în timp ce parcurgea rapid lista cu greşelile lor, şi erau multe. Pe neaşteptate, izbucni în râs. Un hohot sănătos. Se întrebă dacă nu se tâmpise având acea idee. Nu, nu era posibil.

„Nu, serios“, îşi spuse Genito.

Dar cu cât reflecta mai mult, cu atât i se părea unica soluţie, cel puţin cea mai bună, ţinând cont de raportul costuri–beneficii şi de problema timp–bani. Cine ştie, se putea gândi mai bine, dar e adevărat şi că ideile bune se recunosc imediat. Sunt simple şi eficiente. „A mea e o revoluţie în abordarea problemei“, îşi spuse. Cu condiţia, bineînţeles, ca Procuratura, foştii colegi carabinieri şi Cedro să se ţină departe. Altfel trebuia să emigreze.

Da.

Trebuia să analizeze bine cum să reducă la zero riscurile, „asta e prioritar“. Dar, altfel, ideea lui era una simplă şi inovativă.

– Aproape genială, se complimentă cu voce tare.

Cu cât se gândea mai mult, cu atât râdea mai cu nesaţ. Din păcate, ideea avea un defect: ca să o ducă la bun sfârşit, Genito ar fi avut nevoie de ajutor, şi n-ar fi putut-o realiza decât cu o echipă armonizată.

Îi veniră în minte câteva nume potrivite.

Sună pe mobilul lui William Chiodi, un prieten de-al lui scafandru, recunoscut pentru eficienţă, discreţie şi capacitatea de a lua iniţiativele cele mai pertinente.

– Dar cine e? Cât e ceasul?

– Este 23.22, sunt prietenul tău Corrado şi văd că nu mi-ai spus nimic.

– Despre ce.

– Că ai ieşit la pensie, din moment ce dormi la ora asta.

– Ce pensie, Corrado, nu vorbi prostii... În perioada asta am un mic necaz cu o societate financiară austriacă. I-am făcut şmecheria cu poliţele. Am şterpelit nişte bani frumuşei unui administrator delegat prea prost, dar nu îmi imaginam că ăla era un tip de două parale care împrumută numele altuia. Un reciclator. În spatele lui sunt traficanţii albanezi de heroină. Mi-au spus că vor să mă omoare începând cu picioarele. Însă, până acum, n-au pus mâna pe mine, și gândește-te că la filiala italiană a societății a apărut și Garda Financiară.

– Da, le-a căzut din cer. Sigur le-ai trimis-o tu, mizerabilule, parcă nu te-aș cunoaște. Zi, o faci ca să-ți dai aere de independent?

– Cine, eu?

– Bine... ținând cont că te-am trezit...

– Nu dormeam, dar e adevărat că eram în pat. O chinezoaică care la sfârșit mă și spală. Acum s-a dus să vadă ceva la televizor, e o maniacă a serialului *Dr. House*.

– Ferice de tine, sunt luni de când nu am timp de partide neregulamentare.

– Da, săracul de tine.

– Îți spun de ce am nevoie. Va trebui să înțelegi din zbor însă, pentru că e o chestie serioasă. Îmi trebuie pentru mâine, deja operativă, o echipă de patru sau cinci persoane, poate aceeași pe care am folosit-o în operațiunea Profetul.

– Ne-am putea vedea la același bar. La prânz se închide, situație optimă, așa că mă fac intrat și, când suntem toți adunați, trag oblonul. Îți convine?

– Da.

– E o treabă importantă pentru tine, dar pentru noi? Ce pot să promit?

– Spune că plătesc dincolo de imaginația unui gangster.

– Așa cum știi, eu sunt un gangsteroi și am o imaginație foarte fecundă.

– Să spunem că pot să ajung, în caz de succes, și la cincizeci de mii de căciulă, cum ți se pare?

Auzi un fluierat și încheie discuția.

Apoi controlă în agendă un alt nume. Preferă să nu-l sune, ci să-i trimită un mesaj. Scrise: „Am un pui de câine de rasă de vânzare. Același loc? Îți convine ora 16.00?“

Imediat după aceea primi și răspunsul: „OK, amice. Dacă rasa e bună, cumpăr întotdeauna“.

Putea să se întoarcă acasă, la Clara. Deschise un seif și extrase trei celulare înfășurate în cauciuc. Își gestiona cu maximă discreție convorbirile și de aceea cumpărase ultima generație de „aparate ascunse“, cele din dotarea serviciilor secrete din jumătate de lume, plătind trei mii de dolari pe unul.

– A venit momentul să le punem la muncă.

Decise să verifice strada folosind „ieșirea de siguranță“. Ideea îi venise cu cincisprezece ani în urmă, citind un roman polițist de Eric Ambler, și o adoptase și o dezvoltase imediat ce-i fusese posibil. Cumpărase, prin firme diverse, două apartamente alăturate, în două clădiri alăturate. Comandase lucrările speciale de zidărie unei firme de muncitori de încredere din Bergamo. Mobilele pe comandă, cu unele sisteme de închidere secrete, fuseseră proiectate de un domn pe care-l salvase, cu ani în urmă, din confruntarea cu niște delincvenți periculoși. Trei nenorociți amenințaseră să-i ardă magazinul de mobilă, Gigamobilio, și Genito îi ajutase să se răzgândească, băgându-i pe câțiva în spital. Recunoștința produsese o bibliotecă-dulap demnă de un prestidigitator. Consultantul pe probleme de securitate obținuse astfel două apartamente care comunicau între ele și, adevăratul scop al marii cheltuieli – două ieșiri distincte, din două clădiri diverse. De când se organizase astfel, folosise pasajul apartamentului dublu numai în caz de extremă necesitate. În ultimii zece ani, de patru ori.

Se găsea într-o astfel de situație? Poate nu, Manu părea să știe ce are de făcut și, dacă spunea că nu fuseseră urmăriți, putea să aibă încredere. Nu era însă cazul să riște inutil: „Dacă joc și pierd, de data asta merg la închisoare“.

Răsuci cheia până la capăt în ușa blindată a biroului, apoi o încuie pe cea interioară, care dădea spre salonul mare. Se apropie de biblioteca din perete, trecu repede cu mâna peste câteva rafturi care se rotiră de jur împrejur și intrară într-o nișă întunecoasă. Căută un buton și-l apăsă: rafturile se traseră înapoi în spatele lui, el avansă și ajunse în partea superioară a unui dulap încastrat în perete. Dădu la o parte haine și cămăși și se ivi, cu un salt, în dormitorul din apartamentul cu două camere de la etajul patru din clădirea alăturată. De fiecare dată când sărea, se gândea că acolo înăuntru se simțea mai liniștit decât în orice alt loc din lume.

Se dezbrăcă și făcu un duș lung și foarte cald. Adulmecă parfumul de fructe folosit de Maretta, frecă și iar frecă pentru a-l face să dispară. „Cum am făcut de nu i-am tras-o pe podea?“

Nu fusese rea seara aia. Miss Sorriso la cincisprezece ani, acum, la treizeci, era Miss No Problem. Înainte de sfârșitul anchetei ar încerca. „Cum să nu.“ Continuă să se adulmece, uscându-și părul, gândindu-se la săruturile cu clienta. Clara avea al șaselea simț pentru anumite lucruri.

„Cum de am ajuns așa? Ne iubeam, dacă mi-aș fi închipuit un alt bărbat atingând-o m-aș fi simțit rău, mi-aș fi pierdut capul, dar acum... cât de departe e gelozia, pasiunea a devenit atât de rară, dar nu obișnuința e cea care ne ține împreună. Ce e? Dorința ei de a fi protejată, a mea de a avea pe cineva care să mă aștepte, sau care să simuleze că o face?"

Gândurile triste fură alungate. De o viață se antrena să le alunge. Era campion mondial la dificilul joc „mă gândesc mâine la asta". Trebuia să fie operativ și să facă asta imediat. Imediat, pentru că orașul M. e o cursă perpetuă.

Își aplică deasupra buzelor niște mustăți albe, își puse pe nas niște ochelari groși și îmbrăcă un impermeabil vechi, subțire, și un fular albastru. Semăna foarte tare cu omul din fotografiile înrămate din salon: un domn frumos la braț cu o doamnă de aceeași vârstă – o întâlnise în piața din Via Osoppo și îi dăduse câteva bancnote pentru a se poza cu el.

Chemă un taxi și, stăpânindu-și pasul vioi pentru a semăna și la mers cât mai mult cu un bătrân, ieși pe poarta aflată la o distanță de treizeci de metri de cea a agenției Cotonifici Italiani Associati. Nu stătea la periferie întâmplător, cele două clădiri erau anonime și liniștite. La numărul 27, era detectivul Corrado Genito, un fost carabinier arogant care nu avea încredere în nimeni. La numărul 29, un bătrân pensionar, văduv, educat, generos cu portarul, adesea plecat în vacanță, în Liguria, la o soră.

Controlă piața, îi ceru taximetristului să facă un tur al clădirii, spunând că voia să verifice dacă ușa garajului era închisă și atunci îi văzu.

– Fir-ar al dracului!

– Scuze? întrebă taximetristul.

– Nimic, mă gândeam.

Îl duse la gara centrală. De acolo, cu un alt taxi, se întoarse înapoi. Verifică din nou. Erau tot acolo. Manu nu fusese eficient: fusese urmărit.

„Dobitocul."

– Pot să renunţ la angajament, îşi spuse cu jumătate de voce.

Hotărî să se relaxeze. Să se gândească. Din liceu citea cărţi de strategie militară. Prima fusese un volum intitulat *Storia delle guerre*, apoi faimoasa *Vom Kriege* de Carl von Clausewitz, apoi Sun Tzu şi adăugase teoriilor mulţi, poate prea mulţi, ani de experienţă pe teren. Se gândea rapid cum să exploateze şi această situaţie în avantajul lui. Se întoarse prin dulap în agenţie. Se preschimbă în detectivul influent şi ieşi liniştit pe uşa de la intrare, prefăcându-se că nu i-a observat pe poliţiştii ascunşi.

Se urcă în maşina lui Porsche şi făcu să urle în noapte ţevile de eşapament. Observă că maşina „controlorilor" lui făcea eforturi să-l urmeze, mai ales când trecu de câteva ori pe roşu.

Se duse să bea într-un bar la modă, parcând la vedere pe trotuar. Îi revăzu după opt minute. „Ca dulăi, sunt slabi", se gândi.

Intră în casă în vârful picioarelor. Clara, din fericire, dormea adânc. Adormi şi el. Ca un bolovan. Şi îl trezi lumina filtrată prin storuri. Se ridică, prepară ceva şi îi servi Clarei, cum făcea adesea, micul dejun la pat. Îi repetă mantra banilor, poate – o asigură – va câştiga atât cât să nu mai muncească niciodată şi, glumind şi râzând, făcură dragoste privindu-se în ochi. Chiar dacă el, se gândea ea, în timp ce-i simţea limba pe sfârcuri, probabil că o înşelase, cu o seară înainte, „cu nemernica aia siliconată". Chiar dacă ea, se gândea el, probabil că se întâlnise cu Sebastiano, asistentul ei preferat, „nimicul ăla“ cu care mersese la conferințele din Pistoia și Ferrara, dormind – descoperise asta în douăzeci de minute – în aceeași cameră matrimonială.

Rămâneau împreună pentru că era prea dificil să o iei de la capăt din orice altă parte. Pentru că, oricum, până la urmă, relațiile sunt mereu la fel. Pentru că „atunci când nu ai vrut copii, ca mine, iar ea își dorea, nu poți să spui pa, a fost frumos, când ea a trecut de vârsta când poți deveni mamă fără riscuri“. Și uite în ce punct te trezești, când timpul trece, trece, și – ești tot mai conștient de asta – viața ta se va sfârși în timp ce tu te vei întreba: „Ce s-a ales de mine?“

5

Genito verifică strada din blocul lui elegant de la începutul secolului XX. Clara ieşise deja, iar el se uitase la un jurnal de ştiri matinal mai ales pentru că îi plăcea atitudinea prezentatoarei, o siciliană brunetă, exact pe gustul lui. Paty şi Rosy, perechea de menajeri filipinezi, trebăluiau deja cu cămăşi de călcat şi legume de gătit. Clara programase o cină liniştită cu colegele de la facultate.

Genito simulă că udă florile de pe balcon şi îi văzu: doi îngeraşi noi fuseseră puşi pe urmele lui. Nu era nici o problemă. Se gândise bine la mişcările lui ulterioare.

De obicei conducea prudent, dar în dimineaţa aceea se dezlănţui într-o serie lungă de zigzaguri în trafic, până să ajungă la strada cea mai dreaptă şi lungă din oraşul M. Parcă maşina Porsche în spaţiul rezervat oamenilor cu handicap şi intră în Switati, un bar cu firma albastră şi măsuţele pe trotuar. Dacă ar fi trebuit să aleagă el, s-ar fi dus la Bube, în diagonală, un restaurant deţinut de clanurile din Puglia, unde se puteau vedea, la orice oră, cele mai frumoase curve din tot estul Lombardiei. Dar la Switati trebuia să lucreze. Comandă cappuccino, suc natural, cafea, lăsă servieta enormă cu documente, un fel de paralelipiped din piele roşie, pe o măsuţă din colţul marii săli, iar acolo începu să dea nişte telefoane şi să frunzărească ziarele.

Apoi, lăsând pe masă servieta şi ziarele, o şterse pe a doua intrare a localului. Dădea spre o galerie comercială: era uşor să dispari trecând pe acolo. Dar nu voia să dispară. Nu în acea dimineaţă. Voia doar să vadă cât de aproape era supravegheat. Îi plăcu să-i observe pe îngeraşi care, la rândul lor, ţineau sub observaţie ceea ce credeau că era uşa de la bar, pierzând vremea, senini, în maşina lor Renault roşie, lovită.

„Nu mi-au trimis două genii", se convinse. Şi astfel, trecând tot prin uşa din spate, se întoarse la micul lui dejun şi extrase dintr-un buzunar interior al genţii câteva documente pe care le selectase. Răsfoi numeroase tăieturi din ziare care-l priveau pe Elvio Wolfson, viaţa lui de burlac imortalizată la ieşirea din discotecile la modă, pe puntea unor bărci aflate pe mare, pe pistele de schi unde sosea cu elicopterul, îmbrăţişând fragile şi nobile doamne cu nasul în sus sau fete pline de sănătate, ambiţie şi silicon, pozând la inaugurările de şantiere şi la prezentările de automobile, şi motociclete, şi echipe de fotbal, şi avioane cu două locuri: ca el, erau vreo patruzeci în lume şi nici unul dintre toţi aceştia nu-i era simpatic lui Genito. Aruncă vreo câteva articole pentru detectivii trimişi pe urmele lui, care poate aveau să le recupereze din coş. Alese câteva imagini. Adăugă fotografii cu chipul unei bătrâne şi cel al unui băiat tânăr. Pregăti două dosare şi puse din nou în servietă ce îi trebuia.

La ora 13.00, cu certitudinea că tot îi mai are în coaste pe urmăritori, intră într-o mică, dar aprovizionată vinotecă, a cărei intrare dădea spre o stradă cu sens unic. Se numea Meglio Rossi și era administrată de două glorii bătrâne ale extremei stângi. Un băiețoi cu doi favoriți ca de vârcolac, spate lat de luptător și un abdomen zdravăn de ridicător de greutăți. Și un tip înalt, slab, cu părul rărit la tâmple, palid, care încerca să-și dea aere de ospătar perfect, dar se vedea că în loc să stea acolo să muncească, ar fi fost mai bucuros cu o undiță în mână și o țigară de hașiș în gură. Prietenia lor cu William, absolut apolitic în ciuda faptului că era fiul unui partizan, îl mira întotdeauna pe Genito.

Băiețoiul de la bar, care avea pantaloni roșii și tricou negru, culorile anarhiei, îi dedică lui Genito o plecăciune ironică. Ceilalți din bandă băuseră deja două sticle de spumant din provincia Veneției, preferatul lui William, și așezaseră mese și măsuțe de parcă erau niște școlari puși pe treabă. Erau acolo salamuri, farfurii de slănină, pâine din Puglia. Genito dădu o tură, salutându-i pe cei prezenți unul câte unul. Observă că lipsea Ercolino, un boxer faimos în anii '60, care umbla, vară, iarnă, cu haine la două rânduri. Întrebă cum de nu e și obținu un amestec de răspunsuri și glume.

– Nu se simte bine.

– Ce i s-a întâmplat, are SIDA și el?

– Nu, pneumonie. Își dădea prea multe aere, unul i-a mers de-a-ndoaselea.

– E la pat citind cartea lui Wolfson, pentru că vorbește despre un boxer fustangiu. Peste câteva zile, când se va trece la încasări, ai să vezi că ni se va alătura.

Ceilalți patru, Coltrane, Orio, Pasquale și Mia, se cunoșteau de mult. Numele real al lui Coltrane, mare pasionat de America și de jazz, era scris pe o lespede partizană. La sfârşitul războiului avea numai 17 ani şi în legătură cu el circulau zvonuri contradictorii. Unii ziceau că fusese un *fassulett*, un fascist al Republicii lui Salò, iar partizanii voiau să-l omoare. Alţii ziceau că fusese într-o brigadă comunistă în Ossola şi omorâse cu mâinile lui câţiva fascişti şi pe amantele lor. Un judecător din Novara voia să-l condamne la moarte, un grup de troţchişti voiau să-l omoare fără să deschidă procesul, în fine, Coltrane dăduse curs sugestiei unui unchi înţelept, vânător de munte refugiat în Elveţia, şi hotărâse cel mai bun lucru, iar rudele se prefăcuseră că l-au găsit mort. A fost recuperat, comemorat şi îngropat trupul unui neamţ omorât la Rogoredo. După puţin timp, Coltrane s-a întors în oraşul M. cu un nume fals, pe care puţini şi-l aminteau. Pentru toţi era Coltrane. Nu muncise niciodată. Chiar după război, fusese un expert al răpirilor, cu o abilitate specială legată de buncărele băncilor.

Orio, în schimb, fusese poliţist până în 1982, când Italia câştigase Cupa Mondială şi în chestura din Via Fatebenefratelli sosiseră primele femei comisar, dar nu din acest motiv plecase. Se zvonea că un informator inserase numele lui într-o listă de poliţişti, nume importante şi respectate, care „profitau". Erau numai exagerări, dar preferase să iasă la pensie. Rămânând însă pe piaţă – şi într-un stil mare.

Muncise ca barman în cluburile de noapte cele mai frecventate. Mai mult sau mai puţin la vedere, colaborase cu Direcţia Antidrog americană, agenţia DEA[1], care avea câteva birouri în Consulat. Strânsese ceva bani

[1] Drug Enforcement Administration

verificând sistemele de securitate ale unor industriași. Strada și noaptea îi plăcuseră mereu, chiar nu reușea să stea în casă, și îl stimulau să vâneze știri sau emoții prin orașul M.

Pasquale era cel mai tânăr din grup și vorbea cel mai puțin. Slab, scund, cu un cioc discret, antipatic, ochi deschiși pe care-i ascundea în spatele lentilelor de miop, uneori trântea un proverb sau o frază cultă. A-l defini un geniu ar fi fost mult, dar era un stahanovist, capabil să muncească fără să se odihnească. Dimineața se supunea legii, pentru că locul lui de muncă oficial era de arhivist la Prefectură, dar după-amiaza urmărea cuplurile clandestine în moteluri, vlăstarele familiilor bune, având de-a face cu traficanți, pe angajații din firme care negociau materiale mai mult sau mai puțin secrete, în barurile de pe Corso Sempione, unde se întâlneau cu spionii. Reușea să-și tripleze salariul de slujbaș la stat datorită aspectului său banal și atenției sale ieșite din comun.

Mia avea puțin și nimic dintr-o bună gospodină. Părul ei era lung și vopsit blond platinat, avea gene false, machiaj puternic, fuma, înjura, privea drept în față pe oricine și îi era ușor să-și folosească mâinile. Schimbase câteva vieți. Prima parte ar fi putut să inspire o poveste de Giovanni Testori. Apoi se căsătorise cu un bărbat de treabă și Virginia Woolf ar fi găsit interesante unele mecanisme ale acelei căsnicii. După moartea lui, fusese arestată pentru trafic internațional de droguri: nu putuse să spună că valiza de cocaină găsită în mașina ei aparținea prietenului fiicei celei mici. Numai datorită prieteniei, nu dezinteresate, cu Coltrane intrase în acel circuit de „colaboratori“ ai lui Genito, un tip care o ajuta să câştige mereu ceva.

– Probabil aţi auzit vorbindu-se de răpirea lui Wolfson. Auditoriul deveni atent şi tăcut. N-am dat încă un răspuns afirmativ definitiv, dar trebuie să ştiţi că e mai mult da decât nu, dat fiind că ieri a venit să mă viziteze soţia lui.

– Maresca... Zi, i-ai tras-o?

– Maretta se numeşte. Nimfeta Maresca era o altă poveste, era aceea care şi-a răzbunat soţul mafiot, Pascalone 'e Nola. Hai, te rog, suntem aici să muncim. Chestia e că dacă îl aducem acasă până la Marele Premiu de la Monza...

– Mai e puţin până pe 18 septembrie.

– ... pentru fiecare dintre voi vor fi cincizeci de mii de euro. Dar, atenţie, aş putea să ajung şi la o sută.

Genito obţinuse efectul dorit. Nici unul dintre ei nu mai văzuse vreodată atâţia bani fără să trebuiască să facă ceva foarte neplăcut. Pentru o asemenea sumă, Coltrane şi-ar fi istorisit o dată pentru totdeauna poveştile de război, Mia – poveştile ei de dragoste, Pasquale poate ar fi găsit puterea să-şi dea demisia din postul de slujbaş şi să-şi deschidă o agenţie de investigaţii conjugale, şi Orio, fostul poliţist, ar fi luat, în sfârşit, împrumutul pentru a cumpăra casa pentru Chiquita Ricciolita, o cubaneză pe care o cunoscuse la Varadero şi care se mutase în oraşul M., „unde mi-e atât de frig, dar am parte şi de atâta dragoste“.

Îi lăsă să reflecteze la consistenţa ofertei şi se amuză să se gândească la cât era de plăcut să fie groaznic de generos cu banii altuia. Se gândi la Maretta: i-o va trage mai târziu, nu avea nici un dubiu în legătură cu asta. Era o clauză tacită a contractului lor tacit. Îl încercă o ușoară euforie și îi veni în minte ideea lui pentru a rezolva răpirea. Riscantă, dar eficientă. Și excitantă, de ce să nege?

– Totul are un preț, zise cu voce tare. Și, fără ca nici măcar William să îndrăznească să-l întrerupă, adăugă: Nu glumesc. Decizia mea de a accepta sau nu depinde și de voi. Pentru că tot ce vă voi cere e la îndemâna voastră, e posibil de făcut, vreau să spun. Dar am nevoie de un efort enorm fizic și psihic din partea voastră. Ce spuneți?

– La naiba, Genito, da. Facem tot ce vrei, spuse Orio.

– Dar dacă nu-mi aduceți informațiile corecte despre Wolfson, dacă nu-l găsim, atunci nici eu nu sunt plătit și deci – voi mă înțelegeți – aș putea să vă dau doar un ramburs. Și un ramburs, pentru, să spunem, maximum cincisprezece zile de muncă, nu poate să fie mai mare de trei sau patru mii de euro. Desigur, în plus va fi recunoștința mea și posibilitatea de a vă solicita din nou.

Dezamăgirea coborî până și pe chipul barmanului cu perciunii neîngrijiți, care se prefăcea că șterge paharele, dar asculta pasionat.

– Nu există comparație, spuse Coltrane, între șase milioane și trei sute, scuzați-mă dacă vorbesc încă în vechea monedă.

– Scuze, Corrado, ai putea să ridici suma din ramburs în caz că ar ieși rău? întrebă William în numele tuturor.

– Nu. Nu există comparație între a-l găsi și a nu-l găsi, corect? De aceea, dacă o facem, pretind o muncă totală. Dacă cineva e implicat în altă chestie și nu se bagă, să spună imediat, ca să-l înlocuim.

Tăcere.

– Dar cum facem să reuşim noi acolo unde au eşuat oamenii şi mijloacele statului? întrebă fostul poliţist.

– Pentru că veţi avea o pistă şi, apoi, oraşul acesta nu e atât de mare.

– Aveţi dumneavoastră o pistă şi nu o au carabinierii? se miră funcţionarul de la Prefectură.

– O au şi ei, însă nu ştiu bine ce să caute. Eu, în schimb, cred că ştiu. E nevoie să cercetăm un teren puţin mai special. Şi să încercăm fără să ridicăm praful, pentru că nimeni, nici judecătorii, nici criminalii, nu trebuie să ştie că e o altă anchetă în curs, a noastră. Şi trebuie să porniţi din Via Mac Mahon.

– Lângă casa ta, spuse William Chiodi arătând spre Mia, rămasă nepăsătoare: nu voia să-i primească la prânz şi la cină.

– Campionul a parcat maşina pe o proprietate în reconstrucţie. Ştim că nu era prima oară când o făcea. Şi că se dusese în acel loc misterios de unul singur.

– S-a dus la întâlnirea cu cine l-a răpit?

– Nu, probabil că s-a dus la curve, spuse Genito.

– Fii serios, cu toate femeile pe care unul ca el le poate avea la dispoziţie?!

– Ideea e că trebuie să găsiţi persoana, lucrul, animalul, transsexualul, o prostituată, o iubire platonică, un preot, oricine l-a dus până acolo mai mult de o dată. Oricine ar fi, voi trebuie să aflaţi cine e şi să-mi spuneţi sau, la limită, să-l blocaţi până vin eu dacă vă temeţi că ne va scăpa.

– Dacă pui problema aşa, vrei să spui că Bomber avea vreun viciu special?

– Sau poate că acolo, în zona aia, s-a întâmplat ceva straniu care poate are legătură cu o femeie. E posibil ca poliţia să fi fost deja pe acolo, răspunse Genito, şi nu s-a prins. Se întâmplă.

– Ălora li se întâmplă mereu, zise în bătaie de joc Coltrane.

– Depinde, preciză Orio, care ţinea să-şi apere fosta tagmă.

– În fine, voi adulmecaţi orice lucru care ne poate conduce la răpitori, la cine a aruncat informaţia că în acea zi Elvio Wolfson era acolo şi putea fi prins. Ca să scoată bani buni. Fiţi atenţi la ce ascultaţi şi vedeţi, iar apoi vorbiţi numai şi numai cu William. Numai el poate să mă sune. Trebuie să fim prudenţi, e clar?

– E o răpire foarte, dar foarte anormală.

– Ei drăcie, vorbeşti ca la TG5, ce înseamnă anormală? De ce a răpi pe cineva e normal? Lăsaţi-mă să termin povestea asta, uitasem cât sunteţi de enervanţi. Cei doi care-l ţin...

– Ştii cine sunt?

– Da, se numesc Panarello şi Siddi, doi urmăriţi de poliţie. Au încercat să dea marea lovitură, dar din punctul meu de vedere nu e ideea lor. Dacă-l găsim pe şef şi locul unde l-au prins, poate ajungem la locul unde l-au dus şi trimitem poliţia. Şi poate, zic poate, încasăm banii iliciţi.

– Dar eu nu pot să mă pun rău cu colegii, se îngrijoră Coltrane.

– Eu da, chiar dacă aş avea probleme.

– Aveţi dreptate, îi opri Genito, şi dacă se va întâmpla, o voi face eu.

– E adevărat, aşa se schimbă totul, fu ironic Pasquale.

– Exact. Voi trebuie doar să descoperiţi cine, unde, cum etc., etc., să nu facem pe moraliştii. Şi apoi, ce e un coleg în comparaţie cu o viaţă mai puţin amară?

– E un lucru posibil, dar spune-ne măcar ceva. I-ai tras-o deja doamnei lui Bomber?

– Eu te întreb dacă ţi se mai scoală sau trebuie să iei pastiluţe? Sunteţi aici să munciţi, nu ca să pierdeţi vremea, inclusiv tu, William, ai înţeles?

– Te cunoaştem, ce vrei? Hai, mai bem un pahar de vin ca să sărbătorim învoiala? propuse Mia, ca să mai elimine din tensiune.

– Mai sunteţi încă aici?

Cei patru „secunzi ai lui Genito“[1], după cum se ridiculizau la ieşirea din vinotecă, îşi începură cursa cu obstacole de-a lungul străzii Mac Mahon, ignorând faptul că trebuiau să-şi construiască în primul rând un alibi. Dacă ceva mergea rău, Genito i-ar fi tras pe toţi după el, inclusiv pe William Chiodi, prietenul de o viaţă. În fond, era numai o anchetă făcută în paralel cu cea a poliţiei. O chestie curată.

Ideea care-l făcuse să râdă cu putere şi, în acelaşi timp, îl agitase peste măsură era însă alta. Mult mai periculoasă. De aceea, în noaptea dinainte trimisese sms-ul despre căţei de rasă pentru a obţine o întâlnire foarte, foarte rezervată, cu alte două persoane pe care le cunoaştea de mult. În loc să iasă cu ceilalţi clienţi de la Meglio Rossi, o şterse ascunzându-se în portbagajul maşinii Panda a barmanului mai voluminos, parcată în curtea interioară a clădirii.

---

[1] În original, expresia *secondo-Genito*, un joc de cuvinte, pentru că *secondogenito* înseamnă „al doilea născut“ (dintre copii). (n.tr.)

Poate că polițiștii mai erau încă acolo, în fața vinotecii, așteptându-l, în timp ce la ora 16.00, sosind fiecare pe cont propriu, Genito și invitații lui s-au întâlnit în curtea de la Castello Sforzesco, în mijlocul familiilor de chinezi care se fotografiau după o căsătorie cu multe limuzine negre. De acolo au mers de-a lungul curților: trei persoane pierdute printre alte grupuri.

Cel mai înalt își spunea Guglielmo, dar avea un alt nume. Era un rus de aproape șaizeci de ani și arăta, mai mult sau mai puțin, de patruzeci și cinci. Făcea, ca și Genito, pe „consultantul", dar la un nivel, categoric, mai scăzut. Nu-i mersese rău având în vedere că fusese în serviciile secrete sovietice și supraviețuise căderii Zidului Berlinului. Odată, Genito fusese în biroul lui de acoperire din Monza, unde tot mobilierul însemna un pupitru gol, un rastel pentru puști și niște fișete care reprezentau tot avutul lui. Cei doi se înțelegeau foarte bine de când se cunoscuseră într-o agenție din Atena, condusă de un general ucrainean. Oamenii cred că există numai CIA, ca agenție, dar lumea e plină de agenții diferite, adesea aflate în legătură între ele. Genito și Guglielmo lucraseră împreună în '93 și, alături de câțiva băieți îndemânatici, răpiseră un traficant de heroină turc și îl încredințaseră celor care comandaseră sechestrul, americanii de la DEA. Guglielmo, cu italiana lui cu accent german, îi povestise, într-o zi, colegului italian că a cheltuit, pe lângă whisky, vacanțe, femei, cocaină, mașini și mese de cazino, o sumă cuprinsă între douăzeci și două și douăzeci și șapte de milioane de dolari.

Drama lui – spunea – e că nu crezuse niciodată că va îmbătrâni, altfel ar fi economisit. Acum îl surprindeau ochii lui în oglindă, irișii de culoarea gheții, gene scurte, înconjurate de riduri, două faruri sub smocul de păr alb şi rar. Rămăseseră ingenui ca atunci când, adolescent fiind, începuse să citească înlăuntrul său şi să înţeleagă faptul că, de la viaţă, voia numai o serie de zile, una după alta, şi de nopţi, una după alta. Se mulţumea să vadă stelele dispărând în zori. Apoi o lua de la capăt. Consumase mult, cheltuise tot, spionase, şantajase, muncise, se supusese, ucisese, şi din viaţa aceea trăită pe nerăsuflate îi rămăsese o agendă cu femei care ţinuseră şi încă ţineau la el şi cu prieteni, unii foarte „grei“, care nu puteau să-i refuze aproape nimic. În plus, cum spunea, era miliardar în amintiri.

Cea care era alături de el putea fi enumerată atât printre fostele amante, cât şi printre criminali. Se numea Iole Pacifico, zisă Santa[1]. Văzând-o, cu valijoara în mâna dreaptă şi un taior albastru impecabil, ochelarii rotunzi şi albăstrui acoperind o privire aproape deloc liniştitoare, nimeni n-ar fi zis vreodată că era singura care ieşise din Cosa Nostra. La început, foarte tânără, participase la câteva răpiri de persoană, apoi se mutase în nord devenind spărgătoare de bănci şi traficantă de droguri. Fusese capturată într-o razie care urmărea să-i distrugă pe susţinătorii unui naş. După câteva săptămâni de puşcărie, se convertise. Ispăşise o condamnare de trei ani nu în închisoare, ci într-un apartament al poliţiei, şi îşi schimbase identitatea. Îşi făcuse operaţie estetică la nas, reducându-l din lăţime, şi i se făcuseră nişte transplanturi de păr, mai ales pe frunte, unde acum se încreţeau nişte bucle câlţoase. Încercase să elimine, fără

---

[1] Sfânta

prea mare noroc, pungile de sub ochi. Era puţin schimbată, dar rămăsese aceeaşi corectă şi de încredere delincventă de odinioară.

Nu ştia ce înseamnă ezitarea în faţa morţii celorlalţi. Simţise de multe ori gustul pe care-l lasă uciderea.

Ea a fost cea care a vorbit prima:

– Ascultă, Genito, eu te respect, dar nu ne povesti nimic. După cum ştiţi, proştii ăia de prieteni ai mei palermitani mi-au jurat-o. Nu vreau să risc să câştig atâţia bani dacă pe urmă nu voi putea să-i cheltuiesc. Cu Guglielmo am fost clară, dar el nu ştie să-ţi spună nu.

O străfulgerare de viclenie îi străbătu ochii frumoşi, născocise probabil unul dintre trucurile ei diabolice. În anturaj se ştia că fusese ea – sau unul de-ai ei – cea care păcălise prima detectoarele de metal ale băncilor, intrând în întreprinderile financiare într-un scaun cu rotile sau în cârje şi scoţând armele când era prea târziu pentru angajaţi.

– Dacă mă fac din nou văzută, până la urmă cineva mă recunoaşte şi mă omoară.

– Cum vreţi, însă mărturisesc că eu n-aş şti să spun nu în faţa unei sume de cinci sute de mii de euro pentru trei zile de muncă. Nu vă convine? Voi găsi pe altcineva. Prieteni ca înainte, da? se prefăcu că-şi ia rămas-bun Genito.

– Hei, aşteaptă puţin, amice. Măcar să vorbim despre asta, îl blocă rusul, căruia nu-i displăcea perspectiva unui asemenea câştig.

– Nu se vorbeşte despre aceste subiecte dacă apoi nu se realizează. Şi eu sunt superocupat. Ăsta e oraşul M., băieţi, şi cine nu are două locuri de muncă e un dobitoc, spun bine?

Santa râse.

Şi Genito spuse:

– Eu vă cer o colaborare scurtă, foarte scurtă. Destul de flexibilă, dar de mare profesionalism.

– Cât de scurtă?

– Cel mult, dar cel mult o săptămână, începând de astăzi, să spunem că nu sâmbăta asta, dar următoarea totul e terminat.

– Cu timpul nostru am reuşi. La limită, dar am reuşi, spuse Guglielmo şi o fixă pe Santa. Femeia îi întoarse, plictisită, privirea.

– De ce ar trebui să ne ocupăm?

– Răpirea Wolfson.

– O nimica toată.

– Îl deţin doi criminali pe care poate îi cunoaşteţi, spuse imediat ca să o facă pe Santa curioasă, iar aceasta spuse:

– Cine sunt?

– Doi calabrezi, Panarello şi Siddi.

– Glumeşti? Nu e posibil, ăia doi nu pot să gestioneze o răpire ca asta. Am avut de-a face cu ei.

– Las-o baltă, ce ne pasă dacă sunt paznicii sau boşii? Acum îl au ei. Soţia lui Elvio mă plăteşte pe mine şi eu vă plătesc pe voi pentru această operaţiune simplă, ale cărei detalii le-am studiat deja. Eu sunt mandatarul şi voi executanţii aceluiaşi proiect criminal.

Santa şi Guglielmo erau mai mult decât interesaţi, dar ultimul cuvânt trebuia să fie al Santei. Ea era cea care decidea. De aceea, Genito îi spuse:

– Ai fost mereu mai bună decât un bărbat, de ce nu mă ajuţi? Când o să ni se mai întâmple să lucrăm împreună?

Chiar dacă fusese un căpitan carabinier, Genito îi era simpatic. Ce îi propunea?

– Bine, dar depinde şi de ce beculeţ ţi s-a aprins. Începe să ne explici, fă pe viteazul.

– Am studiat dosarele care-l privesc şi am hotărât că putem încerca o cale.

– Care?

– O cale pavată cu obstacole şi bancnote de cinci sute de euro.

– Ai adresa vizuinii şi vrei să încerci o acţiune de comando, e evident.

– Greşit. Crezi sau nu, dacă aş şti, aş trimite poliţia.

– Nu te cred, dar spune-mi atunci, ce vrei să faci?

– Vom comite o infracţiune.

– Altfel nu ne-ai fi chemat pe noi, deşteptule.

– E un lucru foarte simplu. Problema mea e că nu pot acţiona de unul singur, cum prefer să fac de obicei. Dar eu voi sta cu voi. Aceeaşi parte. Aceleaşi riscuri. Vă băgaţi sau nu?

– În acest moment aş spune că da.

Şi Guglielmo dădu din cap în semn că da, trăgând tare din trabucul gros ca un cârnat.

– OK, atunci, ei îl au pe Wolfson, corect? Noi o răpim pe mama unuia şi pe fiul celuilalt.

Rusul şi siciliana se priviră.

– Dar eşti nebun?

Era o întrebare retorică. Genito nu era nebun deloc. Mai mult decât nedumeriţi, erau încordaţi. Guglielmo stinse trabucul după ce scosese câteva cerculeţe de fum, ca un virtuoz, sub porticurile castelului.

– Îi prindeţi, îi ţineţi pentru foarte puţin timp într-un loc pe care-l găsesc eu şi apoi dispăreţi. Îi eliberez eu însumi.

– Când spui tu, pare uşor.

– E uşor, de aceea va reuşi. Pune-te în locul lor, eşti dat în urmărie şi îţi este răpit copilul.

Santa îşi coborî privirea. Nu spuse că ei, când se convertise, îi omorâseră tatăl simulând că suferise un accident pe tractor, la Corleone.

Intrară în librăria castelului: era compusă dintr-o sală mare, dreptunghiulară, plină, în afară de cărţi, cu hărţi, documente, jocuri şi gadgeturi. Un tânăr slab şi blond mânca o prăjitură cu ciocolată împreună cu vânzătoarea şi le oferi şi lor.

– Noi ne tratăm bine clienţii.

– Poate mai târziu, răspunse Genito. Şi coborând vocea, continuă: Colegi, să ne gândim o clipă. N-am spus că trebuie să facem rău unuia sau altuia, asta e clar. N-am spus că trebuie să-i facem, nici pe departe, să sufere mai mult decât o fac deja, pentru că ce hal de viaţă au? Voi, mai ales tu, Iole, care eşti siciliană din Palermo, ştii. Percheziţii zi şi noapte, interogatorii, alibiuri şi avocaţi, responsabilitatea de a păzi banii celor din grup, întrevederile în puşcărie. O viaţă care e deja o închisoare. Ce credeţi că se întâmplă dacă îşi pierd libertatea pentru câteva zile?

– Ca avocat ai fi mare, glumi Guglielmo.

– Ideea mea e că noi îi luăm pe cei dragi lor pentru puţin, foarte puţin timp, minimum necesar, cât să ajungă la urechile celor doi daţi în urmărire. Ca să organizăm un schimb egal. Ei nu ştiu cine suntem. Dacă îi facem să creadă că le omorâm mama sau fiul, cad în plasă, ni-l dau înapoi pe Bomber și voi vă băgați în buzunar două sute cincizeci de mii de euro fiecare. Nu sunt puțini.

– Plata e disproporționată în comparație cu riscul.

– Știu că plătesc prea mult.

– Dimpotrivă. Dacă ne prind, ne dau douăzeci de ani. De data asta vor fi bani munciți din greu, îl întrerupse femeia.

– Și dacă ea se pocăiește din nou? întrebă Guglielmo continuând să glumească. Nu intră la închisoare și cei douăzeci de ani ai ei îi muncim eu și cu tine.

– Dacă îl aducem pe Bomber acasă, ea nu va mai avea pe nimeni care să o bată la cap, credeți-mă. Nu va mai avea nevoie să facă favoruri nimănui. Voi da niște bani și mamei, și fiului, ca ramburs. Și la sfârșit toți au trăit fericiți și bucuroși, ce poate să meargă rău? Spuneți-mi. Dacă lucrăm ca niște profesioniști, așa cum și suntem, cine să ne bage în încurcătură?

– Recunosc că ideea e bună și inovativă, așa se spune? continuă rusul.

– Mi-ai luat vorbele din gură. Și, în fond, ne cunoaștem de ani de zile, nu? Dacă rezolvăm afacerea asta noi trei, cine poate să ne trădeze? Locul unde-i voi ține pe prizonieri e sigur. Hai, ultima ofertă. Trei sute de căciulă și nu mai discutăm. Șase sute de mii de dolari sunt un noroc.

– Ei, spusese – și euro!

– De ce, ce-am spus?

– Merge pentru șase sute de mii de euro, ștrengarule. Însă am o întrebare. Una singură, spuse Santa.

– Te rog.

– Doamna e cuprinsă în factură? întrebă.

Poate că era adevărat ce se spunea despre ea, că îi plăceau mai mult femeile decât bărbații. Subiectul Maretta era tare, se gândi Genito, care nu răspundea nimic nici unuia.

– Deci, unde mergem să studiem documente, hărți și situații?

– Nicăieri. În mașină am două genți, dacă veniți după mine... A, așteptați să-mi cumpăr cartea prostului ăluia.

Era un teanc cu *Soția campionului*, luase una.

– Cum e? îl întrebă Genito pe librar.

– Se vinde. Dum cum veți afla, dă foarte multe detalii intime din viața unui boxer bătrân, unul care, la sfârșit de carieră, a luptat în toată lumea și a întâlnit o fetiță cu câteva săptămâni înaintea ultimului lui meci. Se iubesc și, în timp ce el face antrenamentele, află de la televizor că ea tocmai s-a sinucis, aruncându-se sub metrou. Puțin după aceea, îi aduc în sala de antrenament jurnalul ei, cu zece cântece. El, atunci, oh.

– L-ați citit?

– Vreți un răspuns sincer? L-am terminat cu greu. E plin de semne de exclamare, de adverbe, de descrieri ale cerului și ale vremii. Dacă vreți un roman polițist bun, de ce nu cumpărați unul de Colaprico?

– Nu se va întâmpla niciodată.

– Scuzați-mă, cum așa?

– Lasă, ăluia trebuia să-i smulg urechile cu ani în urmă. Cât vă datorez?

Plecară din librărie; o altă pereche de chinezi se fotografia în fața fântânii, iar doi polițiști pe cai urmăreau traficul.

– Astăzi e atâta smog că nu se poate respira, n-aş vrea să mă îmbolnăvesc... imediat ce vin banii de la tine, plec în Cuba şi rămân acolo până la sfârşitul anului, spuse Guglielmo.

– Altul care vorbeşte de rău oraşul care-i dă să mănânce, unul care spune că aici nu se simte mirosul anotimpurilor ca „la noi în Crimeea". Dar de ce nu rămâi în Crimeea?! Eşti un amator în oraşul M., nu ca mine şi Corrado, noi aici suntem ca peştii în apă, spuse Santa.

– Ceva dreptate are, oraşul M. devine, pe an ce trece, mai rău. Din fericire, nu am copii.

Santa dădu din cap.

– În afară de faptul că, în martie, când a fost valul acela de căldură plăcută, se învârteau prin oraş ditamai hormonii ca veveriţele şi era de-ajuns să pui urechea pe zidurile caselor dincolo de care era numai o gâfâială, o respiraţie sacadată, un „te iubesc", „mă iubeşti", „vino aici să te operez". Oraşul acesta, în comparaţie cu restul Italiei, a ales anotimpurile cele mai bune.

– Vrei să spui diferite, spuse Genito.

– Cele mai bune, Corrado, cele mai bune, pentru că sunt doar două, şi nu patru ca în toate celelalte locuri. E anotimpul închis şi cel luminos, şi se aseamănă între ele, se modifică doar felul în care te îmbraci. Oi fi trăit într-un sat cocoţat pe un deal, dar îmi place grozav să mă plimb prin oraşul M., pe aceste străzi drepte, unde nu oboseşti prea mult, mergi şi te gândeşti, analizezi ce vei putea face, cum vei rezolva o problemă.

– Unde vei face un mic jaf, adăugă Genito.

– Unde vei comite o crimă mică, râse Guglielmo.

– Da, şi astea, pentru că aici e mereu cineva de la care să ceri informaţia corectă. După voi, de ce se întâmplă asta, pungaşilor? Numai aici există şi rezistă persoanele care ştiu tot. Poate că fiecare ştie tot despre un mic sector, unul de buloane, altul de vitrinele magazinelor, altul despre statuile Domului. Dar dacă-l ştii pe cel care ştie tot, poţi afla ce te interesează în câteva ore. Şi asta e frumuseţea oraşului M., cunoaşterea. Să ştii cum se învârte lumea. Pentru că dacă ştii asta, eviţi curbele strânse, aţi înţeles, voi doi, mereu cu comploturile voastre ascunse de poliţişti internaţionali, unde vă aflaţi? Şi de ce îmi place atât de mult să stau aici? Îmi place atât de mult să stau aici, că aş putea să angajez o armată şi să omor pe cine mă împiedică să fiu fericită în oraşul meu, spuse, iar Guglielmo o fixă, cu ochii măriţi din cauza neliniştii.

– Ce spui?

– Nimic, nimic, gândeam pentru mine.

Ajunseseră la maşina lui Genito, care extrase din portbagaj două genţi şi le puse pe trotuar. Le indică.

– Asta e pentru tine, Iole. Este şi o hartă a zonei unde vei acţiona. E lângă La Spezia. Şi asta e pentru tine, Guglielmo. Mai simplă. Sper ca totul să se termine repede şi bine.

– Putem să folosim colaboratori?

– Pe mine mă interesează rezultatul, mă bazez pe judecata voastră. Luaţi genţile după ce voi trece de semafor, vă rog.

6

Marți, la 9.00, o femeie cu o uniformă închisă la culoare coborî dintr-o mașină cu un portbagaj foarte încăpător și sună la casa Brigidei Panarello. Era la țară, la capătul satului, două etaje înguste și întunecate, cu acoperișul prost aranjat. Bătrâna era foarte neîncrezătoare.

– Doamnă, v-am spus că sunt de la agenția de mesagerie rapidă. Înțelegeți acest cuvânt? La fel ca telegramele. Am un mesaj pentru Brigida și Nino. Dumneavoastră nu sunteți Nino. Sunteți cumva Brigida?

Bătrâna lăsă să se deschidă ușa pe care o ținu însă închisă cu lanțul. Exact cum prevăzuse Genito.

– Doamnă, m-ați văzut? Ce, vă e așa de teamă de mine?

– La vârsta mea nu mi-e frică de nimic. Plicul.

– E un pachet cadou și nu încape, uite! spuse Iole, împingând obiectul spre ușă și izbindu-l de uscior: Uite!

Brigida zâmbi.

– Înțelesesem o telegramă. Așteptați, așteptați, că deschid.

Femeia deschise larg ușa și ochii i se închiseră după ce primi, fix în centrul feței, un pumn. Iole Pacifico știa cum să procedeze, legase casieri și directori de bancă.

Cu panglica de împachetat îi puse călușul, legându-i apoi mâinile la spate. În câteva minute făcu inspecție în casă, inclusiv în poduri și în pivnițe. Putea s-o ia de acolo. „Pentru a face să reușească bine farsele, e nevoie de Sfânta Răbdare", își spuse. Fluieră. Doi bărbați în salopetă coborâră din mașină și se duseră să o ajute.

Întâlnirea cu Guglielmo era după-amiază, într-o colibă la Cusano Milanino, una dintre zonele părăsite, achiziționate de *dottor* Fulvio Wolfson și aflate de câteva ore la totala dispoziție a lui Genito. O vastă pardoseală plină de praf și o mică ușă pe stânga. Acolo, în capătul coridorului, se deschideau trei uși, iar bătrâna mamă a urmăritului fusese așezată, legată, cu o cagulă pe cap, în biroul mai mic. Pe scaunul de alături, și el legat, cu ochii acoperiți și cu căluș în gură, era un tânăr de aproape douăzeci de ani, băiatul pe care Siddi nu-l recunoscuse niciodată, făcut cu o funcționară de la primărie. Se numea Edmondo, și rusul Guglielmo îl capturase fără dificultate.

– Mergea pe stradă să ia autobuzul, de acasă la facultate, pentru că e băiat bun, când a văzut un biet bătrânel extracomunitar care nu reușea să pună în mașină pungile cu cumpărături. „Pot să vă ajut?" a întrebat bietul șoricel. Iar acum e aici și să vedem dacă vom reuși să facem o negociere așa cum trebuie, îi povestea lui Iole Pacifico, ținând în gură o minge de ping-pong pentru a-și modifica timbrul vocal.

Bătrâna doamnă Latella in Panarello vorbi după nici o jumătate de oră. Guglielmo luase două cărți de telefon și, ținându-le împreună, o lovise peste coapse și peste spate. În mai puțin de trei minute fusese convinsă să înregistreze pe o casetă un mesaj pe care Genito îl scrisese și îl băgase în dosar: „Fiul meu, acum știu pe pielea mea ce simți când ești răpit. Ascultă-mă bine: fără să-i faci nici cel mai mic rău domnului de la Formula 1, înapoiază-l imediat, acolo unde se află. Lasă-l să plece, trimite-l spre o patrulă, fă așa, altfel nu mă vei putea revedea teafără. Nu greși. Împreună cu tine e o persoană pe care n-o cunosc, însă cei care sunt cu mine acum mi-au spus că aici, aproape – eu nu-l pot vedea –, e un tânăr care se cheamă Edmondo". Pe fundal, plânsul băiatului și o melodie arăbească.

Muzica fusese amprenta de clasă dorită de Iole Pacifico, care oprise înregistrarea.

– Noi trebuie să ne purtăm ca niște răpitori adevărați. Și, dat fiind că nimeni nu trebuie să reușească să ajungă la noi, suntem prudenți, nu-i așa, prietene? Eu stau aici liniștită să fac pe paznicul.

Cei doi răpiți se plânseseră, dar nu mai mult de atât. Bătrâna mamă rămăsese nemișcată, ca o stâncă, ore întregi, studentul, în schimb, își agita piciorul drept și încercase numărul clasic al tinerilor.

– Dar ce legătură am eu?

– Suntem adepți ai pedepselor biblice, i se răspunsese.

– Greșelile taților cad asupra fiilor?

– Se vede că mergi la școală, bravo.

– Nu am tată.

– Nici eu.

Și asta a fost tot.

Rusul ieși cu caseta și cu micul aparat de înregistrare. Trebuia să dea foc mașinii furate la Santa Margherita Ligure de Iole și să-i încredințeze caseta lui Genito.

Nu avură probleme cu mașina, lăsată la Parco delle Groane, nici cu apelul către detectiv, dat de la o cabină din gara Bollate Nord. Guglielmo extrase din portofel un bileţel compus de Genito şi sună pe un număr de mobil.

– Putem să vindem doi căţei.

– Bine, ai şi pedigree-ul?

– Da.

– La ce oră?

– Peste o oră.

– OK.

Acum zarul era aruncat, n-aveau cum să mai dea înapoi, îşi spuse Genito.

Guglielmo se duse să bea un ceai într-o cofetărie lângă Piaţa Cavour. Trecu pe la baie înainte să iasă şi lăsă caseta înregistrată în coşul cu prosoape murdare. Câteva minute mai târziu, Genito comandă un „americano“ şi întrebă unde era toaleta. Recuperă caseta, bău cocteilul şi se duse să piardă vremea la librăria internaţională din apropiere. Peste puţin timp trebuia să primească telefonul. Făcu o plimbare prin grădini, pe sub statuia lui Indro Montanelli: era un loc bun pentru a sta liniştit.

Celularul pe care Maretta Zara i-l lăsase sună.

– Suntem noi.

– Da, ştiu, dumneavoastră, cum spunem noi cei din oraşul M., aveţi chiar o voce de băutură gazoasă, spuse Genito.

De cealaltă parte fură câteva secunde de tăcere, înainte de un ezitant:

– Şi dumneavoastră cine sunteţi?

– Un prieten de familie.

– Cum fac să ştiu că nu eşti poliţist? Ştii ce fac, acum trec la consecinţe extreme, oricum am înţeles că povestea asta nu merge cum ar trebui.

– Pot să vă demonstrez că nu sunt poliţist.

– A, da? Cum?

– Vă pun să auziți o poveste interesantă, aveți puțină răbdare. Cunoașteți Biblia?

– Vrei să mă faci să pierd timpul ca să localizezi apelul, idiotule.

– Hei, hei!

Genito pornise aparatul de înregistrat și îl lipi de microfon. Lăsă să curgă plânsul femeii, sughițurile speriate ale băiatului. Și întrerupse brusc sunetul.

– Ochi pentru ochi, dragul meu, cum vrea Domnul nostru.

– Dar cine sunt ăia doi?

– Știi foarte bine.

Comunicarea se întrerupse. Genito căscă. Când era căpitan de carabinieri, intrase neînarmat într-o bancă unde se baricadaseră trei jefuitori și îi convinsese să abandoneze armele și ostaticii. Negocierile erau punctul lui forte.

Verifică să nu fie urmărit și se prezentă la casa Marettei Zara. Escortat de Manu, urcă la etajul al treilea al unui minunat apartament la Brera, unde fusese primit într-un salon cu bolte înalte care avea, în colțuri, patru coloane, iar pe pereți tablouri antice. Era posibil să fie casa unuia dintre strămoșii Wolfson, care, din nenorocit în nenorocit, fusese lăsată moștenire ultimului ticălos al stirpei.

Maretta apăru cu un halat pe sub care arăta, fără cea mai mică pudoare, un compleu de lenjerie compus dintr-un sutien fără bretele, foarte colorat, în nuanțe de verde și maro, care stătea pe ea numai pentru că avea sânii tari, și o pereche de chiloți roșii, minusculi, cu o sforicică atârnând pe șolduri.

– Pot să-mi scot haina măcar?

– Nu am mult timp, trebuie să merg la o petrecere, doi prieteni își inaugurează noua casă. De fapt, ai putea veni cu mine.

– N-am chef să fiu văzut. Am trecut pe aici ca să-ți spun că accept și că...

Nu îl lăsă să termine. Îl cuprinse cu brațele după gât. Și Genito o sărută. Se opriră, se priviră și ea se duse să închidă ușile camerei. Se întoarse, se așezară față în față și se ajutară să se dezbrace. Pentru ea nu fu nevoie de mult timp. Îi opri mâna.

– Așteaptă o clipă.

Ca și cum ar mai fi uitat să închidă vreo fereastră sau telefonul, se duse să-și ia geanta, lăsată pe canapea, căută și, în fine, îi arătă nu un prezervativ, cum credea Genito, ci o cutie cu cremă.

– Ajută-mă să mă dau cu ea, îi ordonă, întinzându-se pe covorul albastru.

Bărbatul citi eticheta, era un gel stimulator.

– Nu am nevoie.

– E pentru mine, nu pentru tine. Și nu face pe nebunul, ascultă și gata, spuse desfăcându-și picioarele.

Genito o sărută.

– Unde trebuie să te dau cu ea? Pe spate?

– Ar trebui să știi unde încep fetele să fie fierbinți.

Insistă cu degetele unde știa, Maretta închise ochii și dădu capul pe spate. Nările se deschideau și se închideau, mușchii abdominali se întindeau ca și cum stăteau să se rupă, era așa de frumoasă în timp ce vorbea și se mișca, era pătimașă.

– Acum acționează mai mult, spuse, ducându-se să se sprijine de canapea, cu o mână întinsă în față, printre perne, şi cealaltă pe pubis, ca să continue singură să-şi întindă crema excitantă.

– Vreau să te simt în mine.

– Nu pe canapea, vino aici, spuse Genito. O împinse spre o masă de joc, plină de sertare şi, întinsă cu abdomenul pe acel lemn neted, cu fundul în aer şi mâna în zona inghinală, blonda Miss Sorriso se întoarse să-l privească: nu se prefăcea, nu era una care se prefăcea în pat. Cu siguranţă în viaţă era capabilă să înşele, dar nu pe masa aceea de joc.

Genito făcu totul ca să interpreteze dorinţele unei femei care nu mai vorbea şi respira tot mai gâfâit. O făcea obligându-se să nu dea greutate faptului că i-o trăgea „ştirii anului“ – adică, aşa cum se corectă în minte –, „soţiei ştirii anului“, chiar dacă vremurile pe care le trăim sunt pline de tragedii, de neînţelegeri şi de cele mai rele ştiri care privesc continente întregi şi nu doar fiinţe umane solitare, fragile şi nenorocite.

Auzise spunându-se, poate chiar de la prietenul său poliţist, Bagni, că persanii, făcând dragoste, se concentrau asupra unei cutii închise, şi în interiorul acestei cutii închise era o altă cutie închisă, şi aşa mai departe, ca să reziste cât mai mult posibil în aşternuturile dragostei, dar era un lucru legat de persani care nu aveau la ce altceva să se gândească. Însă da, era dificil să nu te abandonezi, şi apoi ea, acum, era foarte aproape de orgasm.

Privi părul scurt şi ciufulit care lăsa descoperită ceafa arcuită, îl dădu la o parte de pe gât, tăcând în timp ce ea repeta „da“ şi se abandona, ca şi cum i s-ar fi îndoit picioarele. Atunci el a făcut-o să alunece pe paviment şi i-a spus simplu:

– Desfă picioarele.

Şi reîncepu să facă dragoste ca şi cum ar fi cântat o muzică din puţine note, dar care trebuiau să fie chiar cele potrivite ca să nu iasă falsă. Cântă până când simţi un şoc în centrul şirei spinării şi atunci se pierdu definitiv şi se abandonă, continuând să împingă până la final.

Nu era uşor să te înţelegi prima oară, cu certitudinea că ai luat şi ai dat tot ceea ce era de luat şi de dat. Maretta rămase goală să privească frescele din tavan ca şi cum nu le-ar fi văzut niciodată până atunci.

– Nu e deloc rău, îi spuse.

– Am început să fac lucrurile astea cu cinci ani înainte ca tu să te naşti.

– Nu ţine de experienţă.

– Păi, experienţa ajută, şi pentru că n-am mai făcut-o niciodată cu o femeie atât de urâtă.

Sunetul celularului îl salvă de Maretta. Era aceeaşi voce de sifon.

– Cine eşti?

Genito îi făcu semn femeii să nu răsufle. Îşi dori ca Manu să fi fost mai eficient faţă de seara precedentă, în care i-o adusese pe Maretta la birou, şi casa să fie într-adevăr lipsită de microfoane. Nu avea nici măcar un mic scanner pentru a verifica. Hotărî să încerce, oricum, un dialog abia inteligibil.

– E ultima ta problemă să ştii cine sunt. Ai una mai urgentă, prostule. Depinde de tine şi de prietenaşul tău să stabiliţi cât să faceţi oamenii să sufere. Să ştii că o persoană dragă e în mâinile unui duşman e emoţionant, nu?

– Eşti un nenorocit, prietenul tău e un om mort.

O spusese. Şi acum era rândul lui să reacţioneze, folosind cuvintele şi tonul potrivite.

– Nu e prietenul meu. Nu mă interesează deloc dacă e viu sau mort. Dacă vrei, ucide-l.

Maretta părea în pragul unei crize de nervi, se apropiase de telefon.

– Omoară-l, trimite-mi-l înapoi cu picioarele rupte, cu fundul făcut praf, fără să mai poată scoate un sunet. Pentru mine e acelaşi lucru. Ai înţeles? Iar acum, dacă-mi dai voie, du-te dracului. Am treabă. Dacă mai vrei o şansă, ultima şansă, sună peste două ore, spuse şi închise telefonul.

Femeia rămăsese fără cuvinte.

– Ţi-am spus că am acceptat cazul. Lasă-mă să-mi urmez metoda.

– Dar tu eşti nebun, criminal sau ce naiba?

– Lasă.

– Lasă?

Scena isterică fu oprită de Genito.

– Nu-ţi face griji, Maretta. Ai încredere în mine şi uită ce ai auzit. E ca în bătăile dintre cei beţi, cel mult zboară câţiva pumni, dar trebuie să demonstrezi că nu ţi-e frică. Acum tu du-te la petrecerea ta, eu am un telefon de primit.

– De ce nu vii şi tu pe urmă?

– Vin să te văd mâine dacă vrei. Aduc eu crema.

M. părea un oraş marin. Localurile erau pline de tineri care beau cocteil cu lămâie verde. Genito luă metroul pe linia verde şi coborî la Gara de Nord. Voia să se ducă să verifice personal ostaticii: ai lui. Dar înainte voia să primească telefonul de la răpitor: al celuilalt.

„Da, e puţin riscantă, şi totuşi ideea începe să dea roade“, se elogie.

Tocmai bea o cafea când sună celularul; ieşi din barul gării, urcă o scară ca să se ducă lângă capela religioasă, care era mereu goală.

– Au trecut exact două ore.

– Eşti un calabrez ignorant, dar eşti punctual.

– Te-am sunat ca să-ţi spun că prietenul tău e mort.

– Îmi pare rău pentru ai tăi, atunci nu mai avem nimic de...

– Aşteaptă.

– Aştept.

– De ce nu te interesează dacă e viu sau mort?

– Aş putea să-ţi răspund că e secret profesional. Dar adevărul e că eu iau banii ca să închei nenorocita asta de poveste şi, dacă trebuie să se termine în sânge, să se termine în sânge. Sângele se uită. Mai ales al celorlalţi. Şi eu nu am probleme, nerodule. Eu nu sunt ruda nimănui. Tu, în schimb, eşti tatăl băiatului sau fiul bătrânei?

– Du-te dracului.

– Hai, eşti cel care începe cu litera P sau cu litera S?

– Sunt fiul.

– Bine, dragă domnule P.

– P? Mă şi cunoşti? Bravo, nenorocit împuţit ce eşti!

– Ai vrut să joci la o masă greşită, iar acum poţi doar să limitezi pagubele. Dacă eşti de acord să faci schimbul, pentru tine şi celălalt sunt oricum două milioane. Ţi le dau, chiar dacă eşti idiot. Multinaţionalele sunt generoase. Spune-mi unde sunteţi şi vă aduc eu banii.

– Nu sunt nici idiot, nici prost. Când vei afla unde suntem, ne trimiţi poliţia şi economiseşti şi banii.

– Da, aşa mă duc şi eu la închisoare.

– Tu eşti protejat de cei bogaţi.

– Oricât de bogaţi sunt, nu-i pot cumpăra pe toţi poliţiştii şi pe toţi judecătorii.

– Ajung un procuror-şef şi un judecător de tribunal.

– Crede-mă, eu nu vreau să fiu prins, exact ca şi tine, şi nu vreau să afle cine sunt. Dacă n-ar fi la mijloc munca noastră, nu m-aş fi ocupat niciodată de tine şi de asociatul tău, nu-i vânez pe cei daţi în urmărire. Eu îi protejez pe cei care mă pot plăti.

– Şi banii unde sunt?

– În orice parte din lume îi vrei. Sunt deja peste graniţă, e de ajuns un telefon şi se transferă. Spune-mi tu pe numele cui.

– Nu, aşa nu merge. Mi-i aduci tu, singur, la adresa pe care ţi-o voi da. Dar eliberează-i pe ai noştri imediat.

– Nu poate funcţiona aşa.

– Trebuie să funcţioneze aşa. Ei nu vor face nici un denunţ, dar eu voi suna. Dacă sunt liberi, eşti un om de cuvânt şi, în acest moment, două milioane sunt mai mult decât am putea obţine. Crede-mă.

– L-aţi omorât?

– Deci te interesează.

– E viu?

– E viu.

– Dă-mi-l viu şi cresc la două milioane şi două sute de mii.

– Zece la sută? Facem douăzeci şi în seara asta îi dau să mănânce şuncă.

– Bine, două milioane patru sute. A, evident, nu glumesc. Nu am glumit niciodată. Dacă mă trageţi pe sfoară, pe ăia doi pe care-i eliberez îi prind din nou şi îi omor.

– Am înţeles. De aceea eu am încredere în tine şi tu în noi.

– Spune-mi adresa.

– Nu acum. Te sun mâine, tu eliberează-i imediat. Şi fă rost de bani.

– Bine.

– Bine?

– Bine. Acum să vedem cum ne punem de acord în legătură cu unde şi cum să vorbim din nou. Eu am încredere în tine şi la fel şi mama ta trebuie să aibă încredere în tine, pentru că o greşeală din partea voastră costă mult pentru mulţi dintre cei care poartă numele tău...

– Mâine la 16.00, la telefonul ăsta.

– La 16.00, confirmă Genito şi închise.

Trebuia să o anunţe pe Maretta şi să recupereze...

Se gândi câteva secunde.

„Da, cer zece milioane. Mi-am tras pe merit un mic câştig, ăia nu vor vorbi niciodată şi, dacă vorbesc, cât poate să valoreze cuvântul unui infractor dat în urmărire?"

Îi trimise un mesaj lui Guglielmo. Îl luă din staţia de tren şi, împreună, se întoarseră la fabrica părăsită. Le administrară nişte narcotice tânărului student şi bătrânei doamne, îi închiseră în portbagajul unei maşini break tocmai furate şi îi lăsară pe un câmp, la mică distanţă de aeroport, cu câţiva bani în buzunar.

– Aşteaptă sms-ul de la mine cu parola „peşte roşu". În ziua următoare, la 11.00, trimite-o pe Santa în galeria care e în spatele barului Switati ca să vă plătesc.

– Scuze, am terminat deja?

– Voi da, eu mai am încă de transpirat.

– Eşti mare. Şase sute de mii pentru două zile de muncă.

– Mama îmi spunea mereu: „Corrado, eşti prea bun“.

Trebuia să mai facă încă un lucru. Adică, gândindu-se mai bine, două. Primul era absolut necesar, al doilea era o lovitură de clasă.

Avea pe statul de salarii un fost subofiţer care, de când ieşise la pensie, lucra drept colaborator extern într-o agenţie foarte bine cotată. Şi această agenţie avea dintotdeauna cele mai bune intrări la centrala de interceptări care colabora cu Ministerul de Justiţie. Se întâlni cu fostul subofiţer în dimineaţa următoare, după un alt sistem de mesaje omologat. Şi, în curs de câteva ore, avu o serie de răspunsuri liniştitoare. Telefoanele lui, inclusiv cel cu care ţinea legătura cu răpitorii, erau curate. Putea să stea liniştit.

– Ştii, magistraţii lucrează acum pe două fronturi. Răpirea lui Wolfson, şi tu n-ai probleme. Apoi este povestea unui killer care trebuie să sosească în oraşul M. E un denunţ al americanilor, aşa că toţi se întreabă cine vine. Tu ai legături cu americanii, nu?

– Sigur, ca noi toţi. Urmăresc cazul Wolfson, vreau să ştii asta. Deci sunt liniştit liniştit liniştit?

– În ce priveşte telefoanele, da. Dacă te urmăresc însă, asta nu pot s-o ştiu. Şi nu cred că e cazul să pun întrebări, nu?

Plecă din biroul prietenului său şi se duse pe jos în Piaţa Domului. Era o zi care îndemna la mers, poate avea dreptate Santa când vorbea frumos despre străzile oraşului M. Decise să continue până la Palatul de Justiţie.

Stătu la rând pentru control, urcă la etajul al patrulea, cel al viceprocurorilor şi, destul de greu, găsi biroul lui Armando Plebei.

O secretară blondă, cu ochi negri, şi o secretară brunetă, cu ochi albaştri, îi spuseră să aştepte afară şi, puţin după aceea, apăru în uşă însuşi Plebei.

– Corrado, de cât timp...

Îl îmbrăţişă şi-l invită să intre într-un birou mult mai spaţios decât celelalte. Înainte să-i indice un scaun, îl duse spre un perete acoperit cu fotografii şi îi arătă una.

– Eram tineri...

Genito se revăzu mai slab, cu barbă, în uniformă, împreună cu oficialii de la Direcţia de Combatere a Crimei Organizate. Lângă el, era un Plebei fără riduri şi chică. Îşi amintea bine acea fotografie: o făcuseră după ce descoperiseră o ascunzătoare a Brigăzilor Roşii şi el, prefăcându-se că este fratele unui alt carabinier ucis, se năpustise asupra celui mai fragil dintre brigadieri şi prostul ăla de muncitor textilist, fără nici un Dumnezeu, un neisprăvit cu un pistol semiautomat în mână, începuse să mărturisească.

– Ce vremuri, ştii că mă gândesc din când în când? Idioţii ăia luptau împotriva multinaţionalelor imperialiste, S.I.M.-urile[1], şi uite cum am ajuns astăzi, Armando. Cu companiile private care contează mai mult decât guvernele şi tratează statele şi politicienii ca şi cum ar fi nişte angajaţi temporari, de concediat de pe o zi pe alta, spuse Genito.

– Preferai să fii condus de brigadieri?

---

[1] Stato Imperialista delle Multinazionali – Statul Imperialist al Multinaţionalelor

– Te rog, spun doar că răspunsul lor era greşit, dar unele dintre analizele lor erau corecte. Şi, de fapt, vei vedea dacă mă înşel, peste vreo zece ani se va trage din nou în Europa şi, în opinia mea, şi în America. Şi nu vor mai fi islamişti sau ceceni.

– Chiar nu cred. Oricum, ştiu ce ai venit să-mi spui.

– Dragul meu, am venit să-ţi spun doar că voi încerca să mă mişc după reguli şi că, dacă ai dubii despre familia Wolfson, sau despre ce se întâmplă în ce priveşte miezul răpirii, tu mă suni şi eu, dacă pot, vă ajut. Asta-i tot. E deschiderea unui canal de comunicare. Nu e nevoie, sigur aveţi metodele voastre, însă acesta e numărul meu de celular, spuse Genito, întinzându-i o carte de vizită cu numărul de telefon pe care-l folosea pentru convorbirile mai inofensive.

Viceprocurorul Armando Plebei se uită la cartea de vizită şi apoi la vizitator. Privi fotografia de pe perete. Zâmbi.

– Apreciez.

Era evident că nu-l credea, dar fu foarte politicos şi vorbi un sfert de oră despre sport, politică, film, fără să mai facă nici o referire la anchetele despre Wolfson. Numai înainte să-l salute, îl întrebă:

– Corrado, scuză-mă dacă îndrăznesc, dar americanii ne-au semnalat sosirea unui killer. Ştii ceva despre asta?

– Ceva.

– Adică?

– Ştiu că semnalarea vine din fosta Iugoslavie, dar are legătură cu unul care a operat deja în Italia, şi la fel în oraşul M. E un ucigaş plătit, cu legături cu mafia, cu ancore din Palermo până la New York.

– Deci e adevărat?

– Adevărat e un cuvânt mare. Mai ştim ce e adevărat sau fals, Armando? Îţi mărturisesc ceva. Uneori, un prieten, care e agent CIA la pensie şi e titularul câtorva agenţii de informaţii, mă sună şi îmi dă să controlez unele persoane sau unele societăţi. Ascultându-l pe el, unul e terorist, altul un spălător de bani, dar pentru mine, care controlez, pe bani, nume şi sigle, sunt toate nişte prostii. Şi îl suspectez că inventează el tâmpeniile, ca să păcălească vreun industriaş speriat şi preocupat de afacerile lui. Şi de data asta m-a sunat el, americanul, ca să-mi aducă la cunoştinţă. Se teme de-a dreptul că acest ucigaş plătit poate să fi fost trimis în oraşul M. ca să mă omoare pe mine. Mă vezi? Îţi par nervos? Numai prostii, ascultă-mă. Şi pentru că, într-adevăr, nu cred că am lăsat vreodată atâtea urme ca să mă las prins de un killer.

– În ce cercuri te învârţi, Corrado?

– Cercuri grele, prietene. Rentează. Muncesc mult în străinătate, aşa că fii liniştit, voi de la Procuratura oraşului M. nu veţi avea niciodată necazuri cu mine.

Etală cel mai prietenos zâmbet şi plecă din birou, ca să studieze evoluţia afacerii Wolfson.

7

Buzele frumoase ale poliţistului motociclist, strânse în jurul ţigării la fel de albe ca suprafaţa maxilarului pătrat, aveau nevoie de puţină apă proaspătă, dar sticluţele de apă minerală, aduse de un suflet pios de la secţia Omucideri, fuseseră golite de ceva vreme. Pe acolo nu erau baruri. Numai asfalt. Crânguri de muri. Un nor subţire, sulfuros, creat de ţevile de eşapament de la miile de maşini în coloană, bloca vederea şi mirosul. Poliţistul avea o mină preocupată şi îşi mirosea degetele.

– Scuze, pot să-ţi pun o întrebare? îl întrebă pe un coleg în haine civile, mult mai în vârstă şi mai cizelat.

Celălalt îi luă mâna, i-o strânse şi aprinse cu ţigara lui o alta făcută de el însuşi.

– Ţi s-a uscat limba?

– Mi-e sete, da. Tu care te-ai ocupat de atâţia morţi... În fine, focul, întrebă tânărul agent, micşorează cadavrele?

– Tu l-ai găsit?

– O tipă cu câinele. O interoghează în baraca aceea, dar eu am coborât primul. Am coborât ca să verific. Deh... întrerupse motociclistul fraza, curăţându-şi cu două degete cizmele şi mirosindu-le din nou. Era fără chipiu, cu uniforma descheiată şi se mişca precum un măcelar în camera frigorifică: avea aceeaşi lentoare anchilozată.

Un pescăruş îi fixa pe cei doi poliţişti de pe parapetul şoselei de centură. Avea o aripă ruptă. Un ochi era orb şi în celălalt strălucea lumina asasină a prădătorilor istoviţi. Pescăruşul urlă, deschise aripile şi nu-şi luă zborul, dar tânărul în uniformă albastră, blond şi musculos, făcu un salt înapoi. Ironia dispăru din privirea poliţistului mai în vârstă.

– Oricum stăm aici şi aşteptăm, de ce nu vorbeşti?

– Băieţelul acela de jos. Nu a avut parte de o moarte frumoasă. Admiţând că există un mod frumos de a muri. Poliţistul motociclist tuşi scoţând fumul, aruncă ţigara spre stradă şi ridică puţin mai mult vocea: Corpul e îndoit ca şi cum flăcările l-ar fi ajuns în timp ce fugea, parcă fiind pe punctul de a fugi. Şi e complet carbonizat. Îmi pare micşorat.

Cel mai în vârstă înjură printre dinţi. Imberbul avea nevoie să se descarce. Dar nu în faţa lui: el, inspectorul Lopiccolo, expert în dactiloscopie şi fotografie, dăduse deja. Tot dădea de o viaţă întreagă şi nu venise niciodată momentul să ia. Pescăruşul desfăcu din nou aripile şi urlă şi spre acel poliţist care, la trecerea maşinilor cu farurile aprinse pe lângă el, sclipea din cap până în picioare: de la strălucitorul cercel înfipt în urechea dreaptă – la o cascadă de brăţări la mâna stângă, la griul argintiu al pantofilor sport.

Lopiccolo extrase aparatul de fotografiat din valiza de la Criminalistică. Deşi văzuse primii pescăruşi în oraş în deja îndepărtatul 1981, căutând într-un loc de depozitare a gunoaielor resturile unei fetiţe de şcoală primară, nu reuşea să considere normală prezenţa păsărilor marine printre racorduri de autostradă şi margini de şanţ, magazine universale şi superstrăzi. Îi păreau locurile morţii. Un fel de sinteză a unei îndelungi şi grele judecăţi a planetei Terra: „Uitaţi-vă ce proşti sunteţi voi, oamenii, să ne distrugeţi existenţa şi ritmul, şi vieţile, doar ca să vă iasă vouă bine afacerile".

Faptul că un pescăruş era acolo, lângă el, la câţiva zeci de metri de cadavrul pe care urma să-l fotografieze, făcea să-i crească proasta dispoziţie.

– Nu mi se întâmplă des să fotografiez oameni vii, spuse şi continuă să fotografieze. Să-şi desfacă şiretul la pantofii Nike şi să-l tragă ar fi fost mai obositor decât să apese pe un buton. Obositor. Adjectivul îl fulgeră. „Din cauza asta, se gândi, lumea contemporană e împinsă spre războiul inteligent, pentru că e un război pentru cei obosiţi, un război de butoane, radare şi câmpuri magnetice. Dacă oamenii ar fi trebuit să se ia la bătaie cu buzduganele şi să se urmărească pe jos în teritorii nemărginite şi inaccesibile, le-ar fi trebuit mult mai puţin să încheie pacea", îşi termină raţionamentul, frecându-şi cusătura blugilor strâmţi şi băgându-şi mâna sub cămaşa în stil cubanez. Ar fi putut fi confundat cu garda de corp a unui bar de gay dacă nu ar fi avut în mâna dreaptă aparatul de fotografiat şi în cea stângă valijoara închisă.

Schimbă subiectul:

– Tinere, cine a spus că nu pot coborî nici măcar eu? întrebă.

– Inspectorul Bagni. Nu vrea pe nimeni în jurul cadavrului copilului în timp ce verifică perimetrul.

Lopiccolo simţi că i se strânge stomacul. Bagni îi dădea un sentiment ambivalent – şi foarte puţin profesional. Fusese prietenul lui. Sau, mai bine zis, nu doar un coleg de serviciu, ci unul cu care se putea glumi şi vorbi şi despre altceva decât strictul necesar ca să nu se calce pe coadă la birou şi să rămână civilizaţi când se întâlneau pe coridoarele întortocheate din sediul poliţiei de pe Via Fatebenefratelli. O dată chiar îl invitase să vadă colecţia lui de fotografii de nuduri masculine, dar ăla nimic, heterosexual convins şi practicant. O bere şi „pa-pa, mai vorbim". De când fusese „împuşcat", după ce un glonţ îi ştersese fruntea, devenise şi mai inaccesibil: de parcă faptul că fusese la un pas de moarte îl obliga să raţionalizeze timpul, să nu-l mai împartă cu colegii.

Inspectorul Francesco Bagni era pierdut în gânduri în mijlocul ierbii înalte şi câlţoase: un colţ de junglă, nu de oraş. Un cuib împletit din muri pentru a lăsa să crape o fiinţă umană torturată. Nu era un băieţel, aşa cum anunţase postul de radio 113: „Tu eşti o femeie".

O femeie tânără.

Bagni era convins de asta. Cu cât privea mai mult, cu atât îi rămâneau mai puţine dubii.

– Nu ai treizeci de ani, eşti o fată. Fie datorită spatelui îngust. Fie datorită smocului de păr transformat în catran. Fie datorită puţinului care rămânea dintr-o fâşie de piele de la mâini. Mâini pure, delicate, dacă luai în consideraţie bucata de falangă. „Femeie tânără, albă. Această mică porţiune a mâinilor a fost ocolită de foc. Mâini fără semne. Degete lungi. Unde sunt hainele? Unde îţi este geanta? Cum te voi recunoaşte fără acte?"

„Da, ai dreptate", îşi răspunse Bagni, ascultându-şi vocea şoptind în aerul umed şi sufocant: părea că puteai să-l atingi. O seară blândă şi coaptă, zaharisită şi roşiatică. Apusul: o smochină care se despică.

Nu-l stânjenea deloc să pună întrebări și să dea răspunsuri cui nu mai avea nici măcar gura și avea un tăciune în locul urechilor. „Trebuie să găsesc locul unde te-au omorât, pentru că nu te-au omorât aici, nu. Nu. Aici, se gândea, observând urmele de pe terenul în pantă, te-au adus și te-au desfigurat. De ce vorbesc la plural? Până una alta, pentru că am văzut urmele a doi pantofi diferiți, pe care le-am notat deja, nu te teme. Lopiccolo e bun, interpretează rolul celui deprimat ca să se dea interesant, dar e cel mai bun. Ne va ajuta el, cu fotografiile tridimensionale. Ne vor ajuta multe persoane. E prea târziu ca să te salvez, dar ce s-a întâmplat nu e vina noastră. Ajunge să fie vina noastră, vina mea, dacă găsim vreun indiciu bun și nu profităm de el. Noi suntem de partea ta. Și nenorocirea asta n-a fost pusă la cale de o singură persoană."

Laboratorul criminalistic ar fi dat răspunsurile științifice, însă privirea lui Bagni se plimba de sus în jos de-a lungul corpului torturat, cum fac cititorii de cărți printre rafturi: căutând un titlu, o copertă, un nume de autor iubit sau temut în acel moment.

Inspectorul își scosese mocasinii scumpi bordo pe care îi primise de la logodnica lui, imediat după ce se mutaseră împreună. Desculț, ca ultimul mohican, ca să nu amestece urmele lui cu alte urme posibile, ținea în mână lanterna, un mic aparat de fotografiat, o pensetă, un stilou, un caiet de notițe și, ca un scamator, folosea când un obiect, când altul. Când se îndoia peste povârniș, nefiind nici înalt, nici slab, părea o paranteză rotundă. Bătu la pas toată zona puțin câte puțin. Observă o altă amprentă de talpă în terenul proaspăt arat. O semnaliză cu cubul numărul patru. Se opri să privească scena crimei, poate pentru a douăzecea oară, când un pescăruş cu o aripă ruptă se îndreptă spre un altul care scurma la vreo zece metri de corp. Bagni ura păsările acelea. Erau nişte „paraziţi înăuntru“. Fuseseră creaţi pentru a se scufunda şi a prinde peşti, în schimb aleseseră să se bucure de viaţă împreună cu oamenii şi mizeria lor. Îi goni din nou, voia ca nu cumva să-l facă să-şi piardă concentrarea.

Era la a doua intervenţie pe teren în timpul turei sale la Omucideri. La începutul după-amiezii găsiseră un bărbat spânzurat de scara unei primării. O sinucidere, stabiliseră.

Un toxicoman aşteptase momentul când nu trecea nimeni. Îşi scosese cureaua de la pantalonii bine călcaţi şi se agăţase de balustrada scărilor. Poate sperase să fie salvat la timp – sau poate chiar nu mai reuşea să suporte loviturile vieţii. Se omorâse cu un ultim salt.

Apoi Bagni trimisese o patrulă ca să le spună rudelor. Era numai bătrâna mamă – muţenia împietrită. Trei dintre cei de la Omucideri tocmai se întorceau la poliţie când, la radio, se dăduse noua alarmă. Inspectorul Cinerino, care mâncase mult usturoi la micul dejun şi se plângea continuu din cauza gastritei, se antrenase într-un şir lung de înjurături cu rimă, în timp ce agentul principal, Nando Cane, un tip la vreo cincizeci de ani, slab şi rezistent ca un cui, unul din vechea şcoală, care nu protesta niciodată când era inutil, se aşezase la radio. Urmărind indicaţiile de la centrală şi pe ale lui Cane, Bagni se orientase uşor, ajungând pe şoseaua de centură.

De data asta era un caz de omucidere. Fără îndoială.

Bagni confirmase, îşi delegase colegul mai inteligent pentru interogatoriul martorului şi-l lăsase pe mormăitorul Cinerino lângă maşină. El se dusese să studieze corpul ars şi-şi începuse scrupulos treaba.

Treaba lui: o fată, o fosilă, un cărbune umanizat.

Munca lui: poliţistul, meserie veche, cel puţin tot atât cât a prostituatelor, aceeaşi inimă care ştie să suporte aproape tot şi picioare cărora nu le e frică de noapte.

Bagni se apropie iar de corpul închis la culoare şi lemnos.

– Ce mă impresionează la tine?

În jurul agentului motociclist se adunau alţi câţiva oameni leneşi. Colegi pe care nu-i cunoştea. Un fotograf. Doi pensionari sosiţi acolo cine ştie cum. Mortul era undeva jos în raport cu strada.

– Bagni! strigă de lângă parapet Lopiccolo. Nici un răspuns. Bagni, adăugă cu voce scăzută, e cel mai mare enervant din secţiile Omucideri mondiale. Bine, zi-mi ceva despre băieţelul ars.

Tânărul agent se întoarse. Petrecuse câţiva ani pe terenurile de atletism, dar în acea seară fără sticle de apă şi fără sandviciuri avea spatele curbat, ca un bătrânel. Tunsoarea de nazist îi scotea în evidenţă doi ochi albaştri, limpezi: „Bestia asta nenorocită, se gândi, pare ieşită din epoca *beat* într-o întârziere colosală. Toţi sunt profesori aici, toţi ţin lecţii. Duceţi-vă dracului, duceţi-vă dracului şi duceţi-vă dracului", îi înjură.

Respiră profund înainte să răspundă.

– Ţi-am spus înainte, nu? Eu şi celălalt coleg, făcu eforturi să vorbească calm, dar vocea îi tremura, cum i se întâmpla la şcoală în timp ce-l asculta, chiar şi când învăţase ore întregi, ne duceam să controlăm un nebun care mânca pe banii altuia într-un autogrill lângă

Cantalupa şi făcea pe micul mafiot, zicea că ţinea o mitralieră în portbagajul maşinii lui Panda. În schimb, ne-au direcţionat aici. Am coborât primul, terenul e abrupt, trebuia să verific dacă...

Era expresiv ca un actor, se gândea Lopiccolo, fascinat de gestica elegantă a motociclistului şi forma sculptată a buzelor lui. Îi explicase că se dusese să verifice şi cadavrul era:

– Aproape m-am împiedicat şi... tuşi şi scoase un alt norişor de fum, îşi mirosi degetele... nu a avut parte de o moarte frumoasă, repetă. Dar focul, întrebă agentul punându-şi din nou chipiul, face oasele să se micşoreze?

– Ce tot spui?

Lopiccolo avea un dinte împotriva celor care-i aruncau pe începători în prima linie, să scotocească prin viscerele morţilor. Dar nu mai era scăpare – nu mai era, meseria lor era terminată. Toată această lume cândva de treabă se dizolva. În câţiva ani, fiecare dintre ei, inspectori, gardieni, adjuncţi de şefi de poliţie, comisari, fuseseră transformaţi toţi în soldăţei de plumb. Ca la Londra, la Washington, la Moscova, era în acţiune un evident complot mondial al şefilor de poliţişti şi de spioni. O schiţă foarte clară. Concentrau toate informaţiile în câteva mâini, dădeau uitării faptele urâte şi umflau ştirile şi erau ei, nenorociţii de la conducerea CIA şi a fostului KGB şi a poliţiilor din jumătate de lume, care, în lipsa unor duşmani vizibili, contribuiau la crearea megahaosului. Şefii – aceasta era concepţia lui Lopiccolo – stăteau în acelaşi grup ca să ţină în frâu furia popoarelor cinstite şi, ca să provoace mai bine frica, nu puteau să se înconjoare de persoane curajoase şi experte. De aceea deciseseră – într-un ONU de nenorociţi – că dacă noii poliţişti pot învăţa meseria de la alţi colegi, să o înveţe, aşa reuşesc să se descurce, şi dacă se pierd, dacă înnebunesc, dacă mor, nu-i nimic, ba e chiar mai bine: un erou în plus, o medalie în plus, un altar al patriei în plus ridicat cu complicitatea mass-media de acum supusă. Oricum, pe la uşile sediilor de poliţie sunt înşiraţi cei cu diplomă şi absolvenţii gata să intre, nu mai e ca în anii '70 când meseria de poliţist era de lepros, aceasta era foarte simpla teorie a conspiraţiei. Şi era adevărat. Chiar dacă psihologul lui nu părea convins, când îi vorbise despre asta în trei şedinţe, era aşa cum spunea el. „Ehe, copii, vă veţi da seama peste câţiva ani, când veţi fi deja sclavi."

Lopiccolo era unul din vechea gardă. El nu s-ar fi lăsat păcălit. Vru să-i ofere o demonstraţie de abilitate investigativă agentului motociclist.

– Focul, îi explică, face corpul să se răsucească în ceea ce specialiştii spun „poziţia luptătorului". Survine după moarte, nu-ţi face griji. L-ai văzut probabil contorsionat tot, adică, tu cum ai zis? Că părea pe punctul de a sări? Sunt temperaturile înalte care provoacă acea contractare a fibrelor musculare. Ai văzut cumva urme de sfori?

Motociclistul îşi trecu mâinile pe sub ochi şi crezu că simte mirosul corpului ars. Îl simţea peste tot.

– Nu ştiu.

– Ba ştii, dacă înveţi să întrebi ochii, pentru că ochii tăi o ştiu.

– Dar...

– Spui prea mulţi „dar", colega, şi în felul ăsta nu vei ajunge nicăieri. Ascultă-mă. Ochii sunt organe automate. Încearcă să spui unui ochi să nu privească la dreapta.

Încearcă! Dar dacă la dreapta se aude un zgomot, ochiul va privi imediat în direcţia aceea. Acum închide ochii. Gândeşte-te la mâini, la picioare...

Îl văzu închizând pe jumătate pleoapele cu gene lungi şi concentrându-se, cu muşchii feţei relaxaţi şi buzele întredeschise, atât de sexy.

– Le-ai văzut, nu? Tu mi-ai spus-o. Aproape te-ai împiedicat, nu?

Agentul se gândi că poate „semipederastul" ăla nu era atât de idiot cum părea. Redeschise ochii, îi fixă pe pescăruşul cu aripa ruptă, trecu cu privirea de el.

– Nici un laţ, spuse.

– Îmi închipuiam.

– Ei, da, acum.

– Nici un asasin nu dă foc unui om viu decât dacă e legat ca un caltaboş. Dacă s-ar ridica şi te-ar îmbrăţişa pe neaşteptate, îţi dai seama? încercă să-l facă să zâmbească, şi întrecu măsura povestindu-i scena apocaliptică a unei vechi crime în Sicilia, în care un mafiot, deşi acoperit de benzină, se băgase în maşina asasinilor lui. Flăcăi *flambé*, râse, ca să încheie. Flăcările te fac să slăbeşti mai mult decât orice dietă şi schilodesc mai mult decât artroza deformantă. Bine, de cât timp s-a apucat de asta Bagni?

– Trei sferturi de oră. Nu trebuie să las să treacă decât o femeie, un medic legist.

– Prietena lui, Mazzini. În cazul ăsta, nu mai terminăm, replică Lopiccolo. Mai mult decât cercetări, Bagni face şedinţe de spiritism. Îl cunosc suficient. Să zicem că un mort se ridică şi îi suflă un nume şi o cauză, ăla ar fi în stare să-l trântească din nou la pământ şi să-i spună: „Ce dracu' vrei? Nu vezi că muncesc pentru tine? *Please*, întoarce-te la locul tău din Lumea de Dincolo".

Agentul zâmbi şi Lopiccolo îl făcu să râdă, imitând paşii lenţi ai inspectorului, aflat jos, în şanţul de sub şoseaua de centură.

– Uită-te la el, e clasicul om al tenebrelor. Hei, dă-mi o ţigară, ce fumezi, Marlboro?

– Am MS, ştii ce înseamnă? Marlboro siciliene, spuse celălalt.

Lopiccolo, care auzea gluma aia de cel puţin douăzeci de ani, râse oricum. Trase de trei ori zdravăn şi scurt din ţigară şi, vrând în adâncul sufletului său să fie cât mai seducător posibil, dădu din cap cum fac modelele în reclamele la şampoane şi strigă spre penumbra serii:

– Hai, Bagni, n-am avut de-a face doar cu mortu' ăsta azi.

Era un specialist, nu un detectiv, aşa că nu ştia să blufeze.

– Acum îl fac să se enerveze, îi spuse motociclistului. Ridică vocea: Bagni, termină, odată, ne grăbim, tândăleşti ca de obicei, cauţi, cauţi şi degeaba, nu înţelegi niciodată nimic.

– Nu vreau să te am în preajmă când mă aplec, îi strigă Bagni, regretând imediat ce spusese.

Dar nu avea timp pentru probleme de etichetă. Uneori îi venea să-i ia pe unii colegi la şuturi. Mereu glumeau în legătură cu orice şi în orice moment. Şi Lopiccolo, în fond, în felul lui, era o persoană de treabă, dar atât de enervant.

– Ce mă impresionează la tine, fetiţă? se întrebă Bagni.

– Mâinile.

– Ca şi cum le-ai fi ţinut în seif.

– Să stau aici cu tine, într-o seară ca asta, când ar trebui să stau cu viitoarea mea soţie şi să încercăm să facem un copil, mă tulbură până în adâncurile încă nesondate de mine, care se află undeva între stomac şi inimă. Uneori, când văd pe una ca tine, mă gândesc de fiecare dată că aş fi putut să te cunosc şi că am ajuns târziu, mă gândesc că aveai dreptul la o lume mai bună.

Se gândi la femeia lui, la Uma, cum îşi spunea când era model de lenjerie, şi un zâmbet nesigur îi deformă gura. Avusese relaţii fără noimă, dar, de când erau împreună, devenise femeie serioasă. Cine ar fi spus, el şi Uma?

– Nici măcar o veste bună nu pot să-ţi dau pentru moment, fată necunoscută. Dar trebuie să sosească întăriri, vor relua căutările mai bine decât o pot face eu. Vor fi buni, nu-ţi face probleme. Suntem furioşi când cineva e omorât. Şi, chiar dacă e o perioadă foarte proastă, chiar dacă avem mult de muncă, chiar dacă toţi colegii de treabă se ocupă de răpirea acelui nenorocit de milionar caraghios, vom face tot posibilul, da, ştiu că ştii. Dar, între timp, spune-mi, când ţi-au scos hainele, erai moartă sau vie? Violată? Ei, ăsta e un subiect despre care vei vorbi cu medicul legist, prietena mea Mazzini, dar, din câte înţeleg, tu ai fost omorâtă dintr-un alt motiv. Nu a fost un maniac, un sclav al tulburărilor nervoase. Te-au omorât prea bine. Nici o risipă.

Cei doi pescăruşi se ridicară în zbor şi începură să-i controleze mişcările din înaltul unui deluşor. Dacă n-ar fi fost el, ar fi început să savureze corpul. Bombănind, Bagni îşi puse mănuşile din latex.

– Poate un glonţ în cap. Poate. Lasă-mă să te ating. Mi se pare că nu. O lovitură cu adâncitură în craniu, mai mult de una, aş zice. Dar nu aici, aici te-au lăsat şi ţi-au masacrat trăsăturile feţei. Cu un ciocan, o piatră, o bâtă. Ceva ce au luat cu ei. Nu e prea mult sânge. Deci erai deja rece, rigidă. Puţină mizerie în jurul tău. Şi focul care acoperă tot. De când cu ADN-ul, fantezia bolnavă a criminalilor a devenit paranoia, le e frică să lase urme oriunde. Pe cât pot fi ei de paranoici, eu voi deveni mai paranoic decât un întreg spital de nebuni. Ca să le-o trag însă, trebuie să ştiu, înainte de toate, cum te cheamă. Fără numele tău nu-l voi şti niciodată pe al lor. Pare imposibil, dar aşa e. Amprentele pantofilor lor nu-mi ajung. Şi locul ales, această margine de şanţ de sub şoseaua de centură, e prea generic, suntem în zona Baggio, un cartier unde găseşti de toate. E ora aperitivului şi, imediat ce termin cu tine, mă duc să-l caut pe unul dintre prietenii mei neghiobi.

Extrase pistolul din tocul pe care-l purta la centura pantalonilor, la spate. Lăsă ţeava în jos şi introduse, încet, încărcătura pe ea. Rămase nemişcat. Îi plăcuse mereu tragerea instinctivă, când se antrena la poligonul poliţiei, termina regulat printre primii cinci dintre o mie două sute de trăgători. Urmări cu coada ochiului evoluţiile perechii de pescăruşi flămânzi şi aşteptă să se aşeze unul în spatele celuilalt. Când o făcură, trase fără să ţintească. Detonarea răsună în apus şi întrecu vuietul motoarelor de maşini din coloane. Nu se miră că-i nimerise pe amândoi, nenorociţii aceia de vânători de mizerie. Cu o singură lovitură. Dezastru aerian. *Fly cancelled.*

– Hei, strigară de sus.

– Nimic, nimic, nici o problemă, răspunse. Unul dintre pescăruşi se zbătea, cu privirea alarmată şi ciocul plin de sânge. Bagni îşi puse mocasinii, se apropie şi le zdrobi ţestele în terenul fărâmicios: Pa, le spuse.

– Ciao, France, cum e? Era *dottoressa* Mazzini, încălecase parapetul şi cobora în salturi, fiind atentă la muri.

– Ciao, *dottoressa*, eu cred că a fost omorâtă cine ştie unde şi adusă aici, desfigurată aici. Astăzi. După prânz.

– Omorâtă? Nu e un băiat?

– Vezi şi tu.

Dottoressa Mazzini îşi acoperi urechile cu mâinile, un camion cu un claxon bitonal cerea să i se facă loc. Birourile se goleau şi şoselele de centură se înfundau ca arterele unui bolnav de arterioscleroză. Era dificil să se concentreze cu acel zgomot pe fundal.

– Mi se pare că ai dreptate. De ce dracu' ai omorât pescăruşii? se hotărî să întrebe.

Inspectorul îşi drese glasul:

– Ştii, munca mea e una murdară. Dar văzând că *dottoressa*, cunoscută vegetariană şi protectoare a câinilor abandonaţi, îl scruta interzisă, nu mai glumi: Nu încetau să se apropie, ca ulii. Aici trebuie să muncim liniştiţi, scena crimei trebuie conservată, bla-bla-bla.

– Tu mă vei face să-mi pierd cumpătul. Acum coboară ai mei, au întârziat din cauza traficului. Hai să facem ca data trecută dacă eşti de acord.

Se referea la cazul unei fete care avusese acelaşi sfârşit, o prostituată albaneză găsită sub o altă porţiune de autostradă, spre Varese.

– Cu gura aceea poţi spune ce vrei.

– Dacă avem noroc, îţi spun primele lucruri până la sfârşitul săptămânii viitoare.

– Nici o autopsie mâine?

– Suntem deja plini.

– Şi poimâine?

– Avem atâtea greutăţi în această perioadă.

– Cine nu are? Te rog, ajută-ne. Documentarea fotografică o va face Lopiccolo.

– E foarte nervos, şi el e supărat pe tine. Zi, concurezi pentru titlul de Mister Simpatie?

– Avem o veche ranchiună..., spuse Bagni, mergând spre parapet.

– Nu, e din cauza pescăruşului.

– Cum de se preocupă pentru un pescăruş?

– Fiindcă spune că are parte de o condamnare divină, tocmai îl fotografiase şi tu l-ai omorât în faţa ochilor lui, zice că e sătul să fotografieze numai morţi.

8

Semnalele luminoase galbene şi albastre recomandau prudenţă maximă şi şoferilor mai nervoşi, constrânşi să mai ridice piciorul de pe acceleraţie. Pe banda de urgenţă a şoselei de centură, în aşteptarea sfârşitului verificării, se aflau trei maşini de carabinieri şi de poliţie, motocicletele primilor jurnalişti din presa despre delicte veniţi să vadă „cadavrul ars“, scuterul lovit al unui fotograf care-şi netezea barba în formă de piramidă, bicicletele a doi pensionari care veneau de la pescuit, abandonaseră străduţa nivelată şi trecuseră, cu o expresie congestionată pe chip, două împrejmuiri, ca să fotografieze cu celularele scena crimei.

– Te miroşi pentru că simţi putoarea cadavrului ars? îl întrebă Lopiccolo.

– Da, răspunse agentul motociclist.

– E numai o senzaţie. Când termini tura, vrei să faci un duş la mine? Locuiesc la doi paşi de poliţie.

Agentul motociclist aruncă mucul de ţigară. Acel mic cadavru ars îi amintise brusc de un măslin de la ţară, la bunicul lui. Îl înspăimântase mereu când era copil, pentru că avea trunchiul noduros, răsucit şi solzos, iar într-o scorbură adăpostea chiar şi un cuib zumzăitor de albine roşii. Ridică vocea:

– Dar, dacă mă gândesc bine, faţa nu mai este. Poate că a fost zdrobită cu o piatră, conchise el şi tuşi din nou.

Înainte să se întunece, Bagni urcă panta şi se duse să-i strângă mâna fotografului de la Laboratorul criminalistic. Se scuză şi pentru tot timpul de care avusese nevoie să inspecteze locul şi cadavrul ars.

– E o fată, Lopiccolo, fă ce poţi tu mai bine.

Ca şi cum ar fi fost în transă, dar fără să fie, îi arătă urmele de fotografiat, printre ferigi şi trifoi. De pe faţa trasă a lui Lopiccolo dispăru orice urmă de plictiseală şi rea-voinţă. Cu părul în vânt, sări peste parapet: va lucra bine, aşa cum numai el ştia.

Bagni se opri să-i mulţumească şi agentului motociclist pentru că nu lăsase pe nimeni să se apropie.

– Nu e uşor să respecţi ordinele, ţine-o tot aşa.

Dădu scurte indicaţii celorlalţi colegi din Echipa mobilă şi de la Circulaţie, care îl ajungeau din urmă pe Lopiccolo, la scena crimei. Era unul din secţia lui, Andy, numit aşa pentru foarte vaga lui asemănare cu actorul Andy Garcia. Îl luă de braţ şi se aşeză în faţa celorlalţi.

– Nu căutăm pistoale şi cuţite sau cine ştie ce, dar, explică el, trebuie să fiţi atenţi la orice obiect care miroase a nou, a ceva tocmai aruncat sau pierdut. Şi mucuri de ţigară, batiste de hârtie. În afară de asta, i-au zdrobit faţa. Nici n-are rost să vă spun că, dacă vedeţi ceva însângerat, să nu puneţi mâna şi să îi chemaţi pe cei de la Laboratorul criminalistic. Îl avem cu noi pe Lopiccolo, deci suntem în regulă, e un tip ager şi nu se plânge dacă întârziem. Spor la treabă.

Lui Andy îi mai spuse:

– Fă-mi o favoare, ţine mişcarea sub control şi, la cel mai mic indiciu serios, cheamă-l direct pe Cane.

– Aşa am să fac.

Bagni îi văzu pe poliţişti aşezându-se unul lângă altul. Era o scenă care nu-i displăcea. Din punct de vedere militar, era perfectă. O căutare metodică pe care rar avea timp s-o observe. Treaba lui era să-şi folosească creierul şi nasul, nu picioarele şi mâinile. Agentul desemnat, Nando Cane, terminase de recitit declaraţiile martorului, în caz că uitase vreun detaliu, şi îl avea lângă el pe Cinerino, cu râgâielile lui cu miros de usturoi şi mania de a inventa replici vulgare.

– Ai tras în pescăruşi? Eşti complet nebun, France. Şi glonţul lipsă cum dracu' îl justifici?

– Cine a zis că lipseşte vreunul. Ştiţi cine e judecătorul de serviciu? întrebă, sperând să nu audă un nume, acel nume.

– Velia Longino, o informezi tu? răspunse Cane, privindu-l fix.

Bagni înclină capul. Erau câteva săptămâni de când n-o mai suna. Ştia că în poliţie se răspândise zvonul că se culca cu *Dottoressa* Sexy, cum îi spuneau colegii, şi chiar fuseseră surprinşi de logodnica lui. Era totul adevărat, fusese totul adevărat. Nu mai ştia cum să se comporte. Se gândea la ea, dar nu o suna. Mai mult decât cu oricare altă femeie, cu Velia fusese vulnerabil şi infantil. Se îndrăgostise atât de mult, încât suferea şi se gândea că, evitând-o, s-ar fi simţit bine – era căsătorită, avea un fiu, iar el, el era construit în felul lui. Simţind asupra lui privirea celor doi, Bagni nu putea să se trădeze.

Dacă sunându-te
ţi-aş putea spune adio
ţi-aş da un telefon...

– O sun eu, e o prietenă.

Se îndepărtă şi formă numărul.

– Salut, Velia!

– Oh, nu pot să cred.

Vocea părea să vină din profunzimile cerului, dulce ca trandafiriul care colora încă orizontul. Dumnezeule, ce prostii îi veneau în minte.

– Ei, va trebui să să crezi.

– Cum merge, Francesco?

– Mă descurc. Şi tu? Văd numele tău în toate ziarele.

Se auzi plânsul unui copil – şi cum ţipa.

– Aş mai renunţa, răpirea asta din Formula 1 ne omoară. Astăzi însă am fugit, copilul are o durere de stomac. Ştii, sunt femei care au instinctul matern, eu nu cred că-l am. Când fiul meu stă lipit de mine, devine o fiinţă diabolică, i-aş face un exorcism. Şi soţul meu e iar în misiune.

Lui Bagni nu-i plăcea deloc soţul Veliei, era un reprezentant al Gărzii Financiare, un tip cu sarcini misterioase.

– Mă bucur să te aud, spuse femeia, cum numai ea ştia să o spună.

– Şi eu.

– De când nu ne-am văzut?

Dacă pierzându-mă în ochii tăi
aş găsi puterea să-ţi spun gata
te-aş privi...

– De ceva vreme, răspunse.

Nu, nu fusese uşor să decidă să nu se mai vadă cu ea, marea iubire de care îi era dor. De ce să schimbe cuvinte dacă sunt cuvinte fără viitor? De ce să se culce cu ea dacă nu era posibil să petreacă o noapte împreună şi apoi încă una şi încă una?

– Ultima oară când ne-am văzut, am fost să mâncăm de prânz, apoi m-ai condus la birou şi ai dispărut, France, îl dojeni.

– Ei!

– Vrei să ne vedem?

– Ca să fiu sincer...

– Dar... Dar tu mă suni pentru o problemă de serviciu, pentru că sunt judecătorul de serviciu? râse.

Părea că râde ca şi cum se apăra.

– Ei, da, şi de asta.

– Ce se întâmplă, Francesco?

– Ţi-am spus mereu, Velia, că eu voiam... că tu pentru mine...

– Nu, vreau să spun ce s-a întâmplat? O crimă, bănuiesc. Unde?

– Da, o crimă.

„Ce cretin, ce idiot!“ se gândi. Îi venea să se ia la palme, dar începu discuţia de serviciu cu profesionalism:

– La început am crezut că era un băiat, dar cred că e o fată. Cadavrul a fost ars. Au omorât-o cine ştie unde şi au venit să o mistuiască lângă şoseaua de centură, aia care trece prin Baggio. După mine, poţi să te lipseşti de scenă. Nu e plăcută deloc. Acum se ocupă Mazzini, ştii că devine din ce în ce mai bună, mâine îţi trimit...

Îl întrerupse:

– Dacă ar fi o altă prostituată albaneză, s-ar aduna şase de la începutul anului.

– Nu prea ai cum să-ţi dai seama?

– Nu, sigur.

Amuţi pentru câteva secunde, apoi dădu dispoziţiile:

– Fă ce trebuie să faci, France. Din păcate, dacă e o prostituată, în acest moment, îmi pare rău să o spun, dar nu ştiu cine se va ocupa. De curve nu-i pasă nimănui, sunt folosite doar pentru plăcerea celorlalţi.

Se auzi în telefon respiraţia ei, iar Bagni trebui să închidă ochii în faţa soarelui care se îndrepta spre asfinţit.

– Toată lumea e înnebunită cu răpirea lui Elvio Wolfson. E o poveste foarte urâtă, Francesco, nici nu-ţi închipui ce telefoane ascultăm. Sunt persoane care rumegă venin în jurul cazului, presiuni oribile. Soţia, apoi, Maretta Zara asta, habar n-ai ce greu e să aperi aşa ceva! Ştii în câte seri iese, pe la petreceri şi cocteiluri? Ne păcălesc, în mod sigur, în legătură cu răpirea. Până şi tatăl celui răpit e ambiguu. S-a internat în spital, s-a dus cu gărzile de corp, cineva l-a auzit spunând că l-au răpit pe Elvio ca să-i transmită un mesaj lui, pentru unele conturi vechi, neplătite, dar nici la Garda Financiară, nici la Direcţia Anti-Mafia nu s-a găsit nimic. Şi există atâta falsitate în unele cercuri, Francesco, că, uite, sunt gata să reevaluez până şi oameni cum e Tris al tău.

– Să nu exagerăm, răspunse Bagni.

Din cauza lui Augusto Aldrovandi, zis şi Tris, un gangster care fusese regele cartierului Ticinese, întors în oraşul M. după douăzeci de ani de puşcărie în Statele Unite, încasase tangenţial un glonţ în frunte. Îşi atinse în treacăt cicatricea acum invizibilă: avusese noroc. „Fir-ar al naibii, putea să se termine mai rău“, se gândi.

– Ei, oricum, lui Tris îi mulţumesc uneori în rugăciune, datorită lui am venit să te văd la spital şi apoi... Hai, Francesco, atunci treci tu pe-aici cu documentele crimei? i-o reteză judecătoarea.

– Bine, mâine vei avea hârţoagele.

Ascultă cum se închide telefonul de cealaltă parte. Mâine. Mâine o va vedea şi nu era entuziasmat de asta. Îi trecuse? Nu ştia să-şi răspundă. Nu voia să-şi răspundă.

– Ce conversaţie lungă. Probleme cu *dottoressa*, şefu'?

– Du-ne la Baggio-city, nătărăule, îi ordonă lui Cinerino, fără să-i dea nici cea mai mică satisfacţie.

Dar nu pot să te lămuresc
că iubirea noastră abia urzită
s-a sfârşit deja...

Cântecul acela vechi al Minei[1] nu-i dispărea din cap, îl cânta mereu o colegă, o bună mamă şi soţie care cine ştie cum reuşea să reziste la secţia Omucideri de peste douăzeci de ani.

---

[1] Mina Mazzini, cântăreaţă italiană de muzică pop, figură dominantă în lumea muzicală şi de televiziune în anii '60 şi '70. Titlul cântecului la care se face referire este *Se telefonando*, din 1966. (n.tr.)

9

Cei trei poliţişti se urcară în volkswagenul Passat albastru, echipat *full option,* de la secţia Omucideri. Pentru Bagni era o plăcere specială să se acomodeze pe scaunele de piele neagră, moale. Maşina fusese în proprietatea unui traficant columbian cu faţă de maimuţă, dar era de fapt trecută pe numele foarte frumoasei lui soţii din Brescia, o femeie robustă şi provocatoare, cu părul roşu şi cu un fund de Marele Premiu, născută pe ţărmurile triste ale lacului Idro. Datorită unui denunţ, Bagni îl arestase pe tip cu o încărcătură de 112 kilograme de cocaină, petrecuse câteva nopţi desfrânate cu avocata soţiei acestuia şi obţinuse sechestrul pe toate bunurile mobile şi imobile, inclusiv pe Passat, comod şi fără un aer „poliţienesc“, foarte adaptat pentru curse.

– Ai stat ceva la telefon, insista Cinerino, masându-şi burta.

– E o tipă riguroasă. Şi mâine vrea raportul, adăugă.

Cei doi rânjiră.

– Păi, dacă vrea să aibă un raport, poate mă duc eu, glumi Cinerino.

Nu-i smulseră nici un cuvânt. Velia Longino, procuroarea cea sexy: şi-o amintea goală, în patul lui, şi-o amintea că vorbea şi cum dădea din cap.

La trequartista[1], îi pusese ştampila logodnica lui după ce i-a surprins ieşind din casă. Una care îi priveşte pe bărbaţi dintr-o parte, cu capul înclinat, adesea în dreapta. Cu farmecul lui „pis-pis“: „Pisoiaş, îmi iei valiza, pisoiaş, mă duci la cumpărături, pisoiaş, dacă ai şti cât sunt de obosită“.

Nu, nu era numai asta. Era culoarea ochilor ei ţinuţi deschişi în timp ce făceau dragoste. Era tremurul picioarelor ei când se abandona. Ce cretin devenea în preajma ei. Un adevărat cretin. Nu era o chestiune clasică de „îndrăgostire şi iubire“. Ce se întâmplă înlăuntrul tău când ştii că nu eşti iubit, ştii că nu sunt speranţe şi te laşi amăgit de îmbrăţişările şi de senzualitatea unei alte persoane? Cine ştie şi vrea să analizeze aceste iubiri obscure care nu trăiesc la lumina soarelui?

– Deci, cum e cu crima? Ai înţeles deja tot? continua vorbăreţul Cinerino care, făcând să unduiască maşina cu viraje şi contraviraje, se băgase în traficul şoselei de centură. Îl peria tot timpul pe Bagni – ştia că era în graţiile foarte cunoscutului şef de poliţie De Pedis şi poate era persoana potrivită pentru a-l ajuta să obţină transferul la Oristano, aşa cum insista soţia lui de doisprezece ani, făcându-şi aliaţi, în fiecare vacanţă de vară, un număr din ce în ce mai mare de copilaşi, rude şi nepoţi.

– Mi se pare o execuţie. Însă o execuţie, răspunse Bagni, răbdător şi gânditor, se naşte mereu din motive precise, grave. Ce poate să fi făcut atât de grav o fată?

---

[1] *Trequarti* (în italiană) – trei sferturi (n.tr.)

– Îţi aminteşti de fotomodelul eston? Nimeni nu ştia că era amanta unui mafiot, până când nu a fost strangulată pentru că-l înşelase. Ceva de felul ăsta? întrebă Cane.

Luară în discuţie diverse ipoteze, ştiind că nici una nu s-ar revela drept cea corectă, dar îşi antrenau creierul în timp ce se îndreptau spre cartierul Baggio. Se duceau în zona cea mai apropiată de locul unde găsiseră cadavrul, ca să bată la uşile unui maniac sexual şi a doi criminali obişnuiţi, care fuseseră implicaţi în poveşti urâte cu femeile. Locuiau toţi trei acolo şi îi mai deranjaseră şi în alte dăţi. De fiecare dată când fusese nevoie.

Bagni şi Cane nu aveau nevoie de agende ca să-şi amintească, erau dotaţi cu memoria geopolitică a poliţiştilor: recunoşteau case şi persoane de doi bani doar trecând pe lângă ele. Ajunseră, şi pe unul îl găsiră mâncând mere în pat, cu cojile adunate în forma Turnului din Pisa pe o farfurie de plastic. Ceilalţi doi stăteau cu ochii-n televizor. Seri normale pentru oameni anormali.

Cei trei poliţişti ştiau că nu era inutilă, reprezenta o precauţie: trebuia să le scoată din cap gândurile greşite. De aceea trebuia să parcurgă atâta drum, în fiecare zi, şi să se obişnuiască cu timpul care se scurge fără să dea roade vizibile. A fi poliţist e acelaşi lucru cu a fi ţăran, adică a fi răbdător, expert în a înşela timpul aşteptărilor, înţelept în a înţelege semnele schimbării vremii dintr-un nor de pe cer sau dintr-un cuvânt în plus sau în minus din partea unui suspect.

– Să ne oprim la barul celor Şapte Pitici, Cinerino. M-ai auzit? Unde te duci? Trebuie să te opreşti acolo, ordonă Bagni, ca şi cum ideea i-ar fi venit atunci, pe moment.

Passatul se lipi de asfaltul plin de gropi din faţa unui bar administrat, de treizeci de ani, de aceeaşi familie de calabrezi cu legături în *'ndrangheta.* Când Champion You Are fusese cumpărat de bunic, condamnat la închisoare pe viaţă pentru răpiri de persoane şi crime, se numea Circolo della Frutta. Apoi i-a rămas fiului, condamnat la douăzeci şi cinci de ani pentru trafic internaţional de droguri, care îl rebotezase Locri & Sila, produse tipice. În sfârşit fusese lăsat pe mâna nepotului, un bun englez fără cazier, cu câţiva ani la facultate, haine cu o croială impecabilă, însă cu o faţă pe care n-ai ezita s-o defineşti „incredibilă". Ochi închişi la culoare, înfundaţi, sub o frunte înaltă de cel mult trei centimetri, păr şi sprâncene care formau un singur ciuf, în mijlocul feţei late şi pătrate un năsuc ascuţit care, din cauza mustăţii dese şi cu vârfurile uşor ascuţite în sus, părea că creşte la fiecare jumătate de propoziţie, de parcă ar fi fost nasul lui Pinocchio. Şi totuşi, nu era, în felul lui, un băiat rău. Se numea Beniamino Panebianco, iar prietenii îi spuneau Big Ben. Bunic, tată şi fraţi erau toţi înalţi de un metru şaizeci cel mult, erau mereu mulţi, se mişcau în grup şi, de aceea, Rosario Cedro, unul dintre cei mai inteligenţi de la Direcţia de Combatere a Criminalităţii, îi poreclise Sette Nani[1].

Big Ben se afla la casă şi, în timp ce vreo zece clienţi se îndopau cu tartine şi pahare cu conţinuturi de diverse culori, urla la doi tineri chinezi care, uşor înclinaţi în faţă, nu mişcau un muşchi. Unul avea părul într-o curioasă culoare trandafirie, iar celălalt îl avea ras, dar, în schimb,

[1] Cei Şapte Pitici

purta o cămaşă neagră cu cravată albă pe care nici măcar Al Pacino n-ar fi îndrăznit să le poarte.

– Voi sunteţi responsabili, să nu uitaţi. Şi acum, spuse, dându-şi seama în ultima clipă de sosirea poliţistului, întoarceţi-vă acasă şi staţi acolo.

Chinezii rămăseseră interzişi, apoi înţeleseră că Big Ben întrerupsese, forţat de împrejurări, discursul şi se dădură înapoi până la ieşire. Şeful nu le mai adresa nici o privire, se îndreptase cu mâna întinsă spre inspector.

– Ce am citit în ziare după ce te-au împuşcat? Maigret[1] din Via Fatebenefratelli, mi se pare.

– Bine, mă prefac că te cred, oricum nu sunt aici pentru afacerile tale, răspunse Bagni, strângându-i mâna.

Big Ben nu avea probleme să schimbe câteva cuvinte cu acel inspector, dat fiind că se cunoşteau de aproape o viaţă. „Tot poliţist era", dar, când poliţistul arestase vreun membru al familiei, evitase scene, aşteptase calm ca diverşii şefi să-şi pregătească valiza pentru închisoare şi să-şi ia la revedere de la soţie şi copii, chiar şi în spatele unei uşi închise. Regulamentul prevedea că agenţii de poliţie judiciară n-ar trebui să piardă niciodată din vedere un arestat, dar regulamentul nu ţine cont de faptul că şi criminalii suferă. Şi nu sunt cele cinci minute petrecute singuri cu familia, o agendă sechestrată în plus sau în minus sau un ultim ordin cele care le pot schimba soarta: să fie profesionişti înseamnă un singur lucru, să ştie cum să se comporte în lume.

– Vrei o bere?

---

[1] Jules Maigret, personaj în rol de detectiv creat de Georges Simenon (n.tr.)

– Nu, ţi-am zis că n-am venit pentru tine şi e adevărat, dar muncesc. Un caz urât de crimă, aici aproape.

Beniamino Panebianco se uită la poliţist, îi făcu un semn şi îl duse în a doua cameră a barului. Erau numai ei acolo. Stinse televizorul, deschis pe un program muzical, şi îi oferi un scaun.

– Pot să vorbesc? întrebă Big Ben după ce-l ascultase cu atenţie.

Declară că e sincer uimit de prezenţa unui cadavru acolo unde, teoretic, era zona lui. Unde cunoştea hoţi, asasini, traficanţi. Nu spuse că îşi trăgea cincisprezece la sută din traficul cu haşiş al albanezilor şi douăzeci la sută din câştigurile curvelor din mâna clanurilor de români şi cine mai ştie din ce altceva. Promise că va verifica.

– Mi-ai face o favoare. Mai ales dacă pe urmă nu tragi singur concluziile.

– La ce te gândeşti?

– Nu mă gândesc la nimic. Doar că e mai bine să previi decât să reprimi, ai auzit şi tu spunându-se asta, pun pariu.

– Dacă vreo canalie a făcut toate astea numai ca să mă enerveze, voi reuşi cu greu să mă abţin. Dar mă voi abţine, inspectore, dacă mi-o ceri tu.

– Of, şi tu te-ai înţeles cu chinezii?

– Cum să-i eviţi? Sunt peste tot. Ştii că eu negociez şi stofe, râse descendentul celei mai influente familii de interlopi din zonă.

Părea într-o zi bună şi atunci, deşi bănuia că nu avea să nu obţină nici un rezultat, Bagni încercă:

– Big Ben, fiindcă suntem aici, pot să-ți pun o întrebare?

– Spune.

– Despre răpirea Wolfson ce se aude?

Nepotul celui care deschisese Circolo della Frutta cu banii de pe răpirile de persoane, fiul recunoscutului şef al „aripii locale", cum numeau diferitele filiale ale organizației lor, se ridică de pe scaun şi făcu un pas înapoi, devenind palid ca şi cum în locul inspectorului ar fi apărut un şarpe.

– Nu poți să mă întrebi de lucrurile astea!

– Hai, nu face fața aia întunecată.

– Ştii câți colegi de-ai tăi ne sâcâie în fiecare zi?

– Eu sunt eu şi nu voiam să te supăr.

– Crede-mă, Bagni, jur pe copiii mei. Nici unul dintre noi nu ştie nimic. Nici unul. După mine, şi-a aranjat singur răpirea Wolfson ăla, ascultă-mă pe mine, e un nenorocit, are asta scris pe frunte.

Există un mod de a porni cu maşina care e tipic pentru echipele mobile ale poliției şi unul tipic celor de la secțiile de investigații. Şoferul echipelor mobile porneşte ca şi cum ar fi stăpânul străzii, un viraj brusc, o accelerare şi pleacă, făcându-şi loc, cu frânări şi depăşiri într-a doua, cu motorul huruind. Şoferul de la secțiile de investigații încearcă să pornească liniştit, să rămână pe partea dreaptă, pentru ca apoi, brusc, să se bage în coloană şi de acolo în trafic, să câştige teren pe tăcute, cu motorul care toarce, arătând doar când e nevoie indicatorul Ministerului de Interne.

Ugo Cinerino anunță cu un puternic scârțâit de roți sosirea la secția Omucideri, Bagni şi Cane se priviră, gândindu-se la acelaşi lucru: „... Dobitocu' ăsta".

Era inutil să accelerezi în traficul paralizat. Un interminabil şir de maşini înainta cu chiu cu vai.

– Parcă mergem după un cortegiu funerar, de ce s-ar mişca aşa de încet?

Fu nevoie de zece minute extenuante pentru a descoperi originea acelei încetineli. Era un post de control al carabinierilor. Bagni ridică paleta albă şi roşie şi, alături de feţele lor, fu suficient pentru a fi lăsaţi să treacă imediat.

– Dar ce s-a întâmplat? întrebă Cinerino frânând lângă un carabinier.

– Un anonim a semnalat că Elvio Wolfson e luat pe sus cu forţa şi băgat într-o maşină închisă la culoare, răspunse carabinierul, făcându-şi aer cu chipiul. Nu ascunse că era foarte sceptic în legătură cu sesizarea: Numai prostii, ca să pierdem timpul. Eu cred că e un puştan care vrea să vadă tărăboiul pe care-l facem. Wolfson o fi în Calabria Saudită, legat de un lanţ „foarte gros" la douăzeci de metri sub pământ.

– Şi dacă e o prostie, de ce ţineţi blocată atâta lume care trebuie să muncească? îl provocă Cinerino care-i detesta pe carabinieri.

Mai lipsea răpirea lui Elvio Wolfson pentru ca oraşul M. să semene cu o redută asediată.

– Mie mi-e milă de Wolfson, spuse Cane.

– Mie nu, dimpotrivă, i-aş consola foarte bucuros soţia, răspunse Cinerino, care, de asemenea, crescuse cu pâine şi gazete sportive.

Se îndârjiră într-o discuţie neconcludentă despre câştigurile fotbaliştilor şi ale piloţilor, despre lipsurile din bilanţurile societăţilor de fotbal, despre femeile care umblau cu homosexualii vedete şi despre motivul pentru care o făceau.

Imediat ce reuşi să se aşeze, Bagni nu mai pierdu nici o secundă cu gândurile lui şi se concentră asupra „priorităţilor“, cum le spunea. Câteva telefoane şi un computer: în scurt timp, obţinu anunţurile cu persoane dispărute.

Erau o sută opt. „Este înspăimântător numărul evadărilor din Alcatrazul cotidian.“

Selecţionă dosarele. Câte erau fetele, între douăzeci şi treizeci de ani, care „dispăruseră“ în ultima perioadă?

Le numără, erau treizeci şi patru. Se plânse încă o dată că nu crease nimeni niciodată o bază de date despre dispariţii. Pentru a recupera diferitele piramide de dosare judiciare din arhivă şi pentru a le distribui pe diversele mese din birou, fu nevoie de o oră şi ajutorul a trei colegi.

Fiecare dosar conţinea anunţurile de dispariţie, „rezultatul anchetelor“, interogatoriile cu rude şi necunoscuţi. Fotografii inutile date de familii: se vedeau fiice năsoase în salopetă de schi, fraţi plini de coşuri care ridicau paharele de Revelion, perechi îngrăşate şi flasce îmbrăţişate pe malul mării, imagini care demonstrau cum fusese odată cel care nu mai era de găsit. Mai erau foi bătute la maşină de cine ştie cine: „Se transmite anexat scrisoarea anonimă primită la acest birou în ce priveşte dispariţia lui Tizio“. Şi faxuri, hârtii scoase la imprimantă, fotocopii. Chiar dacă erau într-o birocratică ordine alfabetică, din dosare şiroiau lacrimi, speranţă şi pesimism – şi în câteva cazuri apăreau şi schiţe cu emisiunile diverselor programe TV interesate de cazuri judiciare, unele cu scopuri bune, altele asemenea pescăruşului de oraş când dă peste un cadavru.

Bagni parcurse fotografiile, atent, una după alta, studiindu-le ca un copil care se joacă.

– De ce în anunţuri pun feţele, şi nu mâinile? întrebă, aşa, ca să spună ceva, dat fiind că toţi ceilalţi erau acolo privindu-l şi tăcând.

Nu interveneau. La început, îl lăsau să facă ce voia, îi dădeau spaţiu şi timp în tăcere absolută.

– Mai devreme sau mai târziu va deveni obligatoriu să ţi se arhiveze ADN-ul şi amprentele digitale când împlineşti optsprezece ani, spuse Cinerino.

– Da, nu vor să ne-o spună, dar o vor face. Construiesc o lume de poliţişti şi nici măcar nouă, care suntem poliţişti, n-ar trebui să ne facă plăcere, răspunse Cane, ducându-se să ia trei păhărele de cafea de la automatul din faţa biroului şefului adjunct de la secţia echipelor mobile.

Lui Cane cadavrele îi dădeau senzaţia de rău, dar tot rămânea în echipa de la Omucideri şi, dacă reuşea, colabora cu Bagni, Creierul, cum îi spuneau toţi. Îl văzuse rezolvând cazul cu fata ucisă cu un dinte de narval înfipt în beregată sau reuşind să pună cap la cap, într-o singură noapte, cauzele unui şir de crime din lumea interlopă. Îl vizitase la spital când Bagni avea capul bandajat şi fusese la ananghie şi, împreună cu şeful, interogase boşi albanezi, curve şi antreprenori bogaţi. Pentru el era un mit. Asta şi datorită unei fraze pe care o auzise de la el: „Crima, predica inspectorul Bagni, e singura infracţiune care nu se sfârşeşte niciodată". Şi i-o explicase: „Pare că această infracţiune se termină atunci când apare cadavrul, în schimb, produce efecte asupra criminalului. Unii spun că ajung să mărturisească după treizeci de ani, pentru că timp de treizeci de ani ceva a săpat înlăuntrul lor. O persoană care ucide o altă persoană poate deveni foarte periculoasă dacă nu o opreşti, pentru că se simte invincibilă. Noi, dimpotrivă, devenim invincibili dacă punem mâna pe ei, pe criminali".

Chiar aşa mergeau lucrurile. De aceea Cane asculta de Bagni ca de tatăl lui, chiar dacă, cel mult, ar fi putut fi fraţi – iar ştrengarul de Bagni era mai tânăr decât el cu vreo zece ani.

Băură împreună cafeaua şi aranjară documentele legate de caz. Cinerino pregăti o mapă şi trasă deasupra crucea neagră, simbolul dosarelor care conţineau numele persoanelor ucise.

– Nando, cum îi spun acestei moarte necunoscute? întrebă Bagni.

– Având în vedere ora la care vom termina de scris, i-aş spune Alba[1] propuse Cane, aruncând o privire distrată la ceas.

– Nu-mi dădusem seama, fir-ar să fie, se face târziu!

– Dacă nu e încă miezul nopţii.

– Nando, facem o înţelegere?

– Zi.

– Eu mă duc, tu aştepţi rezultatul verificărilor de la şoseaua de centură. Înainte să pleci din birou, sună-l pe amicul acela pe care-l avem la serviciul de salubritate, roagă-l să-i alerteze pe măturătorii care îşi încep tura. Probabil îţi aminteşti de cazul profesorului, având în vedere că l-ai descoperit tu.

---

[1] Zori

Cane dădu din cap: nu putea să-l uite pe cercetătorul universitar de filologie clasică, cel care le siluia pe prostituate, purtând un impermeabil de plastic transparent, pe care apoi îl arunca în tomberoanele din jurul casei lui. Încet-încet, la sugestia lui Bagni, Cane îl prinsese ţinând sub observaţie chiar unul dintre coşurile de gunoi pe care maniacul îl folosise mai des. Văzuse un tip elegant, un domn, cu o frumoasă cămaşă albastră şi pantaloni deschişi la culoare, unul care putea să pară orice, mai puţin ceea ce era. Avusese nevoie de câteva secunde ca să mărturisească. „Mulţumesc", încheiase.

– Ai înţeles, Nando? Dacă găsesc haine de calitate bună, trebuie să ne spună imediat. Nu se ştie niciodată. Şi dacă le găsesc, să nu le atingă. Las celularul deschis. Mulţumesc, eşti un prieten bun, conchise Bagni, ieşind.

– Aşteaptă, aşteaptă, prietene. Dar ce fel de înţelegere e asta? Ce-mi dai în schimb?

Bagni îl lăsă să înţeleagă că trebuie să aibă răbdare, că sigur avea să primească recompensa. În timp ce-şi îmbrăca geaca de blugi, sosi Scorpacciati, inspectorul în vârstă. Îl seconda un nou-venit în secţie, Enrico Landolfi, zis Lando, un dandy melancolic despre care nu se ştia cum de se înrolase în poliţie, şi chiar obţinuse să intre la Omucideri. Se întorceau la birou după o serie de verificări printre recidivişti.

– Cum merge? întrebă Bagni.

– Ca dracu'! se grăbi să răspundă Landolfi.

Dezolat, Scorpacciati aprobă din cap.

– V-aţi dus la fraţii din Via Padova?

– Alaltăieri. Azi am verificat doi care se ocupă cu reutilizarea pieselor auto şi cinci agenţii imobiliare marionetă, dar vechea gardă a crimei organizate spune că nu ştie nimic de Wolfson. Şi ştii ceva? Eu îi cred. Orbeşte. Sau în spatele afacerii e vreun nou grup criminal, vreun pact între nemernici, sau asta e răpirea unui idiot făcută de alţi idioţi ca el. Îi spunem asta de câteva zile, dar prietena ta de la Procuratură insistă, ne pun să batem toate canaliile sosite în oraşul M. în anii '60. Din fericire, mâine mă duc la spital ca să-mi pun la loc un rinichi, nu mai pot aşa.

– Noutăţi?

– Nimic-nimic, să nu-ţi vină să crezi, răspunse Scorpacciati. Erau într-o dispoziţie foarte proastă, ca toţi detectivii însărcinaţi cu anchetele despre răpire. Prea multe presiuni, prea multe influenţe politice. A, Bagni, înainte să ies, am răspuns la telefonul tău, suna încontinuu. E unul care vrea să vorbească neapărat cu tine, însă n-a vrut să-mi spună nici cine era, nici de ce te caută. Are vocea unuia care te cunoaşte şi-ţi dă nişte informaţii.

– Adică, ce voce avea?

– De pierde-vară. În fine, părea un prieten de-al tău.

– Mi l-o fi prezentat sora ta.

– I-am sugerat să sune mâine, că eşti de serviciu după-amiaza, corect?

Bagni aprobă din cap, dar era absorbit şi uită imediat ce-i spusese colegul său. Parcurse lungul coridor al primei secţii, implicată în ancheta despre răpirea Wolfson. Apăru în uşa unui birou foarte mic, unde un coleg pusese un bust al lui Mussolini, şi un altul, în ciudă, expusese steagul roşu cu faţa lui Che. Nu era cel pe care-l căuta şi salută câţiva poliţişti implicaţi în descifrarea înregistrărilor telefoanelor interceptate.

Coborî în grabă scările, dar se opri curios la uşa Serviciului de Evidenţă. Acolo se aflau doi africani foarte eleganţi, înalţi şi atletici. Stăteau unul lângă altul fiindcă fuseseră arestaţi împreună. Un mic grup format din poliţişti de la echipele mobile a două comisariate de periferie, conduşi de un superior burtos cu părul lucios de grăsime şi unghiile negre, îi chinuia cu întrebări şi poante.

Bagni nu avu nevoie să întrebe nimic, agenţii erau mândri de arestare.

– Pe proştii ăştia i-am prins într-un Maserati cu un kilogram din asta, explică superiorul cu uniforma pătată, arătând frunzele de khat, iarbă africană care cunoştea a doua tinereţe. Poate pentru că – spun dependenţii – „e ecologică“. La patruzeci şi opt de ore după smulgere îşi pierde principiile active şi, din motive de timp, se vinde în cantităţi uriaşe pe lângă aeroporturile internaţionale şi pieţele de legume. Acela trebuia să fie un eşantion.

– A cui e marfa? A ta sau a ta?

– Dacă e a amândurora, sunteţi fraieri, vă convine să spuneţi că e numai a unuia, nu?

– Maşina cine a închiriat-o? Păi, cred că cine a semnat contractul va avea un sfârşit urât.

Cei doi negri în costume cu dungi ţineau gura închisă, însă aveau ochii zgâiţi. Peste puţin timp aveau să fie supuşi interogatoriilor de către experţii de la Narcotice, ca să încerce să recupereze grosul mărfii. Binele şi răul poliţiei însemna că fiecare avea problema lui de rezolvat şi trebuia să lupte cu timpul: aproape toţi se ocupau de răpirea din Formula 1, Bagni era unul dintre foarte puţinii care se ocupau de uciderea fetei, iar cei de la Narcotice trebuiau să scoată apa din mare cu lingurița, fără să ia mită.

– Noapte fericită, le ură Bagni celor doi traficanți.

Și el? La câtă fericire se aștepta în acea noapte? Se gândea la două femei. La femeia cu care-și impusese să stea, Uma, cu visul ei de a avea o viață simplă, „o viață obișnuită de mic-burghez“, dar oricum o viață, și la Velia, magistrat de carieră și femeie ciudată: viața nu reușea să o ruineze estetic, dar o consuma interior, sau asta era convingerea lui de fost. Fost ce? Fost amant? Fost îndrăgostit?

Uma, în cămașă de noapte, îl aștepta în picioarele goale printre cutiile cu lucruri de aranjat. Desfăcuse deja multe, cu haine și farfurii, cu televizorul ei și combina lui muzicală, în timp ce cutiile cu cărți rămăseseră într-un colț: când le va deschide? O rugase să nu se atingă de ele, că avea o ordine a lui – „fir-ar să fie de ordine a cărților“.

– Iubitule, ai mâncat?

Devenise mai afectuoasă de când renunțaseră la cele două case mici, de oameni singuri, pentru un apartament cu trei camere de optzeci de metri pătrați, cu chirie, la cinci minute de Porta Vittoria. Fiecare femeie, la începutul unei conviețuiri, se simte ca și cum ar fi câștigat un premiu. Uma și mai mult.

Închiriaseră casa dintr-o asigurare la preț favorabil grație unui prieten, Corrado Genito. „Dacă nu fac o favoare prietenilor, atunci cui?“ Ținea la Bagni și Bagni la el. Mai mult, în timpul unei petreceri, organizată în discoteca unui *onorevole*, membru în Parlament, Genito fusese cel care i-o prezentase pe fata care era model polițistului. Și poate că nu s-ar fi gândit niciodată că între cei doi s-ar fi putut naște o iubire care să-i împingă la procrearea unui mic Bagni sau a unei mici Uma.

Bagni o sărută pe Uma și o privi: de când slăbise, nasul îi ieșea mai mult în evidență, între pomeții înalți, și chiar și ochii violeți păreau mai mari și mai rotunzi. Gura, perfectă și senzuală, mirosea a bomboane.

– Ei, dacă nu ți-e o foame de lup...

Ea îl luase de mână, îl împinsese în cameră și îl dezbrăcase fără să vorbească. Voiau un copil, erau trei luni de când încercau, dar nu se întâmpla, și fiecare ciclu părea o înfrângere. Se părea că acelea erau „zilele fecunde": după ea, care se sfătuise cu alte prietene de-ale ei rămase însărcinate, nu trebuia să sară nici măcar peste una, trebuia să facă dragoste o dată la douăzeci și patru de ore, era ca un ordin de serviciu.

Începea să fie frumos să facă dragoste cu ea. „Dar vezi, dragă, ar fi vrut să-i spună, când ai în ochi fața unui toxicoman sinucigaș și corpul carbonizat al unei fete, și te întorci acasă, ai nevoie de puțină liniște, ai vrea să încerci să regăsești partea cea mai bună din tine, care s-a dus să se pitească cine știe unde, ai vrea să bei ceva ușor, poate spumantul acela pe care l-am cumpărat împreună din Franciacorta[1], dar în schimb tu ești aici, fără chiloți, și visezi la o altă femeie pe care să o iubești, ai vrea să vezi din nou cât e de frumoasă Velia."

---

[1] Zonă colinară situată între Brescia și sudul lacului Iseo, cunoscută pentru producția de vinuri, mai ales spumante. (n.tr.)

Cu gândul amăgitor la Velia, Bagni încercă să-și golească mintea de orice fantezie, se obligă să facă dragoste cu mai multă vigoare, dar, brusc, îi veniră în minte pescărușii omorâți cu o singură lovitură de pistol, păsări care renunțaseră să zboare și supraviețuiau în mijlocul lucrurilor murdare, până când își murdăreau și ei ciocul și picioarele. Era departe de acel pat, chiar dacă era acolo, în ea. Erau corpul lui, tandrețea lui. Dar mintea și inima lui unde erau? Unde erau acele dureri de burtă care te fac să spui că ești îndrăgostit nebunește? Sau poate că la vârsta lui nu mai era posibilă iubirea pe care o căutase mereu fără succes?

– Te iubesc, te iubesc, te iubesc, îi șoptea Uma, readucându-l la realitatea transpirată a corpurilor lor înlănțuite. Ar fi vrut mai degrabă să-i spună bărbatului ei ce simțea: „Acceptă-mă așa cum sunt, du-mă unde vrei, înțelege-mă și când nu reușesc să mă fac înțeleasă, chiar dacă nu știu să vorbesc la fel de bine ca tine“. Ar fi vrut ca Francesco, măcar o dată, să-i spună niște cuvinte care să o înalțe la cer: „Sunt al tău pentru totdeauna și nu voi mai cunoaște nici o altă femeie, nopțile noastre vor fi fără sfârșit“. Dar el, el tăcea. Se străduia, părea bucuros, zâmbea, dar era mut. În pat, era unul dintre cei mai tăcuți bărbați pe care-i cunoscuse vreodată.

Bagni o observă pe femeia lui, care părea tristă, dar contribuia cu mici oscilații ale șoldurilor la mișcarea armonioasă. „Femeile sunt cu adevărat ciudate“, se gândea.

Era cufundat într-un vis în alb și negru, cu zboruri de pescăruși cu bot și dinți de șoarece, când sună celularul, trezindu-l. Era agentul principal Cane.

– France, trezeşte-te. „Factorul n." e de partea noastră.

– Nando, nu te agita prea mult. Ce ai găsit? reuşi să întrebe. Se uită la ceas, dormea doar de două ore şi jumătate.

– Lovitură dublă, şefule. Pe şoseaua de centură şi într-un coş de gunoi.

– Era cazul. Spune-mi tot.

– La douăzeci de metri de cadavru, doi agenţi de la Circulaţie au adunat de pe jos o bucată de hârtie de culoare albă, prea curată ca să fie acolo de multă vreme. S-au apropiat şi ştii ce era?

– Cartea de vizită a ucigaşilor.

– Ţi-a revenit cheful de glumă, bine. Păi, aproape. A fost găsit un bon fiscal, cu data de azi. Adică, de ieri. Factor noroc în mare stil, aş spune.

– Asta e! strigă, în timp ce Uma se întorcea pe partea cealaltă, vârându-şi capul sub pernă, bombănind împotriva „poliţailor de rahat".

– E bonul de la un bar. Un coniac şi un suc proaspăt de portocale, băute la 11.00 dimineaţa.

– Trimite-o pe Tiffany, ordonă Bagni, ducându-se în bucătărie. Avea încredere în tipa aceea de treizeci de ani care dimineaţa era capabilă să mănânce şi cinci brioşe cu un cappuccino.

– Şi cealaltă chestie?

– Trebuie să fii vrăjitor.

– Hainele.

– Haine, chiloți și alte chestii. Niște CD-uri. Dacă avem noroc, găsim pe ele amprentele digitale ale victimei și poate și pe cele ale criminalului.

– Vin și eu imediat, unde sunteți?

Era de înțeles de ce Uma fusese ani buni un model de lenjerie intimă bine plătit: frumoasă și fără un minimum de machiaj, pielea de catifea și, în ciuda bosumflării pricinuite de trezirea bruscă, gura foarte senzuală. Chiar îți venea cheful să o săruți. Ceea ce și făcu polițistul. Dragostea fizică lasă loc gingășiei.

– Deja trebuie să pleci la muncă, tati? Nu stai niciodată acasă, protestă slab femeia, sprijinită de ușa bucătăriei.

– Ce meserie are tati? întrebă Bagni, dezlipindu-se de ea.

Părea un déjà vu, scena aceea, cu ea care îi spunea „tati“ și cu el care-și punea mocasinii, o trăise deja sau așa i se părea.

– Vânătorul de oameni răi, suspină Uma.

Așa îi spunea el în glumă.

– Și deci?

– Of, știu, știu, France. Dar trebuie să ne gândim și la noi.

– Asta spun și eu.

– Dacă tu ieși mereu în inima nopții, cum să reușim?

– Asta spun și eu mereu, dar nu mai e noapte, mai e puțin și se face dimineață. Dimineața lui Alba.

10

Banda adezivă albă-roşie fusese întinsă în jurul unui coş de gunoi verde, de plastic. Un capăt al bandei era legat de balustrada de la scara unei şcoli, celălalt de un platan.

Măturătorul era un om slab, cu părul rărit şi doi canini lipsă. Colegii îl lăsaseră cu poliţiştii spunându-i: „Salut, Biafra“. Stătea băţos la trei metri de coşul de gunoi ca şi cum aştepta primirea unei medalii de aur. Ascultă raţionamentele poliţiştilor şi rămase descumpănit când Bagni îi ordonă: „Dă-ne doi saci curaţi şi nu pleca, pentru că trebuie să vii pentru procesul-verbal“. Nu era nepoliticos, dar nu reuşea să comunice bine când era absorbit.

Sosiră doi băieţi, noile achiziţii de la Laboratorul criminalistic. Îşi puseră mănuşi şi măşti şi separară conţinutul pungii în diverşi saci de celofan.

– Scuzaţi-ne dacă fugim, dar trebuie să luăm amprente într-o farmacie deschisă non-stop care a fost prădată, e al treilea jaf de când suntem de serviciu.

Rochia găsită în ladă era măsura 42, neagră şi elegantă. Pantofi joşi, numărul 36, cu şireturi împletite, chiloţi din atlaz. Sutien brodat. Şi Uma, se gândi Bagni, avea unul la fel, i-l dăruise un angrosist pentru care prezentase pe podium câteva modele. Îi spusese că avea un preţ exorbitant. Un halat albastru. Păr pe guler. La naiba cu specialiştii grăbiţi de la Laboratorul criminalistic, daţi peste cap de turele de lucru! Îl prelevă cu calm Nando Cane, ca să-l bage într-un pliculeţ de plastic.

– Cine erai? Cum de foloseai lenjerie intimă care costă mult mai mult decât ce ai pe deasupra? Nu e normal, Alba. Eu, spuse Bagni, am văzut mulţi morţi şi ştiu că lumea cheltuie mai mult pentru ce se vede decât pentru ce nu se vede. Am găsit criminali cu haine de mătase şi şosete găurite. Nobili ucişi în halate cusute de mână şi chiloţi uzaţi de prea mult spălat. Erai o maniacă fetişistă? Erai alergică la materiale ieftine? Îmi vei mărturisi, Alba. Acum să vedem CD-urile. Cred că sunt toate. Folosite, dar perfecte. Piratate. Trebuie să le ascult, după ce Laboratorul criminalistic va lua amprentele. Băieţi, trimiteţi-mi-le imediat ce va fi posibil.

Cane şi Cinerino, în timp ce şeful vorbea singur, încercau să-l facă pe Biafra să le explice, din nou, ce atinsese, dacă mai fuseseră hârtii sau altceva peste haine, însă măturătorul se enervă:

– Ar trebui să-mi mulţumiţi şi, în schimb, mai e puţin şi mă faceţi să mă simt vinovat, protestă.

– Oricine are o uniformă trebuie să ne ajute, îi explică Bagni, dar e adevărat şi că ai fost tare. Pot să fac ceva pentru tine?

– Chiar acum?

– Zi.

– Pot să fac o tură cu o maşină de-a voastră? Cu sirena pornită?

Bagni reuşi să se întoarcă acasă la ora la care lumea intră în baruri pentru prima pauză de cafea. Cumpărase două ziare, unde se relata despre moartea fetei necunoscute, dar pe scurt. Se întinse pe canapea, cumpărată la o lichidare de stoc, şi aţipi. Puţin după aceea, descoperi că era învelit cu un cearşaf. Îl trezi definitiv, după câteva ore, mirosul de cafea şi o muzică sentimentală pe care n-o mai auzise înainte.

– Dar, spuse fata, oferindu-i un sărut şi o ceaşcă.

– Dar ce?

– Muzica asta... A sosit o maşină a echipei mobile, ţi-au lăsat nişte CD-uri piratate, din partea celor de la birou.

– Şi nu m-ai trezit? se miră.

– Au zis că trebuia doar să-ţi predea pachetul, din partea lui Nando Cane. Mi-au spus că au luat amprentele şi că, deci, poţi să le asculţi. Aşa că am profitat.

Uma începu să danseze, doi paşi în spate şi doi în faţă, cu braţele întinse şi ochii zâmbitori. Încet, încet, dansând, începu să se dezbrace.

– Da, acum.

– Poţi să te plângi. Ştii că îmi place muzica, am ales un CD la întâmplare şi... frumoasă nu? E ciudat că pe fiecare CD sunt cel mult trei, patru melodii. De unde sunt? Nu-mi spune că e vorba de o muzică folosită pentru o crimă.

Nu-i spuse.

– Da, nu e rea, comentă, ascultând ritmul. Dar şi excitantă.

Rămăsese în slip şi sutien, pentru un spectacol casnic şi improvizat, îi ieşea foarte bine, dar Bagni nu voia să cedeze imediat.

– Excitante o baterie şi o chitară? Eşti bolnavă.

– Iar tu ești surd. Nu auzi că muzica urmează ritmul unora care se implică? spuse cu ochii ei luminoși, atât de asemănători cu jarul unei țigări care se stinge.

– Nu inventa scuze absurde ca să ai copilu' ăsta.

– Ce scuze absurde? protestă Uma, mângâindu-i pieptul și ducându-se să ia, tot pe ritmul muzicii, un alt CD cu *Because you loved me* a lui Céline Dion; *Total eclipse of the heart* a lui Bonnie Tyler; *Do it to me* a lui Lionel Richie și *Gabriel* a celor de la Lamb. Îl vârî în aparat și își aținti privirea asupra lui.

– Am senzația că m-am întors la vârsta de douăzeci de ani, sex rapid și muzică foarte proastă, o luă peste picior polițistul. Trec zile când nici măcar nu te uiți la mine, pe urmă, cum e temperatura bazală la nivelul adecvat, sari pe mine, se lamentă prefăcut.

Rânji și ea, sărutându-l pe gură și scoțându-și sutienul.

– Mai era ceva împreună cu CD-urile?

– Nimic, ce-ți mai trebuie pe lângă ce ai? A, apoi mi-au spus că e unul care tot sună la birou pentru că vrea să vorbească doar cu tine. Nu-i așa că numai eu știu cum să te găsesc, iubitule?

Îl ajută să se dezbrace șoptind:

– Nu e doar că mă simt fecundă, ci de-a dreptul plină de energie. Vino încoace, ce faci?

Uma își scoase slipul și, cu autoritatea și rapiditatea pe care le au numai viitoarele soții, i se așeză, cu picioarele, desfăcute peste burtă, scoțându-i tricoul și lăsându-i în jos pantalonii.

– E muzică din aia care excită. Hai, încearcă să urmărești ritmul.

– Începe tu că vin şi eu, o invită.

– Leneşule, vino aici imediat.

Pe la ora 18.00, pe holul Procuraturii se învârteau numai ziarişti, şoferi, detectivi şi, după părerea cuiva, umbrele condamnaţilor, fantomele sinucigaşilor din puşcărie, ectoplasmele martirilor statului, care îşi pierduseră viaţa ca să nu vadă schimbându-se niciodată nimic şi erau foarte nervoşi.

Nici un avocat, nici un consultant, nici o secretară seducătoare cu studii profesionale care trăiau din consultanţe supraplătite mulţumită încetinelii din tribunale. Puţine lumini aprinse în birourile procurorilor. În faţa uşii viceprocurorului Velia Longino erau un carabinier care răsfoia un ziar lingându-şi arătătorul ca să întoarcă paginile şi un tip la vreo cincizeci de ani care părea tocmai scăpat dintr-un accident stradal, atât era de tulburat, murdar şi ciufulit.

– Vreau să-l reclam pe procurorul general care mi-ai luat fiii, repeta în gol.

Bagni bătu şi intră fără să aştepte semnalul de cale liberă. Secretara magistratului avea la urechi două căşti stereo şi bătea la computer rezumatul unui interogatoriu. Îi trebui ceva timp să ridice capul.

– *Dottoressa* e sus, la etajul şapte, spuse.

La etajul şapte, etajul judecătorilor de anchete preliminare. Probabil pentru vreo cerere de interceptare telefonică.

– La cine s-a dus?

– La *dottor* Di Matteo. Dumneavoastră sunteţi cumva inspectorul Bagni?

– Eu sunt.

– Bine, *dottoressa* mi-a spus să fiți atent. Dumneavoastră trebuie să confirmați ce va spune dânsa, anunță înainte să-și plece din nou privirea spre ecranul computerului.

„Ce înseamnă asta?“ se întrebă pe hol. Se orientă ca să ajungă la biroul lui Di Matteo, GIP[1], un bărbat robust și bronzat, renumit crai (enervant) cu colegele și tinerele avocate. Bagni simți un mic junghi în zona duodenului și o luă pe scări. Treaptă după treaptă, se gândea că nu era firesc și nici justificat să simtă gelozie în ceea ce-o privea pe Velia, închisă singură în biroul acelui viclean. Se gândea că încerca foarte serios să aibă un copil cu altă femeie, una care îl iubea. Că viața lui era într-o altă direcție, și el o făcuse să o ia într-acolo. Acea indispoziție era nesocotită: „Complet nesocotită, sunt un imbecil“.

Bătu, iar Velia Longino îl întâmpină cu un zâmbet splendid. Di Matteo, proaspăt frezat, lustruit de parcă un machior l-ar fi dat cu ceară, elegant ca și cum Armani ar fi petrecut un sfert de oră cu el în fața oglinzii, era așezat, într-o postură de general, în fața unui munte de hârtii. Arcui o sprânceană depilată când își văzu colega că îl pupă pe obraz pe polițist și făcu un gest papal cu mâna dreaptă către nou-sosit, ca și cum îl invita la Ultima Cină, și reluă imediat consultarea unui cod, mormăind ceva.

– Mulțumesc că ai încercat să tatonezi terenul cu Big Ben, din păcate, așa cum ne imaginăm toți aici, e un om foarte prudent, dar oricum trebuia să încercăm și,

[1] Giudice per le Indagini Preliminari – judecător pentru cercetări preliminare

având în vedere că te aflai în zonă pentru crima aceea..., îi spuse Velia.

– Dar, interveni Di Matteo, e mai bine dacă nu mai luaţi aceste iniţiative când e în desfăşurare o interceptare. Oricum, sunteţi telegenic, ştiaţi?

Îl invită pe poliţist să se apropie şi tastă la computer câteva comenzi necesare ca să deschidă un fişier. Ascultarea propriei voci avu un efect ciudat asupra lui Bagni. Apoi se văzu, de sus, discutând cu şeful calabrezilor. Încercă să-şi ascundă uimirea.

– Ei, începe să mi se rărească părul, spuse.

– Camera video pe care i-am pus-o în televizor, la două zile după răpirea lui Wolfson, e perfectă. Ei se uită la meciuri şi noi la ei. Nu suntem siguri sută la sută, dar par să ştie ceva despre răpire. Fac trafic la greu şi vorbesc despre un pachet de aranjat. E amuzant, se înveseli GIP Di Matteo, când se uită la meciurile cu Milan şi se enervează. Dumneavoastră îl cunoaşteţi bine pe acest Panebianco Beniamino, zis Big Ben?

– Sunt de-al casei, i-am arestat pe unchiul şi pe fratele lui.

– Scuze, Francesco, interveni Velia, mi-ai adus raportul despre prostituată? E mai bine să mă uit peste el imediat.

– Aici, răspunse Bagni, dându-i un dosar, ai totul, plus referatul făcut de *dottoressa* Mazzini. Azi-dimineaţă am găsit într-o ladă ceea ce ar putea fi hainele şi CD-urile ei. Ieri, lângă cadavru, era bonul fiscal de la un bar.

– Dar aţi fost extraordinari. Deci, ce facem? întrebă.

– Deci, mărim pasul după standardele noastre cele mai bune, glumi. Primul lucru care trebuie făcut este identificarea ei, şi ne gândim să nu spunem nimic presei până la sfârşitul verificărilor.

– Crezi că-i interesează? izbucni judecătorul.

– Mă scuzaţi, *dottore*?

– Gazetarii vânduţi nu fac decât să scurme în legătură cu Wolfson, nu-i interesează nimic altceva. Înainte să fiu judecător am fost procuror, în anchetele despre răpiri noi am avut mereu doi duşmani mortali. Răpitorii şi jurnaliştii, spuse, aruncând priviri ucigătoare din ochii închişi la culoare de sub sprâncenele îngrijite.

Velia îl însoţi pe Bagni pe holul gol, lung, plin de uşi închise, asemănător cu vagonul gigantic al unui tren nemişcat şi adormit.

– France, n-ai idee cât a fost de preocupat când te-a văzut vorbind cu Big Ben. În acest Palat al Justiţiei au o teamă teribilă de spioni, informatori şi trădători.

– Au ceva dreptate, sunt ani de când vă spionează. Dar eu nu am nimic de ascuns, meseria mea e să-i cunosc pe proşti şi să aflu ce fac, important e să nu le iei banii.

– Da, dar nu voiam nici cea mai mică umbră asupra ta. În ceea ce priveşte ancheta despre fata aceea, faci ce vrei, nu-mi permit să-i spun geniului de la Omucideri cum s-o conducă...

– Hai, nu începe şi tu să mă iei peste picior.

– E de ajuns să mă informezi despre lucrurile importante în caz că şeful ar vrea să ştie unde a ajuns ancheta. Pot să te întreb cum îţi merge în rest?

Îl întrebă mişcând capul în felul acela al ei atât de particular, care într-o vreme îl fascinase. Poate ar fi trebuit să o invite să bea un aperitiv. Dar nu o făcu.

– Ca de obicei, o cursă infernală, şi ţie cum îţi e în grupul antirăpire? schimbă discuţia poliţistul.

– Suntem trei, număr perfect. Şi cu Armando Plebei e foarte bine.

– E un tip tare.

– Face puţin cam mult pe tatăl cu noi, dar e unul adevărat şi-l supraveghează pe Palma, un zăpăcit. Atunci, când ne auzim?

– Sper că mâine. M-a sunat Mazzini, zice că aranjează şi cu autopsia pentru noi chiar dacă sunt ocupaţi până în gât.

– France.

– Vrei să-mi spui ceva, Velia? „Iubire, iubire care ai fost, atât de mare, ce mai vrei de la mine, să-mi smulgi inima din piept?"

– Scuză-mă dacă îţi spun, nu pari fericit. Şi nu cred că e din cauză că nu eşti implicat în ancheta despre răpire.

– Glumeşti? Ne-au dat posibilitatea să alegem, eu am preferat să continuăm în secţie, nu pot să mă pliez orarelor unei răpiri în această perioadă. Hai, Velia, ne vedem curând, răspunse şi îi întoarse spatele, simţindu-se mai bătrân şi mai matur, şi închipuindu-şi că ea e acolo, în hol, privindu-l cum se îndepărtează.

Se opri şi se întoarse, ea era tot acolo, făcându-i semn cu mâna. Se întoarse şi o privi, aşteptând.

– Mi-e greu să-ţi spun lucrurile astea, dar, îl întrebă Velia, ochi în ochi, dacă două persoane se înţeleg bine, de ce trebuie să se piardă?

O oază pentru însetaţi, asta îşi dorea Velia?

La 7.30, Bagni, Nando Cane, inspectorul Lopiccolo şi agentul motociclist se întâlniseră în barul de lângă morgă. Câteva discuţii, micul dejun cu brioşe şi sucuri naturale, apoi agentul se dusese să se plimbe, iar

Lopiccolo luase din geanta aparatului de fotografiat un borcănel și îl oferise celor doi colegi de la Omucideri. Amândoi își băgaseră degetele în cutiuță și apoi își unseseră nările, simțind un miros pătrunzător de pădure, mosc și afine. Era un amestec pe care Lopiccolo îl studiase și pe care i-l făcea un tip care se ocupa cu plantele medicinale, pentru a evita ca, în timpul autopsiilor, unele emanații prea tulburătoare să-l oblige să facă o figură proastă.

– Nu te gândi la prostii, Bagni, polițistul acela tânăr e doar un prieten.

– Și de ce-mi spui tocmai mie?

– Pentru că ești homofob, apoi te încăpățânezi și îi interzici să intre la Omucideri, și ăsta e visul lui.

– Ce prostii spui? Ăla în mijlocul cadavrelor? Acolo, lângă șoseaua de centură, mai era puțin și-ți leșina în brațe.

– Nu e vina mea dacă am acest efect. Și pe urmă, nici Cane nu suportă cadavrele, numai tu te pupi în bot cu ele.

– Pe măsură ce îmbătrânești, devii insuportabil. Oricum, spune-i prietenului tău să treacă pe la mine peste câteva săptămâni, ne poate fi de folos un infiltrat în lumea voastră de homosexuali isterici.

– O spun tuturor: „Fetelor, dacă există unul care are clasă de vândut, acela e amicul nostru Bagni".

La 8 fix se prezentaseră la Institut, își puseseră halatele de hârtie și galoșii și se așezaseră în rând cu studenții și medicii. Erau în sala mare când ușile glisante se deschiseră și, pe post de coloană sonoră, se auzi ritmul electronic al transportatorului electric Indumat. Cadavre ca nişte trenuri. Sosite la timp sau cu întârziere. Pline de indicii sau goale: „Bip-bip, bip-bip, soseşte cadavrul".

– Bagni, întrebă Lopiccolo, nu ţi se par cinematografice autopsiile? Toţi interpretează un rol, mai ales mortul. Dacă n-ar fi el, n-ar fi nici filmul.

– Şi mai spui că eu sunt cel care, cum ai spus tu cu fineţea ta caracteristică, se pupă în bot cu cadavrele.

– De ce, n-am dreptate? Filmele americane ne-au influenţat imaginaţia.

În realitate, inspectorul Bagni ştia bine că era folositor să-ţi imaginezi o secvenţă de film în acel loc.

– La morgă, în casele şi pe străzile unde mergem pentru a ne face meseria, sensul unei vieţi luate se atinge, se vede şi se respiră şi prin intermediul mirosurilor descompunerii şi ale corpurilor care putrezesc. Altfel, nu ţi-ai face pomezile la câte un amic de-al tău care se ocupă cu plantele. Ţărână din ţărână, înţelegi, Lopiccolo?

– Uf, ce rău îmi pare că nu am un aparat de înregistrat când faci pe cultul.

– Mă iei peste picior, dar încearcă să înţelegi că au dreptate toate religiile în încercarea de a face să devină puţin mai sacră moartea şi, în consecinţă şi viaţa, punând-o în legătură cu un ceva Măreţ. Altfel, ce rămâne? Numai burţi deschise, organe de examinat, cântărit, analizat, eprubete, larve de insecte, unguente de dat pe la nas ca să nu simţi de aproape cum vom mirosi când vom merge într-un loc unde nu se vând deodorante.

– Eşti fascinant când te prefaci că nu eşti un nihilist, dar pe urmă strici totul demonstrând că ai studiat.

Agentul Cane îl atinse pe Bagni. Pe targa portocalie nu era sacul mare, albastru, cu toartele roşii, ci se ridicau, cu o ciudată formă de vulcan în erupţie, marginile unui cearşaf de sală de operații, strâns în jurul a ceva minuscul.

– Îți spusesem că era de așteptat..., îi aminti cu voce scăzută *dottoressa* Mazzini. Bagni le făcu semn lui Cane și lui Lopiccolo care se lungea cu vorba, dar pe care Cane nu-l asculta. Era nemișcat și privea fix sacul. Toți cei din sala de autopsii rămăseseră încremeniți. În jurul celor trei mese nu se simțea nici o respirație. Medicii legiști, de serviciu în acea săptămână, și consilierii partinici înclinară capul, un expert balistic ridică ochii spre tavan și, dintre numeroșii studenți, numai unul nu-și feri privirea și îndrăzni să se uite cu atenție la mișcările precise ale specialistului care apucă nodul legăturii, ridică pachetul fără nici cel mai mic efort și, cu o încetineală sacerdotală, îl puse pe masă. Apoi desfăcu nodul. Și, în fața ochilor tuturor, apăru un nou-născut cu picioarele îndoite. Burta începea să capete culoarea verde, semnul putrefacției. Bagni privi mânuțele, piciorușele, părul fin și cordonul ombilical tăiat. Micul penis ca de hârtie velină. Capul rotund și neted. Cu o oribilă vânătaie albăstruie care se întindea între ureche și bărbie.

„Bip-bip“, Indumat anunța sosirea unui nou sac. Erau trei mese de lucru simultan. Nu se putea pierde timp. Într-un oraș mare moare multă lume.

Dar ochii tuturor rămâneau ațintiți asupra acelui copil și nimeni nu făcea nici o mișcare. Numai Nando Cane se agita, trecându-și greutatea corpului când pe piciorul drept, când pe cel stâng.

Trebuia întreruptă tăcerea și făcu asta *dottoressa* Mazzini:

– Cine îl cântăreşte şi cine îi face radiografiile? întrebă şi, pentru a scurta momentul, se duse ea însăşi să ridice micul corp şi îl aşeză pe cântar.

– Două kile şapte sute, spuse. Şi rupse vraja.

– Trebuie să aflăm, anunţă un medic chel şi mustăcios, probabil un profesor, pentru că în faţa lui erau cinci sau şase tineri foarte atenţi, dacă s-a născut la termen sau nu... În mod clar e cam mititel, dar nu se ştie niciodată şi fiecare dintre noi trebuie să-şi facă o idee exactă. De exemplu, nu putem încă să excludem că acest copil are vreo malformaţie. Ar fi putut chiar să se fi născut mort.

Nu credea nici el, marele mincinos. Îi făcu pe studenţi să repete unele dimensiuni anatomice, se auzeau cuvinte precum *biacromial* şi *glabelă*, se consultau cărţi de pediatrie, în puţine minute aveau concordia ştiinţei şi se revenea, ca de obicei, la analize: copilul se născuse la şapte luni, dar fără probleme deosebite.

– Facem câteva radiografii?

Razele X revelară că erau fracturi la mâini, acele oase mici se întrerupeau în mai multe puncte.

– Ar trebui să stabilim dacă e vorba de fracturi înainte sau după moarte. Cum putem afla? întrebă profesorul.

– Deschidem, răspunseră câţiva studenţi.

Dottoressa Mazzini apucă bisturiul.

Bagni se simţea fermecat de acea oroare, Lopiccolo câştigase câţiva centimetri ca să vadă mai bine şi Cane mai adăugase puţin unguent pe la nări.

– Unul care face meseria noastră, îi spuse lui Bagni, trebuie să privească realitatea în faţă, dar – şi tu ştii bine asta – uneori nu e mai bine să-ţi fie indiferentă nenorocita asta de realitate?

Însă Bagni se pierduse în gândurile lui, ca şi cum acel mic mort ducea un mesaj pentru el: „Sunt asemenea celui care se va naşte din Uma, uită-te bine la mine şi încearcă să-l protejezi pe el". Uneori, inspectorul se gândea la specia umană ca la celulele unui corp, ca şi cum toţi ar fi legaţi, unii cu ceilalţi. Alteori ştia că nu era aşa, că o sută de oameni înseamnă o sută de capete diferite.

Observă lama tăind acel corpuşor de la gât la zona inghinală, medicii dădură la o parte ceva cu mâinile, poate stomacul, poate cine ştie ce organ. Profesorul îl invită pe unul dintre studenţi să taie o bucăţică de plămân, în timp ce o altă fată, o blondă cu nasul delicat ca sticla, umpluse cu apă un lighenaş.

– Cum se cheamă această tehnică? îl întrebă profesorul pe unul dintre studenţi care îl fixa năucit, ca un portar de fotbal care vede ajungând în faţa propriului careu trei atacanţi adversari. Putea să facă o impresie proastă.

– Docimazie galenică, răspunse *dottoressa* Mazzini, salvându-l.

Se dusese lângă Bagni, care îi spuse:

– Vedeţi dacă era aer în plămâni... Dacă bucăţica pluteşte, aveţi certitudinea că a respirat după naştere. Că era viu.

– Acum eşti practic.

– Din păcate, da. Cum a ajuns aici?

– Era într-o ladă cu fructe, l-au găsit în piaţa de legume azi-dimineaţă. Doi poliţişti la vânătoare de imigranţi clandestini. Altceva nu se ştie. Poate să fi ajuns acolo din orice parte a lumii. Peste puţin timp trecem la prietena voastră, trebuie să aveţi răbdare.

Bucăţica plutea. Copilul se născuse viu, plânsese, urlase, îşi căutase mama. Dar mamele nu sunt întotdeauna nişte fiinţe protectoare, imense figuri calde, zgomotoase şi pline de un lichid bun de înghiţit, care potoleşte foamea şi setea, nu sunt acea continuă mângâiere, atingere, curăţare, plimbare, aranjare...

– Acum să continuăm să vedem dacă sunt infiltraţii hemoragice.

Fiecare poliţist de la Omucideri ştie că aceea e o temă fixă a autopsiilor. „Sângele curge spre rană", era ceva ce auzise de mic, când căzuse cu bicicleta, şi îi rămăsese întipărit în memorie. Dar acum ştia că leziunile au într-adevăr o voce şi un itinerariu logic: când e un strat subţire de sânge în jurul tăieturilor, sfâşierilor sau fracturilor, înseamnă că leziunea a fost făcută când fiinţa umană era în viaţă. Inima pompează, pompează, pompează, împinge şi împinge cu forţă sângele în zona fracturii, de acolo iese şi se revarsă. Dacă inima n-ar bate, sângele s-ar scurge obosit, fără să meargă să se ascundă în orice gaură. Verificară fracturile scoase în evidenţă de radiografii.

Medicii dădură din cap. Erau infiltraţii. Poate căzuse pe jos în timpul naşterii sau imediat după. Sau cineva îl lovise peste mâini? Cine?

– Să vedem câte ore a fost în viaţă, o vom face luând o secţiune din germenii dentari, care sunt gata să se dezvolte, şi examinând nişte ţesuturi la microscop. Care dintre voi vrea să facă asta? îi întrebă profesorul pe studenţi.

Nando Cane se dusese cât mai departe posibil de masa de autopsie cu copilul. Sosise corpul fetei căreia îi spuseseră Alba. Preferă să se aşeze lângă acel tăciune, ca o gardă de onoare.

Cei doi poliţişti se regăsiră scrutând acel chip călcat şi înnegrit, acel corp cu muşchii umflaţi: „Arşii par nişte bunici care încearcă să se ridice de pe scaun".

Erau toate semnele unei puternice călduri care, pentru scurt timp, arsese corpul.

– Poate nu a ajuns o canistră de benzină.

Cutia craniană, o parte neagră şi o parte albă, fusese găurită de diverse lovituri cu un obiect greu, probabil o piatră, care distrusese trăsăturile. Pe partea stângă se observa o gaură din care ieşea în afară creier copt. Semăna cu un cârnat absurd, de culoare portocalie.

Cu un burete ud, un student începu să curețe partea capului mai bine conservată. Se desprindeau funingine şi fragmente închise la culoare pe care un coleg cu ochelari, cu o pensetă, le făcea să cadă în diverse recipiente, pentru analize.

Odată terminat de curăţat capul, *dottoressa* Mazzini atinse pumnii strânşi ai cadavrului şi îi studie îndelung. Poate rămăsese vreo urmă de amprentă digitală. Căută printre instrumentele chirurgicale o maşină de tranşat şi, în opt minute, tăie mâinile de la încheieturi.

– Duceţi-le imediat tehnicianului meu, a pregătit o metodă eficientă. Întinde un strat de latex şi încearcă să recupereze nişte amprente.

– L-am văzut deja făcând asta. Dacă reuşeşte, chiar astăzi, anunţă inspectorul Lopiccolo, consult sistemul AFIS.

– Ce face? întrebă unul dintre studenţi.

– AFIS, Automated Fingerprint Identification System, sunt arhivate acolo milioane de amprente digitale.

Când patologa începu să folosească foarfeca cu vârful bont, utilă ca să nu perforezi organele care se taie, agentul Cane încercă să se strecuare pe ușa glisantă, care însă nu glisa, și încercă să o forțeze. Bagni se duse după el.

În curtea interioară a Facultății de Medicină Veterinară așteptară să vină *dottoressa* Mazzini. Cu ajutorul radiografiilor descoperiseră și apoi prelevaseră un fragment de lemn cu urme de metal, probabil așchia dintr-un baston folosit în artele marțiale. O armă adesea folosită de recuperatorul ilegal de credite. Oare cel care o omorâse pe Alba era un gangster?

Fața *dottoressei* Mazzini nu avea un aspect prea plăcut.

– Cum te simți, Francesco?

– Ar trebui să te întreb același lucru.

– Îmi pari foarte obosit, dacă pot să-ți spun asta.

– Nu mai mult ca de obicei. Dacă vezi cearcănele, e din cauza logodnicei mele, vrea un copil...

– A, ai decis să faci pasul cel mare?

– Da, sunt „zilele fecunde", așa zice ea.

– Noi, femeile, suntem ciudate, nu-i așa?

– La naiba, cu cât îmbătrânesc, cu atât vă înțeleg mai puțin.

Medicul deschise larg ochii cu gene lungi și păru nesigură în legătură cu ce urma să spună:

– Am terminat primele examinări, trebuie să așteptăm câteva rezultate, dar ceea ce vă interesează mai mult acum e să vedeți dacă se poate să i se dea un prenume și un nume, nu?

– Da. Dar de ce, mai e şi altceva?

– E nevoie de alte examinări mai specifice. Lopiccolo e cu tehnicianul meu, sunt destul de optimistă în legătură cu amprentele. În ce priveşte restul, ne auzim într-o săptămână, cel mult zece zile.

Se salutară şi Cane, aşezat pe marginea unei fântâni, încetă să asculte sunetul vântului printre frunzele plopilor.

– O, sigur că *dottoressa* Mazzini e tare.

– De ce?

– Se enervează de fiecare dată când deschide un cadavru, doar nu se aşteaptă să le resusciteze.

– Să o lăsăm să cerceteze, cu mintea ei sclipitoare, nu se ştie niciodată.

11

Latexul nu se rupsese şi permisese recuperea unor amprente digitale. Foarte netede. Inspectorul Lopiccolo le văzuse şi apoi apelase la AFIS, iar creierul electronic dăduse rezultatul.

– Bagni, fără Laboratorul criminalistic acum sunteţi terminaţi. Ter-mi-naţi.

Pe biroul lui Bagni era aşezat un singur dosar. Mediu, nici prea umflat, nici prea subţire. Conţinea toate datele despre dispariţia acestei fete care se evaporase în nemărginitele împrejurimi ale oraşului M. Ancheta luase sfârşit. Rapoartele despre găsirea cadavrului ars şi primul rezultat al autopsiei zăceau pe fundul dosarului. Alba se numea Valentina Castiglioni şi avea douăzeci şi trei de ani.

– Avusese douăzeci şi trei de ani, se corectă Bagni.

– Să mergem, spuse.

– Gata, mergem, răspunse Cane.

Devreme, inspectorul-şef Francesco Bagni şi agentul principal Nando Cane înfruntaseră traficul narcotizant al drumului naţional care uneşte Milano şi Cremona şi ajunseseră în piaţa satului unde se născuse Valentina şi unde îşi dăduseră întâlnire cu mama ei.

O luaseră în mașină pe acea femeie fără zâmbet, care îi servise cu una dintre cele mai rele cafele băute vreodată în cariera lor. Îi invitase să intre în căsuță în grup, băgându-i, fără prea multe ceremonii, în bucătărie. Un sac de plastic cu gunoaie era pe chiuvetă – umflat, pe jumătate la vedere, din care curgeau zoaie. Se vedeau cutiile transparente pentru mâncare gata făcută de la supermarket și cojile de la fructe: poate că mama Valentinei nu gătea niciodată.

În schimb, unghiile îi erau date cu un surprinzător lac alb. Ciorapii cu firul tras acopereau o pulpă de mijlocaș atacant. Decolteul în V al puloverului roz ar fi venit mai bine pe pieptul uneia mai tinere. Cei doi polițiști începuseră să întrebe ce-și amintea în legătură cu dispariția Valentinei, dar se feriră să-i spună că singura ei fiică fusese găsită, însă, ucisă și arsă. Îi explicaseră că lucrau pe două piste opuse. Una, din păcate, ducea la ipoteza cea mai rea, adică la moarte. Cealaltă deschidea niște posibilități, și ei erau acolo „pentru a alunga dubiile“, spusese Bagni, în timp ce Cane își ascundea privirea, prea puțin pricepută la minciuni, sub viziera șepcii de baseball. Să faci pe polițistul era un mod murdar de a-ți câștiga existența, asta o știau bine amândoi, în timp ce înșelau, astfel, încrederea și speranța unei mame. Dar și șeful poliției ar fi fost de acord. Trebuiau să încerce să muncească în liniște, fără lacrimi și scene de disperare, ca să pună mâna pe cel care o omorâse pe Valentina. Timpul consolării avea să vină după capturare.

Doamna Castiglioni repeta întruna o frază:

– Fiica mea m-a făcut mereu să sufăr. Dezaproba comportamentul Valentinei „din şcoala elementară", preciză. Apoi, crescând şi având prieteni bărbaţi...

După puţină vreme, reuşiră să pătrundă în camera dispărutei şi să o închidă pe mamă afară.

– Oricum, nu furăm nimic.

Bagni privise îndelung unele fotografii ale Valentinei, aranjate sub geam: îl tulburau ochii ei. Foarte expresivi, două faruri pe un chip mai mult decât plăcut, deşi puţin cam uscat. „Probleme de anorexie", intui. Mama nu-i spusese asta, dar putea să fie aşa. Va verifica.

Câteva ore, în mod meticulos, aşa cum nu mai făcuse nimeni înainte, poliţiştii scotociseră peste tot. Era meseria lor sau poate că ştiau să facă mai mult decât colegii distraţi de la comisariat, primii care înregistraseră anunţul dispariţiei. Cert era că, vârât în tuburile goale ale patului, găsiseră un teanc de foi făcute sul: era ceea ce mai rămăsese dintr-un fel de jurnal plin de poezii, unele deloc rele, şi de multe desene, aproape toate colorate în verde fluorescent.

Unele scrisori sentimentale erau semnate „Căţeluş", care trebuia să fi fost un logodnic al Valentinei, iar ultima, cu banale şi jalnice fraze de adio, era datată 19 decembrie, anul anterior. Căţeluş o părăsise înainte de Anul Nou, clasic. Era o scrisoare pe care trebuiau să o facă dispărută, fără să-i spună nimic mamei, şi să o analizeze apoi cu calm. Răsfoiseră şi unele romane şi câteva reviste. Un săptămânal TV, lăsat într-un sertar, avea un colţ de pagină îndoit şi o pagină smulsă. Ce ştiri erau tipărite pe pagina aceea lipsă?

Nu era uşor să ieşi din casa Castiglioni. Suspinând, mama Valentinei îi constrânsese să se întoarcă în bucătărie şi luase o tavă cu biscuiţi şi prăjituri, începând să ronţăie de parcă ar fi fost singură. Cei doi poliţişti îşi împărţiră treburile.

Nando Cane, care nu se simţea bine în spaţii închise, mai ales dacă erau morgi sau case ale victimelor, luă maşina şi se duse să discute cu preotul, cu taximetriştii, cu agenţii de circulaţie. La ora micului dejun, din vorbă în vorbă, dădu şi de Căţeluş. Avea treizeci şi patru de ani, era înalt de 1,80 m şi avea 90 de kilograme. Mai mult decât un căţeluş, era un adevărat buldog: aceeaşi mandibulă căzută. Era portarul hotelului Moderno unde, pentru câteva luni, Valentina făcuse curăţenie. Relaţia lor, după spusele lui Căţeluş, consta mai ales în a se încuia în camerele pe care ea trebuia să le aranjeze. Atâta tot.

– Deşi se terminase, ea continua să mă caute, am fost împreună ultima oară acum vreo cinci sau şase luni. Era ciudată, dar a fost mereu puţin confuză.

– De ce ciudată?

– M-a întrebat dacă era o tipă cu care un bărbat se poate căsători.

– Şi dumneavoastră ce aţi răspuns?

– „Dacă viitorului tău soţ îi plac slăbănoagele nebune, da.“ Mi-a dat o palmă şi a plecat, şi n-am mai văzut-o de-atunci.

Inspectorul Bagni reuşise să se mute în salon, dar stătea pe canapea ca pe patul dintr-o celulă. Asculta impasibil lamentările mamei.

– A trebuit să învăţ să supravieţuiesc, povesti femeia. Mă scol dimineaţa şi, înainte să mă dezmeticesc, mă simt deja rău. Apoi mă învârt prin casă şi o simt goală, în fiecare zi tot mai goală. Pentru că durerea şi singurătatea se aseamănă, cresc una în cealaltă, îmi taie respiraţia.

Cred că Valentinei i s-a întâmplat ceva grav, o simt în suflet. Nu m-ar fi lăsat aşa, fără veşti, atâta timp.

Bagni nu o întrerupsese. Din când în când, se ivea câte un mic detaliu, util să înţeleagă mai bine cine fusese Valentina, cum şi de ce plecase. Creierul „de poliţist" ştergea descărcarea sufletească a mamei şi memora informaţiile utile. Un detaliu trezi nota emoţională din amintirea unui episod îndepărtat. Pe când era un băieţel emigrat de puţin timp la Geneva, Francesco Bagni se împrietenise cu copilul cel mai bogat şi mai simplu, şi mai amabil din şcoală. Într-o zi fusese invitat la o gustare acasă la el. Se numea Patrick. „Pe urmă mă ajuţi să scot fotografiile", îi spusese.

Chiar dacă trecuseră mai mult de douăzeci şi cinci de ani, Bagni îşi amintea gardul viu înalt, o poartă cu vârfuri aurite, drumul de intrare nesfârşit, maşinile negre şi un Maserati roşu în curtea cu pietriş, un majordom frumos ca un actor şi, mai ales, camera cu jocuri a prietenului. Era mare cât apartamentul închiriat al familiei Bagni, imigranţi italieni: tatăl, ospătar-şef, chiar dacă în cel mai bun restaurant din oraş, şi mama care scurta mâneci şi lungea pantaloni. După-amiaza şi seara stătea aplecată peste maşina de cusut, fără să respire ore întregi.

Între cei doi băieţi, născuţi în familii cu totul diferite, prietenia începuse când developaseră împreună o rolă în camera obscură. Bagni putea să reconstruiască fiecare detaliu al lighenaşelor, al apei, al acizilor şi al figurilor care, încet, încet, sub luminiţa roşie a developării, apăreau pe foaia care fusese albă. Primul negativ reproducea un bătrân care împingea un cărucior pe zăpadă. Bătrânul era solid ca un trunchi de copac. Întunecat în viscol, asemenea unui personaj din desene animate.

Tânărul Bagni văzuse, cu mare uimire, foaia albă și cum apăreau, pe acea foaie, mai întâi urechile și punctișoarele zăpezii, apoi figura, apoi căruțul cu buștenii de lemn: „S-o scoatem din lichid, altfel capătă un contrast prea intens“, spusese Patrick.

Bagni se convinsese că și anchetele, când erau „pure și simple“, funcționau ca developarea fotografică. Mai întâi era nimicul din jurul cadavrului unei persoane și apoi, încet, încet, datorită unui telefon, unei mărturisiri, unei informații, unei intuiții, rezultatelor autopsiei, apărea clar fiecare detaliu. Și atunci trebuia să lovești fără să te pierzi în pălăvrăgeli. Altfel asasinul va fugi sau judecătorul nu va înțelege, sau colegii se vor plictisi să facă ore suplimentare fără să fie plătiți.

Se întâmpla la fel și cu „fotografia“ Valentinei. Mai întâi – identificarea datorită amprentelor digitale. Apoi casa Valentinei, descoperirea detaliilor fugii Valentinei, mama Valentinei. Încet, încet, și Valentina. Durerea mamei nu-l implica pe polițist, era ca lichidul care developează, ca apa care spală și curăță.

Prima fotografie imaginară din albumul morții data din ziua dispariției unei fete care – da – „nu“ fusese anorexică, dar „aproape“. Mama vorbea și Bagni vedea biserica parohială: aici începea romanul polițist. Cu Valentina care stătea lângă femeia îngenuncheată, în timp ce credincioșii se așezau în rând pentru comuniune. Așezată nu departe de altar, Valentina găsea în capetele cu părul rar și încurcat, în nuanțele urâte obținute de frizerii de doi bani, în gulerele taioarelor moi și strânse, în pantofii cu vârful demodat confirmarea că e înconjurată de vieți fără sens: ca a ei. Cineva o saluta, ea răspundea, cu o bătaie rapidă din pleoapele ochilor albaştri, puţin fandosit. Colecţionase bărbaţi ca să se convingă că e frumoasă. În sat, zvonul de împrăştiase.

În momentul comuniunii, strânse genunchiul mamei, făcând-o atentă.

– Mă laşi să mă rog?

Ultimul reproş.

– Mamă, eu plec.

Se ridică. Castiglioni Valentina, în vârstă de douăzeci şi trei de ani, născută şi locuind la periferia periferiei, plecase spunând doar: „Plec pentru două sau trei luni". Salutase, mergând fără grabă de-a lungul navei centrale a bisericii. Nu se va mai întoarce niciodată să calce pe acele marmuri albe şi roşii, în acea biserică se va celebra înmormântarea ei, cu jumătate de sat adunată ca să se roage, şi jumătate ca să critice, să vorbească de rău, să bârfească. „Pietatea este, ca şi dragostea, un sentiment foarte selectiv", se gândi Bagni întrebându-se dacă fata aceea plecase de-acasă sau dacă eşuase, din lipsă de altceva, din absenţa voinţei, pentru că nu ştia să se apere.

Pe fondul primei fotografii imaginare, Bagni îl introdusese pe preot, concentrat asupra ostiilor de vârât în gurile larg deschise ale credincioşilor, şi pe mamă care, făcând eforturi să închidă ochii, rămăsese pe scaun să se roage.

Mama vorbea cu poliţistul, în felul ei era sinceră, furniza o groază de detalii şi Bagni îşi imagina şirul de scene care o legaseră pe fată de sfârşitul ei. Începuseră să se certe după ce soţul, tatăl Valentinei, un reprezentant de vinuri, murise într-un accident de maşină. Cu nouă ani în urmă. Gândul că mama ei „plângea dând din şolduri", cum o auzise spunând unui unchi, n-o mai părăsise pe Valentina, o tulburase atât de mult, încât dedicase tocurilor înalte ale mamei nu mai puțin de trei pagini pline de jurnal.

După ce se ocupase de tocuri, mama ei trecuse la păr, schimbându-și coafura și nuanța, alegând, după diferite încercări, o calotă blondă-cenușie. Odată aranjate extremitățile, se dedicase restructurării imaginii, cu bluze decoltate, pulovere mulate, sutiene la vedere. „Valentina, nu mă judeca dacă nu știi cum stau lucrurile. Nu ai dreptul să ai un tată?“ fusese explicația.

Problema nu era aceea. Nu era vorba de siguranța economică și de figura masculină, și de alte scorneli: Valentina știa că mamei îi era greu, ca să nu spună imposibil, să stea singură într-o casă-închisoare. Și poate că nu o interesa să aibă un bărbat în pat, ci mai degrabă unul care să meargă la cumpărături. Voia să aibă lângă ea un bărbat ca să se simtă femeie, cuplul însemna normalitate, asta gândea. Reușea însă să aibă parte numai de povești cu persoane care rar erau amabile și o părăseau la puțină vreme după ce se vârâseră în patul ei. Valentina cunoscuse trei sau patru dintre ei, dintre viitorii tați – nu voia nici măcar să se gândească la asta.

În ultima ei zi de fiică, Valentina nu se obosise să-și pregătească singura valiză. Scosese din burta unei marionete cu ochi de cristal un mic sul de bancnote și rupsese, dintr-o revistă pe care o ținea în sertar, o pagină. În valiză puse deasupra, ca să nu se mototolească, o rochie neagră, scurtă și decoltată. Aceea găsită în gunoi.

Probabil că, înainte să iasă, se privise cu atenție în oglindă. Se privise îndelung în ochi, ca și cum nu-și amintea ce o împingea să iasă pe ușă. Apoi văzuse, într-o cutie, toate micile eșantioane de parfum, de șampon, rujurile, toate acele mici lucruri utile seducției la reducere pe care mama le înghesuia fără criterii. Îi scrisese un bilețel cu creionul de ochi: „Mă întorc peste două, maximum trei luni“, aceleași cuvinte pe care i le spusese în biserică. Dar adăugase un îndemn: „Stai liniștită“. Știind bine că mama ei, cu o viață care semăna cu o pelerină udă de ploaie, n-ar fi fost niciodată liniștită.

Valentina avusese o relație și o speranță – și întâlnise moartea când se aștepta cel mai puțin. Se auzi claxonul, Cane se întorsese să-l ia. „Ce bine“, se gândi inspectorul Bagni.

– Lăsați-ne să facem verificările necesare și, bine sau rău, voi veni să vă spun adevărul, își luă rămas-bun, simțind un ghemotoc de noroi în locul inimii.

Din mașina care se întorcea în orașul M. sună la biblioteca comunală și ceru să vorbească cu bătrâna doamnă Elide, bibliotecara. O cunoștea de la alte anchete și o rugă să caute în biblioteca de periodice revista cu pagina ruptă. Discuția era cam așa:

– Ținem toate colecțiile pe ani.

– Ai tot din ultimul an?

– Plec la 16.00.

– Ajungem.

Pagina ruptă conținea trei coloane cu anunțuri cu plată: schimburi de parteneri, agenții de modele, oferte de muncă într-un limbaj ambiguu, de la cine căuta „atlete fierbinți“, până la cine propunea „o clientelă optimă pentru zeițele iubirii“.

– S-o fi dus să facă pe prostituata? întrebă Cane.

– Trebuie să înțelegem la ce nivel, răspunse Bagni.

Ar fi fost o muncă plicticoasă să verifice adrese şi telefoane. Şi, mai ales, să o facă fără să fie „prinşi" de cel care, dacă nu era asasinul, era poate unul dintre ultimii care o văzuseră pe fată în viaţă.

Dar, în concluzie, ancheta nu mergea rău.

– Dacă Bagni nimereşte de la început, nu greşeşte nici o lovitură, le repeta Cane colegilor, întorcându-se împreună cu inspectorul la secţia Omucideri. Îi aştepta Rosario Cedro. Poliţist care, aflându-se printre cei mai buni din oraşul M., fusese însărcinat să urmărească într-o acţiune principală foarte complicata răpire Wolfson.

– Băieţi, ce faceţi? întrebă.

– În ce sens? întrebă Bagni.

– În unicul sens posibil.

– Rău. Ce se mai întâmplă?

– Se pare că vine în oraş un killer, e o informaţie de la americani, ne întrebam dacă...

– Nu, Rosario, imposibil.

– Lasă-mă să vorbesc măcar.

– Noi nu putem să facem nimic, serios. Suntem deja în număr restrâns. De ce nu vorbeşti cu cei de la Antidrog?

– Am făcut-o deja. La cei de la DIGOS[1] nici nu mă duc. În regulă, Bagni, încearcă să te gândeşti dacă poţi să te desprinzi măcar tu. Îi coordonezi pe colegi pentru cazurile de crime şi te implici personal în porcăria asta cu killerul din SUA.

– Nu-ţi promit nimic, ne mai auzim.

– Eşti un prieten bun.

---

[1] Divisione Investigazioni Generali e Operazioni Speciali – Divizia de Cercetări Generale şi Operaţiuni Speciale

Tocmai decidea cui ce să încredinţeze când telefonul de pe biroul lui sună.

– Bagni?

– Da.

– În sfârşit te găsesc.

– Mă bucur pentru tine.

– Dar ai înţeles cine sunt?

– Nu, cine eşti?

– Prietenul tău microbist.

Îl recunoscu din zbor: „Ozzy, traficantul ăla dobitoc din San Siro“. Voia să-i spună că nu avea timp pentru prostiile lui. Nu era numai un microbist, era un microbist-traficant: unul dintre şefii suporterilor echipei SuperM., un burtos care făcuse trei ani de arte marţiale şi inspira teamă băieţeilor, dar în viaţa lui mai mult încasase decât dăduse. Un prostănac palavragiu.

– Nu am prieteni microbişti.

– Sunt Ozzy.

– Ozzy? Ozzy, un nume de metalist. Ne cunoaştem?

– Bagni, ascultă-mă, am o informaţie-bombă, nu ţi-au spus că te caut?

– Ştiu că mă căuta cineva, dar ai lăsat un număr sau vreo altă indicaţie, cumva? Nu fac pe ghicitorul.

– A, de ce, ai alţi informatori?

– Ozzy, tu nu eşti unul dintre ei, eşti pur şi simplu un dobitoc pe care l-am scăpat de un necaz. Tu, cel mult, eşti un confident. Aşa că zi ce ai de zis, dacă nu, du-te dracului.

– Nu la telefon.

– Pe mine nu mă ascultă nimeni, sunt poliţia.

Celălalt invocă diverse motive şi îl imploră:

– Te rog, hai să ne vedem la barul din Piazzale dello Sport, am o informaţie-bombă, era o frază pe care o auzise în vreun film cu gangsteri la televizor şi o repeta.

– Anchetez o crimă, sunt prins până peste poate. Spune-mi despre ce e vorba şi nu mişc de-aici.

– Îţi spun. Dar stai jos?

– Ozzy, nu mă enerva.

– Wolfson. Răpirea.

Bagni se uită la receptor.

– Nu te mişca, sosesc.

Când Bagni se întoarse la sediul poliţiei era foarte incitat. Contrar a ceea ce se aştepta, Ozzy îi „vânduse pontul“ şi părea mai mult decât informat în legătură cu familia Wolfson şi cu tentativa rudelor de a plăti răscumpărarea fără ştirea magistraţilor.

– Băieţi, scuzaţi-mă, dar trebuie să fug, vă explic mai târziu şi ne împărţim mai bine treburile. Am primit o informaţie, sunaţi-l pe Cedro şi convingeţi-l să vină aici cât mai repede. Se duse glonţ în biroul şefului echipei mobile, lăsându-i interzişi pe Cane şi pe Cinerino.

– France, nu ne dai nici măcar un indiciu?

12

Bagni își număra grăunțele de praf lipite pe spatele gol și transpirat. Degetele îi erau strânse în jurul degetelor subțiri ale Veliei, care era întoarsă pe partea stângă. Îi respira în ureche. Se întâmplase.

Se întâmplase și nu pronunțaseră încă nici măcar un cuvânt. Urcaseră în casa inspectorului, acum fără mobilă, se aruncaseră unul asupra celuilalt, dezbrăcându-se în grabă și unindu-se acolo, cum și unde se nimerea.

Acum că se întâmplase, Bagni, întins pe parchet, privea tavanul și simțea frig la picioare. Nu putea să se îmbolnăvească, trebuia să se îmbrace. Se întoarse, și ea deschise ochii. Rămaseră să se privească câteva minute, pentru că se întâmplase, și cuvinte nu fuseseră înainte, nu fuseseră după și poate că nu aveau să mai fie. Știau ceea ce făcuseră. Știau cine erau, și cum stăteau lucrurile, și cât erau de contradictorii emoțiile lor. Chiar foarte bine. Nu era acela momentul să fie altfel decât două persoane care-și spun: „S-a întâmplat și a fost foarte frumos“, fără să-și spună asta.

Amândoi, când ieșiseră din Palatul de Justiție, se gândiseră la îndepărtata posibilitate de a termina seara în acel mod. După oboseala și eforturile acelor zile agitate, se duseseră cu vreo cincisprezece colegi să încheie, în fața unei pizze și a unei beri, lunga și eficienta reuniune operativă dintre grupul restrâns de magistrați, polițiști, carabinieri și cei de la Garda Financiară implicați în cazul lui Elvio Wolfson.

Grupul „restrâns“ era necesar pentru că familia Wolfson avea prea multe cunoștințe în palatele puterii și, de câteva ori, familia primise, în mod evident, informații despre anchetă. Mai mult, o verificare întâmplătoare a unei imprimante care funcționa prost dăduse la iveală că cineva, în timpul nopții, copiase unele dosare păstrate la Procuratură. De aceea detectivii „de încredere“ ai grupului restrâns vorbiseră între ei și, ducându-se la întâlnire fiecare pe cont propriu, se instalaseră în sala rezervată a unui faimos pizzar care, salvat de extorsiune, stabilise regula de aur de a aplica „forțelor legii“ reduceri mai mult decât prietenești. Convocată în fața câtorva pizze hipercalorice care câștigaseră campionate suprarealiste de pizzari europeni, reuniunea servise mai ales ca să capete puțină încredere – și să se sărbătorească între ei. Să-și spună că nu mai mergea „foarte rău“. Era adevărat: nici urmă de ostatic. Elvio Wolfson rămânea tot prizonier cine știe pe unde. Dar, datorită informației primite de Bagni, *dottoressa* Longino, pentru prima oară, „stabilise un contact cu răpitorii“ și blocase încercarea de a plăti o parte a răscumpărării. Succesul operațiunii, ținut, foarte riguros, secret față de presă, obținuse numeroase efecte colaterale, pusese „într-o situație complicată“ familia Wolfson și permisese obținerea celor mai bune informații care, pentru moment, rămâneau greu de descifrat.

Una, nu cea mai importantă, dar cea care stimula cea mai mare parte a discuțiilor, îl privea pe acel „crotal“ de

Genito, cum îl denumise şeful echipei mobile. Fostul carabinier tocmai devenise consultantul familiei Wolfson şi nimeni nu ştia exact ce făcea, nici ce ar fi putut face. Poate, continuând să-l urmărească, s-ar fi înţeles mai bine în ce direcţie ar fi ales familia celui răpit să se mişte: în interiorul sau în afara legii?

Erau cei care-şi aminteau de Genito ca de unul dintre oamenii de vârf de la Criminalistică: „Unul care era chemat când statul avea nevoie să stingă lumina". Se acţiona în regatul umbrelor şi al încălcării procedurilor, pentru ca la sfârşit,, atunci când se aprindea lumina, minune!, telespectatorii să asiste liniştiţi la rezolvarea cazului. Genito reuşea, plătind pe ascuns pe cineva dintr-o bandă sau trimiţând departe de Italia vreun terorist transformat, după o noapte cu echipa lui, într-un destăinuitor plângăreţ. „Eu, povestea unul care fusese în echipă şi nu nega acest lucru, dacă pot vorbi ca şi cum am fi între prieteni, am văzut oameni atârnaţi de picioare în casa scării şi cred că sunt lucruri pe care n-aş mai vrea să le revăd." Apoi – îi povestiseră lui Longino care părea destul de preocupată – acest carabinier, care „nu-şi termina niciodată programul", fusese doborât de un scandal legat de tripouri şi de jocul de noroc. Nu se înţelesese niciodată dacă, jucând câteva partide de *chemin-de-fer*, îşi descărca tensiunile acumulate în timpul zilelor aglomerate sau dacă acel scandal fusese construit cu artă de cineva din sectorul imobiliar, proprietar al unui cotidian de seară. Însă Corrado Genito fusese nevoit să predea arma şi uniforma. Abandonase urmăririle. Şi chiar dacă mulţi care îl cunoşteau susţineau că toată viaţa lui fusese consacrată securităţii statului, de când lucra pe cont propriu, depăşise „limita" – umblau zvonurile – de mai multe ori.

Printre cei prezenţi la reuniunea-cu-pizza, erau unii care povesteau că, la începutul anilor '90, probabil se aflase în spatele unui alt răsunător caz de răpire, cel al fiului consilierului socialist Marino Malesci, un universitar „care a fost răpit tocmai pentru a distruge cariera politică a tatălui". Atunci fuseseră victime şi împuşcături din care se înţelesese puţin şi de aceea mai mulţi se temeau de ce era mai rău: „Când munceşte, Genito e ca un tanc, doboară orice obstacol".

Bagni ascultase o vreme, fără să vorbească, apoi, în faţa magistraţilor şi a colegilor din diferitele secţii de poliţie, îl apărase pe „prietenul meu Corrado. Din punctul meu de vedere, spusese, e un profesionist excelent". Recunoscuse că ţinea puţin la el, cum poţi ţine la cineva în oraşul M., cu care te întâlneşti puţin şi deloc, pentru că toţi au mii de lucruri diferite de făcut.

I se sugerase să-l ţină la distanţă şi să nu discute cu el în acea perioadă pentru nimic în lume. Ceea ce Bagni acceptase de bunăvoie: ultimul lucru de care avea nevoie era să-şi caute probleme în plus şi să inventeze noi justificări. Zilele acelea îi erau de ajuns lamentările Umei legate de colegii lui de serviciu: mai ales de o colegă, „*dottoressa* ta".

A doua problemă, discutată la masă la al doilea rând de bere, se referea la informaţia sosită la DIGOS de la şeful centrului CIA din Belgrad. O treabă foarte delicată. „Prietenii americani", tot mai plini de informatori, aflaseră că un killer, folosit atât de politicienii sud-americani, cât şi de mafioţi, trebuia să ajungă în oraşul M. Nu ştiau nici ce ar fi trebuit să facă, nici cine l-a trimis, nici de unde venea, dar ştiau că ar fi trebuit să lovească până pe 18 septembrie. Avea un obiectiv precis şi – după fonograma celor de la CIA – o carabină cu lunetă cu infraroşu fusese deja trimisă pentru el, călătorind într-un tir cu alune caju plecat din Istanbul spre *near M. City*, un loc lângă oraşul M.

Atâta tot. Ca sutele de alarme din anii de după 11 septembrie, era vorba de informaţii neverificate şi incontrolabile, dar pornite – asta era expresia – „din sursă confidenţială de încredere, confirmată". Aşa că trebuiau să se ocupe de asta şi, deşi adjuncţii nu ţineau să lase fără oameni echipa cea mai activă implicată în cazul Wolfson, procurorul-şef, Tito Tonale, desemnase să se ocupe de cazul straniu al killerului care urma să sosească doi dintre cei mai buni agenţi din poliţie, Carmelo Cedro şi bătrânul Tim Cortobardo, unul care strânsese mărturiile a zeci de gangsteri pentru ca apoi să se ducă să lucreze, cine ştie de ce, la poliţia comunicaţiilor.

– Dar aţi fi putut încredinţa povestea asta altcuiva, protestase inutil Cedro, care se distrase suficient organizând urmăririle care le creaseră probleme emisarilor familiei şi, poate, îi apropiaseră de bandiţi.

Răpirea Wolfson – stabiliseră în timpul desertului – nu mai era un mister total. Operaţiunea fulger nu dusese la prinderea vreunui bandit, ba dimpotrivă, fusese ridicolă urmărirea unuia care o luase la fugă şi care se dovedise a fi un imigrant chinez clandestin, fără acte. Pentru a compensa eşecul, fusese reţinut un bilet adresat familiei Wolfson. Şi, în acel bilet, fără o amprentă, fără o urmă de cerneală, fără un fir de păr, fusese găsită o mică pată. O picătură de sudoare. Din acea picătură de sudoare, Laboratorul criminalistic extrăsese ADN-ul. Şi acel ADN – cercetat cu prioritate absolută – corespundea unui delincvent dat în urmărire: Panarello Mario, zis Nino – mafia calabreză din Aspromonte. Fişele personale ale celor de la Divizia de luptă împotriva crimei organizate făcuseră legătura între Panarello şi familia Siddi, din banda Siddi-Crovace, titulari ai aşa-zisului „racket de la câmpie".

Velia nu ascundea că, brusc, cota ei crescuse. Până şi taciturnul Tito Tonale ieşise din marea lui cameră transformată într-o peşteră de coduri şi dosare şi se dusese să o felicite, dăruindu-i unul dintre cele două zâmbete lunare.

– Dumneavoastră, *dottoressa* Longino, deşi atât de tânără, deveniţi, declarase *dottor* Tonale, unul dintre stâlpii de rezistenţă ai acestui sărman birou, atât pentru felul în care ştiţi să gestionaţi anchetele şi forţele poliţiei, cât şi pentru profilul de înaltă eficienţă pe care îl demonstraţi în redactarea cererilor dumneavoastră către GIP.

Nu era rău deloc.

– Un toast pentru *dottoressa*, spuseră cei de la Garda Financiară, ridicând paharele de *limoncello* şi de bitter.

Însă anchetele nu se termină niciodată. Pentru a doua zi, magistraţii hotărâseră să-l aducă la Procuratură pe Pietrino Cucchi, preşedintele societăţii genoveze, marele sponsor al familiei Wolfson: reuşise să trimită banii către Maretta Zara în ciuda îngheţării conturilor. Cum? De ce? Interogatoriul se anunţa foarte delicat, fie din pricina avocaţilor de calibru, fie pentru că Cucchi era bolnav. Avea faima unui om cinstit şi cumsecade, viaţa lui fusese mereu de luat ca exemplu, fără ostentaţii şi fără ambiguităţi, senină şi norocoasă. Apoi, pe neaşteptate, sinuciderea fiicei foarte tinere, petrecută de curând, la terminarea şcolii, schimbase perspectivele. Delia îşi luase viaţa, la şaisprezece ani, cu gazul de la ţeava de eşapament a maşinii, în garajul vilei de pe dealurile din Portofino. După cincisprezece zile, Cucchi suferise un infarct.

Velia îl sărută pe Francesco Bagni pe lobul urechii şi îşi eliberă mâna din strânsoarea lui.

– La ce te gândeşti?

„Primele ei cuvinte sunt o întrebare", se gândi Bagni şi răspunse:

– La cât zgomot ai putut să faci într-o casă goală.

Velia râse. Oricare ar fi fost cauza râsului ei, pentru Bagni reprezentase mereu o poartă a minunăţiilor. Fu şi în acel moment. Femeia se ridică în fund pe podeaua de lemn şi îşi aranjă părul. Chipul ei. Mâinile ei. Nasul ei. Gura ei. Extaziat, chiar dacă îndurerat, Bagni se întrebă de ce să-şi unească răsuflările, dacă acestea, după ieşirea din această oază, erau destinate să se despartă. Răspunsul era simplu: când respirau împreună, se regăseau departe de tot şi de toţi. Era ca şi cum s-ar fi îmbrăţişat pe o insulă pustie chiar dacă se aflau într-un apartament plin de lume, era ca şi cum ar fi zburat chiar dacă se ţintuiau la pământ, făcând sex, împărţind sânge, umori, mirosuri; era răsuflarea lui Adam şi a Evei, era răsuflarea celui care, în peşteri, înţelesese că aşa trecea noaptea, era răsuflarea tuturor bărbaţilor şi a femeilor care s-au adulmecat, a acelora cărora le-a ajuns o privire ca să spună „da, îl vreau", „o vreau", era răsuflarea atât de rară în viaţă, atât de frumoasă, atât de mistuitoare, că probabil ar fi putut să devină insuportabilă într-o căsnicie, într-o logodnă, într-o conviețuire, dar putea să supraviețuiască așa, suspendată și misterioasă.

Murea noaptea și, în același timp, murea ceva din el, în timp ce Velia rupea tăcerea să vorbească mereu și numai despre muncă:

– Francesco, dat fiind că Cedro nu mă poate ajuta zilele astea, pentru că se duce pe urmele fantasmelor celor de la CIA, aș vrea să te rog ceva. Începi tu să pui întrebările mâine? Trebuie să-l pun într-o situație dificilă pe acel Cucchi. E nevoie de prudență, pentru că e bolnav, dar nu putem să-i facem prea mult rabat și cred că tu ești persoana cea mai potrivită pentru...

– Mâine mă voi ocupa în continuare de crima Castiglioni.

– Și cine e? Nu-mi amintesc.

– Fata ucisă și arsă la Baggio: Castiglioni Valentina.

– Nu se poate, Francesco, chiar nu se poate.

Bagni nu putea să-i spună cât fusese de obositor să o facă pe Uma să înțeleagă această nouă colaborare cu ea, cea care privește dintr-o parte. Dacă Uma ar fi intuit ceea ce tocmai se întâmplase, pentru că se întâmplase, toată existența lui ar fi trebuit să o ia într-o direcție diferită. Putea, la patruzeci de ani, să schimbe direcția? Se întreba, și era o întrebare de o mie de puncte.

Înconjură cu un braț spatele gol al Veliei și spuse:

– Știi ce i s-a întâmplat logodnicei mele când ne-a descoperit împreună. I-am explicat că lucrăm la aceeași anchetă, dar pentru strictul necesar, jurând că între noi s-a terminat.

– Atunci nu te mai uita la țâțele mele.

– În fond, știm amândoi că ar fi mai bine să ne luăm la revedere.

– Eşti tragic, Francesco. Ba nu, eşti acelaşi semitragic, răspunse. Îi ieşi din gât râsul sincer al celei care nu aşteptase niciodată nimic altceva de la el în afară de sex, afecţiune şi înţelegere.

– Într-o zi, carapacea ta se va distruge, Velia, şi cioburile te vor răni, spuse Bagni.

– Mi se pare că mai devreme ţi-a convenit mult să mă aduci în casa asta goală şi să-mi faci ce ai vrut. Ce e, suferi de schimbări bruşte de temperament?

Velia se duse să-şi caute hainele, răspândite pe podeaua din lemn şi mototolite pe canapea.

– De câte ori în viaţa ta, frumosule, ţi-ai pierdut capul ca în noaptea asta? întrebă.

– Dar tu?

– Mereu să puneţi întrebări, voi, poliţiştii.

– Da, la fel ca nemernicii ăia de magistraţi.

– Noi doi ne cunoaştem, iubitule. Şi chiar bine.

– Ştiu, răspunse Bagni, punându-şi ceasul. Îşi dădu seama că era târziu. Se gândi la Uma. În seara aceea, îi spusese, avea de lucru până târziu. Trebuia să se îmbrace nu ştiu ce şi să participe la o petrecere organizată de Maretta Zara. Până la urmă acceptase, chiar dacă el nu-şi ascunsese perplexitatea, însă îi dădeau trei mii de euro pentru o seară. „Mult mai mult decât câştig într-o lună“, se gândi Bagni, bucuros că nu era acasă să-l aştepte. N-ar fi avut curajul să o privească în ochi. Nici vorbă de făcut dragoste ca să conceapă un copil.

– Şi dacă ştii asta, continuă Velia, fă-mi favoarea de a continua să mă ajuţi în ancheta Wolfson şi nu mai face pe nebunul. Tu îţi controlezi foarte bine emoţiile, şi eu la fel. Şi în viaţă am învăţat că problemele adevărate sunt altele. Sentimentul, sexul, căsniciile, fetele care rămân însărcinate sunt chestiuni peste care poți trece. Nu e așa, Francesco?

– Mâine vin pentru interogatoriu, pentru că e corect să te ajut într-o problemă pe care am început-o împreună. Dar apoi mă întorc la ce făceam înainte să primesc informația de la microbist. Eu și Uma vrem să avem un copil, răspunse inspectorul.

Velia îl împinse spre zid și-l îmbrățișă. Era superbă, era în stare să-i frângă inima, atât îl atrăgea. Îi atingea vreun mecanism sexual necunoscut. Era din nou excitat și Velia își dădu seama. Nu-i spuse nimic, nu făcu nimic, nu-l sărută. Rămase să-l privească, lipită de corpul lui. Și el o privea, în tăcerea casei întrerupte numai de sunetul unei picături. Se întâmplase. Totul se învârtea în jurul faptului că se întâmplase. Și că se putea întâmpla din nou. Chiar acolo. Exact în acel moment.

– Te sfătuiesc să te duci imediat acasă. De cum o să te vadă Uma a ta, ești fript.

– Nici tu nu stai mai bine. Ca întotdeauna, ai buzele mai mari.

– Soțul meu nu are nici cea mai vagă idee cu cine s-a căsătorit, răspunse ea, cu un zâmbet vag. Dar nu mai era zâmbetul amuzat al Veliei, ci o imitație nereușită.

13

Palatul de Justiţie nu fusese încă deschis pentru public. Ascensoarele stăteau pe loc, scările albe erau pustii, sălile încă închise. Nu zumzăia minusculul covoraş, de aeroport african, pe unde erau trecute genţile pentru controalele antitero. Erau stinse luminile cabinelor gri. Numai marile lumini, care rămâneau aprinse zi şi noapte, aminteau faptul că acela nu era un muzeu în stil asiro-babilonian, ci un loc unde se veghea zi şi noapte – sau cel mult se moţăia în timpul audienţelor. Şi totuşi, o tânguire alerga de-a lungul zidurilor. Un lung *vuuuuuuuummmm.*

– Îl auzi? spuse unul dintre carabinierii care transporta grilajele de pus în Procuratură.

– Ce? răspunse brigadierul.

– Nu e vântul.

– Termină, mitomanule, aici nu sunt fantome.

Grilajele, la ordinul unui ofiţer înalt şi rubicond, îmbrăcat cu un costum de gangster, fuseseră aranjate de-a lungul coridorului pentru a-i împiedica pe jurnalişti să se apropie de uşile *dottoressei* Longino. O circulară interzisese de câţiva ani intrarea cameramanilor şi a fotografilor în interiorul Palatului de Justiţie, dar deja erau acolo vreo optzeci de jurnalişti în aşteptarea evoluţiei cazului

Wolfson: aflaseră de interogatoriul lui Pietrino Cucchi, un nume de prima pagină, şi deja la ora 9.00 începuseră să se aşeze pe băncile din lemn gălbui-închis şi să fumeze deschizând ferestrele ascunse de perdelele albe.

– Acum că e lume nu se mai aude, spuse carabinierul.

– Da, *Câmpiile morții*[1]. Faci pe nebunul ca să fii transferat?

Preşedintele Cucchi sosi la ora 11.00. Era însoțit de doi reprezentanți ai tribunalului, fu înconjurat şi copleşit cu întrebări. Nu răspunse, se enervă pentru că unul dintre ziarişti, foarte înalt şi cu picioare de cowboy, reuşise să se apropie de urechea lui ca să-l întrebe dacă într-adevăr fusese o încercare de a plăti răscumpărarea. Bombăni împotriva celor care permiteau „circul mediatic" şi se duse să se aşeze, respirând greu, în fața *dottoressei* Velia Longino. Puțină curtoazie formală, câteva considerații generale, apoi Velia se ridică şi, fără să spună un cuvânt, se apropie de fereastră ca să privească acoperişurile roşii din oraşul M.

– *Dottor* Cucchi, dumneavoastră aveți o relație de natură sentimentală cu doamna Maretta Zara?

Vocea lui Bagni căzu ca un trăsnet asupra preşedintelui clubului de fotbal.

– Este un interogatoriu?

– Este prima întrebare a procesului-verbal, confirmă inspectorul.

Avocații, care păreau tată şi fiu, dar care erau colegi de facultate şi amanți de peste un deceniu, încercară să ridice unele obiecții, însă Bagni fu de neclintit:

---

[1] Titlul unui film englezesc (în original *The Killing Fields)* din 1984, în regia lui Roland Joffé (n.tr.)

– Puteţi să răspundeţi da sau nu, ori să vă prevalaţi de dreptul de a nu răspunde. Ori, dacă sunteţi de acord şi dacă e şi *dottoressa*, aceasta este o parte a conversaţiei pe care n-o vom trece în procesul-verbal, având în vedere că sunteţi un bărbat însurat. Dar e nevoie să ne dăm o mână de ajutor. Vrem doar să ştim cum stau lucrurile, ca să reuşim să-l eliberăm pe Wolfson.

– N-am nici o relaţie cu doamna Wolfson, asta puteţi să treceţi negru pe alb. Dar e adevărat că am avut-o cu ceva vreme în urmă, când nu era căsătorită. A durat puţin şi aş vrea să nu se afle în afara acestui birou.

– Dacă nu o povestesc avocaţii dumneavoastră, puteţi să staţi liniştit, în mod sigur noi nu vom sufla o vorbă, spuse Bagni.

– Dar, reluă cuvântul Cucchi, nu din acest motiv am împrumutat banii familiei Wolfson. Eu şi Wolfson tatăl suntem asociaţi în unele şantiere foarte importante şi ajutorul meu e doar un avans al banilor pe care îi manevrăm amândoi când câştigăm contractele. Este prietenie şi sunt afaceri, inima şi doamna Maretta nu au nici o legătură.

– Deci cu Wolfson senior aveţi legături?

– Vă confirm.

– Confirmaţi. Bine. Iau act. Domnule Cucchi, dumneavoastră ne confirmaţi şi că vreţi să vă bateţi joc de noi?

– Inspectore! se întoarse Velia Longino, fixându-l cu ochii mari.

Şi avocaţii se agitară pe scaune, cel mai bătrân se lansă într-un discurs acuzator, cel tânăr îl susţinu viguros, bombănind fraze despre demnitatea călcată în picioare, dar Bagni îi făcu pe toţi să tacă ridicând nişte foi capsate:

– Procesul-verbal al interogatoriului anchetatei Maretta Zara. A fost luat de mine personal în seara plăţii neizbutite. Citesc, domnilor, fiţi atenţi: „Am hotărât din proprie voinţă spontană să încerc eliberarea lui Elvio fără să-l informez pe socrul meu, dar cerând ajutorul prietenului nostru Cucchi Pietrino“. Din punctul meu de vedere, prietena dumneavoastră, *ingegner* Cucchi, nu minţea.

Lăsă ca tăcerea să se lase din nou în birou, înainte să ridice vocea:

– Acesta e adevărul gol-goluţ. În timp ce dumneavoastră, în acord cu avocaţii dumneavoastră, veniţi aici cu intenţia de a ne fraieri.

– Dumneavoastră...

– Şi nu sunteţi în măsură să o faceţi, e limpede?

Apucă procesul-verbal şi-l lăsă să pice pe birou.

– Pentru că există o infracţiune care se numeşte favorizarea infractorului. Doamna Maretta voia să evite acuzaţia şi de aceea a explicat bine cum au decurs lucrurile. Ia legătura cu răpitorii prin intermediul microbistului, încasează datorită dumneavoastră, *ingegnere*, banii necesari să plătească măcar o tranşă din răscumpărare, încearcă să-i ducă unde i s-a spus să-i ducă, dar există un „dar“. Prinderea nu are loc. Poate am fost neîndemânatici noi şi răpitorii ne-au văzut. Sau poate ei, prudenţi, ştiind că dacă-i prindem nu mai ies din închisoare. Vreţi puţină apă, domnule preşedinte? Beţi, beţi. Oricum, datorită operaţiunii-fulger, îi oprim pe toţi cei prezenţi şi ceea ce am în faţă – vă repet – este versiunea luată în aceeaşi noapte, cu ditamai avocatul. Şi am şi alte declaraţii testimoniale pe care la momentul potrivit vi le voi face cunoscute. Aşa că, dragă domnule Cucchi, dumneavoastră nu ajutaţi pe altcineva decât pe doamna Maretta. Din motive pe care vă rog să ni le spuneţi acum.

Cucchi era un bărbat de aproape şaptezeci de ani şi, până la moartea fiicei sale, nu arăta nici măcar de cincizeci. Fusese celebră o fotografie de-a lui apărută pe coperta revistei *Espresso*, cu titlul *Tinereţe eternă*. Apoi a îmbătrânit brusc. Pielea din jurul ochilor lui era crestată de riduri care aminteau de hărţile nautice.

– Dar eu, răspunse, credeam că ajut familia. Cum puteam să fac supoziţia că decizia de a plăti fusese iniţiativa exclusivă a Marettei? Dumneavoastră o vedeţi făcând pe agentul secret? Eu nu.

– Şi nu l-aţi sunat pentru o confirmare pe socru, dragul prieten şi asociat Wolfson?

– Nu.

– Dumneavoastră transportaţi milioane de euro din averea personală, îi daţi fostei prietene şi nu-i spuneţi nimic prietenului dumneavoastră parvenit din contracte publice? Dar nu luaţi masa împreună?

Avocaţii protestară împotriva acelei „atmosfere intolerabile“, ameninţară că pleacă imediat, cel mai tânăr dădu cu pumnul în masă, dar şi Bagni ridică vocea:

– *Dottoressa*, vedeţi că nu sunt făcut pentru munca aceasta? La poliţie am un alt sistem cu cei reticenţi, dar aici trebuie să fiu atent şi nu le pot folosi decât pe acestea, ridică tonul, fluturând un vraf de foi. Ştiţi ce sunt, nu? Liste de convorbiri telefonice.

Împinse teancul spre avocatul cel mai apropiat, ca să poată verifica.

– Şi aceste liste indică un frumos trafic cu apeluri primite şi date la doamna Zara din diferite reţele telefonice ale doamnei Zara. Demonstrează că dumneavoastră și a dumneavoastră „nu știu cum să-i spun" ați vorbit, după răpirea Wolfson, de optzeci și patru... nu, de optzeci și șapte de ori, scuzați-mă, domnilor, dacă am numărat greșit, pentru că nu erau și cele trei telefoane de ieri. Multe, nu? Cum ni le explicați? Ca fiind în legătură cu socrul? N-aș zice.

Cei doi avocați își concentrară privirea pe golul din fața lor. Orice detectiv cunoaște că atunci când avocatul nu vorbește, știe că a fost păcălit, fie pentru că clientul l-a mințit, fie pentru că acuzația păstra deoparte câteva bombe capabile să le facă terci zidul de apărare.

– Nu povestiserăți tot nici măcar prietenilor dumneavoastră avocați, nu? se răsti Bagni. De aceea aveți două posibilități, fie ne ajutați cu adevărat, fie din acest moment veți căpăta o umbră dispusă să verifice fiecare bon, fiecare infracțiune a dumneavoastră, și acea umbră voi fi eu.

Velia se amestecă, îl dojeni în mod surprinzător pe Bagni pentru metodele folosite, dar spuse:

– Nu pot să nu fiu de acord cu el, domnilor.

Își ascunse satisfacția în spatele unei expresii de sfinx: treaba mergea mai bine decât fusese prevăzut. *Dottoressa* și polițistul se priviră pentru o secundă și Bagni își imagină că amândoi gândiseră: „Ce tandem facem!"

Cucchi trăise o viață întreagă ca un foarte bun întreprinzător. Și știa când era momentul să schimbe tactica. Se uită fix la mâinile lui, poate vedea chibritul consumându-se între degetele sale. Nu voia să se ardă.

– Aș vrea să spun un lucru care are legătură cu fiica mea. Pot?

– Vă rog. Noi suntem aici ca să ascultăm orice aveţi de spus. Suntem de partea dumneavoastră, chiar dacă vi se pare greu de crezut, spuse Velia Longino.

– Nu, vă cred. Scuzaţi-mă. Vă cer din inimă scuze. Aveţi dreptate să vă enervaţi pe mine. Nu vreau să invoc justificări, însă moartea fiicei mele...

Cucchi bău puţină apă dintr-un păhărel de plastic.

– *Ingegnere*, vorbiţi şi nu vă faceţi griji, spuse *dottoressa*.

– Eu şi soţia mea nu avuseserăm copii şi ne resemnaserăm. Dar, după ce am împlinit cincizeci de ani şi soţia mea avea patruzeci şi patru, s-a întâmplat. Era o sarcină riscantă, Corinne, soţia mea, era să moară la naştere. Am fost luni de zile în Statele Unite, în Cleveland, şi vă puteţi imagina cât de fericiţi am fost. Din ce în ce mai mult.

Bărbatul îşi trecu mâinile peste frunte, înclină capul, apoi îi privi în ochi pe avocaţi, pe poliţist, pe *dottoressa*.

– Delia noastră era foarte cuminte. Maximul pentru noi, părinţii. Un cal de rasă. Bună la şcoală, la sporturi, afectuoasă, senină. Până când, în februarie, anul trecut, a început să se schimbe. Ne-am dat seama, am dus-o şi la un medic, dar e limpede că nu am înţeles-o sau poate că nu era nimic de înţeles. Cine îi cunoaşte pe adolescenţi?

Nu găsi alte cuvinte decât acelea pe care le-ar fi folosit orice ziarist, chiar dacă era tatăl şi chiar dacă ridurile din jurul ochilor se adânciseră şi mai mult:

– Şi şi-a pus capăt zilelor la terminarea şcolii. S-a dus în garaj, a pornit una dintre maşinile mele Ferrari, a legat la ţeava de eşapament un dispozitiv din hârtie şi celofan, o porcărie pe care şi-o făcuse în camera ei, pe ascuns, şi s-a terminat aşa. Am găsit-o eu când era prea târziu. I-am curăţat doar voma de pe tricou. Delia mea. Promovase cu note excelente. Dar ea a fost cea care s-a respins şi nu vom şti niciodată din ce motiv.

Ridurile din jurul ochilor se netezirǎ, bărbatul începu să tuşească: era un subterfugiu pentru a-şi acoperi ochii cu batista.

– Aşadar ce mai contează banii mei, partidele mele, succesele mele de întreprinzător dacă am avut parte de o asemenea nenorocire?! Soţia mea nu mai vorbeşte, petrece cât mai mult timp posibil departe de mine, ca şi cum ar fi vina mea. Eu am doar munca şi responsabilităţile, ca să-mi interzic să o urmez pe fiica mea înainte ca natura să-şi urmeze cursul firesc. Şi o am pe Maretta, da. Ştiu că o să vă pară o prostie, dar pentru mine e ca şi cum ar fi fata mea. Da, în ciuda faptului că s-a culcat cu mine, în ciuda celor care se spun despre ea, mi-e dragă. Şi, dacă îmi cere ajutorul, o ajut ca şi cum aş fi tatăl ei.

– Dumneavoastră o ajutaţi.

– Da.

– Şi de unde aţi scos banii aceia ca să o ajutaţi?

– Poftim?

– Aţi înţeles foarte bine. Banii de unde vin? Din ce cont?

Opoziţia avocaţilor fu inutilă.

– Am un cont la UBS din Lugano, se numeşte Nemesi unu.

– Ciudat nume.

– În realitate, e un joc de cuvinte. Nemesi unu e ianuarie, Nemesi doi e februarie şi aşa mai departe. Erau deja conturi date cu numele lunilor...

– Bine, şi ne puteţi spune cum i-aţi dat banii doamnei Zara?

– L-am sunat pe directorul din Lugano şi, după aprobarea lui, o agenţie de transport de valori din Chiasso. Ştiţi, probabil, că plătind 0,2 la sută, banii sunt transportaţi aproape oriunde în lume. Şi e aproape legal. Am livrat banii la casa Marettei, i-a luat majordomul ei, cel străin.

– Aveţi numele şi telefoanele celor care s-au ocupat de transferul banilor?

– Da.

– Bine, asta coincide cu ce a spus doamna. Aţi adus alţi bani în Italia sau în străinătate ca să plătiţi răscumpărarea pe ascuns?

– Nu, numai pe cei pe care mi i-aţi sechestrat.

– În legătură cu asta vom face cerere de scoatere de sub sechestru, propuse avocatul.

– La sfârşitul interogatoriului voi lua în consideraţie cererile dumneavoastră. Dar acum, dacă îmi permiteţi..., interveni viceprocurorul Longino. Acum că am clarificat liniile generale, trebuie să facem nişte precizări, pentru că dumneavoastră puteţi ieşi din acest birou aşa cum aţi intrat, adică un simplu martor, dar şi ca anchetat pentru protejare. Şi eu aş vrea să nu complicăm şi mai mult o chestiune deja atât de dureroasă. Când şi unde aţi aflat că era nevoie de bani pentru a-i plăti pe ascuns pe răpitori? Ştiaţi, nu, că e o infracţiune?

Şi *dottoressa* Longino îl chinui pe Cucchi cu întrebări despre cum, unde şi când ajunseseră banii în mâinile Marettei Zara, apoi schimbă subiectul:

– În opinia dumneavoastră, Elvio e o persoană bună?

– Nu e genul de întrebare la care să pot răspunde și nu vreau nici să las ceva scris.

– Atunci, dacă închid computerul și vorbim ca între prieteni...

– Prieteni, eu și dumneavoastră?

– Acceptați să vorbiți cu mine, fără avocații dumneavoastră și fără inspector, pentru câteva minute doar?

Deși avocații îl sfătuiră să nu facă asta, Pietrino Cucchi rămase singur în birou, așezat cu brațele încrucișate în fața femeii tinere și frumoase care ar fi putut să-i facă viața dificilă.

– Problema, spuse viceprocurorul, e că, în baza diferitelor mărturii, Elvio mi se pare unul, nimeni și vreo sută de mii de oameni, în timp ce dumneavoastră sunteți unul din puținii cu capul pe umeri din acel anturaj.

– Anturaj?

– Automobilism, fotbal, televiziune.

– Nu vă place?

– Mergeam cu tatăl meu pe stadion să-l văd pe Pescara. Nu prea discuta cu mine în general, dar acolo, uneori, începea să vorbească și-mi povestea și de mama mea care plecase de acasă când aveam doar câțiva ani. Am fost un copil dificil.

Dar ce-i venise să-i spună lui toate astea? Și totuși continuă. Își aminti câteva episoade dureroase și bătrânul președinte părea emoționat.

– Mă scuzați, vorbind despre copilăria dumneavoastră, mi-ați amintit de fiica mea. După aceste tragedii, nu te vindeci niciodată. Un copil care-și pierde unul dintre părinți e orfan, un bărbat care-și pierde soția e văduv, dar nu s-a găsit un cuvânt care să rezume starea unui tată sau a unei mame cărora le mor copiii. Fiica mea s-a dus de bunăvoie şi asta nu o voi înţelege niciodată, adăugă, cu o strălucire de cruzime în ochi.

– Nimeni nu poate prevedea.

– Nu, nimeni. Ştiţi, *dottoressa*, că eu, cu zece ani în urmă, am arătat cu degetul bilanţurile falsificate, doppingul, blaturile, că anchetele din ultimii ani s-au născut şi datorită declaraţiilor mele?

– Ştiu.

– Ştiţi?

– Ştiu şi aş vrea să aveţi faţă de mine aceeaşi transparenţă pe care aţi avut-o public în legătură cu acele fapte. Eu vreau să ştiu mai ales ceva. Cum să-i găsesc pe amicii neghiobi ai lui Elvio Wolfson, dacă există. Am nevoie de ceva în plus despre el.

– V-aţi îndepărtat. Familia Wolfson nu are nimic de împărţit cu criminalii.

– Şi de ce răpitorii l-au ales pe el? Ce ştiau despre Elvio, cine a dat informaţiile corecte, unde l-au prins? Sunt întrebări, simple întrebări, şi dumneavoastră mă puteţi ajuta să înţeleg.

– Nu ştiu să vă răspund.

– Faima lui Elvio e diferită de a dumneavoastră. Mulţi îl cred o persoană de proastă factură. Suntem sub presiune, domnule preşedinte. Suntem ocupaţi cu sosirea unui killer din Statele Unite, cu un crah financiar, cu un clan de traficanţi albanezi... Ştiţi ceva despre Elvio, spuneţi-ne, ajutaţi-ne.

– Dacă aţi putea să-i chemaţi pe avocaţii mei, v-aş fi recunoscător.

Puţin după aceea intrară în birou şi colegii Palma şi Plebei. Bagni rămase într-un colţ să asculte cum cei trei magistrați îl chinuiau pe Cucchi. L-ar fi pus sub anchetă pentru tăinuire. Pe Bagni nu-l mai interesa.

„Velia, mă întorc în birou, dacă nu te văd mă simt mai bine. Sau cel puțin așa sper", îi spuse cu gândul.

14

Mistralul are calitatea de a curăţa marea – la fel cum şi de-ai goni pe turişti de pe ţărm. Când nu trage după sine pâlcuri de nori, conferă un lucru aparte cerului şi mătură paiele şi iarba uscată de pe străzi, îi ţine pe bătrâni şi pe copii în casă şi le înfăşoară fetelor fustele în jurul coapselor. Goleşte plajele şi îi umileşte pe cei temerari care lasă capul în jos şi îşi mijesc ochii.

„Mistralul exaltă două lucruri, mirosurile şi tristeţea", se gândea Cosmo în timp ce lua o gustare de arici-de-mare cruzi, cu coatele sprijinite de baraca din tablă şi plastic, apărută abuziv printre stâncile de la Capitol. Iodul din sudul Mării Adriatice îi inunda papilele gustative – aricii proaspeţi şi plini pot da mai multe satisfacţii decât stridiile.

Avea o întâlnire şi nici un chef să se ducă. Devenea taciturn la gândul întâlnirii cu Andrea. Există unele prietenii terminate care se mai continuă totuşi în timp dintr-o serie de obligaţii. Există persoane pe care nu le mai stimezi şi totuşi e nevoie să le vezi şi să vorbeşti cu ele. Cosmo nu s-ar fi smuls dintre stâncile vântoase pentru nimic în lume, dar ştia bine că putea deveni neplăcut să-i dea peste nas unuia ca Andrea cu al său „nu, nu vreau". Cu o coajă de pâine crocantă termină cam douăzeci de alţi arici umflaţi şi portocalii, aceştia chiar reprezintă un fruct de mare, în sensul cel mai adevărat al cuvântului. Gustul bun nu-i ameliora starea: „Chiar sunt un imbecil, şi nu un liber profesionist“, se compătimi. Dar o altă mică voce îi sugeră: „Nu mai face pe răsfăţatul, de câte ori crezi că poţi să scuipi în faţă moartea şi să stai în acest loc să mănânci arici?“

Era 18.00 fix. Se prezentă „unde ştia“, adică într-o măcelărie din Torrecanne, câteva ghemotoace de case pe care marea părea că le aruncase pe mal frământând nişte epave. Era una dintre cele mai vechi construcţii ale satului, cu zidurile din pietre mari şi aspre, şi ferestre mici: de aici se apăraseră strămoşii lor împotriva maurilor. Descendenţii, în schimb, se uitau după barca de patrulare de la Garda Financiară.

Cosmo înotase mult de dimineaţă. Se aruncase în marea cu valuri mari, „oricum marea asta nu-şi mai revine“, nu mai era marea aceea plată şi strălucitoare din copilăria lui. „Sunt perioade dificile. Parcă sunt în comă cu toţii, toţi bolnavi, oamenii, clima, mâncarea şi marea, care e oglinda pământului. Dacă vezi că marea n-arată bine, înseamnă că pământul e mai mult rahat decât noroi“, se gândise, şi voia să scrie acel gând în carneţelul pe care Cinzia, logodnica lui, i-l dăruise când erau în etapa „Iubitule, eliberează-te de tăcerile tale“. Scrisese trei pagini, îi rămâneau 169. Nu avea încredere în cuvinte, cu atât mai puţin în cele scrise. Credea mult mai mult în tăceri.

Ocoli cortul de plastic albastru pe a cărui firmă scria cu majuscule „Carne“, într-o culoare roşie atât de evidentă, că îl enervase şi în copilărie, când tatăl lui,

Dumnezeu să-l odihnească, îl trimitea la unchiul Aindré, să cumpere frigărui mixte şi măruntaie de viţel. În penumbră se reliefau muchiile tejghelei pe jumătate goale, câţiva ficăţei adormiţi într-un vas şi cârnaţii uscaţi de cal încolăciţi într-o farfurie ovală. Din anii '70, nici măcar farfuria nu fusese schimbată: acolo erau atenţi să nu spargă nimic. O etajeră era ocupată de capul unui porc mistreţ: puţini ştiau că în craniul animalului, cu o altoire realizată de mână de acelaşi Aindré, era bucata unui craniu de om pe care unchiul îl măcelărise cu mâinile lui. Cine trebuia să ştie ştia că Aindré îl prinsese, îl legase de un calorifer într-o casă la ţară şi îl privise sfârşindu-se după două zile în care îi făcuse de toate. Apoi îi fărâmiţase corpul cu un fierăstrău electric şi aruncase tocana în cocina porcilor, mai puţin o bucată din ceea ce fusese „capul tău de imbecil colosal, aşa o să te înveţi minte, Savino!". Şi, ca să nu uite nimeni lecţia, acel fragment de cutie craniană umană, din epoca saviniană, avea să stea acolo, în măcelărie, introdus în interiorul capului descărnat al unui porc mistreţ. „Un metamesaj", se gândi Cosmo, care, de când era cu Cinzia, învăţase o groază de cuvinte noi, folositoare ca să-şi clătească gura cu ele.

În spatele tejghelei fâlfâiau întunecate, ca aripile unui cocoş căruia i se frânge gâtul, două perdele maro. Una care ducea la magazie, şi cealaltă într-o încăpere cu câteva măsuţe pătrate din plastic galben. Patronul organiza mese cu carne la grătar, marţea şi joia seara, pentru consătenii lui şi pentru oaspeţi aleşi, „inconştient elenistici", aşa spusese Cinzia, dăruindu-i unul dintre zâmbetele ei indescifrabile. În acea după-amiază de joi nu erau pregătiri de sărbătoare, ci umbre. Două umbre.

Era figura zveltă, comună și insignifiantă a unchiului Aindré, Andrea Cimarrusti, care nu era numai un măcelar și un prieten de familie, ci și șeful mafiei din Fasano della Sacra Corona Unita și, deci, unul dintre cei mai puternici șefi din sudul Mării Adriatice, membrul unei organizații ramificate și temute de gangsteri. Alături de el stătea, ghemuită, silueta masivă și bombată a lui Riccardo Fanigliuolo. Era finul: un ambițios, scandalagiu, odios, fost muncitor specialist în întreținerea și repararea navelor la Savellatri care, în teorie, i-ar fi luat locul lui Andrea. Chiar dacă era mai bine să nu faci prea multe previziuni, pentru că unchiul Aindré eliminase deja din peisaj doi inimoși, buni la toate, cu aspirații de șef.

Pe unul, 'u Pulp, Polipul, Andrea îl omorâse cu mâinile goale. Se spunea că îndrăznise să iasă cu fiica cea mare fără să-i ceară permisiunea, dar erau minciuni, adevărul e că fugise cu cele cincisprezece milioane de euro din vânzarea unei mari cantități de țigări, dar nu ajunsese prea departe. Celălalt, unul simpatic, 'u Vttun, Nasturele, era un fel de rudă care, în timpul unei negocieri cu albanezii, mediase puțin prea mult în favoarea unui clan din Valona. În public, nu fusese contrazis, în particular, fusese „accidentat“: îl găsiseră la volanul unei mașini arse, cu centura de siguranță încolăcită în jurul gâtului ca un boa constrictor.

– Cicì, nu îmbătrânești niciodată, îl salută Andrea, cu ochii frumoși, albaștri, fără profunzime, fără lumină – un scut de gheață impenetrabil.

Nu se ştia niciodată la ce se gândea Andrea, dacă era vesel, dacă era arţăgos, dacă urma să sărute sau să ucidă.

– Viaţă sănătoasă, răspunse Cosmo, ţinându-i mâna osoasă cu o strângere viguroasă.

– Eşti un adevărat sportiv, bravo. Îţi aminteşti – nu-i plăceau introducerile lungi – că îţi vorbisem de o favoare pentru don Tonino?

– Da. Da, sigur că-şi amintea, era vorba de un ditamai profesorul care-şi câştiga pâinea cea de toate zilele şi toată mâncarea „privind în gaura curului oamenilor" şi trebuie că „băgase degetul unde don Tonino, şeful din Bari Vecchia, nu voia".

Care era natura erorii, dacă fusese nenorocit sau prost, nici măcar nu voia să ştie. Gura închisă, mintea liberă şi nervii tari. Ecologia minţii şi a braţului. Îl chemaseră pentru că se hotărâse ceva definitiv. Şi urgent de rezolvat.

– Eşti liber în seara asta?

„Aş putea să fac pe vrăjitorul", se gândi. Era ziua Cinziei, „în seara asta", şi îi cumpărase discografia completă a lui Vasco Rossi. Pusese la frigider o sticlă de Cristal şi o cutie cu 250 de grame de caviar: „În seara asta..."

Făcuse rost de un film porno nou, ca să se uite împreună, pentru că şi ei îi plăcea. Era un bărbat destul de bogat, încă tânăr, trăia pe cont propriu, nu avea nevoie de Andrea, nici de nimeni altcineva. Creierul îi trimise, pe neaşteptate, imaginea sutienului galben pe care Cinzia îl lăsase pe stâncă pentru a se bronza mai bine: „În seara asta".

– Chiar în seara asta? întrebă.

– Da. Tipul ne va aştepta acasă la el. M-am gândit că eu şi Riccardo suntem de ajuns, dar cu tine mergem cu paşi iuţi şi silenţioşi. Vii, Cicì?

Cosmo aprecie calităţile diplomatice ale şefului: cu câtă politeţe îi ceruse să se supună unui ordin.

– Când e plecarea?

– Acum.

– Cine stă în spate? Eu n-am nici măcar pistolul.

Riccardo, finul, îşi împinse în faţă burta amplă şi îşi duse mâinile la spatele transpirat, pe sub tricoul roşu de firmă. Arătă un pistol mic, calibrul 22, semiautomat, cu amortizor artizanal deja pus, şi i-l întinse.

– Dacă vrei să stai în spate, din partea mea nu e nici o problemă.

Cosmo privi în gol ca să nu se uite la acea arogantă promisiune a lumii interlope meridionale şi, fără să mai adauge vreun cuvânt, acceptă arma. O ridică, controlă proiectilele şi siguranţa. Satisfăcut, o vârî într-o şosetă.

– A, acolo o ţii? Şi pe urmă nu miroase? glumi Riccardo, spunând că poliţia i-ar fi prins din cauza gloanţelor cu parfum de brânză picantă.

Îl bătu de două ori prieteneşte pe spate. Spunea tâmpenii peste tâmpenii.

Casa medicului era pe Via Putignani, o stradă transversală din Via Sparàno, strada cea mai elegantă din Bari, înghiţită cu lăcomie de traficul celor care ieşeau să se plimbe şi să se bucure de răcoarea serilor. Profesorul Guidalberto Raffaelli, proctolog, după cum dovedea plăcuţa de alamă şi sticlă verde, nu era întocmai un portret al fericirii. Avea chipul dezgustat şi preocupat, de parcă descoperise brusc că a făcut diaree şi nu are nici măcar un şervețel de hârtie în buzunar.

– Proctoce? întrebă Riccardo, prins cu trecerea Lanciei de culoare albastru-închis printre un furgon plin cu stofe şi maşinile parcate până în stradă.

– Riccardo, nu ştiu exact ce naiba face. Vocea măcelarului era un murmur. Dar, continuă, dacă aveai orice fel de boală a curului, puteai să mergi la el, ai înțeles? Din păcate, cred că pentru a-ți coase bucile va trebui să-ți cauți un alt medic. Şi fii atent, că îmi zgârii maşina!

Andrea purta o haină închisă la culoare şi semăna cu un om de treabă, în timp ce deschidea portiera şi-şi verifica dunga de la pantaloni. Riccardo rămăsese la volan şi făcuse bot pentru că numai el avea voie să glumească. Cosmo mergea cu un pas elastic şi simțea pe muşchii abdominali mângâierea senzuală a cămăşii din mătase neagră care îi plăcea mult Cinziei, dar Cinzia rămăsese acasă, puțin nervoasă. Spunea că se va uita la două DVD-uri. Spunea că, atunci când i se schimba programul de seară, singura consolare era televizorul. Lui nu-i plăcea să se uite la televizor, dacă ar fi putut, i-ar fi omorât pe toți prezentatorii care îi luau de tâmpiți pe săracii şi tonții care se lăsau filmați deoarece credeau că e un lucru frumos şi, în schimb, se făceau de râs. Discutase de multe ori în contradictoriu cu Cinzia pe tema asta: din punctul lui de vedere era numai o mafie care nu mai ştie cum să le-o tragă celor care nu au altceva de făcut.

Şi acum ea se imbeciliza în fața televizorului, iar el era la Bari, cu un pistol încărcat care îi zgâria glezna.

– Dar cum, domnule profesor? Vocea lui Andrea, care îşi accentuase tonul de şef, îl readuse pe Cosmo la realitate. Nu aţi adus materialul cu dumneavoastră?

Profesorul era un om bătrân, aproape chel, cu câteva urme blonde în părul care supravieţuise, cu un cap în formă de pară, din acelea care arată bine cu chipiuri militare, şi cu muşchii dezumflaţi sub o cămaşă elegantă. Strângea în mână o batistă şi nu se dezlipea de poarta patriciană.

– Nu mi s-a spus nimic. Şi bună seara! răspunse, subliniind că nu apreciază deloc tonul confidenţial.

– Păi, prietenul pe care îl ştiţi ne-a spus că trebuia să discutaţi şi să aduceţi şi materialul. Deci...

– Dacă mă duc să-l iau acum, e mai bine, spuse medicul dând din cap.

Acea mişcare de sus în jos a capului produse asupra trăsăturilor sale un efect optic: bărbia se lungi, nasul se întoarse spre dreapta, ochii se închiseră, buza superioară se lipi de dinţi, gura se deschise în formă de O. Aprobă încontinuu din cap şi se afurisi. La naiba cu el şi cu toţi, la naiba cu Puglia, la naiba cu Sudul, la naiba cu legăturile care nu se pot refuza, la naiba cu toate cunoştinţele atât de utile în unele momente şi atât de enervante în altele, la naiba cu lemnul strâmb al umanităţii[1], la naiba cu don Tonino şi la naiba cu fiul ăla al lui care, în loc să facă şi el ca toţi oamenii, era tot timpul în căutare de senzaţii tari, ba mai şi vorbea despre asta.

---

[1] Aluzie la cartea *The Crooked Timber of Humanity* a filosofului Isaiah Berlin (n.tr.)

Un zâmbet rece şi politicos, de om de lume, pecetlui reacţia. Redevenise profesorul Raffaelli Guidalberto, medic important în Bari, oraş important. Încuviinţă asemenea unuia care acceptă cocteilul de la un ospătar. Nu e nici o problemă, păru să spună. Imediat ce scoase cheile, ca să intre din nou în casă, şi cei doi necunoscuţi îl urmară, îi pieri zâmbetul: ar fi vrut să se oprească, să încetinească şi, poate, Andrea nu intenţiona să-l împingă. Dar îi puse două degete pe stern. Două degete cu unghii tari, lipite de o mână nervoasă şi masivă, obişnuită să măcelărească animale, să taie oase, să toace carne de viţel: degete fără reţineri. Şi fu ca şi cum pe Via Putignani coborâse crivăţul. Medicul avu o tresărire, începu să tremure, devenise o frunză în vântul obscur al lumii interlope.

– Scuze, profu', ne-au spus să nu vă pierdem din ochi, încercă să-l liniştească Andrea, cu calmul rechinilor.

– De ce? întrebă Raffaelli, cu o voce aproape smiorcăită.

– Dom' profesor, credeţi că putem să acţionăm de capul nostru? Într-o seară atât de frumoasă eu aş fi stat la mare, am cinci sute de arici care mă aşteaptă.

– Dacă am putea să ne grăbim, fură primele cuvinte ale lui Cosmo. Andrea şi profesorul se întoarseră să-l privească: era un bărbat zvelt, cu păr puţin la tâmple, şaten-deschis, atât de bronzat că părea lucios, cu un nas acvilin, ochi de culoare verde marin, aerul constant de a lua peste picior pe cel de lângă el desenat pe buzele cărnoase. Şi Cosmo îi observa, nemişcat – şi atunci coborâră în pivniţă.

Profesorul se blocă înaintea unei uşi blindate. Ezită: nu era cazul ca doi străini să umble prin regatul lui secret. Dar vârî cheile, deconectă sistemul de alarmă ascuns sub ceva proeminent şi aprinse lumina neonului.

În faţa lui Cosmo apăru un lung şir de vase transparente: la început nu înţelese. Pluteau chestii. Nu păreau fetuşi. Nici peşti. „Ce dracu' e aici înăuntru?" se gândi, cu privirea care fixa zeci de obiecte aşezate în lichid, formol sau alcool.

Mânere de uşi.

Morcovi.

Ţeline.

Câteva falusuri de cauciuc.

Markere şi banane, şi ceva ce chiar nu înţelegea.

– Şi chestiile astea? nu putu să nu întrebe.

– Se întâmplă..., răspunse profesorul.

– Ce se întâmplă? insistă Cosmo.

– ... ca oamenilor să le placă extravaganţele, o scurtă medicul.

Se căţărase pe o scăriţă şi, cu ambele mâini, apucă unul dintre vasele lui sigilate. Ca să coboare fără riscuri, i-l dădu. Cosmo văzu plutind o jucărie: era micul robot din *Războiul Stelelor*, ce nume avea? C.T.?

– Dar de ce sunt conservate? Nu înţeleg, continua, în timp ce Andrea pufni şi în coridorul boxelor se auzi limpede glasul său:

– Ce dracu' te interesează? Lasă-l în pace pe dom' profesor.

– Dar nu, nu, nu vă faceţi griji. Aici, povesti Guidalberto Raffaelli cu o vagă mândrie rămasă pentru propria muncă, sunt ţinuţi mulţi ani de profesie onorată.

Sunteţi printre puţinii invitaţi şi nu trebuie să credeţi că aceste fapte sunt atât de răspândite, mai ales în Puglia. Dar, în fine, totul a devenit global, şi modul în care... aţi înţeles, nu?

– Nu, domnule profesor, ce legătură are globalizarea?

Raffaelli luă din nouă vasul, cu mâini mai ferme decât vocea lui. Ca să spună ceea ce spunea, rechemase din viscere o fărâmă din puţinul lui curaj.

– Printre îndatoririle mele se află aceea de a-i ajuta pe unii pacienţi care, la sfârşitul unor seri agitate, s-au găsit în dificultate. S-au jucat cu lucruri pe care apoi n-au mai reuşit să le scoată de unde intraseră. Dar întotdeauna, sublinie, i-am ajutat fără să pun întrebări şi urmărind evoluţia cu mare, foarte mare discreţie. Avea o urmă de accent septentrional, ca al cuiva care mersese la şcoală în nordul Italiei, dar era un accent studiat. Cu siguranţă nu sunt eu cel care să povestească peste tot ce face lumea şi cui aparţin şezuturile unde găsesc aceste obiecte.

Cosmo tresări. Înţelesese eroarea. Sărmanul acela probabil că era un medic bun, un bun creştin, unul de încredere: doar că anumite lucruri, mai ales cele care au legătură cu fundul fiului unui şef de clan, puteau să aducă ghinion. Mare, mare ghinion. Foarte mare. Andrea îl măsură din ochi, puţin dintr-o parte: numele lui don Tonino, la Bari, te făcea să te gândeşti la împuşcături, recuperatori, contrabandă, dar şi la multele lovituri cu mâinile goale pe care şeful, care nu împlinise încă cinci-zeci de ani, le distribuia fără prejudecăţi automobiliştilor în trecere, ca şi judecătorilor însărcinaţi să-i intenteze proces, hoţilor de apartamente şi de aparate radio de maşină, ca şi membrilor Gărzii Financiare care îi interceptau transporturile de țigări. Fiul lui don Tonino 'u Bieend era un „invertit"? Era clar că tatăl trebuia să pună amortizorul, se gândea Cosmo. Dacă i s-ar fi întâmplat fiului lui 'u Giappon n-ar fi fost probleme: din acel clan făcuseră parte socialiști, foarte flexibili în materie de morală. Dar în casa lui 'u Bieend, criminali catolici, toți nu știau decât droguri și familie, nu exista „nici măcar un divorțat, cu atât mai puțin unul care-și bagă mici marțieni în fund".

– Unde mergem acum? se bâlbâi profesorul.

Ce să-i răspunzi? Poate – se gândi Cosmo – ar fi trebuit să-i arate o coroană de garoafe roșii sau să-și pună toți trei acele pălărioare albastre, de gropar de lux, sau poate să pună la aparatul din mașină un CD cu un frumos recviem. Amărâtul acela nu înțelesese nimic: nimic. Era posibil?

Se urcară în mașină, elegantă și discretă, și ea potrivită pentru funeralii, și profesorul fu rugat să se așeze în față, lângă șofer.

– Locul mortului, spuse.

Andrea, Cosmo și Riccardo se priviră unul pe celălalt, pregătiți pentru ce-i mai rău, chiar dacă o execuție în mijlocul străzii nu era niciodată un lucru oportun și plăcut pentru cei care comandă crimele. Privirile lor fură interpretate de profesor într-un mod curios.

– În accidentele rutiere, locul cel mai periculos e cel de lângă șofer, de aceea se numește locul mortului. Dar ce, nu știați asta?

– A, sigur, domnule profesor, sigur. Locul mortului, în acel sens. Ştiţi, noi suntem superstiţioşi. Persoana aceea ne-a spus să fim la dispoziţia dumneavoastră, cum ar fi să vi se întâmple ceva? Ce spuneţi, vreţi să staţi în spate? propuse Riccardo.

– Ba nu, în faţă stă mai comod, se relaxă Cosmo, ducându-se să se aşeze în spatele oaspetelui. Andrea fusese ultimul care urcase: verificase strada. Liniştită.

Riccardo 'u Luupchen îşi arătă dinţii într-un zâmbet care ar fi vrut să fie amabil, dar ieşi ambiguu. Îl întreba pe profesor la ce temperatură voia aerul condiţionat, dacă îi plăcea muzica şi dacă voia cumva să se oprească să bea ceva.

Dat fiind că răspunsul era tăcerea însoţită de câteva suspine, îi reveni lui Andrea sarcina să înceapă conversaţia:

– Domnule profesor, scuzaţi-mă, dar finului meu i-aţi trezit curiozitatea cu această specialitate a dumneavoastră, procto, procto...

– Proctologul, spuse profesorul, se ocupă de patologiile anusului, ale rectului şi ale întregului colon, este specialistul în hemoroizi, crăpături superficiale, fistule, polipi, inflamaţii şi infecţii. E o ramură a gastroenterologiei. La Bari e o celebră şcoală de internişti, şi eu, după ce am făcut parte din ea, o modernizez.

– Dar dumneavoastră, domnule profesor, munciţi şi la clinică? întrebă atunci priceputul Andrea, fără măcar să simtă vreo groaznică şi imediată usturime la buci.

– Mai ales în cabinet privat. Multe consultări se fac ambulatoriu, în câteva minute, fără pregătire specială.

Adesea se folosesc, și pentru adulți, anuscoape pediatrice, pentru care nu există, în mod normal, durerea consultului.

– Ei, după preferințe, spuse Riccardo, în falset, bătând din pleoape în fața profesorului.

– Nu face pe deșteptul, îl dojeni Andrea, în timp ce profesorul explica și explica, se cățăra tot mai sus la catedra imaginară.

Mașina trecu de drumul de-a lungul falezei, intră pe șoseaua de centură și ajunse la drumul național. Era o petrecere de grilaje, cu gropi și căruțe, restricții pe carosabil și schimbări de bandă, era așa de zeci de ani, dintotdeauna, de când un scoțian inventase asfaltul, și asfaltul ajunsese în Puglia.

– Oricum, domnule profesor, doar nu sunt operații nedureroase, nu?

Profesorul își trăsese răsuflarea ca să răspundă, se lansa într-un discurs despre abilitatea lui manuală, când Cosmo scoase de la șosetă micul pistol de calibru 22. Îl cântări în mână de două ori. Îl apropie de ceafa profesorului, acționă mecanismul de tragere, încărcătura intră pe țeavă cu un zgmot inconfundabil. Dar numai Cosmo păru să-și fi dat seama, ceilalți continuau să facă tot ce făceau, timp suspendat, medicul vorbea de anuscoape, iar Cosmo apăsă pe trăgaci. De două ori.

– Au, cretinule, exclamă Riccardo, derapând.

Chiar dacă se aștepta să audă împușcătura, nu era pregătit să o audă în acel moment, și nici să audă două.

– Au? Ține volanul, prostule, îl mustră șeful.

Asasinul își murdărise de sânge cămașa neagră. Curgea mult din capul în formă de pară al profesorului.

Dar, din fericire, nu prea se vedea: negru pe negru. Roboţelul – „C1, iată cum se numea, animalu' ăsta stelar" – se izbi de o parte şi de alta în recipientul de sticlă. Părea viu, ca şi cum se hotărâse să ţâşnească afară. Corpul fără viaţă al profesorului era aplecat în faţă, peste vasul plin cu formol, însă Cosmo îl îmbrăţişă din spate şi îl menţinu în poziţie dreaptă.

Maşina înainta, Riccardo parcurgea drumul fixat şi Andrea vorbea aproape la nimereală, ca să scadă tensiunea, în timp ce Cosmo continua să ţină mortul de umeri, de parcă ar fi fost un pasager bătrân şi trist care se ducea la o înmormântare: nu înţelesese că se ducea la propriile funeralii.

– Chiar se aşezase pe locul mortului, spuse Andrea, şi Cosmo începu să zâmbească şi apoi să râdă. Să râdă tot mai tare.

– Ţi-a plăcut gluma, nu?

– Mă gândeam la altceva.

– La ce?

– Las-o baltă.

– Nu, Cosmo, hai.

– Păi, da, vorbeşte, ce rahat de aere îţi dai, interveni 'u Luupchen, viitorul boss din regiune. Poate îi scăpase derapajul de mai înainte, tulburându-se din cauza împuşcăturii. Sau poate era obosit şi natura lui arogantă nu avea limite şi se revărsa ca o cascadă. Condusese pe drumul naţional până la ieşirea din satele Rosa Marina şi Monticelli. După curba desenată de un inginer beat şi serpentinele demne de un circuit de Formula 1, o apucă pe drumul spre al doilea sat, mai puţin monden, mai liniştit, şi ţinti spre o străduţă neasfaltată care se întindea de-a lungul vilelor albe, terminându-se într-un golf izolat, care era folosit de contrabandiști, ca să i-o tragă statului, și de perechi, ca să și-o tragă și atât.

– Cicì, hai, vorbește.

– Bine, mi-a venit să râd pentru că mă gândeam la ce se spune când moare cineva.

– Ce?

– Că în ultimele clipe își vede toată viața trecând prin fața ochilor.

– Și?

– Proful o fi făcut o căruță de bani, dar nu era un vânzător de înghețată sau un chirurg cardiolog. În clipa fatală, îți închipui câte buci și cururi o fi văzut trecându-i prin fața ochilor, bietu' profesor?

15

Cadavrul era uşor, ca şi cum profesorul Guidalberto Raffaelli nu era făcut din oase şi carne, ci din lemn şi hârtie. Fu nevoie de un „amin“ pentru a-l da jos din maşină, operaţiune însoţită de rânjetele lui Riccardo.

– Atunci, era mai bine dacă ar fi fost ginecolog...

Râdeau toţi trei, ridicând scândurile găurii adânci pe care Andrea o pregătise din vreme, acolo unde stâncile se confundau cu terenul unei culturi de roşii.

În ochii semideschişi ai profesorului rămăsese o expresie de durere şi de oboseală ucigătoare. Din buzunar îi atârna un *money clip* în formă de cap de leu, cu un teanc serios de bancnote. Riccardo îl culese din mirişte. Numără şase sute de euro şi îi băgă rapid în buzunar.

– Nu, Riccardo.

– Ce e, şefule?

– Lucrurile astea nu le facem. Niciodată.

– În ce sens? întrebă cu o privire crudă care făcu cinste poreclei lui, 'u Luupchen. Era ca un câine care nu găseşte băţul pe care trebuie să-l ia de pe jos şi se uită, nerăbdător şi mirat, la stăpân.

– Cicì, explică-i. Ţie nu ţi se spunea 'u Scienziat? Poate pe tine te înţelege, pentru că eu, în această perioadă, obosesc.

Cosmo lăsă să cadă o scândură murdară de pământ și se uită fix în ochii subșefului.

– Nu trebuie să furi de la morți.

– Nu sunt superstițios.

– Nu e o problemă de...

– Dar ce dracu'? Profesorului, replică Riccardo, i-am luat viața, nu? Nu l-ai împușcat tu, puțin mai devreme, în timp ce stătea lângă mine? Nu ai făcut-o din ordinul lui? L-am omorât noi, ce-o să fie dacă acum îi iau banii? E mai importantă viața sau șase sute de euro? Pentru că nu mai înțeleg deloc, ridică vocea, arătând în noapte bancnotele.

– Profesorul era sarcina noastră, nu? Ca să-l lichidăm, îl educa Andrea, care în ultima vreme își impusese să-și păstreze calmul cu noul fin, am fost plătiți de don Tonino care nu vrea să afle tot vechiul oraș Bari că are un fiu pe jumătate poponar, nu? De aceea, ne ajunge ce ne-a fost dat, nu e nevoie de nici un surplus, iată de ce trebuie să-l îngropi cu banii.

– Noi, adăugă Cosmo, nu facem lucrurile astea. Le fac transportatorii de tărgi ai spitalelor, groparii. Chiar și călugărițele fură. Dar noi nu, suntem profesioniști.

Chiar dacă erau doi împotriva unuia, „logica e logică", se gândi Riccardo. Și spuse:

– Hei, coborâți din elicopter! Judecătorii cui dau pedeapsa mai mare, hoților sau asasinilor? Ce naibii de problemă e dacă îi iau paralele? Oricum *money clip*-ul ăsta e de rahat și i-l las, încheie Riccardo, aruncând capul de leu în groapă și punându-și bancnotele în buzunar.

„Chiar e un imens, colosal, extraordinar cretin", se gândi Cosmo și se întoarse spre vuietul mării. Spre stâncile despicate cu lovituri de ciocan de vânătorii de moluşte. Mai bine să întorci spatele farurilor coastei Ostuni. Era sătul: sătul. Când auzi lovitura, nici nu tresări. Andrea îl lovise pe băieţelul ăla tâmpit cu sapa, chiar în ceafă, şi 'u Luupchen horcăia, chelălăia şi primea alte lovituri care-l nimiceau.

– Ai făcut impresia ta, spuse Andrea, în timp ce-l snopea în bătaie.

Distrugea faţa şefului aspirant care se umflase ca o barcă, până când Andrea nu mai putu să gâfâie şi să lovească şi se duse să ia bidonul cu var.

– Derbedeu nenorocit, voiai să ţii cele şase sute de euro?

Tocmai se pregătea să-l arunce viu în fosă şi să toarne peste el mâlul alb când Cosmo scoase iar pistolul de calibru 22, îl cântări în mână, o dată, şi îl puse între ochii lui 'u Luupchen. Băiatul îşi adună ultimele puteri şi deschise pleoapele, pupila se dilată, iar ultimul lucru pe care-l văzu fu mâna osoasă a lui Cosmo apăsând trăgaciul. „Cel puţin nefericitul ăsta nu mai suferă."

Cosmo, văzându-l ghemuit ca o insectă, îşi aminti de un lucru absurd: începutul *Metamorfozei* lui Kafka. Cinzia voia să-şi facă lucrarea de diplomă despre acea carte şi îl obligase să o citească. La început nu fusese rea ca lectură. Îi plăcuse ideea nouă a unui om care se trezeşte gândac. Dar apoi, în carte nu se întâmpla nimic. Aşa că, până la urmă, era o tâmpenie imensă, după umila lui părere. În opinia Cinziei, în schimb, cartea aceea a lui Kafka era „una dintre cele mai importante zece cărţi din lume". Ştia pagini întregi pe de rost. Şi îi explicase că transformarea într-un gândac, într-o dimineaţă oarecare, simboliza trecerea crucială de la tinereţe, care te face să vezi lumea prin „lentile roz", la bătrâneţe, care era o condiție dezgustătoare pentru autor. „Fiecărei persoane, într-o bună zi, i se întâmplă sau i se va întâmpla în viață să se ridice din pat și să se descopere schimbată din pricina vârstei: nu mai e nimic, e doar un bătrân. Nici un critic nu și-a dat seama niciodată de această cheie de citire, îți jur, Cosmo, îți jur, am verificat pe internet, aproape că mi-e teamă că-mi fură ideea, că unul dintre profesori mă trage pe sfoară, eu sunt prima din lume care a pus insecta în legătură cu bătrânețea" îi explicase, într-o noapte, extrem de mândră.

Cosmo nu reușea să o creadă. Cinzia nu era o acvilă în viața cotidiană. Era o porumbiță frumoasă, așa că era fundamental să-i dai mereu dreptate și să îi menții buna dispoziție, pentru că atunci când devenea tristă, răspundea monosilabic. Și adesea monosilaba preferată era „nu". „Din toată lumea, singura care a înțeles în acest fel povestea asta cu gândacul lui Kafka e ea. E posibil? Eu nu cred, o fi ceva la mijloc."

Mirosul acid al varului îl trezi la realitate.

– Scuze pentru devierea de la program. Nu trebuia să te implic, dar și-a căutat-o prostu', spuse Andrea.

– Nici o problemă, răspunse Cosmo, în timp ce simțea venind dinspre mare o rafală rece ca gheața a mistralului, o cutie ruginită se învârtea dusă de vânt, iar el cădea din nou în tristețea care-l încercase după-amiază. Simțea și mirosul aricilor. Cât i-ar fi plăcut să plece și să stea în tăcere, însă Andrea măcelarul turna varul și vorbea, vorbea și, după ce termină munca, discutând până și despre amărăciunile și eforturile groparilor, îl duse să înlocuiască mașina și, la bordul unui Mercedes lucios, îl însoți la terasa din Porto Giardino.

Constructorii despicaseră golful şi, peste frumuseţile naturale, necontaminate de milenii, se iviseră împrejmuirile unei discoteci. Cei doi asasini stăteau de partea cealaltă, la bar, cu două beri cu felia de lămâie vârâtă pe gâtul sticlei.

– În seara asta am vrut să te duc, explică Andrea, fixându-l cu înţelepciune pe Cosmo, să verific dacă mai ai încă boaşe de oţel. Şi am făcut bine, le ai, le ai... Nu sunt norocos cu finii mei. Ştiu ei tot şi nu ştiu nici pe dracu', ai văzut şi tu, nu?

– 'U Luupchen şi profesorul îngropaţi împreună, Andrea, nu ştiu. Dacă îi găsesc, prima persoană pe care vin să o caute eşti tu.

– Dar în seara asta ştii unde sunt eu?

– Unde eşti? râse Cosmo.

– La o moşioară din Putignano, să joc poker. Cu un bogătaş şi un avocat, doi martori serioşi, lume bună.

– Pariez că ştiu cine e al patrulea la masă.

– Exact, tu eşti. Astea sunt mâinile jucate, spuse, strecurându-i în buzunarul cămăşii însângerate o foaie, şi tu ai pierdut, prostule, iar eu am câştigat. Memorează câteva cifre, nu se ştie niciodată. Şi nu uita să arunci foaia, altfel, în loc de alibi, o sfârşim în închisoare. Nu ne fac nimic nouă, Cosmo. Cât îi priveşte pe cei doi îngropaţi, peste doi ani în acel golfuleţ va apărea un alt sat turistic şi contractul îl va câştiga vărul meu, Enzo „la Busta".

Puţină linişte n-ar fi stricat, dar Andrea voia să-şi deşerte tot sacul:

– Cicì, mai e ceva. Important. Foarte important. Stă să-ţi pice un noroc imens.

– Andrea.

– Da?

– Ţi-am spus de mii de ori, nu vreau.

– Ce nu vrei?

– Să fac pe adjunctul tău, la naiba, nu.

Andrea zâmbi şi goli berea.

– Nu, nu e asta. Ai fi fost perfect, îţi cunosc familia, ţi-aş fi lăsat totul, dar m-am resemnat deja. E o altă afacere. Imensă, crede-l pe unchiul Aindré. Peste câteva zile, maximum o săptămână, o să te sun. Oriunde eşti, orice faci, trebuie să vii imediat. Dar imediat. Nu închide niciodată, dar niciodată celularul. De acord?

Cosmo ar fi vrut să-şi prefacă în scrum celularul, să devină un gândac bătrân, zbârcit şi să dispară între nisip şi grote. Şi, în schimb, stătea acolo, să bea bere cu lămâie.

– Care e treaba?

– Cineva vrea să-ţi ofere de lucru. Mai vrei o bere?

– Ce?

– Şi n-aş refuza, în locul tău.

– Cine? Ce?

– Lasă.

Nici măcar o întrebare nu-i era permisă. Nici măcar o posibilitate pentru cel independent. „Nu, aşa nu merge", se gândea Cosmo. Îşi luase la revedere de la oraşul M. după ce-l jefuise bine, bine. Se întorsese în Puglia ca să stea liniştit. Nu era corect să fie făcut părtaş la ceva şi apoi să fie lăsat în ceaţă.

– Nu poţi să-mi spui nimic?

Andrea îl studie. Avea un ochi mai mare decât celălalt, de un albastru mai închis, neutru, părea un ochi de sticlă, dar vedea foarte bine.

– Îţi spun un singur cuvânt. Sicilieni.

– La dracu', nu, se plânse Cosmo.

– La dracu', da, încheie Andrea, şi nici el nu părea prea încântat. Dar ce putea să facă?

Puterea e un lanţ care, brusc, poate deveni foarte scurt. Înainte să se salute şi să se îmbrăţişeze, Andrea făcu socotelile. Pentru că a împuşcat şi a îngropat „proctoceva-ul", Cosmo încasă douăsprezece mii cinci sute de euro. Zece mii era suma înţelegerii, şi era bine. În plus primi două mii cinci sute din cei cinci mii care ar fi ajuns la fin.

– Am împărţit la doi banii pe care-i promisesem lui 'u Luupchen. Îţi aminteşti? Era cretinul acela care s-a transformat într-un mort pentru că furase banii altui mort. Vezi cum e viaţa, azi ai totul şi seara nu mai eşti nici un rahat, fusese expunerea funebră a lui Andrea.

– Eşti un gândac nenorocit.

– Foarte bine, Cicì, eşti de-a dreptul un savant.

16

Cosmo aşteptă zorii zilei, singur, pe malul mării care căpăta culoarea vinului alb. Fumase nişte iarbă, două ţigări, se pierduse cu privirea în valuri. Ţigările – marfă bună, pakistaneză, pe care o aduceau albanezii – îi făcuseră o foame ucigătoare. Se dusese la Panificio dello Studente, mâncase jumătate de focaccia, foarte caldă. Comandase altă jumătate, cu măsline negre. Apoi băuse câteva cafele jos, în port, cu nişte vechi prieteni pescari. Acolo, îi plăcea mirosul de petrol şi sare, măcinarea metalică a motoarelor vaselor de pescuit, strigătele şi, de asemenea, să se gândească că în jurul lui erau oameni care câştigau o mie, o mie două sute de euro pe lună, iar el, într-o noapte, cu Andrea, câştigase cât acei taţi de familie într-un an: „Şi pe acestea numeşte-le, dacă vrei, emoţii", fredona.

Aşteptase să se deschidă buticul surorii sexy a unui tip de doi bani şi cumpărase o cămaşă neagră, la fel cu cea pătată de sângele profesorului Raffaelli. Trimise un sms Cinziei şi dormi toată ziua, ascultă muzică, intră pe internet, se duse la sală, făcu o baie turcească şi seara sărbători, deşi cu o uşoară întârziere, ziua de naştere a logodnicei lui, dând tot ce era mai bun din el. În fundul creierului, şi când făcea dragoste, îi pulsa un mic semnal:

„Sicilieni". Nu putea să uite de asta, dar nu trebuia să facă o dramă.

Trecuseră câteva zile, temperatura şi viteza vântului nu scăzuseră, un incendiu care mistuia dealul din Fasano tocmai fusese stins. Sub soare, marea întinsă, strălucitoare şi furioasă îl aştepta. Şi Cosmo nu putea să-i reziste. Susţinea că între jafurile perfecte şi înotul plăcut există o *connection*. Îi spunea *connection* pentru că nu pierduse viciul de a se da intelectual.

Fusese aşa: într-o dimineaţă, cu mulţi ani în urmă, în timp ce nu se auzea zburând nici o muscă în banca din oraşul M., unde intrase cu un P38 în mână şi funcţionarii se supuneau în linişte, iar clienţii erau întinşi pe jos cu burta în sus şi ţineau ochii închişi, supunându-se şi ei, şi totul era atât de calm, precis, perfect, Cosmo fusese străfulgerat de o idee: „Când înot sau când jefuiesc bănci, nu-mi irosesc energia". Va îmbunătăţi apoi expresia: „Nu mă irosesc în gesturi inutile".

Ca să-şi analizeze mintea de criminal expert, domnul Cosmo Sconosciuto[1] – ca în registru, şi nu Cicì, cum îi spuneau vechii prieteni – stabilise că locul cel mai bun pentru „a se cunoaşte pe sine însuşi" era în mijlocul mării, unde faţa lui avea expresia puţin dezgustătoare a tuturor celor care, în viaţă, nu au făcut niciodată eforturi să plutească. O fi fost meritul oaselor uşoare sau or fi fost plămânii care se umflau ca salteluţele, cine ştie. Fapt e că domnul Sconosciuto era un înotător maiestuos şi rapid ca un peşte cernia, cu care semăna puţin, la ochii verzui, umezi şi proeminenţi. Din vremea pantalonilor scurţi,

---

[1] Necunoscut

când vedea mulţi prieteni chinuindu-se inutil ca să-şi ţină capul mai sus de suprafaţa apei, el ţâşnea, se scufunda, schimba stilul ca şi cum ar fi angrenat funcţionarea unui motor. Îi era suficient să impună un ritm în respiraţie ca să pornească turbina braţelor şi a picioarelor. Stătea în apă ca un copil în lichidul amniotic.

Exact cum se întâmpla tuturor jefuitorilor „de o anume greutate“ pe care îi cunoscuse, inima lui Cosmo nu atingea cele şaizeci de pulsaţii pe minut. Era o inimă solidă, fără irosiri, fără accelerări. Mai în glumă, mai în serios, ani şi ani de zile, de tânăr, auscultase inima camarazilor de atacuri asupra băncilor – se credea un tip pragmatic. Pentru o anumită vreme, în oraşul M., îl porecliseră Savantul. O dată, când din greşeală ajunsese în închisoarea din Voghera, numărase şi bătăile unuia dintre cei mai prost văzuţi exponenţi ai categoriei, ocnaşul Robertino Pigliantasca. Cincizeci şi şapte de bătăi. Se convinsese că a demonstrat ştiinţific că numai persoanele calme reuşesc să rezolve atacurile asupra băncilor.

Despre sine spunea că era hotărât ca bandit, curajos, raţional şi antrenat. Şi nu erau acestea calităţi necesare pentru a susţine înotul pe distanţe lungi? În acea miercuri de la jumătatea lunii septembrie, de exemplu, era foarte binedispus: nu-i păsa de nici o adversitate şi de nici un şef, aproape că uitase de sicilieni – „Sicilieni de rahat“ – pentru că era a şasea zi a furiosului mistral care „albea marea“. Cine nu cunoaşte mistralul nu ştie să asculte, susţinea el, vocea autentică a naturii. Lui Cosmo îi plăcea să înfrunte briza care îndoia măslinii de argint, care ţinea velele albe strânse în porturi şi scuipa apă spumoasă peste asfaltul alunecos ca un săpun.

Iarna, când ar fi stupid să înoţi pe timpul mistralului, Cosmo stătea într-un golfuleţ izolat şi ardea în vânt puţină marijuana, privind orizontul agitat. Vara intra în apă – atlet oricând şi oricum. Şi atunci când, aşa cum se întâmpla în acea zi, valurile erau atât de înalte încât acopereau şi înmuiau stâncile ca pe nişte zdrenţe umede, abandona orice activitate ca să beneficieze de comuniunea cu apa foarte sărată şi spumoasă.

Exact la miezul zilei închisese ziarul, pe care-l citea în fiecare zi începând cu celebra zi X, când fusese răpit Wolfson, marea vedetă a Formulei 1. Un fapt straniu, foarte straniu. Cât timp trăise în oraşul M., ştia că între mafie, politică, sport şi lumea showbizului era un fel de acord la nivel mondial, să nu se deranjeze pe *panem et circences* de dat mulţimii. Ştia că în Italia nu se întâmplă ca oricine să poată sechestra pe oricine, ci e nevoie să ceri acorduri, să verifici dacă nu au fost deja înţelegeri între posibila victimă şi vreun şef care-l stoarce şi-l foloseşte drept paravan. Era, în fine, un caz straniu, nu era altă definiţie. Dedică un gând afectuos sânilor imperiali ai dezolatei doamne Wolfson, fotografiată la ieşirea din Palatul de Justiţie, apoi se apucă să citească, fără chef, faptul că familia profesorului Raffaelli se adresase rubricii Dispăruţi şi că un număr restrâns de persoane observaseră un bărbat care semăna cu profesorul umblând prin zona Foggia. „Mincinoşi."

Îşi aminti că familia lui 'u Luupchen nu denunţase dispariţia, dar se îmbrăcase în doliu. Şi atunci se aruncă în valurile umflate şi zgomotoase ale mării lui.

Ritualul era precis – îl desfăşurase ca întotdeauna.

Nimic nu-l emoționa ca săritura. Acea lansare în față, trecând de la cald la rece. Brațe și picioare. Întinse. Un proiectil uman care străpunge creasta valului care se apropie. O împingere înapoi ca să sară jos, în liniștea lichidă. Dădu sănătos de două ori din brațe, înainte să împingă cu picioarele și să iasă din nou la suprafață. O respirație zdravănă ca să se oprească în centrul golfului. Acel moment era metafora Vieții: Ce e viața dacă nu să fii singur, în mijlocul agitației undelor, și să reziști, să reziști – să te menții la suprafață? Ce e dacă nu să te bucuri pentru că nu te scufunzi și ajungi unde alții nu îndrăznesc?

Cosmo se învârti în jurul lui la 360 de grade, scufundându-și fața, ceafa și iar fața în spumă. Îi erau indispensabile acele câteva secunde, îi plăcea să observe broderia desenată de apă pe roci, culori și transparențe de alge smulse și de prafuri care se ridică și se depun pe fund. Orizontul de lapte. Stâncile plângătoare. Valurile milenare care pierd din putere numai spre mal, care se sparg unde golful se termină, netezite de vântul care înclină tufișurile.

După ce privi violența mistralului și pământul obosit, Cosmo sări. Se băgă cu capul în furia marină. Nu se oprise timp de jumătate de oră din dat din brațe cu putere. Cu coatele dezechilibrate sub greutatea volumului de apă în mișcare și gâtul ars de sare.

Se gândea la el însuși. De multe ori era mistralul care îi indica soluția: fă așa. Și el executa ordinele dacă i le dădea vocea mării. „Pentru sicilieni e nevoie de un Dumnezeu-killer, care să-i trăsnească pe toți“ – înotase, trezindu-se mai departe decât își imaginase. Nu se neliniști. Briza era intensă, furnica, îl făcu să se cutremure, iar stânca de unde pornise îi părea foarte departe. Valurile se rotunjeau sub corpul lui şi îl ridicau ca pe un copil. Avea mereu o emoţie patriotică atunci când recunoştea turnul maur despicat, clopotniţele din Monopoli – aici şi plajele de la Capitol – dincolo. Socoti că ultima bucată de stâncă de pe coastă era la stânga lui.

Avea suficient combustibil în corp pentru a se înhăma la întoarcere? Trebui să dea de două ori din braţe ca să se caţere pe creasta valului înalt care sosea. Întoarse spatele forţei marine, alungi gâtul şi atunci reuşi să o vadă: în depărtare, era logodnica lui – sigur era ea – şi îşi agita braţele. Îl chema înapoi.

Nu trebuia să fie o iniţiativă a Cinziei: ea ştia bine că trebuie să-l lase în pace când înota, altfel putea să stea şi acasă. Oricum, nu era nici un pericol. Sau dacă era vreunul, era mai mic în marea agitată, decât într-o viaţă ca a lui – dar logodnica studentă nu avusese încă posibilitatea să afle asta.

Dând, succesiv, lung şi lent din braţe, înotătorul se întoarse înapoi. Sau mai bine zis, încerca să o facă, dar îşi dădea seama că, deşi făcând eforturi şi respirând greu, nu înainta cum ar fi vrut. „Pare că aş sta pe loc." Resacul era puternic, valurile erau mici dealuri, marea avea forţa 5. Cosmo scuipă aerul din plămâni de parcă ar fi fost meduza nenorocită pe care o înghiţise odată. Ascultă vocea naturii. Calculă vântul şi direcţia valurilor. Respiră bine, calmă diafragma, rechemă forţele, le concentră în stomac şi porni din nou. Tăie crestele valurilor. O făcu ducându-se tot mai spre dreapta, fără să se oprească vreodată. Când suferea, suferea de-adevăratelea, pentru că o nicovală apăsa greu pe braţe şi picioare. Atunci se opri. Şi scoase afară capul ca să-şi dea seama, cu uşurare şi satisfacţie, că aproape ajunsese la destinaţie: încă vreo douăzeci de braţe şi ar fi ajuns la o treaptă naturală, sub nivelul apei. Acolo trebuia să se sprijine, fiind atent la reflux. Câteva braţe încă, încet, cu capul afară, să-şi tragă răsuflarea care-i lipsea, să se simtă ca un zeu al mării. Învinsese.

Îşi dădu seama că mai era doar un alt înotător în apa umflată, acolo unde nu se aventura nimeni. Îl recunoscuse: era bătrân, cu doi ochi atât de deschişi că păreau transparenţi şi o frumoasă burtă, dar cu umerii pătraţi şi laţi. Apărea de câteva zile într-un model vechi de BMW, cu două uşi. Cu un pachet de şase cutii de bere în mână şi două fete în urma lui: două prostituate ieftine, cel puţin aparent. Cine ştie cine era.

Dacă Cinzia ştia să stea la locul ei, amicele acelui tip, două străine, poate rusoaice, atât de albe şi de blonde şi de neîngrijite, nu. Le observă punându-şi pantofii cu ştrasuri şi toc de şapte centimetri şi mergând, dând din şolduri, pe stâncile ascuţite, fixând locul unde ieşea la suprafaţă craniul pătrat al bărbatului. Nu era un înotător grozav: înainta cu putere, nu cu stil.

Cosmo aşteptă valul care l-ar fi ajutat să se caţere pe treapta naturală, se ridică, se agăţă şi iată-l scăpat de mistral. Îi plăcea vântul rece pe pielea bronzată, fără păr, fără grăsime. Refuză prosopul.

– Deci? o întrebă pe Cinzia.

Cinzia purta costumul care îi venea cel mai bine, din două bucăţi, galben, pe care bronzul şi părul negru le făceau să strălucească sub soarele strălucitor. Era mereu amabilă şi puţin agitată, un nas puternic îi scotea în evidenţă ochii mai negri decât părul şi buzele subţiri, aproape triste, pe care ar fi vrut să le remodeleze – îi ceruse, ca dar de absolvire, refacerea buzelor, ar fi fost mulţumită.

– A sunat Andrea, zice că după prânz, spre ora 15.00, să te duci la el. Zice că e foarte important şi mi-a spus că-ţi comunic imediat, chiar dacă erai în apă, de aceea te-am chemat. Am făcut bine, iubitule? întrebă.

Sicilienii sosiseră, cinci zile după noaptea „proctoceva-ului". Cosmo se uită la femeia lui. Era mereu atât de neîncrezătoare. Se simţea nesigură şi nu ştia niciodată dacă se comportase cum trebuie. Şovăielnică. Era una care se simţea bine numai cu cărţile. Se ascundea în spatele paginilor tipărite, ca un copil în spatele mamei, aşa credea Cosmo, dar îi zâmbi.

– Ai făcut bine, iubito.

Punct şi gata.

Nu îi explicase niciodată nimic despre cine era, despre cum îşi câştigase şi îşi câştiga „pâinea şi chiar salamul". Adesea, ca să scurteze discuţia, făcea cum făcea şi acum, adică o săruta. Îi oferi un sărut uşor, îi supse limba aspră şi, brusc, se aruncă din nou în apă, făcând o săritură cu spatele. Ştia că îi era teamă să-l vadă dispărând în apă, dar ştia stâncile şi adâncimile întregii coaste. În timp ce valurile resacului îl distrau, împingându-l înainte şi înapoi, ca şi cum ar fi fost într-un leagăn acvatic, se uită la ceas şi spuse:

– În seara asta fie ne vedem târziu, fie nu ne vedem deloc. Te superi, iubito?

– Şi în seara asta?

– Sunt ocupat.

Ea dădu din umerii moi, apoi se întoarse, îşi accentuă modul simplu de a merge şi se întinse pe cearşaf, pe spate, arcuindu-şi-l uşor şi – Cosmo ştia că se pregătea să o facă – îşi scoase sutienul. Cu prefăcută seninătate, reluă cartea pe care o citea şi se aşeză pe burtă. Era o mişcare – ea ştia bine, şi de asemenea şi el ştia că ea ştia – care îl constrânse pe Cosmo să nu se ducă departe. Era gelos şi nu voia să o recunoască.

Cinzia, în schimb, îşi scotea sutienul acela tot mai des şi părea mândră de sfârcurile care priveau spre cer.

17

Văzut din exterior, locul unde Cosmo mâncase pe săturate părea un salon pentru căsătorii între oameni cu datorii. O viloaie cu un etaj pe partea dreaptă a străzii şi un grup de blocuri, fără finisaje şi fără tencuieli, pe partea stângă. În jur, copaci şi pământ roşu, măslini şi buruieni, migdali şi ţârâit de greieri. Un deşert. În schimb, La Stella nel Secchio era un templu gastronomic al aperitivelor.

Cosmo comandase de două ori o farfurie imensă de raci-de-mare cu gheaţă. Raci abia pescuiţi, aruncaţi vii în apa clocotită pentru un timp X, unicul secret al bucătarului, şi apoi băgaţi în gheaţă mărunţită, ca să nu se despice în fâşii carnea albă.

– Prea buni, Peppi', eşti un mare bucătar, îl felicită.

Se îndreptă cu Mazda lui roşie spre măcelăria lui Andrea. Conducea şi se gândea la motivul pentru care era obligat să se ducă. Unde fusese greşeala? Pentru că fusese o greşeală dacă unul ca el era constrâns să-şi scoată la vânzare pistolul. Dar nu ştia unde greşise. Credea că a ştiut să-şi clădească o viaţă cu cărămizi de inteligenţă şi de prudenţă, şi totuşi trebuia să se supună.

Nu s-ar fi definit unul fără inimă. Omorâse de mai multe ori, e adevărat, şi putea să-şi vadă, ca într-o galerie de tablouri, crimele: feţele, scenele, culorile. Nu sunete, nu mirosuri, numai chipuri – cine ştie de ce? Tabloul care îl scârbea cel mai tare şi care, sporadic, reuşea să-l trezească noaptea, era execuţia a doi fraţi, doi *camorristi*, două maimuţe criminale. Şi totuşi fiecare voia să se sacrifice pentru celălalt: a trebuit să-i mulţumească pe amândoi, fără voia lui.

Nu ucisese niciodată din răutate, nu. Sau, cel puţin, nu exagerase cu toţi înainte să le ştampileze ultima şi definitiva foaie de drum cu glonţul. Să ucidă era o muncă, era ceva automat pentru el, în fine. Nu era nici unul dintre cei scrupuloşi care inspiră teamă numai dacă îl priveşti, acei tipi care au fost pervertiţi încă din copilărie şi, dacă pot, se bucură să murdărească orice victimă. Şi nu era nici asemenea celor care, printr-un miracol diavolesc, au scăpat dintr-o mare încăierare, şi de atunci – vindecaţi de răni, dar nu de teroare – îşi închipuie umbre de trădători şi reţele de comploturi peste tot şi, pentru o întârziere de zece minute, omoară pe unul pe care-l cunoşteau de mic: lume nervoasă ca unchiul Aindré, asta ca să nu dea nume.

Lui Cosmo Sconosciuto nu-i plăcea să vorbească. Nu se lăuda: eu încoace şi-ncolo. Era mai uşor să-l descrii prin negaţii, prin ceea ce nu era. Nu era prost. Nu era respingător. Nu era spion. Nu era dobitoc. Chestii din astea. Îşi lăsa povestea să vorbească pentru el, credea cu convingere că e dotat cu intuiţie. Şi că prenumele şi numele lui îi veneau mănuşă. Cosmo Sconosciuto.

Cosmo îşi dorise să-i spună tatăl lui, un simplu muncitor care ştia să citească şi să scrie bine, şi seara nu se ducea la culcare devreme şi cu un ochean scruta stelele, ştiind mii după nume. „Cosmo, pentru că e o lume în mine", îi spusese Cinziei, ca să facă impresie, când nu-i văzuse încă biblioteca plină. „Cerul înstelat deasupra ta, legea morală în tine", îi răspunsese ea, lăsându-l puțin așa, dar, ca să nu rămână complet mut replicase: „Cosmo e și numele unuia dintre sfinții protectori, medici din Alberobello".

Numele, în schimb, venea din registrele stării civile: pe vremuri, se numeau Sconosciuto copiii cu mamă necunoscută, ca și Esposito, Sperandeo sau, mai răutăcios, și Ficarotta. Sconosciuto rămăsese însă mai degrabă necunoscut în afara ambientului său. Sau și mai bine, polițiștii știau că era un neisprăvit periculos și solicitat, dar nu-l strânseseră cu ușa în mod serios nici în orașul M., nici în Puglia.

Se încadra perfect în timp: soarele la asfințit topea asfaltul, în jur nu era suflet de om și măcelăria era deschisă. În casa din față, unii dintre acoliții lui Andrea, cu ochelari negri și haine largi, stăteau pe un balcon la fumat. Îl salutară. Răspunse cu un semn din cap făcut cu efort, ca și cum ar fi avut un coif de fontă. Numărul Jaguarului mare, alb, plin de praf și punctat de musculițe, parcat cu două roți pe trotuarul strâmt, purta numele unui concesionar palermitan.

De cum intră, înțelese. Cum spusese Andrea? „O chestie importantă", ceva de genul ăsta.

Trebuia să fie într-adevăr așa. Cum îți dai seama că are cineva un aer important? Cei doi care îl așteptau deja și din poziție șezândă păreau înalți, șmecheri, gata de orice: dacă ar fi intrat un tigru înfometat, ar fi stat așezați ca să-l lase să le lingă mâinile. Erau doi barosani. Cel mai în vârstă avea spre patruzeci de ani, celălalt avea mai puțin de douăzeci și cinci. Îi strânseră mâna și, fără să fie nevoie să spună nume şi să se lungească în prezentări, îl invitară să ia loc, de parcă ar fi fost cineva de care erau apropiaţi.

Andrea era destul de nervos şi-şi măsură cuvintele:

– Aceşti prieteni, care ne onorează cu bunăvoinţa lor, m-au întrebat în mod expres de tine.

În mod expres. Şi locuţiunea adverbială trebuia să comunice îndatorata importanţă. Cosmo se prefăcu că-i mergea foarte bine, dar nu-i plăcuse niciodată să colaboreze cu sicilienii: în cele din urmă au o trăsătură comună, caută supremaţia. „Şi cât le mai place să adauge cuvinţelul greşit la momentul nepotrivit.“

Cel mai tânăr era foarte atrăgător, ochi şi păr negre, pieptănat la modă, o gură fermă, o mică cicatrice sub ochiul stâng. Concentra spre sine întreaga atenţie de la masa mică arătând o mapă verde, din acelea folosite de secretarele economiştilor.

Cosmo îşi închipui că mapa conţinea vreun mare secret şi observă, cu agitaţie crescândă, foaia albă care îi era arătată. Nu era complet albă. Tăiat şi lipit, exact în centru, era un anunţ economic:

> **ATENŢIE** Am zărit-o pe Lupa din Monreale. Se cere bacşiş gras pentru a furniza indicaţii ulterioare. Oprit poşta Linate, autorizaţie numărul...

Fu de ajuns acel anunţ şi Cosmo, alarmat, înţelese de ce-l chemaseră. Era „imensă“ pentru ei, iar pentru el era o poveste dezgustătoare. Îl băgau în rahat. Nu, trebuia să se sustragă, dar cum să facă? Cum să fugă? Iole era ţinta. Iole la Santa. Prietena lui, convertita, vechea lui iubire milaneză, femeia viciului, femeia pistoalelor. Ea era noua lui sarcină. Ea. Iole Pacifico.

„Cum dracului au îndrăznit să vină să-mi ceară asta? Asta e o adunătură“, se gândi.

Din fericire, stătea jos ţinând mâna dreaptă pe glezna piciorului stâng ridicat pe genunchiul drept şi nimeni nu-şi dădu seama că palmele îi transpirau. Ar fi vrut să fie sub apă, în marea adâncă. În liniştea mării. În schimb, era obligat să asculte cuvintele vizitatorilor.

– Tu ai auzit, fără îndoială, vorbindu-se de vaca aceea de Iole Pacifico, spuse cel mai tânăr din cei doi sicilieni şi îi zâmbi prietenos.

Cosmo avu chef să-i tragă una peste dinţi. Preferă să numere până la cincizeci înainte să răspundă:

– E un nume care a fost pe buzele tuturor. Dar dacă aţi venit până aici, este pentru că ştiţi că n-am auzit vorbindu-se despre asta şi atât, nu?

– Zi aşa, că zici bine, comentă tânărul, invitându-l să spună ce ştia el.

Sicilienii sunt aşa: dacă pot să-i facă pe ceilalţi să vorbească, şi ei să tacă, se bucură.

– Am lucrat împreună, eu şi Iole, sau Santa, aşa cum îi spunea cineva sus, în oraşul M. Cu ceva timp în urmă. Aveam în comun meseria, erau nişte ani excelenţi. Conducea foarte bine, împuşca puţin cam mult pentru gustul meu. Trage şi conduce mai bine decât mulţi bărbaţi. Mai bună decât un bărbat sub diferite aspecte, fu răspunsul lui Cosmo, sincopat – nu îi ieşise mai bine. Ar fi vrut să fie mai neutru.

– Dar tu, când au început anii grei, nu ai trecut de cealaltă parte a baricadei ca să te pupi în bot cu procurorii statului, își dădu interlocutorul cu părerea, lovind nervos cu nodurile degetelor peste mapă.

Și tipul mai în vârstă îl privi fix pe Cosmo, cu o curiozitate evidentă. Avea ochii verzi-albaștri, de normand, barba îngrijită, un costum gri care-i venea perfect, cămașă de in de o culoare deschisă pe care el n-o mai văzuse până atunci, pantofi în care te puteai oglindi. Părea capabil să-i citească gândurile, atât de profund îl scruta.

Pentru Cosmo nu era o problemă să spună ce credea, Andrea, în schimb, ținea privirea în jos. Ca și cum ar sublinia că era, și nu prea. Era dacă trebuia. În fine, el servea. Era un servitor. Se făcu subțire, transparent și rezistent ca firul de nailon al pescarilor, acela de care e prins cârligul cu momeala.

– Munca mea, continuă Cosmo, era să sar pe ghișeele de la bănci. O parte din bani i-am jucat, pe alții i-am economisit. N-am intrat în cercuri mai mari decât mine și voi știți asta. Eu am regulile mele și vreau să fiu mulțumit. Îmi pare rău, dar despre Santa nu mai am nici o veste de când ea nu mai știa cum să fie mulțumită. Pot să spun doar că, dacă n-ar fi avut sufletul terminat și dacă, apoi, nu s-ar fi simțit abandonată de prieteni, n-ar fi vorbit niciodată. Eu așa cred, sublinie.

– Crezi ce vrei, dar cert e că a vorbit. A fost prima convertită din familia noastră, nu ne-a scutit de suferință, a discreditat o sută cincizeci de persoane, și procesul nostru se judecă în februarie, peste șase luni. Iar acum, atenție, cineva a venit să ne ofere capul ăla al ei stricat pe o tavă de aur.

„Cineva? Ştiu cine e acest cineva?“ se întrebă Cosmo. Anunţul era acolo, în faţa lui. Se distingea pe foaia albă ca o muscă în supă.

– Cineva care a publicat acest anunţ trei zile la rând şi care ştie cum se trimit mesajele către prieteni prin intermediul ziarelor, repetă. Îi spunem Lupo persoanei pe care oricine poate să o omoare, iar ea e singura convertită născută la Monreale. Am răspuns la anunţ cu o scrisoare, pusă la poşta din Palermo, ca să se înţeleagă că din partea noastră era vorba de seriozitate, spuse tânărul mafiot şi, în timp ce cicatricea de sub ochiul stâng devenea de o palidă culoare roşie, îi dădu lui Cosmo o altă tăietură de ziar, şi aceasta lipită exact în centrul unei foi albe.

CUMPĂRĂRI–VÂNZĂRI Firma noastră e interesată de achiziţionarea întregului pachet social al fimei Lupa din Monreale cu scopul de a retrage marfa distrusă de pe piaţă. Se iau în consideraţie oferte prin intermediul ziarelor.

În timp ce Cosmo citea, tânărul continuă să vorbească. Era un fel de prefaţă, o introducere la cum şi de ce au vrut să-i dea sarcina de a o omorî pe fosta lui prietenă. Îi expunea toate detaliile şi, la momentul potrivit, ar fi întrebat: „Da sau nu“. Dar puteai spune nu?

Cosmo începu să transpire. Era ca şi cum marea pe care o simţea înăuntru împingea, val după val, ca să iasă prin porii de pe frunte, de la subsuori, de pe spate, era o inundaţie, o furtună, un mistral. În schimb, vocea tânărului palermitan era o predică: o intonaţie monotonă, fraze ca de biserică, silabe care se urmau una pe alta ca nişte valuri, o maree de tonuri liniştite, sobre, şi totuşi evocatoare, o mantră care îl ameţea, îl inhiba, îl înlănţuia transpirat de scaunul incomod, îl constrângea să-şi ţină în mână glezna, în timp ce mâna îi tremura.

– După cincisprezece zile am primit răspunsul la anunţ, explică sicilianul şi scoase din mapa verde a treia foaie.

> **DE VÂNZARE** la cinci sute de mii nenegociabil vilă la Monreale, în vecinătatea drumului naţional, cartier Lupa. 125 la înţelegere. Pentru contact adresaţi-vă firmei Bonnet-Lagarin din Lugano calificată drept cumpărător prestigios. Telefon...

– Când am sunat, continuă, ne-a fost dat un număr de cont curent, în Elveţia, pentru un virament dintr-o ţară în alta. Acum, cine are încredere în ziua de azi fără să cunoască detaliile? Astfel, am trimis câteva mii de euro în acel cont şi nu au fost respinşi. Am trimis, deci, în Elveţia pe un prieten de-al nostru care locuieşte în oraşul M. Am cerut garanţii şi am comunicat o adresă din Palermo. Corespunde unei case părăsite. Se găseşte într-un cartier unde poştaşul ne e prieten, când sosesc scrisori destinate acelei adrese, ştie unde să le predea. După zece zile, îndoielile au dispărut.

Din mapa verde apărură un plic şi o primă fotografie, cam neclară. Pe o bancă, un bărbat cu o eşarfă peste bărbie ţinea strâns mâna Santei: era ea, fără nici un dubiu.

Mapa nu-şi epuizase încă surprizele. Palermitanul lăsă în jos, ca pe o carte de joc, o a doua fotografie: convertita, luată din profil, împreună cu o femeie blondă, căreia i se tăiase imaginea feţei.

O a treia fotografie le încadra pe cele două femei, mână în mână, imortalizate din spate.

Cosmo se uită la cele trei imagini. Fuseseră făcute în perioade diverse ale anului de cineva care nu se apropiase niciodată prea mult de Lupa, poate temându-se pentru dinţii lui. Poate vreunul sau vreuna pe care ea îi cunoştea bine şi care o trădau. Sau era vorba de un poliţist care ar fi trebuit să o protejeze şi o vindea. „Aşa e mereu, un lanţ de falsităţi ne prinde de gât şi ne sufocă", se gândi Cosmo.

– În acest punct, explică tânărul palermitan, am făcut alte verificări. De exemplu, putea să fie şi o capcană a serviciilor secrete sau a vreunui ticălos de magistrat din oraşul M. Cu nenorociţii ăia, *pool*[1] sau nu, nu se ştie niciodată.

Palermitanul ceru de băut, Andrea se grăbi să ia ceva din frigider.

– Ne-au spus, reluă tânărul, după ce înghiţise un pahar de apă minerală rece ca gheaţa, că la Roma e totul în regulă, şi în oraşul M. sunt înnebuniţi cu răpirea lui Wolfson şi câţiva spioni, nu au timp pentru jocuri împotriva noastră. Aşa că iată-ne aici, cerându-ţi audienţă.

Audienţă. Ei lui. Ceea ce cred ei că e subtila ironie a sicilienilor, râse în silă Cosmo, lăsând să treacă puţină aroganţă prin inexpresiva lui atenţie.

– Puteam să ne gândim la altcineva decât la tine? întrebă tânărul. Merse imediat la chestiuni concrete: în opinia noastră, operaţiunea finală îţi este la îndemână.

---

[1] Asociaţie (în lb. engleză, în original)

Noi vom plăti. Îi vom da informatorului cât ne cere, adică 125 plus 375, și vom obține adresa. Iar tu, pentru un milion de euro, deloc mărunțiș, ne-o mături de pe stradă, adică de pe fața pământului.

– Veniți să mi-o cereți la sigur.

Andrea se agită pe scaun, el n-ar fi adresat niciodată o dojană sicilienilor, doar ar fi înclinat capul, în semn de dăruire oarbă.

– Și de ce ne-ai servi afrontul unui nu? Tu ai omorât deja, chiar recent, știm asta, insistă tânărul.

„Andrea", se gândi Cosmo. Andrea povestise cum îi omorâseră pe „proctoceva" și pe fostul lui fin. Mereu aceeași poveste: un lucru care atrage după sine altul, acest lanț de obligații reciproce de respectat și de trădat era latura cea mai teribilă a mafiei organizate.

– Nu e un afront, hai. Să n-o luăm așa, vă rog, ridică brațele.

– Este, este, e un mare afront, interveni cel mai în vârstă. Nu acceptase nimic de băut, nu deschisese gura, nu atinsese nimic. Avea părul pieptănat pe spate, fruntea înaltă și dreaptă, și sprâncene rectilinii. Pleoapele umflate sufocau ochii vii, atât de vii, că făceau plăcute nasul lung și puțin atârnând în partea dreaptă, și bărbia ascuțită și ieșită în relief. Vocea era caldă ca a unui actor. Pentru că noi știm multe lucruri. De exemplu, că în afara Pugliei ai lucrat deja pentru calabrezi. Știm că acei boși, lasă-mă să termin, te rog, uneori își fac mici glume între ei, un lucru care, în schimb, pentru noi, sicilienii, e incompatibil. Noi decidem, ne gândim, ne răzgândim, propunem, apoi le dăm startul oamenilor noștri. Cine trebuie să moară o știe mereu înainte, aproape că aude rulând tamburii ghilotinei, și ne-o permitem pentru că suntem criminalii cei mai de încredere de pe pământ. Chiar şi astăzi, noi suntem crema. Albanezii sunt barbari, sunt acei Attila care vor face să reacţioneze poliţienimea, chinezii sunt prea ataşaţi de bani şi rămân nişte vagabonzi, ruşii provoacă mai multe neplăceri decât napoletanii, curve, cocaină şi şampanie, şi calabrezii ar putea să devină importanţi, dar îi termină faptul că nu au încredere nici în umbra lor. Şi când un bos trebuie să-l omoare pe altul, uneori cheamă pe cineva din afară. Unul care se pricepe. Apropo, complimente pentru Balbi. L-ai nimerit de la treizeci de metri, în timp ce se rădea în casa blindată şi în dimineaţa în care a vrut să vadă soarele, erai tu. Bravo, Savantul nostru în trasul la ţintă.

Era etalarea clasică a puterii siciliene: etala câte informaţii avea Cosa Nostra despre afacerile lui.

Fostul jefuitor de bănci nu fu impresionat:

– Erau două sute cincizeci de metri.

Tânărul sicilian râse în bătaie de joc.

– Oricum, nu poţi spune nu unuia ca el, trase concluzia arătând spre tipul de vreo patruzeci de ani. Am văzut că nu ştii cine e.

Numai un persistent miros de mentă amestecată cu transpiraţie demonstră că bărbatul nu se tranformase din nou într-o statuie.

– N-ai înţeles? Îţi spune ceva don Franco Lasperanza?

Deşi Cosmo ştia să se comporte bine în public, chiar dacă avea nervii tari, nu îi avea suficient de tari ca să nu rămână cu gura căscată în faţa unuia dintre şefii mafiei, dat în urmărire de cincisprezece ani.

În ziare era mereu publicată o singură fotografie în alb şi negru. Dar între acel tânăr neşlefuit, cu ochelari de miop, și acel bărbat înalt și drept ca un munte elvețian, elegant ca un nobil și cu ochi arzători, nu era nici cea mai mică asemănare. Nu știa dacă să-i sărute mâna sau nu. Îi ieși ceva de genul:

– Sunt onorat, această zi mi-o voi aminti cât voi trăi, ceea ce îi făcu pe ceilalți să devină mai veseli, până și pe unchiul Aindré.

– Pentru tine, încheie cel mai tânăr dintre sicilieni, sunt banii despre care am vorbit, în Elveția sau unde preferi. Adaugi alte cincizeci de mii de euro pentru micile cheltuieli pe care le-ai putea avea în orașul M. Trebuie să te duci în Piazza De Angeli. Puțin mai departe este un bar, roșu tot și plin de oglinzi: e al nostru. Întrebi de unul pe care-l cheamă 'u Nasuni. Te așteaptă. Îți va da mașina, armele și câțiva băieți buni de paravan la dispoziția ta absolută. Citi pe fața lui Cosmo enervarea, așa că preciză: Să fie clar, poți să o faci singur, știm asta. Dar, se grăbi să adauge, aceasta e o afacere care nu se ivește de două ori. Dacă tu greșești, noi trebuie să garantăm rezultatul cu ajutorul rezervelor și nu putem să le băgăm în joc la sfârșitul celei de-a doua reprize.

Cosmo dădu din cap.

– E drept. Am câteva cereri. Numele meu trebuie să-l știți numai voi. Pentru 'u Nasuni și ceilalți voi fi domnul Giglio. Un studiu despre numele de flori spune că sunt cele pe care martorii și le amintesc cel mai puțin.

– Nu vor fi martori.

– Pot exista întotdeauna martori.

Nu era deloc încântat să o omoare pe Santa. Nu știa dacă ar fi făcut-o. Dar nu era cazul să se arate șovăitor. Dacă se deranjase Franco Lasperanza, zis zu' Ciccio, dacă lăsaseră fortăreața din Palermo și erau acolo, în mai puţin controlata Puglie, dacă Torrecanne nu era încă încercuit de forţe speciale, cum putea să se opună el? Nu mai transpira, era din nou liniştit ca înaintea unei sărituri în apă.

– Îmi convine şi plata în Elveţia, am deja un cont. Însă e un dar. Dacă informatorul nu se mai arată, ce se întâmplă? Cunosc oraşul M., dar unde o găsesc pe una care ştie să se ascundă bine? Mai ales pe una ca Iole, care o fi o convertită, dar n-a fost niciodată o proastă. Nu îşi imaginează că este condamnată la moarte. Dacă sunt dispus să fac un lucru care nu se întâmplă, pierd prea mult.

Sicilianul zâmbi şi Cosmo înţelese că avusese acelaşi sfârşit ca peştele: muşcase momeala. Andrea, prietenul de încredere, rudă pe jumătate, bosul aşa-zisei Sacra Corona Unita fusese firul, cârligul şi chiar viermele. Din mapa verde se ivi o altă foaie, două rânduri cu tăieturi din ziare.

Oraşul M., Via Osculati, etajul trei,
fără cameră de portar.
Duminică, 18 septembrie.
Între 10—12.

– Acolo stă? întrebă Cosmo.

– Da, duminica viitoare va fi acolo numai pentru acele două ore. Ştii unde e?

– Nu, sper să nu fie la Monza, e ziua Marelui Premiu.

– Ştii un cartier care se numeşte Affori?

– Îl ştiu puţin.

Îl ştia pentru că se ducea la Settebello, un club de noapte unde, în unele seri, îşi dădeau întâlnire numai „şmecherii".

– Voiam să fim siguri de învoiala ta înainte să-ţi spunem. Trebuie să iei avionul mâine-dimineaţă, ai două zile să te orientezi şi să te pregăteşti şi o dimineaţă ca să o elimini.

– Puţin.

– Foarte puţin, dar adresa am primit-o ieri. Am călătorit toată noaptea, şi cu el nu e aşa de uşor.

– Şi aţi venit la mine.

– Te rezervasem. Ştii cum merge, ştii cât e de înaltă. Chiar dacă va fi travestită, şi-a tăiat părul sau şi-a făcut operaţie la nas sau la ţâţe, vei putea să o identifici. Dacă ai probleme cu zborul, sună la acest număr din Roma, încheie tânărul, dându-i o carte de vizită. Luni, cu treaba făcută, vei avea banii în Elveţia.

– Da, totul hotărât, deci.

– Da.

– În stil sicilian.

– Nu ai rezerve mentale, nu?

– Ce fel de rezerve?

– Când s-a convertit, Santa n-a spus numele tău, fu observaţia tânărului.

Sigur era foarte atent. Era unul pe care ar fi trebuit să-l găsească Andrea ca adjunct şi mâna dreaptă, nu unul dintre acei nenorociţi care ajungea să omoare, se gândi Cosmo. Ştia că Sacra Corona Unita şi Cosa Nostra se aliaseră, sarcina pe care o primea confirma asta, dar nu reuşi să-şi reţină un zâmbet larg amintindu-şi ce făcuseră împreună, şi în pat, el şi Santa.

– Sunt nişte mici dedesubturi. Cred că am fost uitat, pentru că ne-am înţeles foarte bine amândoi şi ne despărţiserăm deja, de comun acord. Se schimbase de-a lungul timpului. Cunoscuse pe unul din Medellin, unul care se preface că se învârte în lumea modei, dar transportă în Europa tone de cocaină pe lună.

– Îl ştim.

– Mai bine. Ştiind ce avea în cap, m-am retras. La un moment dat, mi-a făcut impresia că s-a îmbolnăvit de violenţă şi m-am gândit că va muri cu puşca în mână.

– Ai dreptate, comentă don Lasperanza. Îl observase, foarte încântat, pe acel tip de aceeaşi vârstă, musculos şi transparent ca marea unde îi plăcea să înoate. Fusese o foarte bună indicaţie: angajau în sfârşit un asasin liniştit, nu unul dintre acei dezechilibraţi care contaminaseră mafia în anii sângeroşi al şefului şefilor, Totò Riina.

Îşi îngădui, aşadar, câteva cuvinte în plus:

– Fata poate să fi avut motivele ei, o ştiu. Însă nu sunt motive bune pentru o trădare. Ea, chiar vreau să-ţi spun asta, era una care putea să intre la mine în casă şi să mă omoare. Uşa mea era mereu deschisă pentru ea şi familia ei, a crescut-o biata mea mamă. Dar acum e târziu pentru orice analiză, singurul lucru care domină peste toate e moartea.

– Dacă ordonaţi, eu nu pot decât să accept, răspunse Cosmo. Însă, adăugă, aş vrea o mică schimbare în program. Nu ridic preţul, dar banii trebuie să intre mâine, până la ora 13.00, în contul meu curent elveţian. Urgenţă pentru urgenţă. Dacă nu reuşesc operaţiunea, biştarii se întorc la voi, nu e nici o problemă. Dar îi vreau acolo înainte să-mi fac treaba.

– Bine, spuse tânărul sicilian. Scoase din mapă un teanc, făcu să foșnească bancnotele și puse avansul de douăzeci și cinci de mii de euro pe tavă, cu gestul unui crupier care dă jetoanele câștigătorului: Bine, Cosmo Sconosciuto, vei avea milionul mâine, vineri, 16 septembrie. Celelalte douăzeci și cinci de mii de euro ți le dă 'u Nasuni când te vei întâlni cu el în orașul M. Succes, încheie.

Toți își strânseră mâinile, și palermitanii plecară. Haina lui don Lasperanza nu avea nici o cută.

Andrea se duse să ia două beri din gheața în care ținea carnea. Desfăcu sticlele și se apropie cu fața de sărbătoare.

– Spune-mi mulțumesc, drăguțu' lu' tata.

Cosmo bău jumătate de înghițitură.

– Mulțumesc pe dracu'.

– Ei, hai.

– Las-o baltă, Aindré.

Nu-l ascultă și ieși, ca și cum ar fi avut un ghimpe în inimă. Vântul se oprise. Soarele cădea fierbinte pe fața lui. Dinspre mare, devenită pe neașteptate calmă, netedă ca uleiul, se răspândea o reflexie gălbui-închis: „O baie fac", se gândi făcând câteva gesturi ca să alunge ghinionul. Îi venise în minte „o ultimă baie", dar el se va duce și se va întoarce, se încurajă.

O sună pe Cinzia și îi spuse să se pregătească. O anunță că i se dăduse o treabă neprevăzută și rentabilă și că o va duce pentru un sfârșit de săptămână lung în orașul M. dacă părinții îi dădeau voie. O rugă să rezerve bilete la zborul din Bari a doua zi dimineață, dacă putea să-l sune pe Rolando, consultantul financiar elvețian, să-i spună că în curând se vor vedea, îi sugeră să pună în valiză strictul necesar, oricum aveau să cumpere ceva în centru. Şi ea era atât de bucuroasă, atât de veselă, atât de plină de viaţă şi de aşteptări, că şi el, în acel moment, se simţi din nou bărbatul care fusese, înotătorul, jefuitorul, Savantul.

Îşi parcă maşina decapotabilă şi roşie aproape de digul din Savelletri, se dezbrăcă, îşi puse unul dintre costumele de baie pe care le ţinea în uşă, ascunse cheile sub o piatră şi se aruncă de pe una dintre platformele de ciment.

Înota, înota, rugă marea să-şi spună părerea, dar îşi aminti că pe 7 august, cu nouă ani în urmă – nu putea să uite data –, avusese un necaz în apă. Singurul. Cel cu meduza nenorocită. Se aruncase în apa gri ca ţeava unui pistol şi animăluţul, în timp ce îşi trăgea răsuflarea, îi intrase în gură şi dăduse drumul lichidului usturător. Durerea fusese insuportabilă: mult mai rea decât atunci când fusese împuşcat în piept, din fericire în vesta antiglonţ, când leşinase pe trotuar şi îl trăsese de acolo vechea lui complice, acel drac de Santa, fosta lui femeie.

Scuipase meduza imediat, dar limba i se umflase şi i se înnegrise ca o bucată de ficat de viţel. „Ai fost norocos“, spuseseră la urgenţa spitalului din Polignano, după spălăturile gastrice. Dar Cosmo nu credea în noroc. El ştia să înoate, să respire şi – da, clar – să scuipe. Nu-şi pierdea uşor calmul.

Nici acum. Înota şi se gândea. Se gândea că e abil. Atât de puternic şi de abil, că şi sicilienii îl stimau. Şi Cosa Nostra. Pentru că era acelaşi om dintotdeauna, omul căruia în timpul jafurilor îi revenea partea cea mai dificilă, aceea de a se năpusti asupra casierului. Nici o alarmă nu sunase vreodată când spunea, tare şi clar:

„Dacă sunteți cuminți, plecăm repede și nu vi se întâmplă nimic. Altfel, ajungeți în groapă".

Fusese incredibil Cosmo. În gesturi, în cuvinte, în reacții – nu alunecase niciodată. Acum îi revenea să o omoare pe fosta lui prietenă și nu putea să greșească. Dar voia să o omoare? Va reuși să apese pe trăgaci?

Marea îl înfășură, îl răcori, îl obosi, fără să-i dea nici un răspuns.

Cu cât înota mai departe, cu atât își amintea mai mult de brațele subțiri și puternice ale Santei, capabile să-i taie respirația când făceau dragoste, și de parfumul ei. Cine știe de ce se gândi iar și la ceea ce spunea acel Rolando din Mendrisio plângându-se de toate orele de muncă pe care le petrecea la birou ca să aibă grijă de banii altora: „Dragul meu, cine nu poate să comande, trebuie să se supună. Tu ești un norocos".

„Da, ce norocos sunt!" se gândi Cosmo în timp ce vântul îl usca pe dig și turiștii se duceau să cumpere pește de la cooperativa locală, convinși că fac o afacere bună.

II

Când se strânge laţul

1

– Trebuie să-mi spui ceva? întrebă Maretta, cu celularul lipit de ureche, stând cu burta în jos pe patul matrimonial şi răsfoind ziarele.

– Da, am senzaţia că sunt urmărit, spuse Genito.

– Şi cum s-a putut întâmpla?

– Concediază-l pe Manu.

– Şi cine mă duce unde am nevoie?

– Oricum e un incapabil. Te-am sunat pentru că, într-un fel, trebuie să deschid firma. Mi-ar trebui imediat zece din cele douăzeci şi trei de angajate pe care mi le promiseseşi pentru anchetă, în plus ar fi şi banii mei de plătit...

– Angajate?

Maretta Zara avu nevoie de ceva timp să înţeleagă că Genito vorbea de milioane de euro.

– A, angajate. Acum am înţeles. Zece din douăzeci şi trei. Facem economie de forţe. E bine sau rău?

– Neutru. Nu-l lăsa însă pe Manu să mi-i aducă. Poate e bine într-un loc public.

– Atunci, dacă îţi convine vineri, la restaurantul lui Eupilio şi Fanny, l-aş aduce şi pe Cucchi. El are toate CV-urile.

– Perfect.

– Şi eu trebuie să te întreb când ne vedem, pentru că...

– Pentru că?

– Ştii unde sunt?

– Maretta, nu te înţeleg.

– Sunt în pat, Corrado. Sunt foarte tristă, văd toate ziarele astea cu fotografia lui Elvio şi ieri am suferit o căzătură foarte rea. Am auzit că masajele tale sunt excepţionale.

– Partea care te doare emană multă căldură?

– Mai ales pentru tine.

Râseră amândoi.

– Nu fac pe medicul osteopat, dar am să văd când te pot ajuta, spuse Genito.

– Sunt încântată. Şi socrul meu ar vrea să te vadă, e internat în spital.

– Nici un masaj pentru el, sper.

– Nu, face nişte analize pentru inimă, poate ca să fie sigur că o are. Dacă te duci la el, aş trece să te iau, să mergem la o petrecere de unde nu pot lipsi.

– Alta? Dar câte petreceri organizaţi pe săptămână? Lasă-l pe Manu acasă.

– Bine. Dacă vrei, îl concediez.

Vizita la patriarhul Wolfson se dovedi absolut inutilă. Descendentul unei familii de partizani ai Austriei, venită în oraşul M. împreună cu Habsburgii, stătea în ultima cameră a secţiei private, de pacienţi speciali, a unui celebru spital, cu mulţi supraveghetori la intrare care îi conduceau pe vizitatori în camera VIP-ului şi a celor trei gărzi de corp.

– Salut, comandante.

Genito îl recunoscu pe un fost plutonier de-al său.

– Salut, Ombra, ce faci aici?

– Ce faceţi dumneavoastră, dar, din păcate pentru mine, cu câteva trepte mai jos. Vă însoţesc la numărul unu.

– E rău?

– Da' de unde! Stă în spital ca să evite să fie deranjat, ca să-i fie uşor să spună că nu poate vorbi cu nimeni. Nu pentru că îi e frică, însă e prudent. Succes, comandante.

Capul familiei Wolfson avea o pătură din caşmir, în aceeaşi nuanţă de verde cu aşternuturile spitalului. O infirmieră blondă tocmai îi adusese un suc de roşii, cu un peduncul de ţelină.

– Când îl eliberaţi pe Elvio, pentru că eu sunt foarte optimist în legătură cu munca dumneavoastră, trebuie să-i spuneţi să nu scoată un cuvânt. Cu cât va spune mai puţin, cu atât va fi mai bine.

– Ştie şi el asta.

– Fiul meu e unul care nu cântăreşte consecinţele acţiunilor şi ale cuvintelor. Nu reuşeşte. Doar ca să fie protagonistul, poate să povestească orice.

– Îi voi spune, nu vă faceţi griji. Dacă nu mai e altceva, eu aş pleca.

– Elvio e singurul meu fiu şi nu ne-a dat încă un moştenitor. Şi unui fiu nu trebuie niciodată să-i fie ruşine cu tatăl lui. Dar dacă tatăl a fost umilit de răpitori, pentru că oamenii ăia fac lucruri absurde, şi fiul va fi umilit. Descendentul. Numele. Nu ştiu dacă înţelegeţi.

Genito nu răspunse. Era un fel de a raţiona absurd, dar întâlnise adesea persoane foarte bogate, care căzuseră pradă unor fixaţii pe care nici un medic nu îndrăznea să le diagnosticheze.

Ascultă, făcând eforturi să nu caşte, recomandările vechiului căpitan industriaş, aflând că membrii familiei Wolfson fuseseră servitori ai Maiestăţii Sale Maria Teresa de Austria, apoi întreprinzători apropiaţi de Crispi, fascişti cu Mussolini, democrat-creştini după război, socialişti cu Craxi şi, nu putea să fie altfel, berlusconieni de fier cu Berlusconi.

– Mereu cu învingătorii, spuse Genito.

– Mereu de partea cui e încarnarea statului suveran.

– Vă temeţi că l-au răpit pe Elvio ca să vă facă să plătiţi vreo veche afacere?

– M-am întrebat asta.

– Răspunsuri v-aţi dat?

– Nu. În acest sens. Socoteli neîncheiate nu am. Dar e adevărat şi că nu se ştie niciodată dacă ai supărat pe cineva, dacă un sfat pe care nu l-ai înţeles era de fapt un avertisment sau dacă un concurent pe care l-ai îngenunchiat, nu era reprezentantul vreunui interes ilegal... Dacă l-au luat pe Elvio în locul meu însă, aş şti. Sau poate voi şti când povestea asta va lua sfârşit. Vreţi şi dumneavoastră un suc de roşii condimentat?

Maretta îl aştepta în curtea interioară a spitalului. Avea un tricou decoltat, scurt şi fără mâneci, cu o cravată de aceeaşi culoare şi o curea pe talie care lăsa se se zărească cât era de joasă talia pantalonilor negri de dantelă prea strâmţi.

– Corrado, acum că te-am angajat şi vrei zece milioane...

– Plus compensaţia mea.

– Plus compensaţia ta, desigur. Nu vrei să-mi explici ce faci?

– Cu cât știi mai puțin, cu atât mai bine, ascultă-mă.

– Faci o anchetă singur?

– O anchetă, o căutare de contacte, puțină presiune unde știu că poate face rău. De fapt, lasă-mă să dau un telefon. Îl sună, și ca să fie auzit de Maretta, pe William Chiodi. Se informă scurt în legătură cu investigațiile din Via Mac Mahon: E posibil să nu găsiți nimic, fir-ar al naibii...

– Nu e ușor, Corrado. Nu au reușit polițiștii, cum crezi că e posibil să afli ceva din zbor? răspunse Chiodi.

– Cred doar că trebuie să vă străduiți mai mult.

– Avem o pistă.

– Nu vreau să știu nimic, mai ales la telefon.

– Tocmai, dacă vrei, vino după mine. E cineva cu tine?

– Nimeni.

– Te cunosc, Corrado. Și pariez și că știu cu cine ești.

– Pa.

– Pa, fustangiule, de ce nu vii cu ea, mi-o și prezinți cu ocazia asta. Cum e îmbrăcată?

Poate nu era o idee rea: să stabilești o întâlnire între comanditar și executor, ar fi fost greșit într-o anchetă adevărată, dar putea fi o mișcare perfectă într-una falsă ca aceea.

– Bine, m-ai convins, unde ești? Venim după tine, spuse și, închizând telefonul, îi explică Marettei: Este cineva care lucrează pentru mine, deci pentru tine. Ține să te vadă, știi cum sunt făcuți unii bărbați. Ți-l prezint, dar pe urmă, când va trebui să vorbim, te întorci în mașină.

– Cât îmi place să vorbesc cu un bărbat necioplit. Vezi că apoi trebuie să vii la petrecere, ai uitat?

– Nu, spuse plecând.

– Aş fi jurat că da, după cum te-ai îmbrăcat. E o seară importantă. Prezentăm noile salopete ale echipei lui Elvio, vor fi o mulţime de oameni. Şi acum dă-mi un sărut, oricum nu ne vede nimeni.

William Chiodi fu foarte bucuros să o cunoască pe Miss Sorriso, admiră ce lăsau la vedere pantalonii impudici şi privi cu atenţie marginile tricoului, debită complimente la nimereală şi se întristă când Genito o făcu să se aşeze pe musafira lui în Porsche şi, mergând pe trotuar, rămaseră numai ei doi să vorbească despre investigaţii. Care, în ciuda criticilor, nu mergeau rău.

– Suntem isteţi, Corrado, şi ar trebui să ştii asta.

Cu gangsterul la pensie Coltrane şi fostul poliţist Orio pe partea dreaptă, Mia şi arhivistul Pasquale pe partea stângă, lunga, dreapta şi dezordonata Via Mac Mahon începea să nu mai aibă secrete. Cei patru o desfundau, dar folosind cuvinte şi nu sapa, şi duceau pe umeri povara bacşişurilor oferite generos fără să se uite la cheltuieli şi la seducerea persoanelor care ştiau ceva.

După o singură după-amiază de drumuri lungi, identificaseră un club de noapte, Quarto di Luna. Funcţiona ca adăpătoare de şampanie şi gin pentru clientela normală, dar unii aveau permis de intrare la un *privé* pentru schimb de parteneri, chiar dacă acolo se duceau puţine cupluri consolidate: femeile erau aproape toate fete din Est, subţirele, cu fundul greu, trăite în foame, războaie, lângă părinţi violenţi şi gata să-şi dea jos pantalonii. Văzându-le pe toate laolaltă, îţi provocau tristeţe, ca o turmă de oi menite să fie omorâte. Luate una câte una, machiate şi dezbrăcate, făceau ceva impresie în acele localuri subterane, dintotdeauna în proprietatea unui fost polițist, unul ajuns în necazuri mari pentru că, pe vremea lui, fabuloșii ani '80, fusese prins că ducea cocaină boșilor abia arestați și aruncați în celule.

Pe stradă era un alt bar „interesant": era administrat de o familie și acolo luau micul dejun transsexualii din Via General Govone. Unii și unele dintre ei pierdeau zile întregi în discuții și bârfe. Una roșcată, cu nasul refăcut și sânii naturali într-un sutien fără bretele, te făcea să plesnești de râs povestind de când, la Roma, frecventa un local de noapte, cu separeuri, și și-o trăgea cu vreun politician, atunci tânăr și fără experiență, acum tată, soț matur și de carieră: „Dacă povestesc ce știu", era refrenul ei. Vorbea și de Wolfson, dar nu reușeai să înțelegi dacă tot ce povestea era demn de crezut.

Apoi erau o *banister house*[1] cu portăreasa cu părul vaporos, care se prostitua în orele în care ar fi trebuit să spele scările, și un condominiu de cărămizi roșii, cu șase intrări, la care băteau zeci de femei care publicau anunțurile economice în *Corriere*, *Giorno* și *Secondamano*. Agățaseră și un maniac la vreo cincizeci de ani, care se lăuda cu cuceririle lui, dând detalii potrivite care să-l trimită la închisoare. Și fusese el cel care sugerase să arunce o privire în sala de sport, la Dalia White.

– Este un cerc de VIP-uri și diverși porci.

Orio – povesti William – urma să se dea drept client și a doua zi va da o fugă.

– Ești mulțumit?

---

[1] Imobile cu locuințe sociale prevăzute cu balcon comun (n.red.)

– Foarte, răspunse Genito, în timp ce se auzea zăngănitul unui tramvai care, plin cu indieni hinduşi, se ducea spre periferie.

Petrecerea se ţinea într-un palat din secolul al XIX-lea, pe o stradă elegantă, între Corso Venezia şi Prefectură. Poliţiştii deviau traficul şi, recunoscând-o pe Maretta Zara, lăsară să treacă Porsche-ul lui Genito. Când opri şi deschise portiera femeii, fu ţinta bliţurilor şi fu orbit de luminile camerelor de luat vederi.

– Scuze, nu-ţi spusesem? Prezentăm „cauciucurile-modele“, a fost ideea lui Elvio ca să împrospăteze ambientul. Zâmbeşte, Corrado, şi, te rog, scapă de mutra aia. O ai din Via Montenapoleone.

De când Maretta îl obligase să intre într-un magazin de pe strada modei ca să iasă cu o rochie închisă la culoare şi lucioasă şi o cămaşă din şantung de mătase maro, după părerea lui nedemnă pentru un bărbat, dar foarte apreciată de vânzătoare şi de Maretta, Genito se întreba dacă nu era o prostie să se expună atât de mult. Hotărâse să fie cu un pas înainte, să se facă văzut şi nu să se ascundă: dar poate exagera. În ciuda mutrei bosumflate, Maretta îl luase de mână şi îl târâse prin saloane. Genito îşi încrucişa privirea cu cele ale modelelor şi actriţelor care apăreau la televizor. Îl întâmpinară şapte fete cu un corsaj compus dintr-o bucăţică de stofă albă şi o bucăţică şi mai mică de stofă roşie, încrucişat în faţă, care se încheia după gât, pantaloni albi, cizme roşii.

– Culorile echipei lui Elvio, îi explică Maretta, de parcă ar fi fost oaspetele de onoare. Dar nu-mi plac prea mult, uită-te, în schimb, la acestea, sunt preferatele mele.

Alte şapte fete ieşiră în fugă de după o draperie de catifea, în timp ce se înălţa o coloană sonoră compusă din vuiet de motoare şi chitările celor de la Doors. Aveau un minuscul sutien albastru crom fără bretele, cu cele două cupe prinse în faţă cu două mici bucăţi de oţel, sub care o centură gri fier strângea talia joasă a pantalonilor scurţi de un albastru electric, orbitor.

– Ce ar reprezenta? o întrebă Genito, profitând de o pauză datorată unui grup de băieţi care voiau autograf.

– Când se schimbă cauciucurile – ştii? – nu le mai aduc mecanicii, care au deja salopete noi, ci fetele acestea. E un fel de spectacol, nu crezi?

– Un fel de ceva, fără îndoială.

Dansând pe ritmul unei muzici afro-caraibiene mixată cu scârţâit de cauciucuri şi accelerări vuitoare de doi ireproşabili DJ, sosiră alte şapte fete. Maretta fu prinsă de un grup de prietene cu paharul în mână.

– Salut, Elettra, salut, Giuni, salut, Carlotta.

Genito încetini pasul şi rămase în centrul încăperii, treceau pe lângă el nouă fete îmbrăcate cu un corsaj mulat din imitaţie de oţel care pornea de la buric şi ajungea până la gât, lăsând braţele descoperite. Din blugi, cu inserţii din oţel, se iveau slipii, şi aceştia dintr-o imitaţie de aluminiu. O pereche de cizme albe, fără toc, dar cu pinteni, completa imaginea.

– Salut, Corrado, spuse poate cea mai drăguţă dintre cele nouă sosite. Genito făcu eforturi să şi-o amintească: Hei, trezeşte-te, sunt Uma.

Uma, logodnica lui Bagni.

– Ei, scuze, nu te mai văzusem aşa niciodată. Mă bucur pentru prietenul meu, glumi.

– Ar fi trebuit să mă vezi când defilam pentru lenjeria intimă. Apropo, ai dispărut. Şi Clara ce face?

– Bine. Sunt aici cu treabă, mă ocup de securitate pentru familia Wolfson.

– Ştiu, mi-a zis Francesco. Mi-a explicat că i-au ordonat să te ţină la distanţă şi chestia asta l-a enervat. Dar dacă îl vezi, să nu-i spui.

– De ce, el e cel care se ocupă de cazul Wolfson?

– Ceva ştie. Mie îmi e simpatică familia Wolfson, ea este foarte frumoasă, şi e şi foarte, foarte generoasă. Pentru bufoneria asta iau o groază de bani. Bem ceva împreună după?

– Acum unde te duci?

– Trebuie să defilăm şi să mergem la vot.

– Văd că îţi faci prieteni, îl ajunse Maretta din urmă.

– O prietenă veche, dar prietenă în sensul adevărat al termenului. Ce e povestea asta cu votul?

– Nimic special. Oricum, concursul e trucat şi am început deja producţia corsajelor albe şi roşii, cele mai groaznice, dar care satisfac gustul popular. Ţâţe la vedere, acoperite minimal cu steagul galeriei. Ne prefacem că va fi votată îmbrăcămintea cea mai potrivită unui „cauciuc-model", un nume care nu-mi place.

– Bulon-model ar merge mai bine.

– Hai, vino, prostule. Să mâncăm nişte tarte şi să socializăm.

– Te aştept departe de tămbălău.

– Cum vrei, spuse Maretta şi, pe neaşteptate, îi fură un sărut lângă gură, tocmai când un paparazzo fotografia.

– Scuzaţi-mă, unde vă duceţi?

Dar se pierduse deja în mulţime. O fată mulatră, cu părul blond, ochii de culoarea mierii, înălţuţă, probabil o cântăreaţă americană, cânta singură într-un colţ al încăperii.

Genito se trezise cu durere de cap. Clara nu dormise acasă, nu-i lăsase nici un bilet, nici nu sunase. Probabil că era furioasă pentru câteva răspunsuri pe care i le dăduse despre cum petrecuse serile cu Miss Sorriso. Îşi făcu un duş fierbinte, se îmbrăcă şi-l găsi în bucătărie pe domnul Paty.

– Ai venit mai devreme.

– Nu, domnule.

– Atunci m-am trezit eu foarte târziu, nu? Îmi faci o cafea tare?

– Da, domnule.

– L-ai întrebat pe prietenul tău peruan dacă în noaptea de sâmbătă pot să stau la el?

– Da, domnule. E gata să satisfacă orice solicitare de-a dumneavoastră.

– Perfect, Paty, aminteşte-mi că trebuie să-ţi dau un bonus special fără să-l pun în plicul de salariu. Avem timp, în noiembrie te întorci în Filipine, nu?

– Da, domnule. Copiii cresc. Scuzaţi-mă, domnule, pot să vă pun o întrebare personală?

– Spune.

– Pot, domnule?

– Ţi-am spus că da.

– Dacă dumneavoastră şi doamna vă despărţiţi, eu şi Rosa cu cine rămânem?

– Soţia mea nu s-a întors acasă să doarmă, dar ai să vezi că îi trece.

2

Rogoredo. Şoseaua de centură. Stradă închisă.

Putea la fel de bine să fie o capcană plănuită de răpitorii lui Wolfson, de Mario Panarello, cel dat în urmărire, care la telefon nu ascunsese cât îl enervaseră mişcările şi tonul lui Genito. Însă consultantul pentru securitate nu putea să creadă. Şi nici nu voia să creadă. Mai avusese întâlniri dificile şi în acea dimineaţă se simţea în largul lui. Liniştit. Închisese toate telefoanele de ceva vreme, ca să evite să lase urme ale deplasărilor lui.

Intră, aşa cum se puseseră de acord după ultimul telefon, în Fivecents Market, pentru o întâlnire preliminară. Lumina neonului făcea verzui brânzeturile şi palizi biscuiţii. Numai cele două casiere erau italience. Două rânduri de imigranţi, mai ales nord-africani, aşteptau să plătească. În coşuri, carne de pui, felii de peşte congelat, mărci de bere necunoscute.

– Urmează-mă. Invitaţia veni de la un tânăr marocan sau tunisian, cu o superbă cicatrice întinzându-se de la nas la bărbie.

Genito îl urmă fără să clipească. Tânărul ieşi din magazinul cu preţuri reduse şi îl invită să urce într-o mașină care avea nevoie de o deparazitare: geamurile erau atât de murdare, că păreau mate.

– Ai un ziar?

– Ce?

– Așteaptă aici.

Genito se întoarse, găsi câteva exemplare dintr-un ziar gratuit într-un tomberon distrus, le luă, le aranjă pe scaun și se așeză acolo. Marocanul îl privea uluit.

– Nu te așezi unde se așază negrii?

– Nu mă așez unde se așază jegoșii. Că tu ești negru, alb sau galben, nu mă interesează deloc, nu trebuie să te pup. Ce e de făcut?

– Nimic. Tu aștepți aici și eu plec.

– Un moment.

– Te-ai ținut de cuvânt.

Vocea venise din spate. O recunoscuse fără să aibă nevoie să se întoarcă. Era Panarello.

– Mereu mă țin.

– Nu, nu te întoarce. Îmi face plăcere. Duminică vino la locul din Via Nicolini, spuse, lăsându-i un plic cu o fotografie.

– În cartierul chinezesc.

– Exact.

Când Genito se întoarse, văzu din spate un bărbat care se ducea unde strada era închisă pentru mașini, dar era un simplu pasaj pietonal acoperit de inscripțiile celor de la Latin King, o bandă compusă din tineri din Ecuador care făceau pe stăpânii în cartier.

3

În secția Omucideri întoarcerea lui Bagni îi surprinse pe toți.

– Dădeai o mână bună de ajutor în ancheta Wolfson, de ce te-ai întors? spuse Cane.

– Dacă nu erai tu, și acum căutau în întuneric, adăugă Cinerino.

– Se spune „bâjbâiau în întuneric“, îl corectă Bagni.

– Dar îți plăcea sau nu, șefule?

– Eu cred că a făcut un sacrificiu în numele păcii în familie, zic bine? întrebă Cinerino și, înainte să primească răspunsuri mojice, se grăbi să adauge: Francesco, vezi că eu știu foarte bine cât e de importantă pacea în familie. Dacă ai ales așa, ai toată stima mea.

Bagni ajunse în cele din urmă la biroul său. Alesese? Sau fugise? Întrebări inutile. Se așezase și se prefăcuse că dă un telefon discret, în așa fel încât cei doi colegi să nu stea lipiți de el. Sosise și agenta Tiffany, cu aerul ei matern, și îi convinsese să o ajute să verifice posibile antecedente penale ale asociaților unui bar. Și, astfel, Bagni se cufundă în citirea dosarului despre asasinarea Valentinei Castiglioni. Răsfoi paginile și fișele cu minunata satisfacție că a contribuit la crearea unei echipe armonioase.

După ce se întâlnise cu microbistul și pusese ancheta antirăpire pe făgașul cel bun, Bagni nu mai putuse să urmărească, zi după zi, evoluția investigațiilor în legătură cu Valentina. Însă colegii de la Omucideri nu stătuseră degeaba. Cane și Cinerino, la indicațiile lui, continuaseră verificările pentru a reconstitui cum, unde și de ce o fată fusese stropită cu benzină și arsă. Îl identificaseră – așa citea Bagni în primul dintre procesele-verbale ale interogatoriilor – pe taximetristul care o dusese pe fată în oraș.

Da, îmi amintesc bine de ea. Mă sunase să mă întrebe anticipat cât costa o cursă până în orașul M. Îi promisesem o reducere. Am dus-o într-un hotel. Acum aflu că numele ei era Castiglioni Valentina.

Versiunea reticentă a taximetristului, un tip la vreo treizeci de ani care era fan al SuperM. și fusese somat, după o încăierare, să nu mai frecventeze stadionul, fusese modificată după o oră.

Păi, da, am încercat, dar a fost inutil. La un moment dat, i-am spus: „Te enervez dacă vorbesc?“ Și ea a răspuns că nu, practic singurul cuvânt pe care am auzit-o rostindu-l.

Își aminti și strada, și numele hotelului.

Da, treceam din când în când, sperând să o văd. Am făcut-o de câteva ori, pentru că în sat se spunea că era una ușoară. Nu, după ce am însoțit-o, nu am mai văzut-o.

– Fata aceea, spuse Cane care îl urmărise pe Bagni în timp ce citea, era gata să se ruineze dând primii bani pe taxi pentru că ştia că se ducea să se ruineze ea însăşi, ce zici, şefule? Nu sunt puţini cei care au obiceiul să se ducă în iad cu trăsura, nu?

– Perfect, dar lasă-mă să termin de citit tot. Aţi muncit pe brânci, nu? răspunse inspectorul, atacând cu energie celelalte două procese-verbale întocmite.

Unul aparţinea uscăţivului portar al pensiunii de o stea, unde Valentina ceruse să fie dusă:

> Luă cheile de la cameră şi, cât am fost eu acolo, nu ieşi în acea zi. Îmi cereţi documentul cu care se înregistrase. Citesc: Viola Valentino. La fel ca pe cântăreaţă. Ce prost sunt, nu remarcasem.

Cane şi Cinerino se prefăcuseră că-l cred şi se duseseră să verifice camera unde stătea o familie numeroasă din Sri Lanka. Camera era mică, avea o mochetă plină de pete şi o ferestruică. În aerul putred, mirosind a murdărie şi benzen, privind acea perspectivă minimă asupra oraşului de la o fereastră minusculă în formă de stup, cine ştie dacă Valentina se întrebase cine era şi ce făcea.

Al treilea proces-verbal fusese semnat după ce un bătrân reparator de biciclete, care avea magazinul chiar la parterul hotelului, se hotărâse să-i ajute. Şi el o văzuse ieşind şi intrând pe Valentina de mai multe ori. Bagni şi-l închipui pe bătrânul reparator care vorbea curăţându-se cu o cârpă unsuroasă pe mâinile murdare de grăsime.

> Nu puteam să n-o observ, era foarte frumoasă şi delicată. O ochiseră şi alţii, şi nu toţi de încredere. Îi făceau curte şi un albanez cu piciorul amputat, şi

fratele lui. Cred că sunt doi pești, pentru că nu făceau altceva decât să se ducă să facă mușchi într-o sală de sport... Cred că i-au făcut sau i-au spus ceva grav, pentru că, într-o dimineață devreme, a sosit o mașină cu trei italieni. Unul scund, lat în umeri și gras, îmbrăcat în negru și violet. M-a impresionat combinația. Împreună cu el erau doi bărbați mai înalți, tineri și slabi, care-și țineau mâinile în buzunare. Au intrat în hotel și, după o oră, albanezii s-au mutat în alt hotel. După aceea, a plecat și ea, spunându-mi că găsise unde să stea, aproape de locul de muncă. Avea, după spusele ei, o muncă foarte solicitantă.

Dat fiind că viața știe să rezerve surprize, reparatorul de biciclete luase numărul mașinii, un vechi model de BMW. Datorită acelui număr, în secția Omucideri nu mai stăteau să verifice lista cu inventarul de cluburi, saune și „anunțuri cu servicii de escortă" și să le elimine pe cele care nu aveau nici o legătură, ajungând direct în infernul Valentinei. Un infern cu luminile multicolore ale firmei de la Dalia White. „Celebra sală de sport" care oferea ocazii speciale cu „atlete fierbinți". Un bordel camuflat. Chiar cu câțiva ani în urmă, inspectorul Bagni îl luase la pumni pe administratorul acelui loc, unul poreclit Papero[1].

– Attilio Rallo, caltaboș nenorocit.

– Scuze, șefule?

– Nimic, răspunse Bagni.

---

[1] Rățoi

Trebuia să citească în continuare. Noile rapoarte erau semnate de Enrico Landolfi. Fusese obligatoriu să trimită pe teren „o fată nouă". Putea să fie şi Tiffany, dar riscul era prea mare. Şi, astfel, se oferise ultimul sosit în secţie.

„Mişcare corectă, de mare ticălos", se gândi Bagni citind foile care începeau cu expresia: „Sursă confidenţială".

„Sursa confidenţială face cunoscut că, scria Landolfi, Castiglioni Valentina, cunoscută de colege cu numele de Viola, exercita prostituţia cinci zile pe săptămână."

Traducere: Landolfi şi-o trăgea cu una dintre prostituatele de la sală, iată cum avea toate acele informaţii care ajungeau pe foi fără antet, destinate să dispară din dosar.

Erau informaţii incredibil de precise – şi foarte intime. Landolfi scrisese că „victima, Castiglioni Valentina, în prima zi de lucru se sculase la 7.30". Şi începuse prima dimineaţă din noua şi mizerabila ei viaţă certându-se cu duşul rece din camera de hotel. Apoi îşi pusese rochia neagră pe sub haina de bumbac gri ca să se ducă, aşa cum spunea anunţul pe care-l avea în geantă, la sala de sport „atlete fierbinţi".

Erau două care aşteptau selecţia, ea şi Serena. Bagni văzu fotografia lui Spada Serena, făcută de tenacele Landolfi cu celularul: „sursa confidenţială" era deci o fată măruntă, o păpuşă îmbrăcată în păpuşă. Cu năsucul în sus, mâinile foarte mici, guriţa în formă de inimă, ochii larg deschişi şi ficşi, specifici cuiva care a abandonat în faţa efortului de a trăi.

Landolfi devenise prietenul lui Spada Serena fără să-i dezvăluie ce meserie avea. Şi, datorită poveştilor fragilei colege a Valentinei, pentru poliţişti devenise mai puţin dificil să înţeleagă cum decurseseră lucrurile. Cu cât îşi închipuia mai mult acea lume, Bagni simţea că-i creşte în piept o bestie flămândă. Sunt unii care, atunci când se enervează, se fac palizi şi holbează ochii. La el, muşchii abdominali deveneau o placă de oţel, iar chipul nu-i trăda nici o emoţie.

– Dumnezeule, sunt prea bun. Trebuia să te las şchiop, Rallo, ameninţă de la birou.

– Ai zis ceva, şefule? întrebă Tiffany.

– Am zis doar că îi voi tăia acestui peşte pofta să mai facă rău. Lăsaţi-mă să citesc, băieţi, aţi fost extraordinari, spuse Bagni. Şi aduceţi-mi o cafea.

Cele două fete, Serena şi Valentina, se înţeleseseră imediat bine. Reconstituirea era detaliată. Era ca şi cum puteai să le vezi, de la prima lor întâlnire în sala de aşteptare a sălii de sport.

Valentina vorbea puţin, în timp ce păpuşica Serena nu tăcea nici un pic.

– Dacă ai mei află unde sunt şi ce fac, mă omoară.

Şi tatăl Valentinei ar fi omorât-o: dar, ca să o poată face, n-ar fi trebuit să sufere accidentul care deplasase axa de rotaţie a vieţii ei şi a mamei ei.

– Nu crezi? Mă omoară, îţi spun eu. Tata e ginecolog, a ajutat tot satul să nască, lângă Salerno. Mama pictează ceramică toată ziua şi apoi o vinde turiştilor vara. Astfel, de când eram mică, m-au stresat cu şcoli, săli de sport, limbi străine, m-au enervat atât de rău, că la şaisprezece ani eram încă în clasa a şaptea. Dar acolo nu mă întorc, am greşit şi plătesc. Eu însămi. Am mai făcut deja munca asta la Roma şi la Paris. Şi m-am convins că ţi se poate întâmpla mereu ceva bun. Aşa că sunt aici pentru asta, ca să câştig nişte bani şi să-mi fac şi eu datoria pe lumea asta. Ca să devin mai bună.

Discutau în mijlocul unui du-te-vino de fete şi fetiţe în halate albe şi, din când în când, câte un bărbat le fixa: vreun client timid cu aerul puţin agitat al cuiva care a greşit strada, unul care vrea să ia cu el ce poate cumpăra. Erau diferite uşi, una ducea la garajul subteran – cel mai înalt grad de *privacy*.

Valentina fu chemată prima. O tipă de vreo patruzeci de ani, planturoasă şi castanie, cu un halat de bumbac albastru descheiat peste sânii grei, un lanţ de aur la gleznă de care atârna un delfin de briliante, o conduse dincolo de o uşă închisă la culoare pe care era plăcuţa de alamă „Direcţia – privat". Fata se trezi singură într-o cameră pătrată, cu un mic birou, două canapele fără braţe aranjate în L, un tablou care reprezenta o variantă pornografică a picturii *Primăvara* de Botticelli.

Pe o canapea stătea directorul. Probabil fusese foarte gras, însă dieta avusese succes. Burta rotundă era ascunsă sub o haină închisă la culoare, cămaşă era şi mai închisă şi cravata avea o inefabilă culoare acidă, asemănătoare cu coaja unui măr stricat. Grăsanul deschise braţele durdulii într-un gest prietenesc ca să spună aceleaşi tâmpenii pe care prefera să le repete personal fetelor noi, acele *„new entry"*, cum le spunea.

– În sfârşit o puicuţă aşa cum trebuie. Mi-au spus că azi sunteţi numai două *new entry*. Cu toate cererile de prospături pe care le am în această perioadă. Ce ai înţeles din anunţ?

– Ceea ce e de înţeles.

– Spune-mi şi mie.

– Aici, de bunăvoie se fac numai masaje, dar mai ales masaje erotice, clienţilor care plătesc pentru compania noastră.

– Unde ai lucrat?

– Vezi...

– Nu, „să vedeţi". Sunt directorul şi ţin la respect. Cum te cheamă?

– Aş vrea să mi se spună Viola aici. Şi n-am mai fost în nici un loc de genul acesta înainte. Am nişte probleme în această perioadă. Mă adaptez. Şi nu e nevoie de multă imaginaţie să înţelegi ce e în spatele acelei „abandonează-te plăcerii", cu „atlete fierbinţi şi senzuale" experte în „orice tip de masaj şi mângâiere". Şi pe dumneavoastră cum vă cheamă?

– Attilio Rallo. Îţi spune ceva? Rallo. Anul trecut... sau sunt doi ani? Mă rog, am ajuns în ziare pentru o afacere gravă a crimei organizate.

Fata îl privi. E posibil ca acea faţă stupidă, cu guşă, şi acel mod de a sta jos, cu picioarele crăcănate, să ascundă o minte criminală? Avea să caute pe internet.

– Nu face nimic, vei învăţa să mă cunoşti în persoană, e mai bine. Acum dezbracă-te aşa cum ştii tu să o faci, fredonă Rallo.

Era un ordin şi fata îl execută.

– Dacă ai fost în alte locuri, Viola, nu-mi pasă. Acum să facem o probă şi, după probă, dacă meriţi, te angajez. Ştii ce e SIDA?

– Da.

– În aceste vremuri cu SIDA, nimeni nu mai vrea să aibă parte de o partidă grozavă de sex, nu?

– Dacă spuneţi dumneavoastră.

– Da, o spun eu. De aceea am inventat masajele cu tarife.

– Inventat, pe bune!

– Scoate şi sutienul, şi slipul, te rog. Nu face pe proasta, pe mine nu mă convingi. Şi vezi că, pe piaţa din oraşul M., masajele le-am inventat noi, sau mai bine zis sufletistul de Ferdinando, un prieten de-al meu, un mare bos, ucis de nu se ştie cine. Era un geniu. Intuise că între a visa şi a face era la mijloc teama, în sex ca şi în multe alte lucruri din viaţă. „Teama este o mamă mereu însărcinată“, aşa zicea. Ţinea la calitate. „Clientul, explica, vine şi vede, se face comod, curvuliţa îl relaxează cum vrea şi, astfel, vine şi pleacă. Dar mai ales vine şi de aceea revine. Trebuie să devenim o bandă rulantă a fanteziilor“, aşa zicea Ferdinando.

Goală. Expusă. Aşa se simţea. Aşa era. „Dar numai acum“, îşi spuse Valentina care alesese să-şi spună Viola. Nu era mereu aşa: goală înaintea unui străin, nu, nici vorbă! Ea era ea, Valentina. O persoană care gândeşte, nu Viola curvuliţa. Ajunsese acolo pentru că avea o problemă gravă. Deoarece căutase un loc de muncă obişnuit fără să găsească. Într-un luxos magazin de pantofi, patronul mustăcios, când se urcase pe scară, îi băgase mâna sub fustă. Într-un call-center se încurcase şi se certase. Într-un local de *lap dance* îi spuseseră că nu ştia să danseze şi, oricum, ar fi trebuit să fie disponibilă cu clienţii. Cel puţin, la Dalia White, totul era explicit. Însă ea nu era o proastă, îl va face să priceapă pe Attilio Rallo ăsta.

Prinse curaj.

– Bine, prietenul dumneavoastră era un poet, Ferdinando acesta înţelegea sufletul bărbaţilor şi al femeilor. Dar, pe lângă masaje, cu clienţii ce aş fi obligată să fac? Şi altceva?

– Aici nu sunt obligaţii. Altfel spus, trebuie să semnezi un contract prin care devii asociată a sălii de sport şi a centrului de frumuseţe.

– Asociată a sălii de sport?

– Asta e o sală de sport. Suntem destul de bine camuflaţi, dacă ai înţeles ce vreau să spun. Avem prieteni. Dar, în caz de controale ale poliţiştilor sau ale carabinierilor aflaţi în trecere, trebuie să spui că ai venit aici să-ţi faci noi cunoştinţe. Ai înţeles? „Cunoştinţă“ e cuvântul cheie. Apropo, nu ţi-am spus să te îmbraci, micuţo.

Auzindu-se chemată „micuţo“, fata avu o senzaţie de greaţă sau poate că era viaţa pe care o alegea care-i întorcea stomacul pe dos. Lăsă să-i cadă slipul.

– Lasă-mă să-ţi văd mâinile, ordonă Rallo.

– E deja proba?

– Într-un fel. Ai mâini foarte frumoase. Aş zice că putem să te luăm, dar mai întâi trebuie să-mi dai trei sute de euro necesare pentru cheltuielile lunare de curăţenie.

– Nu-i am acum.

– Şi pe urmă douăzeci şi cinci de euro pe zi, în fiecare zi în care lucrezi aici, şi douăzeci şi cinci de client, fiecare client. Recapitulez sumele care ne revin nouă, că nu se ştie niciodată cu voi. Trei sute pe lună pentru curăţenie, douăzeci şi cinci pe zi pentru închirierea locului-pat şi douăzeci şi cinci de client. Restul e al tău.

– Ce rest?

– Exact, continuă Attilio Rallo cu o expresie de contabil pe chip, să ajungem la partea ta. Fiecare client plăteşte, numai pentru un masaj căruia noi îi spunem

„tehnic“, cincizeci de euro. Acest masaj nu prevede nici o practică sexuală şi clientul poate să aleagă fata, întotdeauna. Tu nu vei avea probleme, cel puţin nu cu clienţii vechi. În locul lor, dintre toate aceste vaci cunoscute, şi eu te-aş vrea pe tine, o făţucă nouă cu acele sfârcuri ca nişte boboci. Şi, astfel, începi să câştigi. Din aceştia, douăzeci şi cinci se duc la sală şi douăzeci şi cinci sunt ai tăi. Dar îţi ajung douăzeci şi cinci de euro? Sunt puţini pentru un deranj, nu? Pentru că trebuie să ţii cont de cei trei sute pe lună pentru cheltuielile de curăţenie.

Fata încercă să evite scena patetică a unei ameţeli. Trebui să se sprijine de birou. Dădu vina pe puţinul pe care-l mâncase şi rezistă imensei dureri pe care o simţea în timp ce cuvintele îi intrau în piele ca acele şi stătea acolo, să asculte – neputând să plece.

– Clientul, explică Rallo, odată ce e cu tine în cabina de masaj, dacă plăteşte alţi cincizeci de euro, şi fac o sută în total, are dreptul la un masaj cu mâna până la orgasm. Un masaj erotic, o sută de euro. Ai înţeles? Măcar aprobă din cap. Cu o sută douăzeci şi cinci de euro obţine un masaj cu sânul şi orgasmul cu mâna. Cu o sută cincizeci de euro masajul se întâmplă cu corpul fetei şi orgasmul tot cu mâna. Să înţelegi bine, că n-am chef de poveşti pe urmă. Dacă la mine ajung douăzeci şi cinci, în acest caz ţie îţi rămân?

Fata răspunse într-o doară; fără să se concentreze:

– O sută douăzeci şi cinci?

– Bravo, vezi că eşti şi inteligentă, şi bine făcută. Şi nu e o sumă frumuşică? Până aici am fost clar, Viola? Erai bună la şcoală cu socotelile?

– Da.

– Ce glăscior. Și ce crezi?

– Nimic.

– Ești proastă sau te prefaci?

Pielea netedă de pe chipul Valentinei păru că devine gri, în ochii ei se revărsă expresia sleită care se acumulează odată cu umilințele. Buzele moi și cărnoase se strânseră într-o linie dreaptă care acoperi dinții albi. Se văzu pe sine și pe director acoperiți de un strat de cenușă. Încercă să ascundă cât de frică îi era de acel bărbat corpolent.

– Acesta e un loc pentru bogați, vei vedea, se exalta Rallo, vei vedea câți bani vei face și ce oameni respectabili. Însă trebuie să fii ceva mai puțin frigidă. Încearcă să vorbești mai mult, să fii afectuoasă și te vei convinge. SIDA ne-a ajutat mult în sectorul nostru profesional.

– În locul acesta chiar e cazul să o spuneți.

– Ești plină de viață, ei. Ești una care a fost la școli, eu înțeleg imediat asta. Vom fi prieteni, drăguțo. Unde ajunsesem?

– La o sută cincizeci de euro, din care douăzeci și cinci pentru voi.

Directorul râse.

– Da, și o sută douăzeci și cinci pentru tine, pentru „*body-massage* îmbrăcată“, așa se cheamă. Alți douăzeci și cinci de euro pentru un „masaj *smack*“, cu gura și limba. Și, dacă ești de acord și prețul îți convine, se poate termina făcând sex. Dar nu e obligatoriu. Poți să decizi tu și pentru lenjerie: unele o țin, altele și-o scot pe gratis, altele cer zece euro pe piesă, însă e puțin necinstit. Evident, în afară de partea cu mâna, tot restul e cu prezervativ. Pre-zer-va-tiv. Niciodată fără. Şi dacă insistă cineva, ce-i spui?

– Ce-i spun?

– SIDA. Dragule, nu se poate risca.

– A, da.

– Da, e nevoie de mesaje precise. Dacă te pricepi, dacă clientul e mulţumit şi revine, devii bogată, pricepi şi singură. Programul este între 11–20, cel puţin patru zile pe săptămână. Eşti de acord?

– Da, dar nu am bani pentru cheltuielile anticipate.

– Stai atât de rău?

– Nu stau bine. Voi plăti la sfârşitul lunii. Puteţi avea încredere, domnule director. Aş începe mâine. La 11.00?

– Stai liniştită, fetiţă. Dar, ai mai văzut vreo angajare fără probă? Roteşte-te cum ştii mai bine pe loc. Bine. Cu calm. A, ţi-am zis că mă cheamă Attilio Rallo?

Valentina era în mijlocul camerei pătrate, sub tabloul botticellian porno, în timp ce Rallo îşi desfăcuse nasturii de la pantaloni.

– Cred că vei face furori, eşti prea inteligentă, e ceea ce căutăm noi, aici. Acum vrei să mă faci să simt atingerea ta de catifea? Pune puţină energie.

Îi ajunseră douăzeci de secunde ca să emită sentinţa:

– Eşti foarte bună, te iau. Iar acum continuă să faci pe fata bună şi întinde-te pe canapeaua aceea, că mă eliberez rapid.

– Nu.

– Nu mă enerva din prima zi, Violetta-Care-Gândeşte.

– Nu, domnule director, eu vreau să respect regulile de la White Dalia.

– Ce dracu' tot spui?

– În baza regulilor, pot să spun nu dacă nu vreau.

– Sunt cumva un client? Eu sunt şeful. Dar asta chiar e proastă!

– Şeful.

– Şeful absolut.

Fata stătea în faţa bărbatului cu pantalonii în vine şi braţele încrucişate. Burtosul nu-şi ascundea cu totul erecţia, ea nu-şi coborî privirea.

– Îmi pare rău, nici nu se pune problema. Mai degrabă plec, spuse Valentina şi începu să-şi adune de pe jos lenjeria.

– Bine, Viola sau cum dracu' te cheamă, pentru mine e acelaşi lucru, spuse bărbatul trăgându-şi pantalonii.

– Rămân sau plec?

– Rămâi. Însă ai pornit-o pe un drum greu şi poţi să te trezeşti de la o zi la alta în rahat dacă nu mi te supui.

– Ce cuvinte frumoase, de mamă.

– Bine, drăguţo, cum crezi, dar înainte să pleci termină-ţi treaba, vino aici şi trage-mi fermoarul.

Cum se apropie Valentina, Rallo o apucă de încheieturile mâinilor, i le strânse şi i le răsuci, aproape ridicând-o de jos şi trăgând-o spre el. O împinse spre zid, scoase din buzunar un briceag şi, apăsând pe un buton de sidef, scoase lama.

– Mică şi proastă, spuse.

Îi puse lama, cu latul, pe obraz. I-o plimbă de-a lungul trupului gol, înţepând-o uneori, în timp ce cu mâna cealaltă o atingea, o incita, îi băga un deget printre dinţi, constrângând-o să deschidă gura.

Valentina plângea, la pământ, gata să implore să nu-i facă rău – rezistenţa ei se făcuse cât un bob, pielea ei părea că explodează. Îi mai fusese teamă, însă atât de teamă niciodată, se simţea gata să facă orice ca să se salveze.

Directorul o făcu să simtă, cu un calm indiferent, cât era de excitat şi apoi o aruncă cât colo, ca pe o cârpă:

– Vezi-ţi de treabă. N-am nevoie să violez pe nimeni. Voiam să-ţi demonstrez că poate nu eşti inteligentă. Poate eşti doar o proastă fugită de acasă.

Băgă lama la loc şi o fixă, observând câtă frică reuşise să o facă să simtă.

– În mâna altuia, mai puţin profesionist decât mine, ţi-ai coase deja bucile.

O spuse ca şi cum era o constatare, nu o ameninţare.

– Scuzaţi-mă, plânse fata care voise să se numească Viola, luându-şi hainele. Să se îmbrace în faţa acelui bărbat gras şi puternic, abject şi înarmat, fusese şi mai umilitor decât să se dezbrace.

– Nu mă interesează deloc să mi-o trag pe gratis, auzi?

În faţa privirii şi respiraţiei fetei, a mâinilor ei tremurânde, Attilio Rallo adăugă:

– Dacă te omor sau îţi fac rău, am mai puţin lapte de supt. Atâta tot. Tu eşti o vacă în grajd. Grajdul meu, ai înţeles?

Fata continuă să dea din cap. Ar fi spus da oricărui lucru, numai ca să iasă cât mai repede posibil din acel birou sufocant.

– Eşti aici ca să fii mulsă şi, în cazul tău, ca să mulgi clienţii. Bagă-ţi bine asta în micul tău creier de friptură de vită înăbuşită.

Când o văzu îmbrăcată şi mai puţin agitată, deschise gura din nou:

– Bine, du-te. Eşti angajată.

– Aici se poate face duș? întrebă cu firul de voce care îi mai rămăsese.

– Vreau să te anunț, Rallo pufni, ești frumoasă chiar dacă ai mâinile puțin cam subțiri și curul puțin cam mare, însă nu crea probleme. Dacă nu ai bani acum, îmi vei plăti ce poți la sfârșitul primei săptămâni, ne-am înțeles. Acum fă-mi pa-pa cu mânuța, bravo. Și spune-i celeilalte asociate să intre. Sunteți toate asociate, aici suntem toți în aceeași barcă... și să vedem dacă ziua mea e mai norocoasă decât a ta.

Afară, cealaltă fată, Serena, părea și mai scunduță și mai rotunjoară și încă și mai lipsită de apărare în ciuda părului tăiat scurt, băiețește și a ochilor machiați. Valentina tocmai ajungea la ea când femeia cu halatul albastru, care ducea în mână o cheie mică, le făcu semn amândurora să aștepte și să nu se miște.

Conducea un triplet de agenți de circulație în uniformă în vestiarul cu plăcuța de alamă pe care scria „*Guest*". Acolo își lăsau armele, insigna și o pereche de cătușe într-un mic seif, ca să-și pună și ei halate și să meargă cu două maseuze. Vorbeau de amenzi și telecamere, ducându-se să se acomodeze în separeuri.

În timp ce Viola ieșea din sala de sport și credea că redevenise Valentina, doar o fată fugită de acasă, îl văzu pe director invitând-o pe Serena și privindu-i, cu obscenă insistență, fundul. Îl văzu alungindu-și mâinile masive și flasce. Acea privire o sperie: „Eu aici nu mă mai întorc".

Se hotărî să se piardă printre chipuri, mirosuri și sunete atât de diferite de cele din satul ei. Își cumpărase un bilet electronic de zece călătorii cu tramvaiul, autobuzul și metroul, mersese încolo și încoace, încercând să se orienteze. Îi era greu, ajunsese într-un oraș plin de curbe, de unghiuri asemănătoare unele altora, fără puncte de referinţă precise. Singurul mare omnipolis italian, unde se afla totul, se putea face tot şi chiar pierde tot.

Se pierduse şi ea. Numai cu ajutorul metroului se regăsise în zona pensiunii şi cumpărase o felie de pizza, luând-o în cameră şi mâncând singură. Apoi aranjase hainele pe pat, alesese pantaloni, tricou şi lenjerie foarte sexy şi pornise CD-player-ul, cu o muzică hipnotică pe care o descărcase de pe internet. Nu putea să mai dea înapoi.

Castiglioni Valentina, de douăzeci şi trei de ani, înaltă, slabă, frumoasă şi, poate, puţin nebună sau doar foarte nefericită şi solitară, a doua zi de dimineaţă ajunsese la timp la Dalia White.

– Bagni, te deranjez?

Inspectorul înălţă capul din dosar. Un tânăr îmbrăcat în negru, cu o cruce fină de metal alb la gât, îşi chinuia ceasul.

– Cine eşti?

– Mi-a spus Cedro că aş putea să te deranjez.

– Zi mai departe.

– Lucrez la DIGOS, însă m-au detaşat pentru răpirea Wolfson şi, împreună cu un coleg, am sarcina să-l urmăresc pe Corrado Genito.

– Nu e uşor, el îi urmărea pe terorişti.

– Ştiu bine, ne-a păcălit de fiecare dată când s-a pus în mişcare. Reuşim să-i fim pe urme numai dimineaţa.

– Şi de ce? Unde se duce?

– Merge într-un bar care se numeşte Switati. Stă acolo în fiecare dimineaţă, câteva ore, să citească hârtii şi să dea telefoane.

– La Switati?

– Da.

– Ştiţi că era un bar frecventat de cercul catanezilor din Tebano, în anii ’80?

– În anii ’80 eu mergeam la şcoala generală.

– Eu nu sunt mult mai bătrân, dar e o diferenţă. La vârsta ta îmi plăcea să ascult povestea investigaţiilor de la vechii poliţişti. Spune-mi, tinere, când Genito intră la Switati, voi unde staţi?

– Stăm pe stradă şi aşteptăm să iasă. Din când în când, privim înăuntru.

– Deci sigur v-aţi dat seama că acel bar are o ieşire prin spate care dă într-o galerie comercială.

Agentul de la DIGOS se albi.

– Îmi închipuiam asta. Ieşirea aceea era folosită de patronii de tripouri, cu decenii în urmă. Acum s-a terminat. Însă faceţi ceva, sunaţi-l pe Cedro şi spuneţi-i să... Nu, nu, acum că mă gândesc... E un agent motociclist care vrea să lucreze la secţia de investigaţii. Nu ştiu cum îl cheamă, dar îl ştie Lopiccolo de la Laboratorul criminalistic. Are o faţă necunoscută în mediul nostru. Voi rămâneţi în faţă, şi pe el plantaţi-l în galerie de mâine. Poate reuşiţi să aflaţi ceva. Dacă, în schimb, Genito e în maşină, fie îi puneţi un microfon sub maşină, fie un GPS, altfel nu veţi reuşi niciodată.

– A fost o plăcere să te cunosc, inspectore, chiar dacă acum vei crede că sunt un dobitoc.

– Nu cred asta, dar ţine minte că trebuie să-mi demonstrezi că nu eşti. Mult noroc, e un tip dur.

4

În vestiarul de femei, „vacile“ erau vreo douăsprezece la număr. Şi Serena, cum era evident, fusese angajată – o vacă de rezervă. O nouă asociată. Celelalte, italience şi străine, erau vaci experte, care cunoscuseră alte grajduri şi alţi păstori. Asociate bătrâne. Îşi puneau halatele albe şi se machiau. Cea care anima discuţiile era Chicca, o sud-americancă: se dusese la stadion cu un grup de peruani şi se trezise în mijlocul unei intervenţii a poliţiei. Avea o gleznă umflată, deoarece căzuse rău, şi o arăta mândră, ca pe o rană de război.

Una care se numea Gina era singura care nu vorbea, ocupată să-şi deseneze cu creionul negru atracţia ei principală, buzele siliconate. Valentina, din nou Viola, îşi spălă braţele şi apoi le frecţionă cu câteva picături de parfum aspru. Îi oferi puţin şi Serenei. Ieşi de la vestiar purtând un mic sac. Şi aşteptă, asemenea celorlalte, să înceapă să vină clienţii. O alese imediat un băiat înalt, cu nişte ciudaţi ochelari pătraţi şi un nas mare sub un smoc de păr lung şi moale.

– Eu ştiu ce-ţi trebuie. Pot să-ţi pun căştile? îi propuse Viola când intrară în separeu.

Băiatul avu un surâs palid şi nesigur.

– Scuze, dar n-am venit aici numai pentru un masaj.

– Ştiu asta, de aceea, ca să te simţi mai bine cu tine însuţi şi cu mine, în loc să vorbeşti, ascultă. Şi ceea ce îţi dau să încerci acum, îţi va plăcea mult, mult, mult.

Îşi puse şi ea în ureche o cască şi porni micul aparat stereo. Îi inundă urechile cu *Caravan*, în interpretarea lui Duke Ellington, şi alesese acea piesă veche, demodată, pentru că primul ei client semăna cu un băiat evreu care fusese prima ei iubire, un coleg de şcoală care citea cărţi bizare şi îi spusese, punându-i să asculte aceeaşi muzică:

– Cu ani în urmă, îmi era de ajuns să aud aceste ritmuri orientalizante şi mă descopeream, cu plăcere, făcând ceva nepermis chiar şi când stăteam ghemuit în aşternuturile proaspăt spălate de mama.

Era fraza altcuiva, dar era o frază frumoasă.

Mâna Violei urma ritmul cu smuciri şi sughiţuri, şi, imediat după, băiatul, deşi era întins pe pat, se clătină, suspină, mieună, gâfâi, îl invocă pe Dumnezeu, arcui spatele şi urlă atât de tare, încât auziră şi celelalte fete şi chiar un Attilio Rallo indispus:

– Ce se întâmplă? întrebă, rămânând la uşa micului separeu.

– Că e minunat, auzi răspunsul. Clientul nu-şi dăduse seama că, având muzica în urechi, strigase foarte tare ca să reuşească să audă ecoul satisfăcut al extazului său.

Fu primul care râse şi, întors la birou, cel care răspândi zvonul – din mărturisire în mărturisire – despre „masajul erotic muzical". Îl numi aşa. După trei ore, întreba de Viola chiar şeful de birou, apoi sosi cumnatul şefului, un maniac al muzicii house care, la rândul lui, avea ca tovarăş de incursiuni în discoteci un afacerist care vindea aparate scumpe spitalelor, care frecventa mediul politic unde banul se învârtea cu uşurinţă.

Datorită lui, în câteva zile, Viola deveni o mică glorie – şi dintre toate maseuzele, numai Serena nu deveni geloasă pe succesul ei.

Talentul Valentinei – cel puţin aşa credeau Serena şi celelalte, care vorbiseră în vestiar – consta în alegerea muzicii potrivite pentru fiecare persoană. Şi ochii ei erau foarte intenşi, mâinile cu degete lungi contribuiau la crearea unei situaţii foarte plăcute. Dar era mai mult de-atât. Poate chiar persoanele respective, determinate să fie satisfăcute cu mângâieri plătite, contribuiau la eliminarea frânelor fanteziei. Şi, deci, să perceapă fiecare melodie aleasă de fată ca pe cea mai potrivită pentru momentul lor. O secvenţă de note care nu reprezenta un fond sonor sau o inutilă coloană muzicală de ataşat unei disperate nevoi de relaxare temporară şi plătită, nu, era calea cea mai simplă ca să uiţi, măcar pentru câteva minute, de lumea reală.

Ca să-i facă pe plac lui Attilio Rallo, care voise să se transforme o dată în client, Viola alesese *Cavalcada Walkiriilor* în versiunea din filmul *Apocalypse Now*, cu motorul elicopterelor. Porcul horcăia şi debita că se simte „cum trebuia să se simtă răposatul Marlon Brando, unul ca mine“, aşa se elogiase, acel mâncău care îi redusese o săptămână din taxe şi uneori îi aducea să „mulgă“ pe vreunul dintre prietenii lui neghiobi, persoane care nu plăteau niciodată în plus. Celor doi, slabi şi nervoşi, care se duseseră să limpezească situaţia cu albanezii care o molestaseră în hotel, le pusese Iron Maiden, piesele *A real dead one* sau *The number of the best*: un vacarm pe cinste şi „dă-i bătaie“.

Viola, cum îi spuneau toţi, era mândră de CD-urile ei şi nici o fată nu-i ştia compilaţiile pentru sex, nici numele celor mai importanţi clienţi ai ei, cei care veneau special din toată Lombardia ca să-şi pună căştile pe cap, să viseze, să se relaxeze, să se simtă bine. Câştiga bine. Vorbea puţin. Muncea mult. „Sunt o vacă perfectă", zicea despre sine.

Numai în compania Serenei se abandona unor bârfe, mai ales dacă ieşeau împreună şi se duceau să cineze într-un restaurant toscan din apropiere, când simţeau nevoia de o friptură sănătoasă. De obicei, plătea Serena, petrecând cinci minute în bucătăria bătrânului bucătar napoletan.

Acel surprinzător adevăr pe care inspectorul Bagni îl aflase şi-l reconstituise datorită proceselor-verbale întocmite de colegi şi preţioasei munci a lui Lando, rămăsese „înăuntrul" secţiei Omucideri.

Nu în urma unor calcule sau pentru a păstra secretul, din păcate. Ci pentru că majoritatea poliţiştilor echipei mobile – şi el ştia bine asta – se ocupau de marea urgenţă naţională, răpirea Wolfson. Şi, de fiecare dată când cineva de la Omucideri spunea că vrea să vorbească de cazul „arsei din Baggio", auzea: „Du-te liniştit, imediat ce avem un minut, vorbim".

Şi nici măcar Bagni n-ar fi putut să insiste mai mult de atât: ce ştia despre motivele care duseseră la omorârea fetei? Încă nimic. Delimitase cu exactitate mediul, dar, cum spunea Velia, „de curve nu le pasă când nu le folosesc pentru nevoile lor".

Bagni se frecă la ochi şi se ridică să privească pe fereastră. Dar nu vedea curtea, nu auzea picăturile care atingeau geamul. Vedea torturile suferite de fată şi corpul ei masacrat, îi percepea neliniştea. Şi Valentina îşi dăduse seama, ca şi el, că oraşul M. nu era numai bogăţie, modă şi aperitive. Ci un furnicar unde cine stă la etajele de sus, vede aproape mereu lumina răsăritului, dar cine stă la etajele de jos, poate trăi o eternă noapte de spectre şi sânge.

Hotărî să se ducă în vizită la văduva Castiglioni ca să-i spună că singura ei fiică fusese omorâtă. Era datoria lui şi nu mai putea amâna. Agentul Cane îl însoţise până în cartierul cu grupuri de vilişoare construite în anii '60: fiecare apartament era format din trei încăperi mici, plus bucătăria locuibilă şi veranda unde patru scaune ar fi fost prea multe. Dar nu voise să intre în casă.

– France, nu mai pot să aud de suferinţe şi ghinioane, şi madone îndurerate, te superi dacă mă plimb puţin pe aici? întrebă.

Bagni dădu din cap. Şi el întâlnise alte mame. Ştersese lacrimile celor care alăptaseră copii care nu apucaseră să crească. Ar fi trebuit să fie obişnuit, în schimb, îşi simţea ochii umezi şi făcea eforturi să nu se gândească.

Mama, ştergându-se de rimelul scurs pe obraji, voia să-l constrângă să reflecteze asupra modului de acţiune.

– Nu mă interesează justiţia, nu mă interesează judecătorii, nimic nu mă mai interesează pentru că asasinul nu doar mi-a omorât-o. Se poate muri, dar nu în acel mod. Cred şi sper, cu toată puterea mea, în justiţia divină.

– Munca mea e să obţin răspunsuri, doamnă, şi sper să-i dezleg limba asasinului.

– Credeţi că ştiţi cine e?

– E vorba de mediul unor recidivişti.

– Dacă îl prindeţi, cât va lua? Va avea pedeapsa înjumătăţită, circumstanţe atenuante?

„Nu, se gândi Bagni, Rallo nu va mai ieşi din închisoare, va rumega până îşi va toci dinţii."

Ceru să fie lăsat lângă Palatul de Justiţie. Trebuia să vorbească cu Velia. O găsi discutând cu colegul Arrigo Palma şi cu inspectorul Cedro despre urmele posibile lăsate de killerul misterios.

– Suntem într-un moment crucial, îi spuse, scuză-mă, dar nu pot să te ascult.

Se duse acasă. Îi deschise uşa o fată foarte frumoasă pe care i se părea că o cunoscuse, dar era imposibil. Şi totuşi o mai văzuse.

– Eşti Francesco, nu-i aşa? Mi te închipuiam mai înalt. Sunt Kristel.

Încasă lovitura şi îşi aminti. Era modelul dintr-o reclamă la o marcă de ceasuri, una care-şi vărsa furia spre norii lui Magritte, însă cu sânii udaţi de marea Caraibilor. Ea şi Uma vorbeau despre fotografi, despre show-room, despre copii. Avea şi el nevoie să vorbească şi să se descarce, dar stătea acolo să asculte: „În teorie, am două femei, dar, când mă simt singur, nici una nu mă ascultă".

– France, ai mâncat? Nu-i aşa că ne faci unul dintre felurile tale faimoase? Ştii că, aseară, eu şi Kristel l-am văzut pe Genito?

– Unde?

– La petrecere.

– Trebuie să-mi fac griji?

– Nu, stai liniştit, şi i-am spus că nu vă mai puteţi vedea din cauza răpirii Wolfson.

Bagni preferă să-şi muşte limba.

5

Cinzia era pasagera cea mai frumoasă din zborul de la 10.35, Bari – Orașul M. Până și stewardul, cu părul tăiat puțin prea lung, încercase să o agaseze. Pe Cosmo nu-l interesa. Femeia aceea era a lui și gata.

– Ce bucuroasă sunt să fiu cu tine. De cât timp n-am fost singuri într-un loc îndepărtat? De când am fost la Hammamet. Auzi, dacă ai timp, mă duci la Angera? Acolo e muzeul de păpuși, aș vrea atât de mult să-l văd.

– Pot să refuz o păpușă care vrea să se întoarcă acasă? spuse, o sărută și se gândi că logodnica lui era confirmarea vie că nu-ți folosește la nimic să studiezi.

Chiar dacă Cinzia citea atât de multe cărți, pe care și le lua peste tot; chiar dacă mergea la facultate și – așa aflase – fusese chiar logodnica unui profesor de latină în vârstă; chiar dacă avea carnetul plin cu cele mai mari note și laude; Cosmo, dacă trebuia să fie sincer cu el însuși, era perplex. De când o cunoscuse, nu spusese niciodată ceva inteligent, în afară de povestea cu Kafka, admițând că o nimerise. Nu-l surprinsese niciodată. Și, în mijlocul oamenilor, era un dezastru, mai ales dacă era vorba de oameni importanți. Își aminti de impresia proastă pe care o făcuse când venise să-i viziteze, în Puglia, Rolando, consultantul lui bancar din Mendrisio.

Profitase să rămână două, trei zile pe coastă, să cheltuiască peste măsură, mai ales ca să mănânce diverse feluri parfumate de sarea marină, fructe de mare pe care, în munții elvețieni, le putea doar visa.

Într-o seară în care Cosmo trebuise să se ocupe de o afacere neașteptată – o încărcătură de arme din Kosovo – îi ceruse Cinziei să iasă cu oaspetele și fusese nevoie să o oblige. Când ajunsese și el pe plajă, ea stătea într-o parte a unei bărci trasă la mal, și Rolando de cealaltă parte ca să fumeze. În fine, acela era un geniu al economiei internaționale, ea o studentă care nu muncise niciodată și părea arogantă: singura mască pe care o folosea pentru a nu admite că e timidă. O obligase până și să ia numărul lui Rolando și, uneori, ca să o ajute să-și învingă timiditatea, o folosea ca să dea dispoziții în legătură cu investițiile lui. Apeluri pe care ea le făcea fără nici un fel de bunăvoie. E de spus, în schimb, că Rolando, înainte să plece, se întrecuse în elogii:

– Ai o fată minunată, Cosmo. E frumoasă, sănătoasă, faci o groază de copii. Când vei fi bătrân, n-o să ai ce să faci cu banii, însă copiii pot fi o mângâiere. Ai și norocul să fii iubit de una ca ea...

Într-adevăr, Cinzia îl iubea.

– Mă iubește peste măsură și nu-mi vede defectele.

Ar fi putut deveni o soție excelentă, în sensul de soție potrivită pentru unul ca el. Era răbdătoare, era mulțumită, îi plăcea să stea în pat și știa să țină tacâmurile la masă. Nu era curioasă – și asta e o mare calitate. Și nu era nici măcar prea bătătoare la ochi, în afară de acea mare coamă neagră și ondulată pe care o spăla zilnic, având nevoie de ore întregi: șampon de la farmacie, balsam, un pliculeț de cine ştie ce amestec, cât timp îl făcea să piardă înainte de a se hotărî să iasă din baie.

– Nici nu reuşeşti să-ţi închipui cât de imensă e fericirea mea pentru această călătorie care ne duce departe de casă, ciripi logodnica.

– Departe? Hai, să nu exagerăm, doar nu mergem peste ocean, răspunse distrat.

– Şi cine poate s-o spună? Azi mă simt uşoară ca un fulg, e ca şi cum vântul vieţii ar putea să mă îmbrăţişeze şi să mă ducă foarte, foarte departe.

– Sunt eu acel vânt?

– Da, iubitule.

Era foarte mulţumit că organizase rapid şi eficient deplasarea. Chiar dacă detesta cocaina, trăsese de două ori. Un gram şi jumătate. Se conectase la internet, căutase adrese şi telefoane, imprimase mici hărţi, ştersese – „nu se ştie niciodată" – destule fişiere din memoria hard disk-ului. Nu putea să piardă timp în oraşul M., nici să se simtă obosit: era înotătorul, ştia să respire, ştia să obosească şi să se întoarcă la mal, chiar dacă marea era agitată.

– Muzeul de păpuşi... Încearcă să mă duci, serios, şi să cumperi catalogul.

– Vrei să faci comparaţii între tine şi ele? Cosmo o strânse la piept, scoţându-şi centura de siguranţă şi adăugă: Însă, şi să nu-mi spui că nu te-am prevenit, nu e doar o călătorie de plăcere. Trebuie să mă ocup de câteva afaceri, te voi lăsa o vreme în hotel sau să colinzi prin magazine.

– Singură?

– E vreo problemă?

– Şi dacă sunt jefuită?

Cosmo râse atât de tare, că un pasager se întoarse să-l privească, cu guriţa strânsă ca a cuiva care a învăţat bunele maniere din cărţi. Dar killerului nu-i păsa absolut deloc.

– În oraşul M.? E imposibil să fii tâlhărit pe străzile din centru, nu te agita degeaba.

– Nu sunt prădători ca la Bari?

– Hoţi sunt, dar unde fug? În alt butic? Oraşul M. seamănă puţin cu o enormă Via Sparàno. Trebuie mai degrabă să fii atentă la hoţii de genţi, sunt foarte buni, mai ales cilienii, însă, dat fiind că ştiu cum porţi geanta, ăia se vor ţine departe de tine. Te duci să vezi Via Montenapoleone, Via della Spiga, toate vitrinele pe care le vrei pe străzile modei. Dar seara o să fim mereu împreună. Sau, dacă uneori vrei să vii cu mine, vii, e de-ajuns să stai în maşină: sunt locuri şi persoane atât de vulgare, că nici eu nu mă duc acolo cu plăcere. Trebuie, dar...

– Eşti chiar bun, îmi rezervi o mulţime de atenţii, îi spuse încercând să-l sărute, dar centura de siguranţă o împiedică, nu şi-o scosese. Se înroşi, desfăcu centura şi îl sărută, îl sărută lung, chiar dacă lângă ei era un tânăr care citea ziarul. Dacă hostesele o fixau cu severitate, răbufnea. Îi plăcea să fie privită, acela era primul dintr-o serie lungă de săruturi de mulţumire la cotă înaltă.

Camera lor era la etajul al doilea în Grand Hotel din oraşul M., pe Via Manzoni. Când Cinzia coborî din taxi, un băiat cu o manta lungă şi largă, de culoare gri veni să-i deschidă portiera. Treptele de marmură, marele *hall*, clienţi care vorbeau engleză şi erau îmbrăcaţi prea bine. N-ar fi vrut să se observe cum îi străluceau ochii. Văzuse de şapte ori *Pretty Woman* şi acel film, ca să folosim cuvintele ei, „nu-i displăcea“. Se spunea chiar că semăna cu Julia Roberts. Fals: poate la mers şi la păr, aici era de acord cu admiratorii.

– Americanii visează un hotel ca ăsta, spuse Cosmo, intrând primul în cameră. Dărui un bacşiş exagerat hamalului şi se aruncă cu spatele pe pat, accentuând săritura pe salteaua tare.

Se uită la ceas.

– Aş avea vreo oră înainte să ies.

Nu avu nevoie să spună altceva. Cinzia lăsă pe noptieră trei cărţi de Philip Roth, scriitorul ei preferat în viaţă, şi *Soţia campionului*, romanul scris de Elvio Wolfson înainte de răpire. Alergă în baie, deschise robinetul şi îşi umplu gura cu apă caldă. Se întoarse în cameră, desfăcu pantalonii lui Cosmo, îi dădu în jos slipul roşu şi, foarte încet, făcu să picure apa caldă pe penisul care se trezi. Făcu ea totul, se dezbrăcă singură, în grabă, întorcându-i spatele, şi sări pe el, unduindu-se. Făcură dragoste cu mare afecţiune, aşa cum îi plăcea ei, îi plăcea să facă dragoste lent.

„Nu e vreo acvilă femeia asta, dar nu e rea“, se gândea Cosmo, şi îşi aminti de Santa şi cum se iubeau unde şi cum se nimerea, în timp ce Cinzia îl privea, deschizând larg ochii.

Cosmo o sărută pe gât şi se îmbrăcă. Se privi în oglindă şi îi lăsă pe noptieră două mii de euro, după ce-i numărase.

– E prea mult.

Îi plăcea când îi spunea asta, chiar dacă încercă să facă pe domnul.

– Cheltuie, cheltuie.

– Mă faci să mă simt ca o întreţinută.

– Te rog, tu eşti femeia mea.

– Ia-mă de soţie, iubitule, glumi.

– Cumpără-ţi ce vrei şi înţelege-te cu un taximetrist să nu plăteşti cât taxează. Spune-i că-i dai o sută cincizeci de euro pentru o tură de o oră prin oraş. Vei vedea că acceptă. A, cere-i să-ţi dea chitanţă. Banii aceştia, minţi, mi-i va deconta clientul. Apoi, în seara asta, în jur de 20.30, mergem în Elveţia să jucăm la cazino, ai chef?

– În Elveţia? E departe.

– Ba nu, aceeaşi distanţă ca de la Bari la Brindisi. Mergem la prietenul meu care a fost pe la noi.

– Ronaldo.

– Rolando, iubito, economistul din Mendrisio, tipul acela înalt, mare şi blond, pe care îl suni uneori. Ronaldo e puţin mai închis la ten, chel şi joacă la Milan.

Nu erau speranţe. Cu lumea de rang înalt, Cinzia n-avea să se descurce niciodată.

6

Ieşind din hotel, Cosmo preferă să se amestece printre ceilalţi călători la metrou. Staţia era agreabilă şi nouă, toată galbenă şi modernă, şi se intra chiar pe sub un gigantic jilţ de marmură, pe lângă hotel: nu şi-l amintea. Semăna cu o bucată de stadion prăvălit în centrul oraşului. Schimbă linia la staţia următoare, la dom, unde fu aproape târât de lumea care umplea vagoanele şi sufocat de valurile de căldură.

Cu zece ani în urmă, când lua metroul pe linia roşie, erau bărbaţi, femei şi tineri studenţi, câţiva hoţi de buzunare, toţi oameni care, într-un fel sau altul, munceau. Acum vagoanele păreau să transporte şomeri. Apatici. Plictisiţi. Cum se menţinea oraşul M.?

Coborî la staţia din Via Mario Pagano, cu cămaşa lipită de spate. Şi sub pământ căldura era toridă, se copsese pe vechea linie roşie ca pişcoturile în cuptor. Se întoarse cu un tren care mergea în direcţia opusă, coborî din zbor la staţia Conciliazione. Acum era sigur: nimeni nu-l urmărea.

„Bine“ spuse, deoarece cu sicilienii şi cu poliţia nu poţi să închizi ochii. Luă din nou trenul în direcţia bună, îşi puse un pardesiu roşu, îşi potrivi o şapcă cu cozoroc, ţinu capul aplecat ca să evite filmarea cu telecamerele, şi urcă în Piazza De Angeli. Dar, la dracu', la aer era mai rău: asfaltul fierbea, nici măcar o adiere de vânt, mersul te obosea. Şi el, ca imigranţii care ieşeau de la metrou, târa după el o geantă mică şi albastră.

Intră în barul cu oglinzi, catifele roşii şi ventilatoare mari pe tavan care se roteau încet. I se păreau de-a dreptul senzuale, poate pentru că aveau acelaşi ritm pe care îl impusese puţin mai devreme Cinzia, frumoasa Cinzia întinsă peste el.

– Tu trebuie să fii Giglio, prietenul pe care-l aştept, auzi în spatele lui, imediat ce intră în bar.

Accentul sicilian şi porecla 'u Nasuni erau perfecte pentru acel bărbat înalt şi slab.

– Văd că ai adus o geantă, pune-o înăuntru şi pe-a mea.

După greutate, Cosmo înţelese că înăuntru erau arme.

– S-a făcut ora două, mergem să mâncăm?

– Să vorbeşti în faţa unui fel de mâncare e un mod bun de a te împrieteni.

– Apoi vin şi băieţii, ce zici?

– Care băieţi?

Pe trotuarul opus era un restaurant luxos şi se duseră acolo. Patru pagini de meniu. Erau la jumătatea unui Rustin 'negaa, un fel mai potrivit iarna decât acelei clime, când uşa se deschise larg şi intrară trei tineri. Unul, mare şi lat în umeri, fără păr şi sprâncene, îmbrăcat ca un rapper, îl cercetă pe Cosmo pieziş. Lângă chelios, care înainta dând tot timpul din mâini, era un tip scund, cu o mare coamă de păr creţ, spre treizeci de ani, cu capul puţin cam strâmb, musculos ca un taur, cu un tricou cu două mărimi mai mici care îi scotea în evidenţă abdominalii sculptați: lui Cosmo îi veni în minte un fel de versiune presată a lui *David* de Donatello. Al treilea, în Lacoste, blugi și pantofi de sport americani, era cel mai tânăr și avea degetele nervoase cu care își chinuia când pomeții, când buzele delicate, când marginea tricoului. Nu spuse un cuvânt când îl prezentară, dar Cosmo își dădu seama că acel Eddi, sau cum îi spuneau, Eddibello[1] era, în felul lui, un profesionist dur și temut. Avea aproximativ douăzeci de ani, însă cineva sigur îl omorâse deja.

Prietenul lui fără păr se numea Miche il Feto[2] și părea atât de periculos pe cât era de urât, poate un fost toxicoman, oricum unul care nu avea nici o idee despre ce însemna respectul rolurilor. Pe al treilea, Motozappa[3], cu fața rotundă și plată ca hubloul mașinii de spălat, era de ajuns să-l privești: nu împușcase vreodată pe cineva, dar cu o armă în mână și un ordin greșit în urechi ar fi putut să comită un măcel fără să-i crească ritmul cardiac. Nu, cu ăștia, Cosmo nu s-ar fi dus nicăieri. Dar nu putea să i-o spună în față lui 'u Nasuni care îl privi pe acel bărbat cufundat în gândurile lui, îi privi pe ceilalți comeseni și suspină, lăsându-l pe Cosmo să înțeleagă că îi va explica totul mai târziu.

– Băieți, mâncați și voi ceva?

Nu se lăsară rugați.

Aspectul sănătos și faima de jefuitor devenit milionar îi crease, cel puțin printre băieți, un respect imediat care-l

---

[1] Eddi cel Frumos

[2] Miche Fetusul

[3] Motocultor

lăsa pe Cosmo total indiferent. Poate chiar prea indiferent dat fiind că Miche, în timp ce ospătarul aducea cafeaua, izbucni:

– Poţi avea încredere în noi, el a omorât doi tâmpiţi, spuse, arătându-l pe prietenul Eddi.

– Mă bucur să aud asta. Acum e important răspunsul pe care mi-l veţi da. Cine comandă?

– El, spuse Miche il Feto, arătându-l pe 'u Nasuni.

– La dracu', trebuia să spui că el, îl repezi 'u Nasuni, arătând spre killerul din Puglia.

– Ce ar trebui să fac împreună cu ăştia? îl întrebă Cosmo pe 'u Nasuni când tinerii o întinseră, împingându-se spre uşă, iar, în faţa lui, cu bonul în mână, la masa restaurantului curăţată şi fără nici o firimitură, rămânea numai omul sicilienilor, cu un pahar plin cu rachiu alb.

– Stai liniştit, pentru puţinul la care sunt folosiţi sunt suficienţi...

– Optimist?

– Să mergem pe canapea. Avem informaţiile exacte şi te avem pe tine. De tinerei ne folosim numai ca acoperire. Să zicem că soseşte o patrulă sau că Santa e cu nişte prieteni.

– Şi ce facem, un frumos masacru?

– Tu gândeşte-te numai la ea, iar la restul mă gândesc eu.

– Tu sau ei?

– Eu, eu, stai liniştit. În geantă, îi spuse ca să schimbe subiectul, vei găsi un bileţel cu un număr de mobil şi un celular nou cu bateria încărcată. Suni când vrei la acel număr şi într-o clipă sosesc băieţii noştri buni.

– Băieţi buni.

– Aleși de mine ca să-ți acopere spatele într-o secundă.

– Și nu ca să mă împuște pe la spate într-o secundă? întrebă Cosmo serios.

'U Nasuni se scandaliză:

– Nu-ți par un tip serios?

– Nu tu ești problema.

– Și ăștia nu sunt răi, așa cum pot părea la prima vedere, i-am folosit deja. Nu sunt afiliați, dar se supun, domnule Știu-eu-tot.

– Măcar atât, domnule Nasmare.

– Ăla urât și chel lovește un deget mic de la zece metri. Poate și eu aș fi ales altă echipă, dar la Palermo au decis că asta nu e o poveste pentru profesioniști, în afară de tine. Eu trebuie să execut ordinele. M-am adresat unei bande din orașul M. de care poate ai auzit vorbindu-se, aceea care era a lui Ferdinando il Colombiano, și ne-au fost livrați ăștia trei. Eddi, cel mai tânăr, e căutat pentru crimă și ai văzut ce liniștit se mișcă? În fine, de când profesioniștii din alte vremuri vorbesc și se convertesc, piața s-a redus la asta.

– Înțeleg.

– Nu mă lua peste picior. Voi veni și eu când vei suna. Lăsăm drumul liber pentru tineri, dar până la un anumit punct.

– Deci sunt la adăpost.

'U Nasuni nu prinse ironia de data asta.

– În geantă găsești un revolver, calibrul 38, și un pistol automat cu amortizor calibrul 9. În fața barului este un Fiat Idea albastru, ai deja tichetul pentru autostrada elvețiană. Ia-o, îmi închipui că va trebui să mergi acolo pentru bani. Apropo, restul avansului, când o să-i numeri, este de douăzeci şi patru cinci sute de mii. Mai puţin cinci sute, pentru că oferi tu prânzul acesta, păi, ce dracu', nu, domnule Giglio?

În maşină consultă hărţile descărcate de pe internet, studie parcursul pe Via Osculati. În timp ce soarele îşi trimitea razele spre şantierele din jurul zonei construite pentru Fiera[1], Cosmo ajunse în vechiul cartier unde ar fi trebuit să o omoare pe Santa. Foarte liniştit. Chiar prea mult. O vastă îngrăditură obliga puţinele maşini să o ia pe o porţiune îngustă, la zece metri de porţi. Nu văzu cu ochi buni lemnul acela: ar fi putut să fie folosit ca adăpost de victimă dacă n-avea s-o nimerească din prima lovitură.

„Dacă greşesc şi e înarmată, m-am fript."

Se învârti vreo zece minute bune prin cartierul Affori, fără să găsească nici un loc de parcare, în cele din urmă lăsă maşina în faţa unei vile vechi, transformată în post pentru carabinieri, „nenorociţii ăia stau mereu în locuri elegante", şi o luă de-a lungul bulevardului mărginit de copaci. Pavaje noi, brazde, faţada bisericii atât de curăţată, că strălucea în soarele la asfinţit. Cât se schimbase acea zonă în comparaţie cu vremea în care o frecventa el. Cumpără două cartele de telefon şi două pile electrice.

Din cabina din faţa bisericii îl sună pe Rolando, comunicară în modul lor special şi Cosmo obţinu confirmarea plăţii. Sicilienii se ţinuseră de cuvânt. Voiau să

[1] Mare centru expoziţional (n.tr.)

strângă laţul în jurul gâtului Santei. „Şi dacă greşesc, gâtul meu va fi cel cu cravată“, se gândi Cosmo.

– Vii la mine în seara asta, ca să-mi semnezi hârtiile? întrebă elveţianul.

– Da, bine, bine, ne-am înţeles, răspunse Cosmo, gândindu-se că dacă banii erau în cont, nu avea nici cea mai mică alternativă: trebuia să apară şi cadavrul. „Pace sufleţelului negru al lui Iole Pacifico.“

Trecu de clădirile moderne cu grădini abrupte şi de *banister houses,* se întoarse înapoi, sprijinindu-se de o balustradă galbenă, ca să privească mai bine „obiectivul“. Privirea i se pierdu mai sus, în spatele balcoanelor, şi apoi se pierdu şi gata. Se gândi la vremea când, tânăr fiind, după câteva tentative de arest şi o noapte în comisariatul din Brindisi, pentru că fusese prins încărcând un tir de ţigări de contrabandă pe plaja din Savelletri, se transferase în Nord.

În oraşul M. erau mai mulţi poliţişti şi mai multe necazuri, dar şi mai multe bănci, mai multe magazine de bijuterii, mai mulţi oameni bogaţi: şi profitase de asta. De vreo zece ori îl opriseră şi îl duseseră pe Via Fatebenefratelli şi pe Via Moscova. Fusese şi interogat, dar „n-au avut niciodată suficiente probe ca să-mi intenteze proces“, râdea el. Erau poveşti şi zvonuri, acoperirea lui oficială – o dugheană de flori, lăsată în administrarea unui fel de rudă – ţinuse mereu.

– Se câştigă bine cu florile, îşi bătuse joc de el, într-o după-amiază la poliţie, un comisar ciufulit, cu ochelari de miop şi dinţi îngălbeniţi de nicotină.

– Mai ales cu crizantemele, răspunsese, şi nu voia să fie o glumă, era adevărat. Poliţiştii râseseră mult, chiar se strâmbaseră de râs, înainte să-i trosnească una după urechi, ceea ce îl făcuse să dea cu dinţii de muchia mesei. Îşi recuperase dintele rupt şi îşi ştersese sângele. Fusese chinuit, jignit, dar nu-l puseseră la pământ.

– Să nu o mai faceţi, spusese, jucându-se cu ciotul dintelui.

– De ce? Altfel ce se întâmplă? întrebase comisarul, suflându-i în faţă fumul unei ţigări franţuzeşti.

– Vreţi să ştiţi? Vă spun. Dacă mă mai loviţi, jur pe tatăl meu mort că îl prind pe unul dintre voi, cu prima ocazie, când se întoarce acasă, când se duce la şcoală să vadă carnetul de note, când se duce să i-o sugă gratis una dintre prietenele voastre prostituate şi îl omor cu mâinile mele. Dacă nu vă prind pe voi, răpesc şi omor un poliţist la întâmplare, sperând că este un prieten de-al vostru. Dacă nu o fac eu, îl pun pe un amic de-al meu să o facă. Dacă nu mă credeţi, încercaţi să mă mai atingeţi cu un deget.

Fusese convingător şi furios: şi-ar fi ţinut promisiunea.

Dentistul îl costase câteva salarii ale acelei canalii de comisar. Uneori se intersecta cu unul dintre poliţişti, care îl studiau din maşinile radar. Înainte ca aerul să devină prea îmbâcsit, înţelesese că viaţa lui s-ar fi îmbunătăţit ulterior, dacă abandona dura şi avida metropolă pentru a se întoarce la blândeţea locului unde se născuse.

Vesel şi cu portofelul plin.

– Ştiţi, cu florile se câştigă bine, ăia din Nord trăiesc în smog şi nu fac decât să-şi parfumeze casele cu trandafiri şi gladiole, astfel explicase bunăstarea în care trăia.

În fine, Cosmo nu avusese nevoie să riște prea mult, nici să dea din coate fără scrupule, nici să trădeze: dacă la puțin peste treizeci și cinci de ani hotărâse să facă un pas înapoi, să înceteze să se zbată ca jefuitor de bănci full-time, nu mai avea remușcări. Și, în acele zile, trăia cu convingerea că „alesese un viitor bun". Poate, își spunea în zilele pesimiste, „având în vedere unde ajunsesem, nu petrec cum s-ar cuveni pentru unul cu abilitățile mele". Comparațiile erau cele care-l făceau să perceapă consolarea tristeții. Îi cunoștea prea bine pe ceilalți din vechia lui serie, oameni de încredere care călătoreau, cheltuiau nechibzuit, iahturi și schi, Caraibe și Costa del Sol – și mulți, mai puțin buni decât el, aveau probabil mai mulți bani decât el.

Despre vreo alți douăzeci de prieteni însă era mai bine să nu vorbească: erau la închisoare și făceau eforturi să reziste până la sfârșitul lunii. Diverse razii subțiaseră rândurile. Nici avocații nu mai erau asemenea celor de odinioară, cei care așteptau ca un client drag să iasă și să dea câteva lovituri ca să-l plătească. Acum, „ori plătești imediat, ori ești terminat".

Uneori, Cosmo, sătul de noul curs al unei lumi fără prieteni și fără respect, expedia un mandat poștal acolo unde își petreceau iarna complicii: acei două sute de euro pentru țigări. Și, pe urmă, nu se știe niciodată: e mai bine să-ți fie cineva dator când ajungi la închisoare „nevinovat".

În numărătoarea lui îi punea la socoteală și pe cei cinci vechi colegi uciși în diferite schimburi de focuri și pe un al șaselea care se dusese pe lumea cealaltă făcând infarct, care e boala profesională a celui care își învinge emoţiile zbătându-se în spatele unei uşi blindate şi fugind în trafic cu sirenele pe urmele lui.

Portarul de la hotelul unde stătea îl luase în vizor: nu părea un oaspete obişnuit. Îl controlă până când îl văzu sărutând obrazul fetei singure pe care jumătate dintre clienţi o observaseră. Era tânără, cu un zâmbet misterios şi frunte inteligentă. O catalogase ca pe o actriţă aspirantă care-l aştepta pe producătorul experimentat sau pe coruptul ei agent, în schimb, era femeia acelui derbedeu.

„Ce meserie o avea unul ca ăsta?" se întrebă custodele. Se duse să verifice pe fotocopia cărţii de identitate şi descoperi că era scris „vânzător ambulant": „Da, şi eu sunt astronaut".

Cinzia purta o rochie cu flori, lungă până la glezne, flori albastre pe un fond alb, cu un decolteu pătrat unde era imposibil pentru un bărbat să nu-şi lase să cadă privirea: una dintre achiziţiile din acea zi. Părul negru, desfăcut pe spate, era umflat ca pânza unei bărci cu vele. Sânul forma o provă moale, fundul rotund o simpatică pupă. Îşi păstra zâmbetul sexy afişat încă de dimineaţă. Îl luă de mână.

– Ştii, Cosmo, sunt bucuroasă, oraşul acesta mă face să mă simt în elementul meu...

– Mă bucur, fie îl iubeşti, fie îl urăşti, eu m-am simţit bine imediat aici.

În sfârşit, se relaxă. Poate, îşi spuse, Cinzia învăţa să devină ceva mai puţin provincială.

– Da, e un oraş frumos, bogat şi curat. Câtă bogăţie şi câtă lume cumsecade vezi, care vorbeşte încet... Pentru gustul meu sunt prea multe farmacii. Farmacii imense, Cosmo. Mă impresionează cu toate medicamentele, ochelarii, şampoanele şi sunt mereu aglomerate, pline de oameni. Am luat taxiul, cum mi-ai zis tu, am văzut Scala, Castelul, cum se numeşte, Visconteo?

– Mă rog, acela mare.

– Acela... Sforzesco, aşa se numeşte. Apoi taximetristul m-a dus să văd un turn, Fiera, stadionul, cât e de frumos, mi-a spus că sunt toţi în doliu pentru răpirea lui Walfsan.

– Wolfson.

– Corect, am şi frunzărit cartea lui, dat fiind că are atâta succes. Taximetristul zice să s-ar putea să nu se mai întoarcă niciodată. Are un văr plutonier la carabinieri şi, după părerea acestui văr, mafia a decis să-l facă dispărut pentru datoriile tatălui care nu le-a înapoiat acoliţilor lui Corleone banii pe care îi împrumutaseră ca să construiască primele cartiere. Dar ce crezi, e posibil oare?

– Să sperăm că nu.

– Şi, apoi, m-am dus la hipodrom.

– Dar ce fel de taximetrist ai găsit? Dacă mă însoţeşti în cameră, îmi fac un duş.

– Unul simpatic, spuse Cinzia, deschizând uşile de la lift bărbatului ei şi lăsându-l să intre primul, un taximetrist care spunea că acestea sunt punctele principale din oraş, pentru că le vizitează atâta lume, celelalte sunt locuri pe jumătate moarte. M-am simţit bine, dar plimbându-mă în lung şi-n lat nu puteam să nu observ toate aceste farmacii. I-am spus taximetristului: dar în oraşul M. sunteţi toţi bolnavi? S-a gândit şi el la asta şi mi-a răspuns că aveam dreptate, că a văzut dispărând mezelăriile, măcelăriile şi chioşcurile de ziare, în timp ce numai farmaciile se înmulţesc. Se fac tot mai multe, sunt tot mai mari. Sunt cruci peste tot, e un lucru alarmant, Cosmo, nu ai băgat de seamă?

– Of, Cinzietta. Şi ce dracu'?! protestă Cosmo.

– Dar ce-am zis? Dacă eşti nervos pentru că treaba ta merge rău, nu te supăra pe mine.

– Treaba merge foarte bine.

Ajunseseră în cameră, Cosmo se dezbrăcă în grabă şi se băgă sub duş. Apa îi curse pe cap proaspătă şi Cinzia, din prag, insista:

– Scuze, Cosmo, nu-mi explici nimic niciodată, dar nu sunt o proastă.

7

Bagni nu reuşea să uite de modul în care Kristel sugea – nu, nu le mânca – spaghetele. Poate n-ar fi reuşit să devină niciodată un soţ bun şi un tată bun, îşi spuse urcând scările de la poliţie. Fusese un prânz puţin relaxant. Uma îi povestise mai multe despre Genito, spunând că părea „foarte, dar foarte prieten cu doamna Wolfson, care e o cunoscută aventurieră".

– Are grijă de interesele ei, încercase să-l apere.

– Eu cred că îşi apăra fundul, spusese Uma, cu Kristel care îi dădea dreptate, dar, în timp ce o aproba din cap pe prietena ei, se uita la Bagni şi-şi trecea limba peste buze.

Nu prea avea chef să muncească, băuse şi trei pahare de vin alb şi resimţea efectele, dar, imediat ce ajunse în hol, Andy aruncă o ţigară şi-l anunţă:

– Bagni, poţi veni la telefon? Te caută *dottoressa* Mazzini.

– În sfârşit mă suni. Cum de în filme rezultatele autopsiilor sosesc după cinci minute şi aici e nevoie de săptămâni?

– Îmi spunea o prietenă de-a mea americancă, şi ea are aceeaşi problemă.

– Ce ai? Îmi pari abătută.

– Unii cred că le-au văzut pe toate.

– Nu tu. Şi nici eu.

– Fata arsă era însărcinată. Şi copilul pe care, în acea zi, l-am secţionat pe masa alăturată era al ei.

– Ce tot spui?

– France, copilul era al ei. Şi ea era însărcinată.

– Vrei să ne vedem?

– N-ai putea să te prefaci că eşti un străin, France? Eu sunt un anatomopatolog expert în larve şi tu eşti un sticlete de la poliţie, iar eu îţi comunic că Valentina Castiglioni, de douăzeci şi trei de ani, a murit din cauza loviturilor, mai ales că pe oasele craniene am descoperit o bucăţică de bachelită, un material folosit pentru fabricarea armelor de lupte marţiale. Şi apoi a fost abandonată într-un loc, poate un garaj, pentru că pe tălpi şi pe spate au rămas, în ciuda distrugerii provocate de foc, câteva urme de ulei lubrifiant, şi acolo a născut. Cred că cine a bătut-o, a lăsat-o crezând-o vie şi, la întoarcere, a găsit-o moartă. Trebuie să ştii că splina...

– Las-o baltă, Mazzini. A murit din cauza loviturilor.

– Da, au agresat-o chiar dacă era însărcinată şi au bătut-o ca şi cum ar fi fost un măgar care nu se mişcă din loc, şi apoi au plecat, poate să bea o cafea.

– Nu, au luat un coniac, dimineaţa, în timp ce mama şi copilul mureau şi s-au regăsit pe masa de la autopsie. Poţi să-mi trimiţi raportul, mulţumesc.

– Mulţumesc şi du-te dracului, Francesco.

– Ce vrei de la mine?

– Să mă încurajezi. Spune-mi că viaţa nu înseamnă lărvuţele şi lărvişoarele pe care le văd eu.

– Caută-ţi pe altul să te încurajeze, găseşte-ţi un iubit, un prieten, un preot, un imam, eu nu reuşesc nici măcar să mă încurajez pe mine însumi. Şi grăbeşte-te, că timpul trece, m-ai auzit?

Închisese. O sună din nou şi rămase o oră la telefon.

Aerul din secţia Omucideri era incandescent.

– Bagni, hai să mergem la Dalia White, îi luăm şi îi facem să vorbească cum făceam pe vremuri, ce ne costă?

– Băieţi, am înţeles, idioţii ăştia vor plânge, dar noi nu facem tâmpenii. Acum că ai venit şi tu, Lando, începem să discutăm. Vreau să ştiţi toţi că Tiffany, colega noastră, a fost grozavă, îi spusesem să verifice bonul de la barul găsit în zona şoselei de centură şi a aflat o informaţie preţioasă. Spune-le-o, Tiffany.

– Rallo Attilio e client al barului care a emis bonul. Foarte probabil era acolo, la 11.00, în ziua în care am găsit cadavrul. Orarul coincide.

Vocile se transformară în declaraţii de război.

– Mizerabilul ăla de Rallo, păi, atunci a fost chiar el.

– Ar trebui să-l nenorocim, cum face el cu fetiţele, spuse sec Landolfi.

Cu cât Bagni îl cunoştea mai bine pe colegul lui, cu atât îşi dădea mai mult seama că nu era deloc un om simplu. În spatele aerului său romantic, spectral, de „suferinţe de tânăr seducător“ trebuia să ascundă destule calităţi. Şi poate şi vreo rană adâncă.

– Valentina era o angajată de-a lui şi a omorât-o, nu? Aflăm cauza crimei cu pumni în gură. Şi primele lovituri, anunţă Cane, vor fi ale mele.

– Dar nu putem merge să-l luăm dacă nu avem ceva mai mult ca să-l înfundăm. Chiar dacă îl prindem la mijloc, ăla e un recidivist, ştie că dacă rezistă, mai mult de atât nu putem face.

– Tu îl cunoşti personal, nu, Bagni? întrebă Cane.

– De aceea v-am spus, e unul obişnuit cu interogatoriile.

– Aici riscă treij' de ani, treij' de ani fac să se dezlege şi limba unui mut, spuse Landolfi.

– Da, tocmai de asta trebuie să ştim mai multe înainte să-l atacăm. Nu trebuie să aibă scăpare, preciză Bagni.

– Dacă e el, replică, la rândul ei, Tiffany, care, de când fusese primită în grupul celor de la Omucideri, ţinea să-şi interpreteze rolul de avocat al libertăţilor civile, chiar dacă era cea mai justiţiară din secţie.

– Dacă e el, desigur, repetă Bagni.

Cinerino se ridică în picioare.

– Până acum, Landolfi a muncit foarte bine, dar, în opinia mea, suntem la o răscruce. Fie mergem să-l luăm pe Rallo, fie vedem ce se întâmplă.

În timp ce o spunea, Tiffany scutura din capul cârlionţat.

– Sau îi punem un microfon cât mai repede posibil.

– Da, cred că e un pas obligatoriu, concluzionă Bagni.

– Atunci, ce aşteptăm?

– OK, Cinerino, scrie un „decont de investigaţii", explică de ce şi cum ne trebuie şi mergem să-l cerem judecătorului...

– E nevoie de o săptămână pentru autorizaţie, când merge bine. Dacă dăm publicităţii ştirea că victima a fost identificată, atunci Rallo şi ai lui vor reacţiona. Vor spune câteva prostii, neştiind că sunt spionaţi, nu? întrebă Landolfi.

– Băieţi, să urmăm regulile, spuse Tiffany.

– Da, dar acum noi trebuie să punem oricum un microfon acolo înăuntru cât mai repede, fără să pierdem timp prețios, spuse Cinerino.

– Abuziv sau cerem autorizație? întrebă din nou Tiffany.

Rezumase cu acea întrebare diferența dintre a face și a întreba.

– OK, îl punem abuziv și apoi vedem. Ești de acord, Bagni, sau exagerăm cu încălcarea regulilor?

Bagni ridică din umeri. Se gândea la Valentina și la copilul pe care-l purtase în pântece. O ținuseră prizonieră cine știe unde, o loviseră și, în timp ce era acolo, copilul se născuse, dar era prea mic și nu supraviețuise. Apoi, cine știe, o gaură neagră îi înghițise și apoi apăruseră: ea – lângă șoseaua de centură, iar el – lângă piață.

– Bagni, ce ai?

– Nimic, dacă suntem toți de acord, nu mă opun, asta e democrația, încercă să glumească. De fapt, să îl punem în noaptea asta. Lando, tu care frecventezi locul, știi cum e sistemul de alarmă?

– Păi, cine l-a văzut? glumi, prefăcându-se că fusese foarte distrat. Apoi îl descrise: era un sistem simplu, legat la ușă și la o fereastră, fără senzori.

– Sigur, comentă Cinerino, nenorociții ăștia nu au nevoie de prea multă protecție, Rallo delatorul doarme mai mult decât liniștit.

– Cine vine? întrebă Bagni.

– Dacă pot să sugerez, mergeți tu și Cinerino. Eu, încheie Landolfi, poate o scot în oraș pe Serena. Dacă sunt bun, o fac să golească tot sacul. Și pe la 3.00, clasica oră a microfonului, sigur nu termin.

– Da, noaptea fierbinte a inspectorului Lando.

– Sunt sigur că ne va fi mult mai utilă prietena mea decât o sută de microfoane. Punem pariu?

– Pe ce, Enrico? îl întrebă Bagni pe Landolfi.

– Pe cincizeci de euro că şi de data asta voi afla mai multe lucruri decât veţi aduna voi cu microfoanele.

– S-a făcut, spuse Cinerino.

– Exagerat, ca toţi învăţăceii, crezi că deţii adevărul, conchise Bagni.

– Nu, France. Din păcate pentru ea, Serena e o fată fără bariere. Luată cu binişorul devine o sclavă, şi, în timp ce o spunea, părea foarte trist. Nimeni nu ştie că am dat un prenume şi un nume fetei carbonizate, secretul a ţinut până acum. Dar am impresia că Serena s-a convins, sau chiar ştie, că prietena ei a fost omorâtă. Ştiu că îmi ascunde încă o groază de lucruri, trebuie să mi le dezvăluie, sper la ce-i mai bun.

Felul lui de a vorbi era plin de blocaje, de grimase, de sarcasm. Poate era clasicul indecis în faţa oricărui lucru, numai cu femeile avea un talent neruşinat.

– Lăsaţi pe mine, oricum voi aveţi microfoanele, iar eu o am pe ea, spuse, ducându-se să ia din dosar câteva fotografii cu cadavrul desfigurat.

– Ce vrei să faci cu astea?

– Să inspir teamă, spuse frumosul Enrico. Serena aceasta, preciză, e o fată bună, în fond. Adică face pe prostituata, dar nu e rea.

– Pe când nunta? îl luă peste picior Cinerino.

– Bine. Închideţi uşa.

– Hai, suntem toţi poliţişti aici, Lando, nu face pe cretinul.

– Om fi toţi poliţişti, dar nu-mi vine să fac toată poliţia să ştie ce tip de muncă desfăşor. Bagni, se zici?

Bagni îi dădu dreptate lui Landolfi și închise ușa lăsându-l să explice că trebuiau să fie toți recunoscători bietei prestatoare de sex plătite în acord.

– Eu nu mă simt bine pentru că, dacă mă uit la mine prin ochii ei, trebuie să-i par primul bărbat care ține puțin la ea, iar eu sunt un polițist la lucru.

– I-o vei spune cu calm, și ea va înțelege, îl încurajă Bagni.

– Va fi o traumă dublă. Mi-a spus că Valentina era prietena ei și că a plecat într-o călătorie, dar în timp ce o spunea, îi venea să plângă. De ce? Știe ceva ce nu-mi spune, mi se pare limpede, și atunci trebuie să insist. Am consolat-o, am ținut-o în brațe o noapte întreagă fără să facem nimic. Nici nu vreau să mă gândesc la momentul când va descoperi cine sunt. Voi puneți-vă microfoanele, eu merg mai departe cu povestea mea, v-am spus, sunt pașii care trebuie făcuți. Singurii care ne rămân, de altfel.

– De acord, însă așteaptă puțin. Bagni se uită, pe rând, la colegi: Din întâmplare, Serena aceasta, întrebă, ți-a spus vreodată că prietena ei era însărcinată?

– De ce, era însărcinată?

În cameră se făcu liniște. Bagni se rezemă de ușă.

– Băieți, tocmai am aflat. Se pare că da.

– Se pare sau așa e?

– Să ne gândim ca și cum ar fi fost și nu ne înșelăm. Facem investigații pentru dublu asasinat.

– Nu pot să cred, spuse Tiffany.

– Erau persoane care se duceau la ea să se lase masate nu pentru că era bună și frumoasă, ci pentru că era bună, frumoasă și însărcinată. Că există astfel de oameni știm, și acum îi vom avea în față, și când va fi așa, vreau ca toți – toți, și tu, Cane – să vă amintiți un lucru. Că noi suntem poliţişti. Oameni ai legii. Dacă ar fi după mine, pe delator l-aş împuşca fix între picioare şi nu cred că pentru asta m-aş duce în infern, dar noi nu facem astfel de lucruri. Nu în oraşul M., nu lui Rallo. De aceea, Lando, tu acum afli adevărul de la botoasă, trebuie să afli dacă Valentina era sau nu însărcinată şi dacă asta era atracţia locului. De data asta trebuie să o faci să vorbească, fără nici un scrupul, ascultă-mă.

– Scuze, Bagni, şi fătul? întrebă Cane.

– A ars înăuntru? întrebă Cinerino.

Tiffany îl privi cum priveşti un porumbel strivit de o maşină.

– Analizele trebuie să confirme, dar se pare că era cam în luna a şaptea. Copilul ar fi putut să-l piardă din cauza loviturilor, spuse Bagni.

Un şoc nervos făcu să se îndoaie spatele lui Nando Cane, care se sprijini de birou.

– France, nu-ţi mai bate joc de noi...

– Îmi pare rău, Nando.

– Acel nou-născut pe care l-am văzut la morgă...

– Da.

Agentul Cane lăsă capul în jos şi izbunci în plâns asemenea unui copil, de parcă ar fi fost „acel“ copil. Îşi făcu semnul crucii şi deschise uşa biroului, fără să spună un cuvânt.

Bagni închise uşa la loc. Se sprijini de zid. Şi le explică colegilor lui cum aveau să procedeze.

8

Economistul elveţian îi zâmbea lui Cosmo. Era amabil şi puţin indiferent.

– Te fac să economiseşti aproape şase mii de euro pe an cu cheltuielile bancare.

– A, Rolando, dacă ar fi fost vorba numai de şase mii de euro, uite, evitam aceste două ore de semnături. Şase mii le câştig aşa, spuse Cosmo, pocnind din degete.

Ca şi cum era deja prea obişnuit cu noua vulgaritate a clienţilor şi nu se mai mira de nimic, cu aerul democratic şi răbdător pe care se forţează să-l asume nobilii când vorbesc cu servitorii, expertul în probleme bancare replică:

– Nu mă îndoiesc, Cosmo, dragul meu, dar priveşte aici. E mijlocul tău de a câştiga, net din procentajul meu. Numai datorită acţiunilor americane pe care le-am cumpărat anul trecut şi le-am revândut ieri, vom fi gata, peste puţină vreme, pentru o asemenea investiţie care să te ajute să nu mai munceşti niciodată. Banul care produce calitatea vieţii. Îţi dai seama? V-aţi putea duce unde vreţi, să trăiţi din rentă. Guatemala, Honduras, Caraibe, Miami. E visul tuturor, nu?

Cifra câştigată într-un singur an era uluitoare şi Cosmo i-o arătă Cinziei. Fata dădu din cap distrată în faţa cifrei pe care tatăl ei, om de serviciu la o şcoală, nu o câştigase în douăzeci de ani de curăţat scările, de sunat clopoţelul şi de nopţi lungi solitare în care să fabuleze, aşezat pe scaunele unde se aşezau suplinitorii.

Stăteau toţi trei într-un restaurant, ascunşi într-un separeu, şi mâncaseră o gustare cu somon şi caviar şi apoi o friptură excelentă, stropită cu un merlot local, cu garnitură de budincă de dovleac.

Pe Cosmo îl durea încheietura din cauza semnării sutelor de hârţoage sub privirea vigilentă a elveţianului.

– Vrei să-mi explici ce semnez? Un bilanţ?

– Îţi fac conturile imposibil de urmărit, dragă capitalistule, şi schimbăm şi instituţia bancară.

– Dar pe urmă vii la cazino cu noi? întrebă Cinzia, rupând tăcerea ei.

Cosmo se uită foarte urât la ea. Nu mai avea chef să iasă din camera de hotel, ideea de a o ucide pe Santa i se înfigea ca un cui încins chiar sub stern. Îi va trece acea nelinişte, pentru că înotătorul ştie să treacă de orice val, dar nu avea nici cel mai mic chef să meargă printre *slot machines* şi mese de *chemin de fer.*

– Cu mare plăcere, i-o luă înainte Rolando.

– Atunci de ce nu vă duceţi voi doi? Sunt puţin obosit, spuse Cosmo.

– Hai, vino şi tu... Sigur, mi-ar plăcea să ştiu că parcurgi actele de la mine, dar cine îţi înregistrează mâine, în zori, aceste hârţoage dacă nu le pregătesc eu în noaptea asta? Mă plăteşti dacă produc, nu?

– Da.

– Atunci îmi iau o pauză şi o duc pe Cinzia ta la cazino dacă ai încredere. Şi mâine treci pe la birou să iei chitanţele...

– Muncesc, câştig, plătesc, pretind, hai, atunci trimite-mi la hotel prin secretara ta, mâine, înainte de 10.00, documentele astea care vor face din mine un nabab, glumi Cosmo. Şi distracţie plăcută, domnilor, voi care puteţi să vă distraţi.

În camera de hotel, Cosmo se uită la un film vechi franţuzesc la televizor. Îl măcina o îndoială: Santa trebuia să moară şi nu putea să procedeze altfel. Dar chiar trebuia să o ucidă personal? Nu putea să recruteze rapid pe unul din băieţii abili, pe Fasano sau Savelletri, ca să execute ordinul, să evite represalii din partea sicilienilor şi să nu se păteze cu sângele fostei lui femei?

Să aibă încredere în localnici, nu, nu era cazul. De acel grup trebuia să-ţi fie teamă nu pentru că erau răi, ci pentru că i se păreau nebuni.

Un lucru trebuia să facă: să se organizeze. Şi, deci, devenea necesar să lase maşina în zona crimei cu o noapte înainte. Maşina e şi parte din arsenal. Trebuia să aibă totul pregătit, la îndemână, dacă voia să o închidă pe Santa într-un palton din lemn, duminică dimineaţa. Pentru că nu va fi uşor să o ucidă şi să o şteargă, exact ca atunci când se aruncă în marea agitată.

Şi-o închipui pe Cinzia care pierdea la *slot machines* şi la *chemin de fer*. Se gândi că Rolando, având lângă el o fată taciturnă şi plictisită, care cerea, după obiceiul ei, pahare de Coca-Cola cu rom, era foarte amabil.

„E un prieten, în fond. Mi-a spus dacă am încredere... De parcă nu i-aş cunoaşte. Cinzia la masă părea jenată până şi de faptul că dobitocul ăla de contabil răspunde la celular în germană, în franceză sau în engleză, în funcţie de interlocutor. Şi el, în afară de conturi, ce dracu' înţelege din viaţă? Nimic, sunt doi peşti ieşiţi din apă, care acum sunt bucuroşi să arunce puţin din banii mei la masa verde.“

Când Cinzia se întoarse la hotel era ciudată.

– Nu mă mai trata aşa, mă laşi singură cu un străin, îi spuse, sărutându-l.

Mirosea a alcool şi nici măcar nu trecuse pe la baie. Îşi scosese pantofii, bluza de mătase şi adormise, brusc, pe pat, pe jumătate îmbrăcată, ca şi cum, revăzându-şi logodnicul în hotel, se liniştise.

Cosmo o mângâie pe obraz. Poate se prefăcea că doarme.

– Eşti o fată bună, îi spuse, eşti o păpuşă frumoasă, eşti jucăria mea preferată, jucăria mea cea mai preferată, îi repetă ridicându-i fusta.

Cinzia bombănea, dar Cosmo n-o mai băga în seamă, se abandonă, cu mâinile, cu limba. Era excitat, îşi puse un prezervativ şi o pătrunse cu forţa. Cu cât ea îi rezista mai mult, absentă şi inertă, cu atât mai puţin respect avea el.

Îi ridică picioarele. Pulpele Cinziei i se încolăciră după gât: în acea poziţie, de fiecare dată când împingea adânc, ştia că-i provoacă durere, împingea şi îi privea, pe furiş, chipul impasibil, în afara unui mic tremur al pleoapelor. O insultă, salivă peste ea şi, când termină, ţipă. Imediat după, îi aruncă picioarele într-o parte şi căzu cu spatele pe saltea.

Îşi scoase prezervativul, îl înnodă şi îl aruncă pe marmura lucioasă a pavimentului. Apoi stinse veioza de pe noptieră. Uitase să închidă obloanele, lumina lămpilor de pe stradă făcea contururile din cameră albăstrii.

I se păru atunci că Cinzia deschisese ochii. Şi zâmbise în penumbră.

Cosmo o îmbrăţişă, dar ea, cu un geamăt, se îndepărtă de el, întorcându-i spatele.

9

Ospătarii alunecau pe pavimentul de marmură de parcă aveau patine, supravegheaţi de severul patron, domnul Eupilio, care purta vestimentaţia lui clasică: pantaloni închişi la culoare cu ghetre, pantofi englezeşti, o cămaşă lungă, albă, imaculată, cu inserţii *piqué,* şi purtând pe cap un turban de bucătar. Era deja înalt şi devenea gigantic, îmbrăcat aşa, impunea respect printre angajaţi şi oferea sugestii clienţilor. Dintre care nu puţini îi spuneau Maestro şi i se adresau cu tu.

Începuse să laude, ca şi cum erau cine ştie ce daruri din cer, „aperitivele" pe care Maretta Zara, *ingegner* Cucchi şi Corrado Genito aşteptau să le primească la marea masă rotundă şi izolată de restul încăperii.

– Aţi făcut o alegere perfectă, domnilor! se lăuda, subliniind armonia care emana din contrastul felului ales de doamna, acest foarte fraged rât de porc cu raci-de-mare şi tomate verzi. Măduva cu mazăre şi ciocolată, dumneavoastră, dragă preşedinte, o cunoaşteţi deja, dar mi-am permis să adaug o ceapă mare, a venit azi-dimineaţă din aceeaşi grădină de legume bio a contesei Bra. Şi pentru dumneavoastră, dragul meu, iată un excelent aperitiv, sparanghel à la Cupidon. Dacă îmi permiteţi, vi-l descriu. Ca să-i fac aşa gustoşi, am fiert...

– E în regulă așa. Mulțumesc, puteți merge, îl pofti Genito să plece.

Bucătarul reacționă ca un boxer care încasează o directă în coșul pieptului. Se aplecă în față, fără suflare.

– Cum?

– Trebuie să vorbim și, dacă ne lăsați în pace, e mai bine, explică Genito.

Domnul Eupilio, înalt, gras, chel, cu un mare neg în bărbie, era obișnuit, de cel puțin douăzeci de ani, cu plecăciunile oaspeților săi. Se întoarse mirat spre doamna Zara, ocupată să secționeze, cu calmul unui sfânt, racii-de-mare care garniseau râtul. *Ingegner* Cucchi, unul care cel puțin o dată pe lună cina la ei, să zicem că de fiecare dată când trecea prin orașul M., o persoană elegantă și amabilă, îi făcu un semn să nu intervină. Lui Eupilio nu-i venea să-și creadă ochilor. În restaurantul *lui* foarte decorat, unde chiar și trei președinți ai Republicii se ridicaseră în picioare ca să-i strângă mâna și să-i facă complimente, era bărbatul acela cu o haină urâtă și galbenă, care îndrăznea să-i spună să se care. Lui? Tocmai voia să deschidă gura când întâlni din nou privirea consultantului de securitate.

– Mă scuzați, cum doriți.

Se retrase până la bucătărie, deschise o ladă din secolul al XVIII-lea și își turnă o doză zdravănă de coniac vechi de o sută de ani.

– Fanny, știi pe cine am revăzut dincolo?

– O, nemernicule, ți-am spus că nu mai trebuie să bei măcar până la plecarea clienților.

– Îl mai știi pe Giorgio, clientul nostru care are Gigamobilio?

– Ai deja halucinații, grasule? Nici măcar nu e printre cei cu rezervări.

– Cretino, nu mă lași niciodată să vorbesc. Giorgio sărbătorise aici cu angajații lui sfârșitul unei perioade grele, îl storseseră de bani, îți amintești? Și un tip făcuse în așa fel încât chestiunea să se rezolve. Unul care a folosit o bombă, îți amintești, da sau nu, tâmpito?

– Îmi amintesc bine. Un bărbat frumos, unul care se înțelege că știe să-și folosească bine cucul[1]. De el vorbești? Și cu cine e la masă?

– Cu târfa aia de Zara și cu Cucchi. M-a trimis, practic, la plimbare în fața tuturor, așa mi-a făcut.

– Și de la celelalte mese și-au dat seama?

– Cred că nu.

– Măcar atât, pentru mine e o mare satisfacție să fiu printre puținii care știu cât ești de antipatic.

– Cred că ăia trei pun ceva la cale.

– Să-l sunăm pe șeful poliției, e un prieten. Nu face, ca de obicei, pe tine.

– Lasă-mă să mă gândesc, Fanny. Nu, nu, mai bine nu. Îl sun eu mâine ca să-i spun că am primit doi porcușori sarzi crescuți în aer liber și, ca și cum n-ar fi nimic, îi spun că târfa a venit la cină cu Cucchi și cu unul pe care nu-l cunoșteam. Ce zici?

– Excelentă idee, dar încearcă să mergi drept.

– La alcool rezist, pe tine nu te mai suport. Așadar, *avvocato*[2], cum vi s-a părut găinușa? Nu-i așa că e foarte bună? Biftecul, nici măcar nu îndrăznesc să întreb, l-am gustat eu în seara asta. Fiecare cu „madlena“ lui, nu?

---

[1] Cu sensul de penis (n.tr.)

[2] Doamnă avocat

Rămăseseră puțini comeseni în elegantul și rafinatul restaurant al lui Eupilio și al lui Fanny. Patronul, aranjându-și turbanul, se duse să-i plictisească pe toți cu discuții pe două teme, mâncarea și Islamul.

– Dacă vin ăia aici, nici vorbă să mai mâncăm și să mai bem așa cum trebuie, nu va mai fi carnea noastră în sânge, va fi sfârșitul bucătăriei occidentale.

– Deci, situația e aceasta, explică Genito cu voce joasă, băgând în gură un dumicat verde și roz. Acceptabilă chestia asta. Deci, am descoperit o treabă destul de gravă care trebuie să ne invite la o mai mare prudență. Așa cum știți, îmi schimb telefoanele și itinerariile, dar încă din prima seară în care ați venit la mine, tu și idiotul ăla cu coadă de cal ați fost surprinși și poliția mă supraveghează, acum e lucru sigur.

– Dumnezeule!

– În fiecare zi întocmesc un proces-verbal, cu cine mă văd și ce fac.

– Și cu banii pe care-i avem în mașină ce facem? Trebuie să-i iau înapoi? întrebă Cucchi.

– Nu, dimpotrivă, *dottor* Cucchi, sunteți aici cu șoferul, nu?

– Sigur.

– Îl puteți ruga să iasă și să facă doi pași dincolo de parcarea interioară? Oricum, aici suntem în casa hoților și nu fură nimeni nimic. Șoferul dumneavoastră trebuie să verifice dacă aproape de restaurant e o mașină... azi mi se pare că e un Mégane, cu doi oameni înăuntru.

Continuă să mănânce și gustă și o bucățică de rât din farfuria femeii.

– Da, doi oameni în Mégane, confirmă Cucchi, închizând celularul. Era impresionat.

– Mi se face rău de la stomac, spuse Maretta.

– Nu, mănâncă, îţi va face bine. Până la urmă, e mai bine aşa. Să ştii că eşti urmărit poate fi un avantaj. Aşa că nu vă faceţi prea multe griji din cauza lor. La sfârşitul cinei vom găsi o maşină unde să punem banii recompensei. Eu îi voi duce răpitorilor şi îl veţi avea pe Elvio al vostru liber poimâine, în ziua Marelui Premiu.

– Dar cum vei face dacă te verifică?

Râsul lui Genito îi încurajă.

– Da, şi după voi eu am venit aici la cină numai pentru plăcerea de a mânca nişte colesterol în stare pură? Dacă suntem aici, e pentru că ştiu deja ce să fac, când şi unde.

– Ai noutăţi? Telefoanele tale nebuneşti au decurs bine? Şi ce aşteptai ca să-mi spui?

– Pentru că nu putem să mai folosim telefonul ca înainte. Şi prefer să vă spun prin viu grai la ce-mi folosesc banii. După cum ştiţi, am coborât puţin preţul.

– Ai reuşit să vorbeşti şi cu Elvio? Îl eliberezi pe 18?

– Ai o obsesie, Maretta.

Un ospătar blond şi subţire, ca un manechin, veni să strângă farfuriile goale de la aperitive. Un altul tropăia deja prin bucătărie ca să servească primul fel. Programul de general de corp de armată al domnului Eupilio suferea de o incertitudine. De obicei, în acel moment al cinei, întreba mereu cum fusese şi cum găsiseră comesenii delicatesele lui. Se apropie de masa rotundă cu şervetele brodate de mână şi paharele de cristal.

– Bunicel, anticipă Genito, ridicând paharul gol. Celebrul bucătar era indecis dacă să cheme ospătarul sau să fie el cel care să toarne de băut, cum făcea cu mulți ani în urmă, însă îndoiala dură foarte puțin, deoarece clientul, oricine ar fi, are întotdeauna dreptate. Apucă sticla.

– Acest vin, după cum știți, este îngropat într-o amforă și un asemenea procedeu, extras din antica înțelepciune...

– Ați vrea să ne serviți și să ne lăsați în pace? Avem minutele numărate, dragule, îl întrerupse detectivul privat.

– Bineînțeles, dacă aveți nevoie, sunt aici, peste puțin timp sosesc porțiile de lasagna și năsturei cu frunze de cicoare calde și *foie gras*, pentru felul doi...

– Vedem mai încolo. Liber, ordonă Genito.

– La dispoziția dumneavoastră.

Chiar dacă toți erau obișnuiți să vorbească cu voce scăzută, chiar dacă uneori o muzică sentimentală ținea companie clienților, chiar dacă tablourile de pe pereți valorau, fiecare, trei sau patru milioane de euro și adesea erau comentate între un fel și altul, scena cu Eupilio gonit în halul acela nu trecuse neobservată. Câțiva mari industriași îl invidiară pe Genito: erau ani de când și ei se duceau acolo să mănânce și nu să fie sufocați de anunțarea felurilor de mâncare tratate ca și cum ar fi fost cine știe ce capodopere. Însă continuau să dea din cap. Să suporte. Să-i zâmbească acelui bucătar băgăreț, iertându-l doar pentru că mâncărurile lui erau unele pe care fiecare gurmand de pe pământ le-ar fi mâncat bucuros și era un mare noroc să fie acolo, în oraşul M., şi să poată să-şi permită acele cine, acele seri, acele mărturisiri.

– Zilele trecute a venit aici... aţi înţeles cine, nu? Şi spune că trebuie să facem ca el, să investim în petrol şi gaze. Acesta e viitorul şi ni-l oferă pe o farfurie de argint foştii comunişti.

Savurară acele formidabile *lasagnette*. Însă cei doi comeseni îl priveau fix pe Genito.

– Pe unul din răpitori l-am şi văzut. Şi mi-a dat fotografia aceasta. Vreţi să o vedeţi? Nu e un spectacol potrivit pentru cină.

Obişnuita fotografie explicită ca să provoace plânsul familiei. Dar la masa aceea mâncau şi nu plângea nici unul dintre cei trei privindu-l pe Elvio Wolfson cu un lanţ la gât şi cu ziarul ţinut deschis.

– Cum i-ai convins, Corrado?

– Ceea ce contează e rezultatul, nu? Nu e aşa, *ingegner* Cucchi?

– Corrado, te rog, mă faci să mor de nelinişte, continuă Maretta.

– Să zicem că le-am propus un schimb şi l-au acceptat. A fost o negociere complexă, articulată şi fructuoasă.

– Vorbiţi ca un prieten de-al meu sindicalist, spuse Cucchi.

– Adică bani pentru ostatic, termenii discuţiei au rămas aceiaşi. Dar ăia voiau şaptezeci de milioane. Cum ai reuşit să cobori preţul până la zece, făcându-ne să economisim atât de mult? întrebă Maretta.

Genito nu răspunse. Se gândea că n-ar fi fost rău să-i dezvăluie neliniştitei şi neîncrezătoarei Miss Sorriso adevărul, adică: „În realitate, am încheiat partida la două virgulă patru și, deci, șapte milioane și șase sute de mii le pun, curate, în buzunarul meu. Pe Santa am plătit-o ieri și, deci, trebuie să adaug șase sute de mii pe alte cheltuieli. În plus, pentru dobitocii conduși de William, incapabilii ăia care locuiau provizoriu în Via Mac Mahon, va fi de ajuns cam o mână de mărunțiș. La sfârșit, dacă adaug răsplata mea, câștig în jur de treisprezece milioane de euro, însemnând că îmi urmez visul. Îmi deschid un hotel la Veneția, unde există unul dintre cele mai frumoase cazinouri din lume, și nu mai muncesc".

– Păi, spuse, am fost bun, dar e mai bine să nu știți ce aspecte au cântărit în negociere. Să spunem, dar nu-mi puneți întrebări, că și ei au câteva puncte slabe și acolo am introdus un fier incandescent ca să-mi câștig onorariul, care vă va fi, ca întotdeauna, facturat.

– Bani câștigați cu eleganță, Corrado. Și, în plus, ești o persoană care sper să ne rămână aproape pentru totdeauna. O întâlnire rară. Dar de ce ai ochii umezi? Nu credeam că ești unul care se emoționează ușor. Ai văzut, Pietrino, ce bărbat frumos? Se vede că a fost carabinier.

Celularul lui sună când era la jumătatea ultimei înghițituri de *lasagnetta*. Era celularul pentru urgențe, singurul deschis. Fie decenala lui logodnică, fie...

Era chiar William Chiodi, prietenul lui pungaș. Nici nu reuși să spună „alo", când celălalt, cam euforic, urlă:

– Unii vor banii în numerar, alții prin virament.

– Ce spui?

– Genito, sunt prietenul tău, îți amintești? Ne-am văzut la cramă, ne-ai dat o sarcină, apoi ai adus-o chiar pe splendoarea cu ţâţele imperiale şi îţi fac un raport în fiecare zi...

– Tocmai, acum e puţin cam noapte.

– Dar noaptea e scurtă pentru noi... un cântec de pe vremea noastră, îţi aminteşti? Vino pe la noi. Acasă la ştii tu cine. Dar pregăteşte-te de chestii frumoase, pentru că avem...

– Taci, îl întrerupse Genito, adăugând câteva înjurături. Sunt urmărit de poliţie şi poate şi interceptat.

– Hristoase! întrerupse legătura William Chiodi.

Genito îl sună din nou.

– Ascultă. Dacă trebuie să vin, ar fi mai bine ca nimeni să nu mă vadă? Asta vrei să-mi spui?

– Glumeşti? Nimeni nu trebuie să fie pe urmele tale, altfel intrăm cu toţii la mânăstire pentru mult, mult timp. Am făcut deja o „ridicare" specială, nu ştiu dacă mă înţelegi.

Genito simţi că îi fuge pământul de sub picioare. Termină vinul alb, înghiţi ascultând de cealaltă parte respiraţia schimbată a entuziastului William.

– Dar ce iniţiativă frumoasă aţi avut? N-aţi putut să mă anunţaţi înainte, nu? reuşi să îngaime.

– Ne-ai spus tu că aveam mână liberă şi unele ocazii, când trec, înţelege-mă din zbor, merită oprite. Excepţional, vei vedea, nici nu-ţi imaginezi ce am descoperit.

Cine ştie ce ridicaseră. Poate exista într-adevăt o curvă care făcuse înţelegerea cu răpitorii ca să-l înşele pe Wolfson. Sau poate altcineva, cineva care ştia.

– Bine, staţi liniştiţi, mai devreme sau mai târziu ne vedem.

– Nu ne ducem la culcare devreme şi apoi cinci la sută fac cinci sute.

– Nu.

– Da.

Închise telefonul în timp ce farfuriile dispăreau.

– Ce se mai întâmplă? întrebă Cucchi.

– Nu pot să răspund. Înţelegerea e că voi plătiţi şi eu muncesc. Dacă în continuare nu ştiţi nimic, e mai bine pentru toţi. Dacă într-o zi veţi fi interogaţi, nu veţi minţi şi veţi pune orice lucru în seama mea, e inclus în preţ.

– Înţeleg ce vreţi să spuneţi. E o emoţie pe care am simţit-o deja. Bagni şi Longino, când m-au audiat la Procuratură, m-au făcut bucăţi, spuse Cucchi.

– Trebuie să-mi fac griji pentru soţul meu? întrebă Maretta.

– Nu, eu trebuie să-mi fac griji pentru mine. Şi cu asta basta.

Rămăseseră ultimii în restaurant. Bucătarul Eupilio l-ar fi dat afară cu plăcere pe Genito, însă trei generaţii de înaltă şi primitoare gastronomie îl obligau să fie amabil.

– E de ajuns, domnilor, sau îmi permiteţi să vă sugerez pieptul de bibilică şi ficatul ei preparat cu vin Ghemme şi miez de nucă cu cepşoare glazurate cu miere?

– Cum e făcut? întrebă Genito.

– Vă rog?

– Până acum am mâncat foarte bine, aţi fost într-adevăr la înălţimea faimei dumneavoastră mondiale. E a doua oară când mănânc aici şi găsesc mâncărurile dumneavoastră excepţionale. Eram indecis între escalop de lup-de-mare cu rădăcină de mărar şi tocană de găinuşă-de-mare cu năut şi cu aromă de picioare de porc.

Dar acest piept de bibilică mă face curios. Cum îl preparaţi?

– Trucul este să scoţi membrana şi să pui miere când treci cepşoarele din tigaie în cuptor, pentru şase minute precise. Ficăţeii se prepară separat.

– Evident.

– Evident, desigur. La foc mare, două minute, adăugând nucile şi mirodenii. La sfârşit e bine să puneţi în farfurie, peste bibilică, sosul foarte cald.

– Bine, am să aleg bibilica. Aş schimba şi vinul, aş vrea un Amarone. Aveţi din vinăria Del Frate?

– Vă felicit pentru alegere, domnule. Am o rezervă din '98.

– Foarte bine.

– În afară de asta, ca să nu pierdeţi prea mult timp, cât aşteptăm bibilicile, ne puteţi descrie câteva deserturi potrivite ca să încheiem frumos această seară? De exemplu, prăjitura din făină de castane are un nume prea simplu ca să fie numai asta, nu-i aşa? A, dar înainte să avem plăcerea de a vă asculta, în bucătărie aveţi un ajutor?

– Este Fanny, şi fiica mea, Cristiana, care s-a întors de la un stagiu în Paris şi un tânăr irlandez...

– OK, OK, puteţi să-l întrebaţi pe ajutorul dumneavoastră irlandez dacă ştie să conducă un Porsche fără să îl lovească? Îi spuneţi să vină aici? Mulţumesc!

Era aproape ora 1.00 când, din curtea restaurantului, porniră în mare viteză spre şoseaua de centură maşina lui Cucchi şi rapidul Porsche al lui Genito. În mai puţin de două secunde, Genito şi Maretta Zara, aflaţi în maşina fiicei domnului Eupilio, un Mercedes CLK Cabrio, de o culoare roșie minunată, văzură automobilul Renault Mégane negru al agenților pornind pe o pistă care nu avea să-i ducă nicăieri.

– Bine, te conduc până la un taxi și rămân eu cu mașina. I-o vom da înapoi mâine.

– Dar unde te duci?

– Investigații. Telefonul de mai devreme. Eu trebuie să muncesc, tu mă plătești.

– Telefonul de mai devreme? Are legătură cu Elvio, am simțit asta, iar acum vin și eu.

– Nici vorbă, Maretta.

– Cum vrei. Dar dacă mă iei cu tine, îmi pun iar sutienul acela nou, cu bretele încrucișate, care-ți plăcea atât de mult la petrecere.

– Bine, să trecem pe la biroul meu.

– Atunci am dreptate, ești un maniac sexual.

– Ca să lăsăm banii, nu ne putem învârti cu zece milioane de euro prin orașul M., am fi inconștienți. Să ne grăbim, în scurtă vreme polițiștii nu se vor mai putea ține după Porsche și vor încerca să mă găsească în locurile unde merg de obicei, și unul dintre acestea e biroul meu.

– Acel *pied-à-terre*. Nu râde așa, știu că, până la urmă, te simți bine cu mine.

10

Genito parcă Mercedesul la două clădiri de casa Miei și, auzind în noapte tropăitul tocurilor Marettei, se gândi că, în fond, era adevărat, se simțea bine cu femeia aceea. De fapt, îl surprinsese. Nu era prostituata snoabă care i se păruse și i-ar fi plăcut să o păstreze și după ce avea să-și ducă la bun sfârșit însărcinarea, dar nu era cazul nici măcar să se gândească la asta. Sună la interfon.

Mia locuia într-un cartier de case construite pentru ceferiști după Primul Război Mondial. Ceferiștii își vânduseră, încet, încet, apartamentele și, astfel, pe scara A pătrunseseră niște angrosiști de droguri și hoți din cartier, iar la scara B se aranjaseră cinci sau șase familii de liber-profesioniști înspăimântați. Mia locuia la scara A, la etajul doi.

Coltrane, Orio și Pasquale tocmai își încălziseră o ceașcă de lapte cu biscuiți făcuți în casă de Mia. La sosirea Marettei, se înghesuiră să o salute, ignorându-l pe Genito. După ultimul telefon, rămăseseră supărați.

– În loc să ne mulțumești, ne-ai tras o săpuneală, protestă Mia.

– Suntem profesioniști, trebuie să ne tratezi mai bine, dacă nu eram noi, încă îl căutai pe Wolfson al tău, adăugă Pasquale, cu aerul satisfăcut al pisicii care a mâncat șoarecele.

Într-un colț al micii bucătării, era un bărbat legat de scaun. Acoperit la ochi și cu căluș în gură. Treaz. Atent. Desculț.

– Cine e grasul ăsta?

– Se numește Attilio Rallo.

– Nu știu cine e.

– Și ca Papero îți spune ceva?

– Porecla asta îmi spune ceva, da. Nu e cumva un pește?

– Ba da. Se ocupă de Dalia White, locul cu târfe de care îți spuneam. Acolo l-au răpit pe amicul tău Bomber, spuse William Chiodi. Era proaspăt bărbierit, avea o cămașă albastră, o haină gri care îi venea turnată.

„Se făcuse frumos pentru Maretta", se gândi Genito.

Maretta Zara era gata să reacționeze, dar consultantul de securitate îi puse un deget pe buze. Era mai bine, din mai multe motive, ca omul legat la ochi să nu știe cine era acolo.

Obținu tăcerea și, astfel, își făcu din nou auziți pașii.

– Și ce facem cu porcul ăsta? întrebă Genito, apropiindu-se de scaun și zdrobind cu tocul degetele de la piciorul stâng al lui Rallo.

Prizonierul se răsuci pe scaun și înghiți aer prin căluș.

– Pot să-l lovesc în testicule, să-l fac să simtă șocurile electrice, să-i dau medicamente care intensifică atât de tare durerea, încât îl vor face să creadă că e în infern.

– Poți să-i faci ce vrei, aici nu ne va auzi nimeni, minți Chiodi.

– Ai sculele?

– Da, le aduc imediat.

– De ce, aveai altă idee?

– Eu, răspunse Chiodi, făcându-i cu ochiul lui Genito, sunt pentru vechea şi obişnuita canistră de benzină. Cum a făcut el, cred, cu o biată fată care, apoi, când n-a mai fost utilă, a dispărut...

– Ce fată? Nu ştiu nimic despre povestea asta. Îmi explici pe urmă mai bine. Eu însă ziceam altceva. Cu ce scop îl torturăm? Ce trebuie să aflăm de la idiotu' ăsta? Tu, îl întrebă pe Coltrane, făcându-i, la rândul lui, cu ochiul, ce ai vrea mai exact de la grasul ăsta?

– Mă gândeam că ar putea să ne ducă la răpitori, pentru că am impresia că îi cunoaşte. Tu îl faci să vorbească, apoi sufli vestea poliţiei şi jocurile sunt făcute. Îl eliberează ei pe Wolfson şi suntem toţi mai bucuroşi. Dumneavoastră ce spuneţi, doamnă?

– Ar fi extraordinar, nu-i aşa, Corrado? răspunse Maretta.

Genito se arătă disperat.

– Îţi spusesem să nu vorbeşti, doamnă. Aici n-ai fost niciodată şi nimeni nu te-a văzut, aşa că linişte.

„Dar ce ideea naibii“, se gândi Genito. Reflectă ciocănind uşor cu degetul arătător în capul imobil al lui Rallo. Apoi hotărî.

– Aţi fost buni. Spuneţi-i doamnei ce răsplată vă promisesem.

– Şi o sută de mii de fiecare.

– Vezi cum cresc cheltuielile. Pot avea o cafea bună? Şi, acum că suntem aici, să-mi explice cineva cum aţi fost atât de eficienţi?

– Avem un maestru bun. Nu, nu pe tine, ci pe el, spuse Orio, arătând spre William Chiodi.

Orio povesti că s-a relaxat foarte bine la Dalia White, lăsându-se servit de o tipă la vreo patruzeci de ani din Foggia. Una care se simțea mult mai în elementul ei cu sacoșele de cumpărături, dar era divorțată, avea doi copii de întreținut, și așa, fără prea multe drame, decisese să refacă bugetul familial și să cumpere uneori *roast beef*, carne pe care o apreciase cu ani în urmă, când făcuse pe femeia de serviciu în casa unui consilier comunal. De la această biată fostă servitoare aflase Orio de existența unei curve foarte solicitate pentru masaje muzicale, una pe care și el, îi sugerase femeia, ar fi trebuit să o încerce imediat ce se va întoarce dintr-o călătorie. Pentru că avea o clientelă destul de sus-pusă.

Orio, promițând că se va întoarce a doua zi, dar că n-o voia pe fata muzicofilă, ci pe ea, o făcuse și mai fericită pe sărmana femeie. Îi lăsase o sută cincizeci de euro bacșiș și o simpatică strângere de țâțe.

Din confidență în confidență, cu alte bacșișuri și mâini pe țâțe, înțelesese cum fusese și cine comanda acel loc. În timp ce împreună cu William și Pasquale decideau ce ar fi fost mai oportun să facă, îl văzuseră venind pe Rallo, singur singurel, și puseseră mâna pe el.

– Corrado, scuză-mă puțin.

– Zi, William.

– Chiar ești interceptat?

– Da, dar nu la telefonul pe care ți l-am dat. Mă controlează, am lăsat câteva urme false intenționat, știu cum judecă și le-o iau înainte cu câțiva pași.

– Răspunsul tău nu mă linişteşte, insistă William Chiodi.

– Ţi-am promis o sută de mii de motive ca să fii puţintel mai relaxat, nu?

11

Bărbatul se agită pe scaun.

– Vrei să spui ceva? întrebă Genito.

Rallo rămase nemişcat, ca şi cum lua o decizie importantă, până la urmă, dădu din cap şi consultantul de securitate se apropie de urechea lui.

– Acum plecăm. Crezi că poţi să mă urmezi cuminţel sau trebuie să te droghez? Dacă vrei să mergi, dă din cap în semn că da.

Rallo înclină capul de două ori. Un vaiet terorizat îi ieşi din gură, umerii i se relaxară: ceda, înţelegeau asta cu toţii.

– Băieţi, mă duc să iau maşina şi vin. Mă ajutaţi să-l pun în maşină?

– Şi dacă înţelege unde a fost? întrebă Mia.

– Nu se va gândi să vă facă necazuri, nu vă faceţi griji. Îi ţineţi voi companie prietenei noastre?

– Nici vorbă, eu vin cu tine, spuse Maretta.

– Dar vrei să-l omori? întrebă Chiodi.

– Dacă nu fuge, nu. Voi încerca să-l fac să vorbească, am metoda mea.

– Trenul, ştiu.

– Da, trenul nu dă greş. Îmi dai puţină sfoară?

– E bun cablul de tractare al maşinii?

*

Genito o convinsese pe încăpăţânata de Maretta să-l aştepte în maşină şi-l împinsese pe pietrişul căii ferate pe bărbatul legat la ochi şi desculţ.

– Mergi, imbecilule.

– Unde mergem? Nu reuşesc să urc acest... acest deal, legat la ochi şi imobilizat, am şi blugii strâmţi, sunt fără pantofi, se plânse Rallo.

Lui Genito i se păru că mai trăise scena asta.

– Mişcă-ţi fundul, Papero, nu sunt obstacole, ordonă.

Şi această frază i se păru că o mai spusese. Dar unde şi când? „Cu siguranţă mintea joacă feste ciudate."

– Mi-e teamă că o să mă lovesc.

Genito ochi şi-l pocni pe peştele ăla cu o directă în mandibulă, punându-l la pământ.

– Crezi că poţi să te loveşti mai tare de atât? întrebă şi, luându-şi de pe umeri cablul de nailon, îl folosi ca să-l biciuiască zdravăn.

Blugii lui Rallo se pătară, nu se ţinu şi făcu pipi pe el.

– Acum eşti atât de scârbos, că dacă nu te mişti, în loc să te snopesc în bătaie, te împuşc şi gata.

– Oricum vrei să mă omori.

– Cine a spus asta? Ai făcut ceva pentru care ştii că ar trebui să te omor?

– N-am făcut nimic rău, am bordelul, am fost prieten cu Narduzzu, fie-i ţărâna uşoară.

– Taci şi mergi. Pe Narduzzu îl cunoşteam şi eu, şi de un prost ca tine nu mi-a vorbit niciodată. Nu eşti unul din vechea gardă.

Îşi făcură drum printre murii din pietrişul căii ferate.

– Tu te întrebi probabil cine sunt, spuse Genito.

– Ştiu cine eşti, noi ne-am mai întâlnit, răspunse Rallo.

Genito încetini. Parcă își aducea vag aminte. Își amintise că Rallo era un mâncău, și silueta masivă îi sugerase ceva, dar ce?

– Eu și cu tine? N-am avut niciodată de-a face cu peștii, cel puțin nu în ultimii douăzeci de ani.

– Gigamobilio, spuse bărbatul.

Și atunci, auzind cuvântul acela, Genito își aminti. Se apropie să se uite mai bine la prizonier și îi coborî puțin legătura de la ochi. Mijindu-i, îl văzu și îl recunoscu. Împreună cu doi sau trei tineri nebuni, cretinul acela încercase să-l șantajeze pe patronul unui imens magazin de mobilă și el, chemând în ajutor pe un fost interlop din zonă, rezolvase situația în felul lui. Îi veni chiar să râdă: Papero, într-un fel, îl salvase.

– Tu ești cel cu grenada, spuse. Pentru că Papero recuperase o grenadă, pregătită de unul dintre prietenii lui deficienți și o aruncase în acvariu, una dintre atracțiile de la Gigamobilio.

– Da, eu sunt. Ne-ai făcut și poze, îți amintești?

– Da, acum îmi amintesc tot. Din păcate, amândoi își aminteau tot. „Ce trebuie să fac?" se întrebă Genito, în timp ce deja celălalt îl implora:

– Acum, ca și atunci, eu mă conformez și nu vreau să știu nimic. Vreau doar să fac ce vreți tu și doamna, lăsați-mă să mă întorc acasă.

– Doamna nu e, nu puteam să o iau cu noi la plimbare. Suntem noi doi, o pereche frumoasă. Și am o întrebare. Dacă vrei să colaborezi, codoșule, de ce n-ai făcut-o mai devreme?

– Bine, bine. Să ne oprim, ajunge, n-are sens să mint. Aveți dreptate, am legătură cu răpirea lui Wolfson.

– Nu-mi place suspansul, continuă.

– N-am avut puterea să-i refuz pe unii pe care-i cunosc, doi bandiţi calabrezi, care se numesc unul Panarello şi celălalt îmi scapă, dar o să-mi amintesc... În fine, nu era prima oară când veneau gratis la sala mea, şi când, în ciuda tuturor atenţiilor mele, au aflat că venea acolo Wolfson, s-au lăcomit.

Cât timp trecuse de când îl torturase în Gigamobilio? Poate zece ani. Iată-i acolo, unul în faţa celuilalt. Unul care vorbea şi celălalt care asculta.

– M-au strâns cu uşa, m-au convins să risc. Wolfson, continuă Rallo, era un porc şi se ataşase de o fată, Viola o cheamă, sau aşa îşi spune, nu ştiu dacă e numele de botez. Astfel, când a revenit, calabrezii au pus mâna pe el fără măcar să-i lase timp să se urce pe patul de masaj. L-au luat de acolo, dar jur că nu ştiu unde e.

– Povestea asta nu ţine, spuse Genito şi-l lovi pe peşte sub centură, făcându-l să se îndoaie din genunchi.

Se apropie şi îl lovi cu cotul în obrazul stâng.

– Tu, un mizerabil codoş, şi doi calabrezi. Ca şi data trecută, tu şi doi băieţaşi. Şi vrei să te cred? întrebă, luându-l la şuturi în coaste. Spune-mi imediat cine e şeful.

Rallo plângea cu bărbia în piept, de parcă se aştepta să „fie împuşcat" în ceafă. Se puse în genunchi, nu mai reuşea să înţeleagă în ce direcţie era omul acela care nu-i lăsa nici o cale de scăpare. Înţelese când se trezi rănit de o piatră.

Genito trebuia să-l facă să cedeze şi reuşea. Dar, după cum ştia din sutele de interogatorii ilegale făcute, nu ajungea durerea fizică. Era nevoie de teama durerii anticipate. Teama unei morţi fragmentate. Neliniştea trebuia să devină un uragan, bărbatului bătut trebuia să i se ridice părul pe ceafă de spaimă.

– Cine e șeful? repetă.

– Am un număr de telefon. Ți-l dau, dar nu-mi face rău, știi că respect înțelegerile.

– Astea nu sunt înțelegeri.

Genito măsură cu palma lungimea cablului de tractat și, destul de greu, îl legă pe Rallo de liniile de tren.

– Nu mă omorî.

– Vreau să fiu sigur că nu m-ai mințit. Vezi, aici vine trenul și, dacă nu mă ajuți să înțeleg cum a fost, eu te las să fii făcut terci sub roți. Nu mă interesează deloc, Rallo. În acest moment eu spun mereu același lucru. *Ta-tam, ta-tam, ta-tam, ta-ta-tum, ta-tam.*

Rallo nu mai reacționa.

– Îmi place să imit zgomotele și să mă imit pe mine. Auzi liniștea. Odată, nopțile în Bovisa erau frumoase pentru că se lăsa liniștea, dar dacă ai auzul fin, încă o auzi. *Ta-tim, ta-tam.*

– Nu vreau să mor, n-am făcut nimic.

– În locul tău aș vorbi.

– Dar ce trebuie să-ți mai spun?

În fond, întrebarea era logică. Dar și în povestea cu lupul și mielul, cel care are dreptate e mielul și totuși e mâncat de lup.

– Începe prin a-mi da numărul de telefon.

Îl ascultă și notă. Apoi își aprinse o țigară și trase de câteva ori. Nu-l emoționa să domine prin teamă pe cineva, o făcuse de multe ori. Dar îi dădea satisfacție să-l domine pe unul ca Rallo.

– Și acum trebuie să-mi spui cine e în spate.

– Cum? Nu e nimeni în spate.

– Deci, ca să faceţi tot acest tămbălău sunteţi tu, Panarello şi Siddi, spuse Genito.

– Siddi? Cum de vorbeşti de Siddi?

– Bună întrebare.

– Eu n-am vorbit de Siddi.

– Tocmai, eşti un idiot de codoş. Auzi trenuleţul care te va mânca?

– Ce pot să fac mai mult? Te rog, ce trebuie să fac?

– Spune-mi cum stau în realitate lucrurile. Tu ai vreo legătură? Vreau adevărul.

– Bine.

– Bine ce? Da sau nu?

– Da, am legătură. Wolfson avea o pasiune pentru Viola.

– Nu-ţi bate joc de mine.

– Îţi jur, era nebun după ea, îi plăcea pentru că...

– Nu mă interesează viciile lui Wolfson. Spune-mi ce s-a întâmplat.

– Fata, la ordinul meu, a stabilit întâlnirea cu el într-o zi în care ştiam că domnişorul avea minutele numărate. Când a sosit, nu era nimeni, sala rămăsese deschisă numai pentru el. I-am spus că era un serviciu special, era muzica, era totul, era şi fata în bikini, şi când s-a apropiat, l-am dat pe mâna răpitorilor.

– L-ai dat pe mâna răpitorilor.

– Da.

– Tu te dai şef, însă bosul e altul, nu mă ajuţi deloc.

– Eliberează-mă.

– Trenul trece pe altă linie, nu-ţi face griji.

– La dracu', o ia la dreapta, trece pe unde sunt eu, aud zgomotul, Hristoase Dumnezeule!

– Spune-mi cine e șeful și te eliberez, altfel pa-pa, tâmpitule, îmi fumez liniștit țigara în timp ce tu devii un hamburger, spuse Genito. Sosirea trenului făcea să vibreze traversele.

Codoșul, cu pantalonii murdari de urină, fața mânjită de sânge, corpul plin de răni, sfoara în jurul încheieturilor, al gleznelor și al gâtului, încercă să se ridice înțelegând că ar fi fost inutil. Strânse din dinți, se smuci încă de două ori, nu era nimic de făcut și atunci urlă:

– Big Ben. Big Ben. Beniamino Panebianco. Șeful calabrezilor din Baggio.

– *'Ndrangheta* pură, spuse Genito.

– Dă-mi drumul, te rog, dă-mi drumul.

Un gând trecu prin mintea consultantului de securitate: „La naiba, am reușit. Prietenii mei au descoperit locul unde Wolfson a fost răpit, eu l-am făcut pe cintezoi să cânte și cazul e închis".

– Cazul e închis, spuse cu voce tare.

– Da, cazul e închis. Dau totul în scris, nu voi spune nimic despre noaptea asta. Am înțeles cine ești. Ești unul din serviciile secrete. Bine, nu-ți face griji, vorbesc la tribunal, vorbesc unde vrei, lasă-mă să trăiesc.

– Aș putea să-ți dau drumul și să chem carabinierii.

– Te rog, da. Cheamă carabinierii, dar lasă-mă să trăiesc. Lasă-mă să trăiesc.

– Ai o viață de rahat, spuse, scuipă pe micul zid și se apropie de bărbatul care încerca să se elibereze de sfoară, dar pe urmă îi întoarse spatele. Rallo știa prea multe. Iar el trebuia să-și apere identitatea, îi trebuiseră ani întregi să fie un om cu viață triplă: înăuntrul statului, în afara statului, în serviciul statelor, înăuntrul legii, în afara legii, în serviciul cui putea să plătească ca să-şi pună competenţele într-o direcţie foarte precisă, pe o cale ferată. Ca un tren de marfă.

Ca acel tren de marfă care îşi continuă cursa şi nu frână. Genito aşteptă să vadă ultimul vagon dispărând în noapte, aruncă o privire spre balta de sânge care se formase şi coborî de pe pietriş.

– Din păcate, nu putea să meargă decât aşa, spuse, aruncând ţigara.

Ştia că nu era adevărat în timp ce se uita la pantofii plini de noroi. Continuă să mintă, nu doar pe el însuşi, dar şi pe Maretta Zara.

– Mi-a scăpat, idiotul ăla gras şi scârbos s-a ascuns într-un tufiş şi nu l-am mai găsit, era întuneric, îi spuse.

– L-ai lăsat să scape pe omul care ştie...

– Nu ştia nimic, taci din gură.

– Dar...

– Taci. Din gură. Clar, târfă?

Maretta nu încercă nici măcar să-l privească. Îi fusese de ajuns să audă tonul vocii ca să înţeleagă că trebuia să i se supună. Acelui necunoscut. Acelui bărbat care i-o trăsese şi avea încheieturile degetelor roşii şi doi ochi fără reflexe. Aşteptă să se calmeze. Fără să deschidă gura.

– Ascultă, Maretta, ăla, spuse Genito, ştia doar că pe soţul tău l-au răpit Panarello şi Siddi, ca să vezi ce noutate. Numele sunt în raportul pe care mi l-ai adus tu. Oricum, Rallo îmi plăteşte fuga asta cu dobândă, îl prind din nou când vreau, acum că ştim cine e.

– Bine.

– Bine?

– Da, te deranjează să mă duci acasă?

– Să nu-ţi fie frică de mine. Vrei să mă întrebi ceva?

– Şi unde îl prinzi pe Rallo dacă ţi-a scăpat?

– Nu e problema ta, Maretta. Poate a luat-o la fugă şi poate a căzut sub vreun tren. Ce ştim noi? Dar nu e important să-l găsim pe el, e important ca duminică soţul tău să fie liber. Şi va fi. Ar putea chiar să dea semnalul de start pentru Marele Premiu.

Maretta etală cea mai bună privire de Miss Sorriso.

– Semnalul de start...

– Da, gândeşte-te ce lovitură ar fi. Abia scăpat dintr-o răpire, iată-l pe Elvio Wolfson făcând şi un tur de pistă pe autodromul din Monza. Ei? Legendar!

Genito porni şi Mercedesul alunecă de-a lungul unei străzi cu puţine lumini. Câteva minute fură de ajuns pentru ca Maretta să se linişească.

– Nu vrei să vii la mine în noaptea asta, Corrado?

– Nu, trebuie să mă concentrez asupra a ce rămâne de pus la punct pentru plata răscumpărării.

– Mulţumesc pentru tot ce faci.

– M-ai plătit bine, nu te teme, dar nu fi atât de politicoasă, nu e nevoie.

– Mulţumesc oricum, eşti o persoană care-şi face serios meseria.

– Meseria mea, dădu din cap Genito, conducând spre centrul oraşului M.

– Înainte să mă duci acasă, lasă-mă să văd locul unde se ducea Elvio la curve. Te rog.

– Dacă ţii neapărat. Genito schimbă direcţia şi se gândi la acel bărbat vicios, care cu o soţie ca aceea se ducea să caute iubire pe bani.

– Dar soţul tău...

– Spune-mi.

– E sănătos, da?

– Nu ştiu ce vrei să spui.

– Îl iubeşti, Maretta?

– Nu ştiu ce vrei să spui, repetă.

Câţiva chinezi mâncau în stradă, toţi din acelaşi recipient, o mâncare gălbuie.

12

Bagni şi Cinerino coborâseră din maşina condusă de Cane, care rămăsese la volan şi ar fi intervenit numai în caz de nevoie.

Fusese destul de uşor să intre pe fereastra băii de la Dalia White, dar un ciobănesc german alergase spre ei lătrând şi arătându-şi dinţii lungi de cinci centimetri. Se închiseră în baie auzind unghiile rapide zgâriind uşa.

– Nenorocitul ăla de Lando, spuse Cinerino.

– Poate nu ştia.

– Dobitocul, o fi făcut-o intenţionat. Şi acum? Ce zici? Ies şi-l împuşc pe câine?

– Da, aşa suntem siguri că nimeni nu-şi va da seama de vizita noastră. Ştii ce trebuie să facem, nu?

Cinerino bombăni înjurături atroce, îşi dezlegă cravata şi îşi descheie nasturii de la cămaşă. În câteva minute, cei doi poliţişti se dezbrăcară complet.

– Nu vorbi nici dacă te miroase. Oricum, îl ai aşa de mic, că nu ţi-l va mânca.

Era o veche şmecherie, învăţată de la hoţii de case. Câinii, dacă nu sunt foarte dresaţi, rămân dezorientaţi în faţa oamenilor goi. Trebuie doar să nu te agiţi când vin să adulmece, scrâşnind din dinţi, şi printre picioare. Însă ei o mai făcuseră şi în alte dăţi şi nu le era frică de muşcături care n-ar fi avut loc.

– Aproape sigur nu muşcă.

– Aproape.

Deschiseră foarte încet uşa băii şi lătrăturile se diminuară.

Mirosiţi şi linşi, cei doi poliţişti încercară să se mişte şi câinele îi urmă dând din coadă.

– Acum ne iubeşte, nenorocitu' ăsta.

Încercară să pună un microfon sub masa din încăperea care trebuia să fie biroul lui Attilio Rallo.

– Dar chiar e dobitoc, spuse Cinerino.

– La naiba, l-a mâncat.

– Nu mai auzisem de un câine care mănâncă microfoane. L-or fi dresat serviciile secrete.

– Încetează cu prostiile, la cât costă microfoanele astea...

– Cum o să ni-l deconteze dacă n-a fost aprobat?

– Încearcă să pui altul că eu îl duc pe câine la plimbare. Vino aici, frumosule, hai, spuse Bagni, apucându-l de ceafă şi ducându-l spre sala de sport.

Cinerino plasă ştecărul fals în priza unei lămpi. Şi, deşi câinele adulmeca prin preajmă, munceau în linişte cât timp aveau nevoie.

Se duseră să arunce o privire prin sala de sport. Paturi şi paravane, paravane şi paturi şi, în fund, câteva spaliere suedeze şi câteva greutăţi.

– Seamănă cu o cazarmă.

– E o cazarmă, în loc de soldaţi sunt femei soldat şi în loc să mărşăluiască, trândăvesc. Fă-mi o favoare, îmbracă-te, că mă tulbură să te văd gol lângă mine, aici, înăuntru, şi ieşi. Vin şi eu în curând.

Se opri să vadă acea dispunere de separeuri. Îşi închipui care era patul Valentinei, care îşi spunea Viola, şi se duse să se întindă pe el. Se trezi gândindu-se la cât de uşor se poate degrada o fiinţă umană. Se gândea adesea că fericirea nu se naşte din raţiune şi din inteligenţă, ci din pasiuni: „Pasiunile sunt cele care ne fac să ne simţim vii, dar când pasiunile ne orbesc şi devin viciu, atunci orice fericire dispare. Să-ţi stăpâneşti pasiunea, asta trebuie să ştii să faci".

Era un îndemn pentru el însuşi. Se gândi şi că Valentina fusese deşteaptă: „Cu cântecele ei voia să facă rost de ceva bani, dar s-a apropiat fără să ştie de bestiile feroce care-l devorează pe Wolfson... Unul ca el, bogat şi faimos, se împrieteneşte cu o prostituată, care seamănă cumva cu soţia lui, Maretta, numai dacă are ceva de ascuns. Şi printre lucrurile pe care le ascunde este această manie de a-şi cumpăra femeile, chiar şi fetele însărcinate. Bestiile feroce pe care le avea înlăuntrul său l-au făcut să întâlnească bestiile feroce ale lui Rallo şi ale prietenilor lui. De câte ori se întâmplă. Mâine, primul lucru, trebuie să întreb ce s-a ales de cererea de a primi toate desfăşurătoarele cu telefoanele primite şi date din acest loc mizerabil. Cea mai mare parte vor fi clienţi, dar poate găsim legătura cu vreun dobitoc care trebuie să-l fi ajutat pe peşte să o omoare pe fată. Şi de data asta vreau emoţia unui arest cu pistolul în mână şi muniţia pe ţeavă".

Se dădu jos de pe pat simţindu-se puţin mai bine. Să te gândeşti, în linişte, nu era niciodată un lucru rău.

Via Mac Mahon era populată de chinezi care, ciugulind mâncare albă din cutii de carton, se duceau să muncească în fabrici ilegale. Cane şi Cinerino fumau o ţigară.

– Eu l-aş omorî cu mâinile mele pe Rallo.

– Nu mi-aş murdări mâinile cu unul ca ăsta. Dacă aş putea, l-aş omorî cu picioarele.

– În schimb, îl omorâm cu anchetele. Şi să sperăm că Lando o face să vorbească pe prietenuţa lui, spuse Bagni, observând o umbră şi o maşină scumpă. Era un Mercedes roşu, şi la volan i se păru că-l recunoaşte pe...

– Corrado, urlă, în timp ce bărbatul, auzindu-se recunoscut, frână. Şi coborî din maşină.

– Hei, France, în ture de noapte ca pe vremuri, spuse Corrado Genito.

Îşi strânseră mâinile şi Bagni observă că prietenul său avea pantofii foarte plini de noroi, care nu se potriveau deloc cu îmbrăcămintea îngrijită. Şi avea un semn pe încheieturile degetelor. Poate dăduse câţiva pumni. Se prefăcu că nu observă nimic ciudat.

– Nu e Clara, nu?

– Nu, e soţia lui Wolfson.

– Poate e mai bine să întrerupem conversaţia aici, ce zici?

– N-am nimic de ascuns.

– Nu? Hai, Corrado, nu-ţi bate joc de mine. Ce faci aici?

De câte ori îl privise pe Genito în ochi, bând o bere sau un pahar de vin bun? Îşi aminti că, la puţin timp după ce ieşise din poliţie, Genito intrase într-o mare companie ca manager, să se ocupe de securitate. Dar după trei luni îl invitase la masă şi se descărcase:

– Între noi, poliţiştii, îi spusese, eşti obişnuit ca, dacă deschizi uşa biroului de alături, să găseşti un coleg, nu pe unul care vrea să-ţi facă pantofii. Un simplu carabinier e mai liber decât un manager. Eu, când eram căpitan, am făcut raport împotriva unui colonel şi nimeni nu mi-a făcut nimic, era un drept de-al meu şi o datorie. Acolo e diferit. I-am explicat şefului de personal că unul de la Serviciul de achiziţii ia mită de la furnizori şi mi s-a spus că eu trebuie să mă ocup de posibila infiltrare a teroriştilor în companie, nu de chestiuni de buget. Şi că dacă insist prea mult, îmi pierd postul. Mă concediază.

Cine ştie de ce îşi amintea de acea seară terminată în faţa prea multor pahare. Poate pentru că ochii lui Genito nu erau aceiaşi. Nu trăda nici cea mai mică emoţie în timp ce îl întreba:

– Aş putea să-ţi pun aceeaşi întrebare. Uma e bine? Acasă?

– Mulţumesc, e totul bine. Eu sunt aici pentru o anchetă despre o fată moartă, acesta e locul unde făcea pe prostituata, ştii ceva despre asta, Corrado? insistă Bagni.

– Nu ştiu despre ce vorbeşti, fu răspunsul.

– Mi-a făcut plăcere să te văd, spuse inspectorul.

– Scuze, Francesco, tu tot poliţist eşti.

– Ştiu, ţine minte însă că tu pentru mine eşti în continuare un prieten.

Bagni îl privi îndepărtându-se. Ceilalţi doi colegi veniră lângă el.

– Era Genito?

– Da, era surprins să ne vadă aici.

– Poate e o coincidenţă sau îl căuta şi el pe Rallo sau pe vreuna dintre curvele lui?

– Nu ştiu. Teoretic n-ar trebui să ştie nimic de locul acesta şi despre peşti. Bineînţeles că mi-a făcut o impresie ciudată să-l văd apărând aici.

– Nu subevalua nasul creierului, spuse Cinerino, urcându-se în maşină.

Maretta privea fix înainte.

– Ăla nu era Bagni?

– Ba da. Te-a recunoscut, poţi să te relaxezi.

– Şi ce făcea acolo?

– Nu ştiu, mi-ar plăcea să ştiu dacă a venit aici datorită investigaţiilor lui sau urmărindu-mă pe mine, spuse liniştit, însă gândul îi alerga cu viteză.

Reparcursese în minte ce se întâmplase. Se auzise strigat, îl recunoscuse imediat, strângere de mâini şi – alarmă roşie – poliţistul observase pantofii murdari de noroi. Câteva fraze de convenienţă, dar Bagni nu credea că era acolo din întâmplare şi, ca să-l contrazică, îi spusese: „Scuze, Francesco, tu tot poliţist eşti". „Ştiu, ţine minte însă că tu pentru mine eşti în continuare un prieten", fusese răspunsul şi Genito ştia că era adevărat. Bagni era o persoană foarte de treabă, în afară de câteva tâmpenii, „dar cine are o viaţă fără tâmpenii să ridice primul piatra", se gândi Genito.

„Trebuie să fiu foarte atent, îşi spuse. Din fericire, m-au ajutat persoane de nesuspectat. În noaptea asta scap de pantofii ăştia, îl anunţ pe William să cumpere un alt cablu de tractat şi dispar din circulaţie. Poimâine e ziua cea mare."

– Hai să facem aşa, Maretta. Urc, dar apoi îţi las maşina să i-o înapoiezi fiicei lui Eupilio.

– Fă-mi ce vrei, spuse Maretta, întinzându-se pe patul matrimonial uriaş.

– S-ar putea să regreţi, răspunse Genito.

– Nu e nimic ce n-am făcut sau nu mi s-a făcut deja. Mai devreme m-ai făcut curvă.

– Nu eşti curva mea, ai fost curva soţului tău.

– Ieşi, te rog!

– E târziu să spui asta. Vino aici.

– Ieşi!

– Termină şi dezbracă-te, ţi-o cer în genunchi, curvă dulce.

Când Maretta deschise celularul, descoperi că era plin de mesaje. Două prietene o înştiinţau că un site web publicase „lucruri halucinante“.

Maretta se ridică din pat, în timp ce Genito se îmbrăca, şi pornise computerul. Nu-i venea să-şi creadă ochilor.

– Corrado, tu eşti foarte însurat, aşa e?

– Ce e, o propunere de logodnă?

– Vino aici, priveşte.

Genito văzu un ecran împărţit în şase secţiuni cu tot atâtea fotografii de la petrecerea cu „cauciucuri-model“. Recunoscu site-ul: era administrat de un fost prezentator cu legături pe lângă serviciile secrete. Pe acele pagini electronice apăreau adesea, printre un sân descoperit şi o bârfă despre viaţa privată a vreunui cântăreţ, unele mesaje pentru oameni politici şi industriaşi. De acolo aflai cine era la modă şi cine nu.

Prima imagine, imensă, în jurul căreia se conturau celelalte, era un prim-plan cu ea şi Genito care se sărutau. Titlul, pe trei rânduri, nu lăsa urme de îndoială:

> În timp ce soţul suferă în închisoarea mafiei,
> frumoasa Maretta Wolftetten îi suflă petrecerea
> şi câştigă o cursă cu un bărbat misterios.

Dând clic pe titlu, se deschidea o lungă serie de fotografii. Ultima era în interiorul băii unde se duseseră împreună. Şi paparazzo-ul îi păcălise datorită unei pelicule foarte sensibile care lăsa să se înţeleagă ce făcuseră.

Era un site pe care Clara îl consulta adesea.

Genito se uită la celularul lui.

Nici un mesaj.

Încercă să o caute pe Clara. Avea cele două celulare închise. Nu era acasă, nici în birou. Ştia. Văzuse.

– Îmi pare rău, spuse Maretta.

– Mie, în cele din urmă, nu, spuse Genito. Faţa mea nu se vede, au scris că sunt un „bărbat misterios“, voi găsi argumentele potrivite pentru responsabilii site-ului ca să rămân la fel. Stai liniştită.

– Şi soţia ta?

– Acum, am alte urgenţe.

13

Când Bagni se întoarse acasă, cerul nopții murea și se deschidea în niște zori lăptoși, neobișnuiți chiar și pentru orașul M. Încercă să se strecoare sub așternuturi fără să facă zgomot: însă Uma veghea.

– Ți-am spus că e o săptămână fecundă, chiar în zilele astea trebuie să faci investigațiile? Lasă-i și pe ceilalți să muncească puțin. Unde ai fost?

– Dacă îți spun, mă lovești.

– Din păcate, m-ai obișnuit cu de toate.

– Într-o casă de rendez-vous.

Uma nu mai avea încredere deplină în fidelitatea logodnicului ei.

– Satisfăcut?

– Nu. Nu erau fetele, doar Cinerino care, după cum știi, nu e genul meu.

Uma porni de la telecomandă, la volum minim, combina muzicală. Era una dintre compilațiile făcute de Valentina, o serie de piese descărcate, probabil, de pe internet, cu un mic cor de suspine sentimentale.

„Cine știe cărui tip de client îi era dedicată muzica aceea. Și care erau animalele alea care se duceau să se lase atinse de o fată însărcinată?“ se întrebă Bagni.

Din aparat se prelungea în aer nota unei trompete sincopate, un ton jos pe care mama aspirantă îl aprecie.

– Hai, Uma.

– Nu face mutre, France.

– Dar sunt chiar obosit.

– În fiecare celulă?

– Mai mult. Am sufletul obosit.

Uma încetă să mai glumească.

– În ce necaz ai intrat? E ceva ce-l priveşte pe Wolfson? Sau pe prietena ta?

– Nu, nu mi-e bine din cauza unei fete. Omorâtă. Uneori, noi, poliţiştii, băgăm mâinile în abisuri, munca n-o aduc cu mine acasă, acasă eşti tu, suntem noi doi, şi atât.

– Corect, noi doi, şi ceva ce se va naşte din noi. Îmi pare rău pentru fată. Îţi aduc ceva de băut, spuse Uma.

Se întoarse cu un mic pahar de Barolo Chinato, un vin aromat pe care-l băuseră în timpul unei excursii în Langhe. Îl lăsă să bea foarte încet lichidul închis la culoare, se apropie de el şi începu să-l sărute cu pasiune.

– O, Doamne, o, Doamne, ce avem noi aici? Un grup de celule care nu reuşeşte să crească, râse, cu râsul ei răguşit, buzele atât de frumoase, buzele cele mai frumoase pe care Bagni le sărutase vreodată.

– Hai, France, aşa, stând întinşi, vei vedea că nu e rău dacă urmezi ritmul muzicii.

– Şi tu cu chestia asta.

Deveni rigidă.

– Cum şi tu? Pe cine cunoşti care vrea muzică?

– Ei, hai, apoi o sărută.

„Ce ştiu femeile de noi, bărbaţii, reuşim să uităm numai luându-le în braţe? Uite de ce rămân cu Uma, pentru că alături de ea uit de tot restul. Cu Velia tot restul mă apasă pe umeri."

– Hai, France, urmează ritmul, cum fac băieții senegalezi. Aprind o lumânare, lângă saltea, și merg înainte, cu muzica, până când lumânarea se stinge.

Nu vru să afle cum de Uma știa asta și de ce i-o spunea chiar atunci. Urmări ritmul trompetei.

„Să urmezi ritmul. Cât drum ai parcurs în aceste luni, Castiglioni Valentina, în vârstă de douăzeci și trei de ani? Ai plecat cu copilul cine știe cui în pântece, da, o fi al acelui animal zis Cățeluș, te duseseși să-l întrebi ce credea despre tine, ți-a spus că erai slabă și nebună, mititico. Mama ta a făcut denunț după două zile în care nu te-ai întors să dormi acasă, mai fugiseși și în alte dăți...

Să urmezi ritmul. M-am întrebat de ce una ca tine ajunsese într-un necaz, de ce nu te duseseși să muncești într-o discotecă, într-un pub, într-un restaurant, într-un club de vacanță. O fată putea să găsească de muncă înainte de începutul verii. Acum am răspunsul. Erai însărcinată, ce puteai să faci? Voiai să aperi „acel lucru". Într-un fel, îl protejai. Vedeai trecând clienții ca niște câini flămânzi care parcă așteptau să le arunci un os. Iubeai muzica și Uma are dreptate, acum știu și eu bine, asta e muzică pentru sex și fantezie. Și tu la ce visai? Care era visul tău?

Să urmezi ritmul. Mama Valentinei a fost înștiințată, microfonul e în funcțiune, acum putem să-ți facem public chipul de fată frumoasă și moartă. Ca să vedem ce efect va avea înăuntru la Dalia White."

– Dacă urmezi muzica și nu stai să rumegi despre cine știe ce, devii un tăuraș, îi spuse Uma, ridicând capul transpirat de pe perna unde se trântise, desfăcând picioarele.

Foarte teatrală, Uma.

Voia să fie o soţie bună, el – un soţ bun, puteau să reuşească. Puteau să reuşească?

Velia nu reuşise, nu-şi dorise altceva decât un soţ şi copii, dar căsnicia ei se ducea pe apa sâmbetei.

După alte trei cântece, viitoarea soţie a lui Bagni adormise în patul nefăcut. Bee Gees, pe care nu-i mai asculta de ani de zile, avuseseră un efect de valium.

Viitorul soţ, în schimb, se ridică. Se duse la fereastră. Oraşul M. se desfăşura la vreo zece metri mai jos: era un oraş unde întâlneai cunoştinţe, dar nu prieteni, unde exista mult sex uşor, dar era dificil să găseşti iubirea, unde circulau mulţi bani, dar era imposibil să devii bogat fără să-ţi sacrifici propria existenţă sau să-i înşeli pe alţii. Poate toate oraşele devin un rahat de ciment când treci de o anumită vârstă, când începi să-ţi trădezi visele, să încetezi să ţii cont de ce vrei şi cine eşti. Când te adaptezi.

Se duse să caute prin cutiile cu cărţi şi o găsi. Era fotografia, reapărută la recenta mutare, a bătrânului mergând prin zăpadă. O făcuseră la Geneva doi copii la ieşirea de la şcoală. Ce se alesese de acel băiat care visa să devină scriitor şi devenise poliţist?

Dezactivase soneria telefonului. Îl văzu iluminându-se. Era un mesaj de la Enrico Landolfi: „Răpirea Wolfson legată de ucidere fată. În birou la 8.00“.

Bagni trebui să-l citească de două ori. Genito ştia lucruri pe care ei nu le ştiau încă. Trecuse pe la Dalia White cu soţia celui răpit.

Trebuia să o informeze pe Velia Longino. Trebuia să-l informeze pe șeful echipei mobile. Trebuia să facă atâtea lucruri necesare, dar se uită la ceas și era 6.30, sâmbăta, contururile caselor erau deja luminate, se auzea câte un claxon.

Lăsă jos celularul și pregăti un mic dejun colosal, cu salam și brânză și, încet, încet, mâncă destul de multă pâine integrală feliată.

14

Genito ieşi din casa Marettei Zara ca şi cum era bărbatul cel mai senin din univers. Se făcea ziuă şi deja se simţea căldura.

Aşteptă taxiul pe trotuar. Controlă că e urmărit de „coadă“ şi se duse la birou. Deschise două dintre cele patru seifuri. Dintr-unul luă câteva arme. Din celălalt banii pentru răscumpărare.

Recapitulă. Îi plătise Santei cu o zi înainte în galerie, în spate, la Switati, şase sute de mii. Apoi cinci sute de mii pentru William şi „secunzi“. Două milioane şi patru sute de mii pentru nenorociţii de răpitori. Trei milioane şi jumătate pentru cheltuieli.

„Îmi plac cifrele rotunde“, îşi spuse, gândindu-se că-i rămâneau exact unsprezece milioane şi jumătate de euro.

O sună pe Clara şi auzi un limpede:

– Du-te dracului.

„Du-te dracului tu şi viaţa pe care ne-am ales-o“, se gândi, dar spuse:

– Suntem milionari.

Nu-i plăcu răspunsul, încercă să vorbească, însă Clara îi închise telefonul în nas.

Se duse, fredonând *Aida*, în apartamentul alăturat. Se schimbă, se îmbătrâni, şi, imediat ce fu gata, luă un taxi până la Gara Centrală, unde aruncă într-un coş de gunoi pantofii murdari de noroiul în care murise Rallo.

„Unde l-am omorât“, se corectă.

Şi, mai întâi cu metroul până la dom, apoi cu un taxi şi un autobuz, ajunse la casa lui Pedro, peruanul prieten cu omul lui de serviciu filipinez.

Urmară saluturi, voci, copii, familie, culoare, miros de caca din scutecul ultimului născut. Era ceea ce voia. Puse sub pat armele şi banii. Citi aproape o sută de pagini din *Soția campionului.*

Nu erau deloc rele unele descrieri feminine, dar avusese dreptate librarul: prea multe puncte de exclamare, prea mult făcut din ochi către cititor şi, pe urmă, cum putea, în realitate, să se apropie o fetiță de un campion mondial care se bătea pentru a-şi apăra, pentru ultima dată, titlul? Poate pe Wolfson îl inspirase curva de la Dalia White.

Se duse la uşă şi ceru de mâncare. În sfârşit, adormi ca un copil.

15

Inspectorul Enrico Landolfi, în biroul plin de oameni, ca niciodată sâmbăta dimineaţa, încercă să glumească:

– Nu m-am gândit niciodată la ce vom studia pentru a obţine decontul tuturor cheltuielilor întâmpinate. Ieri-seară ne-am dus la L.A. Confidential, numai o sticlă de şampanie costă trei sute de euro, le spuse celorlalţi.

Le privi feţele şi adăugă imediat:

– OK, OK, nu vă pot păcăli.

– Tocmai, nu face pe şmecherul, gărzile sunt colegi, deci n-ai plătit nimic, acolo plătesc numai străinii şi fotbaliştii.

– Cincizeci de euro pentru băuturi am cheltuit. Însă ce stres să văd printre canapeluţe aceleaşi feţe pe care le văd şi la birou.

– Scurteaz-o, Lando, ce ai descoperit mai important decât scula ta? Bagni nu vrea să ne spună, zise Cinerino.

– Wolfson, răspunse Enrico Landolfi.

Aşteptă ca tăcerea să se lase peste birou.

– N-am închis un ochi. Au omorât-o pe Castiglioni Valentina pentru că ştia de răpirea lui Elvio Wolfson.

În bâzâitul unui ventilator portabil, deschis în biroul alăturat, poliţiştii îşi ţineau respiraţia. Landolfi se ridică din nou, trecându-şi mâna pe sub nas.

– Cine plătește pariul? Am aflat eu mai mult decât microfoanele voastre, nu? Plătește tu, Cinerino, și-ți spun restul.

– Nu face pe tâmpitul, Lando, nu mai e momentul să glumești, spuse Bagni.

– Am aflat când ți-am trimis mesajul, după o noapte întreagă de plâns și balamuc. Serena era terorizată, acum știe că sunt polițist... A trebuit să-i spun, dar stați liniștiți, e închisă la mine acasă. Și nu intenționează să plece.

– O curvă cu care ți-o tragi și care e martorul unei crime e acum la tine acasă? Trebuie să fii nebun. Ce veți spune la proces, hm?

– Du-te dracului, Cinerino, eu cel puțin nu sunt însurat.

– Terminați, ordonă Bagni.

– Ești nervos, șefule?

– Devin nervos pentru că încă e în libertate un pește asasin. Lando, dă-i bătaie, răspunse sec.

– Bine. A fost și este un haos la Dalia White. Nu știu dacă interceptările vor spune ce s-a întâmplat, dar era teroare acolo.

Povesti că în urmă cu câteva luni – așa spusese botoasa – sosise un super VIP. Misterios. Prieten favorizat. Închiseseră clienții și fetele în separeuri și în cabinele de masaj, și acest tip se dusese la Viola. Ținându-și ochelarii de soare la ochi.

Viola îl recunoscuse imediat. Îi ceruse și autograf, era Bomber Wolfson. Da, acolo se duceau destui fotbaliști, actori, lume din televiziune care ajunge pe paginile ziarelor. Curvele nu mai făceau caz de asta.

Valentina – cel puțin așa spusese Serena – alesese ca prim „masaj erotic muzical" pentru domnișorul Elvio nimic altceva decât o piesă de Samuel Barber, *Adagio for strings*, o muzică pusă adesea la televizor ca un comentariu la tragedii, morţi, catastrofe.

– Pare imposibil să te gândeşti la anumite lucruri auzind o astfel de muzică, dar cine ştie. Un alt CD pe care-l folosea era cu *Goldberg variations* de Bach. Şi punctul maxim, Genesis, pe care îl adusese el. Plătea foarte bine, mi-a spus Serena, pretindea ca masajul să dureze mult, foarte mult. Poate, dat fiind că era unul care era mereu pe fugă, pe circuite şi în viaţă, voia să scape de orice grabă pe acel pat, sub acele mângâieri, între acele degete, privind acei ochi.

– Poţi să o scurtezi, Lando?

Landolfi reluă povestea pe care i-o spusese Serena, şi anume că Wolfson se întorsese şi în alte dăţi şi, când Valentina nu mai reuşise să ascundă că era însărcinată, îi ceruse în mod expres să facă dragoste.

– Dar Valentina, continuă Lando, nu voia. Dimpotrivă, după Serena, alesese salonul de masaje tocmai ca să facă bani fără să supună copilul vreunui risc. Se pare că îşi căutase deja de lucru, dar întâlnise un tip care pusese mâinile pe ea. Apoi vrusese să lucreze în localurile de *lap dance,* dar nici acolo n-ar fi trebuit doar să danseze. De aceea, până la urmă, ajunsese la Dalia White. Oricât de scârboasă era acea muncă, era vorba de masaje. Şi cu nimeni nu avusese probleme, în afară de Wolfson. Vorbise despre asta şi cu Rallo şi o convinsese să se prefacă că spune da şi să-i dea excitatului Wolfson o întâlnire, într-o zi anume. Toate fetele fuseseră trimise acasă. Şi apoi, în acea zi, Wolfson a dispărut.

– Serena a jurat că nu va vorbi, dar într-o dimineaţă Valentina a izbucnit într-o criză de nervi, a urlat să n-o mai întrebe niciodată nimic, să uite, să nu se mai intereseze. „N-o mai văzusem niciodată așa“, mi-a spus.

– Și apoi?

– Și apoi a continuat să primească clienți, să facă ce făcea, până când, pe neașteptate, a dispărut și ea în neant și pe nici una dintre fete nu a interesat-o soarta ei.

– Și Rallo?

– A spus că și-a dat demisia ca să se ducă să nască în Piemonte, la o mătușă. Dar Serena nu l-a crezut.

– Când a dispărut?

– Cu o zi înainte de găsirea corpului ei lângă șoseaua de centură, răspunse Landolfi. Am verificat.

– Zi... Botoasa poate să pună într-un proces-verbal tot ce ți-a spus?

– Evident, am vorbit despre asta. Am și înregistrat-o pe furiș. N-a fost frumos.

– Lando, ai fost extraordinar, îl lăudă Bagni. Unde o punem să-l scrie? O poți aduce aici? Cane, ocupă-te tu de asta, fă-o să-ți povestească, în ordine cronologică, totul, fără să sari la concluzii. Eu alerg la șeful poliției.

De parcă fusese evocat de acel cuvânt, Puccio Elìa, elegantul secretar al șefului poliției, deschise larg ușa de la secția Omucideri.

– Nu vă mișcați de aici, sosește numărul unu.

Șeful poliției, De Pedis, era cu locțiitorul, Mino Riamato, și șeful de cabinet, *dottor* Brindisi. Erau poreclіți, cu știința lor, Treimea, și nu ieșeau aproape niciodată din birourile lor de la primul etaj. Dacă se mișcaseră toți trei și făcuseră șapte minute de mers pe coridoare ca să ajungă în camerele haotice ale echipei mobile, dădea de gândit.

– Bagni, ce culoare are părul meu? întrebă De Pedis.

Agenţii amuţiseră.

– Nu înţeleg ce vreţi să spuneţi.

– Că de data asta cineva o să plătească, spuse De Pedis.

– Landolfi, tu eşti nou la secţia Omucideri, nu-i aşa?

– Da, domnule chestor.

– Ideea de a te duce la curve atât de des a fost a ta sau a tatălui tău medic primar?

Landolfi, care în acel moment avea o paloare vlăguită, i se păru foarte frumos lui Tiffany. Era atât de fragil, încât l-ar fi luat în braţe. Era un gând stupid, dar îi venise spontan, făcând-o să roşească.

– Şi tu, agent Proserpio, zisă Tiffany nu ştiu de ce... Erai de acord cu acest *new deal?* Nenorociţi ce sunteţi, eu am început la echipele mobile când aici erau persoane ca Nardone. Îi cunosc pe toţi, am spioni în fiecare comisariat, în fiecare ungher al poliţiei, şi astfel ajung să aflu de la alţii, de la străini, că aici se fac investigaţii ilegale. Aici? Turmă de animale, urlă.

În acel moment sună celularul. Îl scoase, privi ecranul.

– Acum avem necazuri serioase, spuse cu voce joasă.

Se auziră câteva fraze, apoi De Pedis răspunse:

– Nu, domnule procuror-şef, tocmai v-am spus. Nu, nu. Nu este cum pare, *dottor* Tonale. Uitaţi, nu pot să bag mâna în foc pentru nimeni, dar nu e aşa, nu.

Îi scrută pe detectivii de la secţia Omucideri. Ce se citea în ochii negri ai chestorului era ură. Era furie în stare pură. Dar, observă Bagni, nu era lucrul pe care chestorul se temea cel mai mult să-l simtă: dezamăgirea.

– Acum mă informez, ştiu că secţia e toată plecată, la muncă, da, pentru un caz de crimă... Dar acum dau de urmele lor şi îi pun la muncă, stați liniştit. Dar sigur – drace! – n-ați văzut ce buni am fost în legătură cu răpirea? Da, Bagni, el e cel care coordonează această anchetă, m-a anunțat prin telefon că trebuie să-mi spună ceva extraordinar de important, dar nu voia să-mi vorbească decât între patru ochi. Poate e acelaşi lucru. E un tip cam prea prudent, aproape un maniac, atunci i-am zis să se grăbească încoace şi să nu folosească telefonul, deci... A, veniți şi dumneavoastră? Împreună cu viceprocurorii Longino şi Plebei. Dar nu vă deranjați. Bine, bine, vă aştept în biroul meu, da.

Închise telefonul.

– Bagni, tu vrei să atentezi la pensia mea sau la onoarea mea.

– Domnule chestor, nu vreau să vă contrazic, dar pot să vă explic totul, pentru că investigam cazul fetei dispărute la Dalia White.

– Şi de ce ați pus şi un microfon ilegal în bordel?

– Dacă e ilegal, cine zice că e al nostru? încercă Cinerino.

– N-ați înțeles încă, nu? Doi agenți DIGOS erau pe urmele lui Genito, în numele Procuraturii, negrul ăla scăpase de ei trimițându-i după o altă maşină, dar aceştia, la un moment dat, au trimis un echipaj mobil cu sirenele pornite şi au găsit la volan pe unul care n-avea nici o legătură, un bucătar, un ospătar... Atunci au reconstruit cum a decurs totul şi, dat fiind că Genito era probabil la bordul unei maşini cu antifurt electronic, au reuşit să detecteze maşina prin satelit şi au găsit-o în Via Mac Mahon. Şi cu cine îl văd vorbind?

– Domnule chestor, nu ascund nimic. Dar, aşa cum vă spuneam, noi investigam cazul fetei ucise şi arse lângă şoseaua de centură.

– Ştiu cazul.

– Desigur, domnule chestor, şi tocmai am descoperit că fata ucisă, Castiglioni Valentina, se întâlnea cu Wolfson.

Locţiitorul şi şeful de cabinet tuşiră, la unison, nervos. De Pedis, în schimb, se apropie la câţiva centimetri de faţa lui Bagni.

– Vă jur, domnule chestor, că abia am aflat. Uitaţi, ne puteţi interoga separat şi veţi vedea că...

– Nu sunt magistrat, eu sunt poliţist ca voi, şi încep să-mi fac o idee despre cum a decurs. Oricum, povestiţi-mi tot. De fapt, nu. Voi doi, le spuse locţiitorului şi şefului de cabinet, mergeţi să-i întâmpinaţi pe magistraţi. Iar tu, îi ordonă lui Bagni, vino cu mine, mergem în biroul lui Cedro, că acolo stăm liniştiţi, şi îmi faci un rezumat. Şi pe urmă, vă spun tuturor, e nevoie de seriozitate. Maximă seriozitate. Inventăm ceva clar pentru procurorul-şef, tu vorbeşti, şi eu mă prefac că ştiu. Şi voi, ceilalţi, nu vă mişcaţi.

– Scuzaţi-mă, domnule chestor.

– Landolfi. Ce mai vrei?

– Fata e acasă la mine.

– Despre care fată vorbim acum, Bagni?

– Un martor important în cazul crimei Castiglioni, cea care ştie de Wolfson.

– Curva mititică? întrebă chestorul. Atunci era adevărat că citise documentele.

– Ea.

– Din bine în mai bine. Ai lăsat-o singură?

– Cu o vecină.

– Nu ești complet idiot, bine. Tu, Cinerino, și du-te și tu că e mai bine, arătă spre Tiffany, vă duceți și o luați, mi-o aduceți aici și așteptați. În liniște. E nevoie să așteptați. Quintus Fabius Maximus[1], cel care amână, ați auzit de el, ignoranților? Și cum facem cu documentele, Bagni?

Răspunsul era unicul posibil.

– Când scriem procesele-verbale, antedatăm câteva pagini, câteva informații le adăugăm mâine, lăsați pe mine.

– Aici e un aer de elogiu solemn sau de solemnă înșelătorie.

Un pescăruș, zburând peste Via Fatebenefratelli, lansase un țipăt.

Biroul chestorului De Pedis nu fusese niciodată atât de plin de magistrați. Era procurorul-șef, Tito Tonale, cu o pereche de ochelari de soare de militar sud-american. Se spunea că îi purta pentru că așa își ascundea timiditatea, dar poate prefera să-și ascundă privirea. Era Armando Plebei, în versiune sportivă, cu părul în vânt, ce mai rămăsese din el. Și *dottor* Arrigo Palma care studia mobilierul și tablourile. Velia Longino nu se uita la nimeni, stătea pe canapea, cu picioarele lungi, unul peste altul.

---

[1] Quintus Fabius Maximus Verrucosus, om politic și militar roman, supranumit „cel care amână“ (*Cunctator*) datorită tacticii prudente de amânare prin care a acordat timp Romei să-și refacă forțele și să atace armata lui Hannibal, în prima etapă a celui de-al doilea război punic (218–202 î.Hr.). (n.tr.)

Poliţiştii se adunaseră de cealaltă parte a camerei, în afară de chestor, aşezat la biroul lui.

– Bagni, spune-ne în ce punct este ancheta.

– După cum *dottoressa* Longino ştie bine, pentru că ne-a dat ordin expres, secţia Omucideri a continuat, fără oprire, investigaţiile în cazul uciderii Valentinei Castiglioni.

– Fata dispărută..., spuse Velia.

– Şi am descoperit că această fată, a cărei memorie – adaug imediat – ar trebui să încercăm să o apărăm, devenise atracţia unei case de rendez-vous. Fie pentru că ştia să aleagă muzica cea mai potrivită pentru masajele ei deosebite, fie pentru...

– Deosebite în ce sens? întrebă Tonale.

– Masaj erotic foarte bine plătit, răspunse Bagni.

– Aha.

– Dar, din păcate, cum spuneam, Valentina devenise găina cu ouăle de aur dintr-un alt motiv. Pe care l-am aflat recent. Şi despre care i-am spus *dottoressei.* Care, în virtutea sensibilităţii sale, m-a rugat să nu vorbesc despre asta dincolo de biroul ei şi să procedez cu tact şi hotărâre.

Plebei şi Palma se priviră, apoi se uitară spre colega Longino. Era clar că Bagni minţea. Prea multe învârteli de cuvinte.

– Valentina, spuse Bagni, era însărcinată în luna a şaptea când a fost omorâtă.

Chestorul opri orice comentariu.

– Spune mai departe, te rog.

– Au măcelărit-o pentru că voia să denunţe răpirea lui Wolfson. Au lăsat-o singură într-un garaj şi, în timp ce agoniza, s-a născut copilul. A trăit puţine ore, apoi a murit şi el, din cauza privaţiunilor. Paznicii lor, când s-au întors, n-au făcut decât să scape de corpuri.

– Cineva e bun să-mi explice ce legătură are asta cu Wolfson? întrebă procurorul-şef.

– Era un client. *Clientul.*

– Ce mizerie!

– Obţinem în aceste clipe o mărturie care pune în legătură răpirea cu vizitele lui Wolfson la Valentina, spuse Bagni.

– Atunci e evidentă conexiunea, adăugă *dottor* Tonale.

– De aceea ne gândeam – dar aţi ajuns înaintea noastră la poliţie – să vă cerem imediat mandat de arestare pentru administratorul casei de rendez-vous, Rallo Attilio, cel care a autorizat sau a organizat răpirea. Este şi principalul suspect în uciderea lui Castiglioni. Şi acesta este motivul pentru care, ieri-noapte, am intrat pe furiş în sala de sport. După cum ştiţi, noi, poliţiştii, uneori nu putem să vă informăm despre orice pas, mai ales dacă ne gândim că putem să obţinem un rezultat imediat.

– E clar, spuse Plebei, care dintotdeauna proteja metodele, chiar şi cele mai rapide, ale detectivilor.

– În plus, trebuie să ajungem la trepăduşii lui Rallo, care, din păcate, nu sunt încă în curs de identificare. Avem numai un număr de înmatriculare. În acest punct, aş propune descinderea imediată la Dalia White şi în ambientul lui Rallo.

– Eu aş zice şi în cel al lui Genito, spuse Plebei.

– Ce legătură are?

– Dumneavoastră, Bagni, sunteţi un excelent anchetator şi vă felicităm pentru strălucitele rezultate ale secţiei dumneavoastră. Dar cum se face că, ieri-seară, Genito era acolo, în Via Mac Mahon, în compania dumneavoastră?

– N-am idee, în realitate e o îndoială care mă macină.

– Îndoiala că dumneavoastră și prietenul dumneavoastră aveți o înțelegere ascunsă? spuse Palma.

– Cum vă permiteți, *dottore?!*

– Am pus o întrebare, cer un răspuns.

– Așteptați să număr până la zece. Unu, doi, trei, patru...

– Ce faceți, inspectore?

– Nu puteți să spuneți aceste lucruri. Nu mie, clar? De fapt, pentru că sunt prezenți colegii mei, întrebați-i pe ei. Întrebați, interogați-ne separat. Noi ne duseserăm să facem o verificare la Dalia White când Genito a apărut cu soția lui Wolfson, într-un Mercedes roșu. În mod clar știa ceva de sala de sport, dar mie nu mi-a spus nimic.

– Aveți martori ai discuției, ați spus.

– Agentul principal Cinerino și...

– Inspectorul a acționat la indicațiile mele, deci e inutil să-i cereți socoteală despre ce a făcut sau n-a făcut. Aici trebuie să decidem când să acționăm și cum, spuse Velia.

Toate privirile se concentrară pe singura femeie din adunare.

Chestorul se ridică în picioare.

– Scuzați-mă, dar pe mine aceste formalități mă interesează prea puțin. Îl avem pe Wolfson de eliberat. Un asasin de prins. Și, așa cum știți, există și posibilitatea ca acest killer semnalat de americani să sosească în orașul meu să facă nu se știe bine ce. Așa că acum mergem mai departe, despicăm firul în patru la final.

– Dar în cine avem încredere? întrebă Palma.

Slăbiciunea, paloarea, chelia, mâinile mici, ochelarii de intelectual nu-l scutiră să-l vadă pe masivul chestor la câțiva centimetri de nas. De Pedis condusese ordinea publică în funcție de care funcționaseră peste trei sute de partide, fusese prezent în confruntările din piață și, văzut de aproape, cu gura închisă și un tic în colțul ei drept, te înspăimânta.

– Glumiți, nu-i așa, Palma? Toată echipa de la poliție e confirmată. Poate voi, cei din ministerul public, care sunteți trei, vă împărțiți munca. Unul cu răpirea, altul cu Rallo și celălalt cu asasinul care trebuie să sosească. Ce spuneți, *dottor* Tonale?

Tito Tonale era un magistrat capabil să prindă din zbor sugestia și aprobă din cap.

– Excelentă idee, *dottor* De Pedis, sunt întru totul de acord. Aș face așa. Palma se ocupă de asasinul așteptat, chestiune delicată. Plebei, tu te ocupi de Rallo și de Genito, pentru că măcar o percheziție la investigatorul familiei Wolfson e de făcut, nu încape îndoială, și apoi, dacă e cazul, îl arestăm fără urmă de politețe. Și dacă nu vorbește, îi fac scrum licența într-o clipă. Și *dottoressa* Velia Longino, care până acum a demonstrat calități indispensabile muncii noastre, ca tenacitate și intuiție și în alegerea colaboratorilor calificați, cum e inspectorul Bagni, rămâne cu Wolfson. Clar? Considerați-o doar o subdivizare a îndatoririlor, funcțională și nu bazată pe merit, și-mi doresc ca nimeni să nu găsească ceva de spus împotrivă.

Cei trei magistrați se priviră întrebându-se dacă să mai adauge ceva. Ultimul care îl contrazisese pe Tonale se trezise în misiune în România.

– Să ne întoarcem la Genito. Aşa cum ştim toţi, s-a întâlnit cu Iole Pacifico şi i-a dat destui bani, luă cuvântul Plebei.

– Eu nu ştiam, spuse Bagni.

– Dar tu ai spus cum să facem să-l prindem pe Genito, adăugă Velia Longino.

– O, jur că nu ştiam nimic de asta. Noi lucram la cazul fetei ucise şi arse şi atât, n-am mai urmărit restul.

– Bine, în acest punct însă, spuse Velia Longino, aş vrea să mă ocup eu şi de supravegherea Santei. Pentru că întâlnirea poate fi legată de răpirea Wolfson...

– Bine, bine, se ridică de pe scaun procurorul-şef, eu mă prefac că nu văd, dar legea e lege mai ales pentru cine e în slujba ei. Când îmi veţi aduce documente, dosare şi procese-verbale, vreau ca etapele, semnăturile şi datele să fie în perfectă coordonare. Dacă însă Consiliul Superior al Magistraturii, Curtea de Casaţie sau şi ultimul avocăţel de interlopi pun la îndoială corectitudinea biroului meu, cine a greşit, e terminat, spuse Tonale, punându-şi pe nas ochelarii închişi la culoare. Strânse o singură mână, pe cea a chestorului, şi plecă.

Chestorul, care pusese câteva mici camere de luat vederi în mânerele de la uşă, îl privi îndepărtându-se. Îl chemă pe secretarul Elia.

– Asigură-te că a ieşit din poliţie.

După confirmare, se aşeză în faţa lui Plebei.

– Fă în aşa fel ca totul să funcţioneze, Armando. De câţi ani ne cunoaştem?

– Treizeci şi cinci. Terorism, mafie şi acum această lume nebună.

– Iată, ieşim la pensie fără să ne facem prea mult sânge rău. Oamenii mei au fost corecţi.

– Foarte corecţi.

– Sunt încântat, n-am mai văzut niciodată magistraţi atât de eficienţi, oraşul M. e mereu un exemplu pentru toţi, aici ştim să lucrăm împreună şi să interacţionăm. Şi *dottor* Arrigo Palma îşi va da seama de asta.

Cine trebuia să înţeleagă, înţelese, se salutară toţi cordial, în afară de Palma, care ieşi cu capul plecat. Plebei hotărî o descindere imediată la Dalia White, în căutarea lui Rallo, şi percheziţia casei şi a biroului lui Genito, duminică dimineaţă.

16

Cinzia era în extaz în faţa unui film video despre mici roboţi inventaţi în Renaştere, în timp ce Cosmo nu reuşea să stea locului. Fierbea, voia să se întoarcă în oraşul M., deşi acel castel din Angera, lângă lacul Maggiore, era o poveste, ziua foarte frumoasă şi, în faţa vitrinelor cu păpuşi, logodnica lui era, cum spusese ea însăşi, „portretul unei tinere fericite". Nu-şi dădea seama, sau se prefăcea că nu-şi dă seama, de cât devenea de nervos Cosmo. Tăcerea din muzeu îl ucidea pe killer: timpul îl presa, mai erau optsprezece ore până la trezire, până la începutul duminicii în care ar fi trebuit să omoare.

– Hai, Cinzia!

– Du-te să-mi cumperi catalogul, te rog.

Imediat ce se întoarseră în oraşul M., se duseră în zona industrială din jurul vechiului aeroport. Străzile se desfăşurau lungi, separate şi pustii, printre vechile case şi restaurante simple, mici, cu parcare pentru camioane şi mari transportatori internaţionali, deschise non-stop. Cosmo coborî din maşină la câţiva metri de o bară albă cu roşu pe care paznicul, un tip la vreo cincizeci de ani, slab, cu lentile groase şi un ochi pieziş, nu vru să i-o ridice.

– Nu te cunosc, spuse cu accent napoletan.

Cosmo i-ar fi tras un pumn în gură. Îi arătă contractul și chitanțele din doisprezece ani de plăți, îi explică și iar îi explică că închiriase un mic container, lângă altele la fel, într-una dintre curți.

– Dar asta e pe numele lui Franco G. Rossi.

Nu era cazul să-i spună că folosise un nume fals.

– A murit de tifos în Turcia, sunt cel mai bun prieten al lui.

În sfârșit – dându-i un bacșiș de o sută de euro – trecu.

Cinzia rămase în mașină, pe esplanada unde camioanele făceau manevre, să se uite peste catalogul despre păpuși, în timp ce Cosmo o luă la dreapta. Lacătul era puțin ruginit, dar se deschise fără dificultate. O mică lanternă trebuia să fie acolo, pe jos. Era. Îi puse baterii noi și o aprinse. Privi în jurul lui. În afară de praf, totul era ca atunci și Cosmo se trezi în mașina timpului.

Tăieturile din ziare despre jafuri erau una peste alta. Uite măștile. Numerele false.

Și haina antiglonț: ceea ce căuta.

Era murdară și acoperită de o patină gri. Încercă s-o scuture ca pe un covor, începu să tușească, dar nu încetă să fantazeze asupra vechilor încurcături. Pentru el și pentru Santa viața nu merita nici cât negru sub unghie: riscaseră de multe ori, mai ales când se înfruntaseră, urât, în 1996. Fusese un an de aur, poate prea favorabil. Jefuiseră împreună bijuteria Cartier: cinci milioane de euro în ceasuri, coliere și broșe, pe care le vânduseră complicelui pentru două milioane de dolari adevărați și un milion de dolari falși. Și, cum se întâmplă mereu când ai burta plină, începuseră să se certe pe probleme de principiu: „dăm lovitura asta, nu pe cealaltă. Atacăm aşa, nu atacăm invers". Şi, până la urmă, organizaseră acea întrecere, de o lună, care trecuse, din gură în gură, în mediul lumii interlope.

Pretextul venise după ce o încăierare în interiorul unei bănci fusese filmată de camerele de luat vederi şi arătată până şi la telejurnalele naţionale. Santa era o maniacă a armelor: pentru ea, un jaf frumos era jaful cu câteva gloanţe trase în geamuri, cu câteva pagube considerabile. Era un obicei de-al ei, de exemplu, să distrugă computerele cu mânerul metalic de la AK 47. Cosmo, în schimb, prefera o altă tehnică. Adesea intra dezarmat, cu doi oameni de sprijin, şi îl lua la bătaie pe primul funcţionar care stătea în faţa lui. Lovituri zgomotoase, cu mâinile întinse şi cu indiferenţă: „E un jaf, nu mă enervaţi", urla, şi îi deschideau seifurile. Sau, cel puţin, casierii colaborau fără nici cea mai mică ezitare.

Era 12 decembrie 1996, o zi de joi cu trafic intens, când el, Santa şi cei doi fraţi, Oronzo şi Manulè, apăruseră în foarte centrala bancă din Piazza Cavour, la doi paşi de poliţie. Cosmo ocupase primul intrarea, învineţise faţa unui funcţionar înalt, roşcat, care îi era şi simpatic, pentru că spusese: „Dar nu sunt eu directorul, e cel de acolo..."

Santa umpluse un sac cu bani. Puteau să plece, în schimb ea îndreptase mitraliera spre ferestrele de la etaj şi deschise focul. Crease şi-şi dorise panica. Cosmo se dăduse la o parte în ultimul moment, un triunghi de cristal îi tăiase mâneca hainei antiglonţ.

– Eşti cretină, de ce e nevoie de asta? strigase.

– Focuri pentru mâine, ca să sărbătorim Santa Lucia, răspunsese femeia, ajungând în toate ziarele și telejurnalele din Italia.

Erau mascați, vorbeau ținând în gură o gumă dreptunghiulară, de creion, ca să modifice timbrul vocal, și nu fuseseră niciodată recunoscuți. Până în acel moment. Dar de atunci, Cosmo nu mai voise să lucreze împreună cu „terorista", cum o rebotezase.

Tăietura din ziar era acolo: „Împușcături în bancă, Bonnie și Clyde se ceartă. O femeie printre membrii comandoului care a atacat ieri banca din centrul orașului. Asemenea celebrilor jefuitori din filmul *Getaway*".

Amintiri. Ceață vagă, imaginile se apropiau și se îndepărtau. Odată îngropată problema, în vacanța de Crăciun, Bonnie rămăsese cu ideea ei. Vorbiseră într-o discotecă de pe lacul Garda și deciseseră să rezolve chestiunea cu o confruntare.

– O lună, fiecare pentru sine. Să vedem cine face mai mult.

– Dar nopțile, Cosmo?

– Petrecem unele împreună, îi spusese, sărutând-o în timp ce dansau. Adesea, ea aducea pe vreuna dintre prietenele ei prostituate, adunată cine știe de pe unde, dar nu mai era spiritul de odinioară.

În acea întrecere amuzantă și absurdă, uneori o făcuseră lată atât de rău, că ajunseseră din nou în ziare. Santa făcea mai mult zgomot, în toate sensurile. Se încercuise de oameni la fel de zgomotoși.

Numai când unul de-ai săi, un jefuitor începător, deschizând ușa unei bănci din Tremosine, țintise piciorul unui casier cuprins de un atac de panică și îi găurise capul, Santa regăsise simţul proporţiilor; de atunci, se limitase să spargă ferestrele, fără să tragă, şi se specializase în autoatacuri, cum le spunea. Adoptase o tehnică simplă. De obicei se fură o maşină, se parchează cât mai aproape posibil de bancă, la jumătatea unei dimineţi un şofer o porneşte, îşi pune centura de siguranţă, bagă în viteză şi, cu ea turată, se lansează spre ferestrele băncii, făcându-le ţăndări. Prin acea cavitate care se cască în geamurile blindate şi în zidul care cade, banda intră cu armele, trăgând, urlând şi luând banii. Acţiuni spectaculoase, mai ales dacă erau executate cu mici camioane şi furgonete: erau rapidele şi răsunătoarele acţiuni surprinzătoare ale Santei care ajungeau mai des în ziare, mai ales în cele din provincie.

Cosmo, în schimb, era mândru de ideea cu cârjele, care făcuse şcoală şi îşi meritase un articol pe prima pagină din *Corriere*. Filase o bancă bine protejată cu un detector de metale mereu în funcţiune, condusă de o femeie foarte rigidă. O urmărise până acasă, închipuind o răpire fulger, dar descoperise că avea o fiică în cărucior. Şi acolo avusese revelaţia. Cu câteva bandaje, plasturi şi un machiaj de film horror, intrase în bancă şchiopătând, arătându-se în dificultate, zâmbind mult şi cerând ajutorul. Detectorul de metale sunase, dar îl lăsaseră să treacă oricum. „Nu e un miracol, e un jaf", strigase aruncând cârjele şi scoţând un revolver de la curea.

Pe 20 februarie, ziua Carnavalului, întrecerea se termină. Învinsese Cosmo, Savantul, cu mult: echivalentul a două sute patruzeci şi şapte de mii de euro faţă de o sută patruzeci şi cinci. O învinsese detaşat. Nu numai asta: nici un rănit şi nici o urmărire. Numai treburi curate în comparaţie cu o gardă de corp la reanimare, trei funcţionari răniţi şi o urmărire cu împuşcături.

Iole Santa pierduse, şi învingătorul, aşa ziceau pactele, putea să aleagă pedeapsa pentru învins.

Cosmo nu stătuse prea mult pe gânduri. O trimisese pe femeie, cu un Kalaşnikov, să jefuiască o biserică în formă de trapez, în mijlocul clădirilor din Quarto Oggiaro, la slujba de la 6.00. Erau numai bătrânele, pe care le jefuise, într-o umilire dureroasă, de câteva bancnote.

Erau băieţi răi, aşa se jucau. Ca nebunii. Cine ar fi zis, atunci, că un sicilian, de fapt un palermitan, îi va propune să o omoare pe Santa? Şi că el, fals om de afaceri de pe coasta din Bari, ocupat din când în când să-şi îndrepte banii spre bărcile cu motor ale contrabandiştilor aflaţi în dificultate temporară, cu taxa, evident cămătărească, de cincizeci la sută pe lună?...

Şi că el, cu rolul asumat de torturator de criminali, în foarte secrete misiuni de moarte hotărâte de tribunale mafiote...

Dar cine ar fi zis că el ar fi luat un avion, împreună cu logodnica, şi poate viitoarea soţie, şi ar fi ajuns să studieze harta oraşului M. ca să atace, să ucidă şi să dispară?

„Fiecare înotător ştie cum să se menţină la suprafaţă."

Îi rămânea numai să lase maşina cu armele nu departe de Via Osculati şi să se trezească a doua zi. Killerul seamănă puţin cu muncitorul: când e tura de dimineaţă, trebuie să pui ceasul deşteptător.

Aflat la volanul Fiatului, trebuind să o însoţească pe Cinzia la hotel şi apoi să ducă maşina în cartierul Affori, pe Via Osculanti, Cosmo îşi reţinea înjurăturile în trafic. Fata, cu picioarele pe bord, nu tăcea deloc.

– În oraşul M., Cosmo, am mai observat ceva.

– Zi, spuse el, gândindu-se că poate Cinzia voia să-l enerveze intenţionat.

– Nu sunt numai prea multe farmacii.

– Haide!

– Ci şi multe magazine de lenjerie sexy, sunt la fiecare colţ. Pentru mine e inexplicabil. Fie e un oraş unde se face mult sex, fie se face puţin, dar se visează mult. Tu ce zici?

17

Bagni se afla în birou cu Velia Longino. Se puseseră de acord să-i sune pe cei de la N.O.C.S.[1] Şi să le ceară lui Cortobardo şi lui Cedro să renunţe la căutarea inutilă a killerului, ca să o urmărească pe Iole Pacifico.

– Sună-l pe Palma şi spune-i.

– Acum e un ratat.

– Anunţă-l pe Plebei.

– Mi-ar zice nu.

– Să folosim atunci alţi colegi.

– Ştii că ar fi o eroare tactică. E nevoie de experţi şi ei nu dau greş.

Din coridor se auzi vocea lui Cinerino:

– Francesco, eşti în birou? Uite ce surpriză frumoasă.

În birou intră Uma. Zâmbetul i se stinse imediat ce o văzu pe *dottoressa*. Cea care privea dintr-o parte, aşezată foarte aproape de logodnicul ei.

Bagni sări în picioare.

– Velia, îmi dai voie să ţi-o prezint pe logodnica mea, Giovanna?

---

[1] Nucleo Operativo Centrale di Sicurezza – Nucleul Operativ Central de Securitate

– Sigur, îmi face plăcere, şi felicitări. Ştiam că era un model, dar atât de frumoasă...

– Mulţumesc, aş vrea să devin fotograf acum.

– Excelent.

– Da, sper să reuşesc. Apropo, prietenii îmi spun Uma, dar dumneavoastră spuneţi-mi Giovanna. Dacă ai terminat, France, te aştept afară.

Cinerino izbucni în râs şi fu privit foarte urât de viceprocuror şi de Bagni.

– Am terminat, spuse Velia. Plec. Pa, atunci ne vedem mâine-dimineaţă. Treci să mă iei tu?

– Sigur, pa.

Telefonul lui Bagni sună. El apucă receptorul.

– Bagni, ascultă, avem un 113. Primim semnalarea unui cadavru făcut terci în zona Bovisasca. Unul care s-a sinucis aruncându-se sub tren. Sau poate a fost împins.

– Se vor ocupa de asta Cane şi Cinerino, spune-le celor din echipa mobilă că sosesc. Cine e acolo? întrebă Bagni. Aşa că dădu unele dispoziţii şi, etalând cel mai bun zâmbet al lui, o escortă pe Uma afară din poliţie.

– De ce să nu stăm puţin doar noi? Mâine va fi o zi grea.

– *Dottoressa* vrea să te facă să transpiri.

– Ştii bine că şi transpiraţia mea îţi aparţine.

– Eşti acelaşi tâmpit dintotdeauna. Bine, e ceva timp de când n-am mers să mâncăm peşte pe Navigli. Ce zici?

– OK, şi când se termină nebunia, ne luăm trei zile de vacanţă, ce zici?

III

„Duminica morților“

1

„Tic-tac, tic-tac, tic-tac. Ah, dacă s-ar opri timpul“, se gândi Cosmo. Simţea un fior plăcut pe gât: „E sărutul destinului“. Ca şi cum s-ar fi aruncat în energia vieţii, ca şi cum s-ar fi trezit în mijlocul mării şi nu în camera de la hotel din M., care mirosea a lemn vechi. O privi pe Cinzia, corpul ei zvelt înfăşurat în aşternut, părul negru întins pe pernă, gura ce părea să râdă în timpul visului liniştit al unei fete care nu cunoscuse niciodată răul, suferinţa, moartea violentă.

– Cred că, şopti el, la anul te iau de nevastă.

Se spălă şi se bărbieri cu reală bucurie. Cu o perie curăţă minuţios praful de pe haina antiglonţ. După ce termină, se clăti, îşi dădu cu deodorant, luă din dulap haina albastră şi cămaşa de culoarea cerului căreia îi desfăcu nasturii şi şi-o puse pe el.

– Pune-ţi cămaşa crem pe care ţi-am dăruit-o eu. Vocea Cinziei îl făcu să tresară în timp ce mergea în vârful picioarelor. Se trezise, se aşezase în fund pe pat şi îi zâmbea aranjându-şi părul: Dar cât e ceasul?

– Dormi, e foarte devreme. E 5.00.

– 5.00? Duminică? Dar ce naiba faci în picioare?

– Trebuie să muncesc.

– Îmi ascunzi o groază de lucruri.

Cosmo nu-i răspunse, ce ar fi putut să-i spună? Fredonă în falset Bach în faţa oglinzii.

– Mmm, pleci deja? Mă simt dezorientată. Ce mi-ai făcut, Cosmo? Acum am chef să te îmbrăţişez.

Bărbatul continuă să se îmbrace. Alese un tricou alb, şi-l puse şi, pe deasupra, cu cea mai firească mişcare, îmbrăcă haina antiglonţ. Probă, cum îi sugerase Cinzia, cămaşa crem. Ştia că ar fi fost prea strâmtă, aşa că o puse tot pe cea albastră, pe care o cumpărase intenţionat cu două mărimi mai mari.

În tăcere absolută, fata îl privea pe Cosmo în timp ce-şi înnoda cravata bordo, îşi punea haina şi se privea din nou în oglinda opacă a dulapului, îndoindu-şi de două ori picioarele şi mişcând braţele şi mâinile, ca un boxer care-şi încălzeşte muşchii înainte să urce în ring. În fine, luă în mână un pistol pe care-l ascunsese în fundul unei genţi.

– Deci e adevărat? spuse Cinzia.

– Ce spui, iubito?

– Haina antiglonţ şi...

– Adică?

– Faci parte din serviciile secrete.

Din gura deschisă a lui Cosmo ieşi un hohot de râs zgomotos. Însă killerul regretă imediat. Ca scuză, n-ar fi fost rea, de fapt. Deveni foarte serios.

– Ştiam, ştiam. Miros lucrurile astea.

– Dar cum ţi-ai dat seama? întrebă Cosmo.

– Eşti mereu misterios, nu se ştie niciodată ce învârţi şi prietenii tăi sunt la fel. Dar tu eşti un băiat bun.

Cosmo se duse să o sărute. Buzele moi. Gâtul flexibil.

– Când mă întorc, îţi voi spune adevărul, răspunse. „Dacă mă întorc."

– Ai o faţă zilele astea care nu-mi place deloc. Ce ai, Cosmo? Mă îngrijorezi.

– N-ai de ce să-ţi faci griji, mai ales că sunt pe punctul de a-mi schimba viaţa. Suntem pe punctul de a ne schimba viaţa. Îţi voi spune totul, iubito, pa.

– Toţi visează să-şi schimbe viaţa, doar câţiva norocoşi reuşesc însă, răspunse Cinzia.

Velia urcă în maşina lui Bagni.

– Crezi?

– Nu ştiu.

– Santa ne va duce drept la Wolfson ca să-l eliberăm, azi e ziua noastră, Francesco.

– A noastră?

– Tu stai lângă mine oricum, hai, să mergem, spuse şi îl sărută pe obraz.

„Tic-tac, tic-tac, ar fi minunat să opreşti unele clipe“, se gândi Bagni.

În oraşul M. începea o duminică paşnică şi tropicală, cum demonstra sudoarea care deja îmbrobonea fruntea unui bărbat scund, îndesat, cu ochii deschişi la culoare, care cerşea la semafor, deşi nu era nimeni prin preajmă.

– Velia, de ce insişti? Nu sunt de acord cu felul în care gestionezi operaţiunea asta şi o ştii bine.

– Acelaşi legalist, pentru chestiunile altcuiva.

– Colegii tăi ţin la formă, şi la fel şi la substanţă. Pe Plebei nu-l păcăleşti.

– Te-ai trezit prost dispus?

– Plebei te va pune într-o lumină proastă în faţa şefului, iar Palma, care te urăşte, se va enerva şi va deveni crud, pentru că i-ai luat şi oamenii fără să-i spui, şi, dacă Cedro şi Cortobardo nu se mai ocupă de investigaţiile în legătură cu killerul care trebuie să vină...

– Dar ce killer în sus şi-n jos care trebuie să vină de cine ştie unde ca să facă cine ştie ce. Sunt pur şi simplu fantezii de-ale americanilor, din cauza asta pierd toate războaiele. Lasă-mă să fac munca grea, dacă pe urmă pericolul se concretizează, îi chemăm. Oricum, Plebei se duce să-l percheziţioneze pe prietenul tău, Genito, iar Palma o fi cu noua lui logodnică, dat fiind că a pus mâna pe una printr-un miracol. Sunt din altă generaţie.

– Cei de la N.O.C.S au ajuns deja?

– Ne aşteaptă la palat. Ştiu că ne vom mişca în funcţie de ce i se întâmplă „momelii“ noastre, această Iole Pacifico, zisă Santa. Eu n-am îndoieli. Dacă Genito i-a dat banii în galeria din spatele acelui bar de neghiobi, e pentru că ea se află în legătură cu banda. Ce mai convertită!

– Cedro şi Cortobardo sună pe celularul meu imediat ce se mişcă Pacifico. De fapt, dacă se mişcă.

– Se va mişca Santa, asta e sigur. Imediat cum face asta, eu devin cea mai bună procuroare din oraşul M., voi – echipa învingătoare şi, mai ales, Wolfson se întoarce acasă.

– După tot ce am aflat despre crimă şi viaţa Valentinei Castiglioni, omul acela îmi face greaţă. De fapt, îmi face atâta greaţă, că l-aş condamna să trăiască zece ani pe o insulă locuită de sodomişti nebuni.

– Deci e adevărat că eşti homofon.

– Vrei să spui homofob? Dacă o spui în acel sens, Lopiccolo e cel care pune în circulaţie zvonuri din astea. Însă te întreb, unuia care plăteşte favoruri sexuale unei fete însărcinate, tu ce i-ai face?

– Să schimbăm subiectul, hai. Ce crezi despre povestea asta cu Genito?

– Ce vrei să-ți spun? Eu cred că-și face treaba, care e să-l aducă acasă pe porcu' ăsta de Wolfson.

– Dar putea măcar să vină să ne spună că a încercat și a reușit să ia legătura cu răpitorii.

– Dacă încalcă legea, voi sunteți acolo tocmai ca să-l prindeți, nu?

– Vezi că-l aperi? Un ostatic trebuie să fie eliberat de stat, nu de un detectiv particular.

– Când statul nu reușește, vrei să îngădui familiei să încerce?

– Nu.

– Noi doi chiar nu ne înțelegem. Familia Wolfson are tot dreptul să acționeze.

– Soția cred că a acționat puțin cam mult, în toate sensurile.

– Ești feminofobă, Velia. E numai treaba ei dacă se culcă cu cine vrea.

– Dar Genito, care plătește o mafiotă, redevenită delincventă după o convertire falsă. Nu e o acțiune de sancționat?

– Dar noi nu știm totul nici despre Santa, nici despre Genito.

– Ce vrei mai limpede de atât! Altfel, de ce i-ar fi dat banii?

– Vă va spune el, nu vă duceți să-l percheziționați?

– Tu nu vrei să știi?

Bagni preferă să nu răspundă, pentru că nu mai avea nici un răspuns.

– Genito, vrei să deschizi odată? Dacă nu deschizi în două minute, am aici o echipă de pompieri cu cleștii de tăiat. Dărâmăm uşa blindată şi problemele devin serioase, începând cu licenţa ta. Nu glumesc, Corrado, te voi acuza de opoziţia nejustificată în faţa unui oficial. Tu ai spus-o, ne cunoaştem de pe vremea forţelor antitero, spuse Armando Plebei.

Nimic. Şi totuşi, celularul era acolo. Şi dacă era telefonul mobil folosit pentru a lua legătura cu soţia lui Wolfson, trebuia să fie şi el.

– Genito, ai câteva minute să deschizi. Mă aşteaptă soţia pentru slujba de la 11.00, nu mă face să ajung târziu.

Plebei vorbea de pe palier, stând lângă uşa cu plăcuţa Cotonifici Italiani Associati.

– Aţi înţeles? CIA. C, I, A. Ce dobitoc! spuse unul dintre agenţi.

– E orice, mai puţin un dobitoc. Bine. Cine e comandantul pompierilor? Dumneavoastră? excelent. Hai, ordonă Plebei, spărgeţi-mi uşa asta!

În fix optsprezece secunde, un nou record de spargere a uşilor blindate al echipei „pompierului expert“ Michele Acconciajoco, biroul lui Genito se deschise în faţa lui Armando Plebei. În timp ce pompierii dezactivau sistemul de alarmă cu triplă sirenă, magistratul contempla computerele de ultimă generaţie, colecţia de ceasuri de aur, mobilierul de epocă, tablourile, canapeaua comodă.

Nu era urmă de Genito. Exista însă o altă uşă blindată.

– Genito, eşti acolo? întrebă şi clătină din cap. „O gaură în apă, se gândi. Descinderea de ieri de la Dalia White a fost inutilă, de Attilio Rallo nu se ştie nimic. Şi, până în acest moment, nu ştim bine ce peşti să prindem.“

– Acconciajoco, sparge-o şi pe asta, ordonă Plebei.

Deschiseră cu totul trei şi, pentru ultima uşă blindată, care dădea într-un fumoar cu ditamai biblioteca magnifică, recordul coborî la aproape şaisprezece secunde.

– Le numesc uşi blindate, dar cu ce tupeu? întrebă pompierul.

Apartamentul era gol. Un celular fusese lăsat pe un studiu care avea pe copertă fotografia anarhistului Pietro Valpreda, în mijlocul unor poliţişti în uniformă, şi era intitulat *Il pistarolo*[1].

– Îi vreau aici pe cei doi oameni care l-au văzut intrând pe Genito şi nu l-au mai observat ieşind, spuse Plebei. Liniştea din apartament era totală. Plebei ridică, delicat, unul dintre ceasurile de aur ale lui Genito şi-l lăsă să cadă pe paviment. Zgomotul sticlei fragile şi vechi care se spărgea nu-l înveseli: Of, îmi pare rău, spuse.

– Deci, aş vrea să-i văd imediat pe cei doi cretini care s-au păcălit pentru a nu ştiu câta oară. Unde sunt? Şi sub comanda cui sunt?

Corrado Genito tocmai se trezise şi băgase mâna sub pat. Cele două valize, cea cu banii şi cea cu armele, erau acolo. Se gândi unde se afla: în casa lui Pedro, un peruan cu şapte copii şi o soţie tânără şi pe atât de deprimată şi supraponderală, pe cât era el de vesel şi de sprinten. Capul familiei evacuase doi copii care dormeau, luându-i pe unul de cap, şi pe celălalt de picioare, ca să-i ofere oaspetelui, recomandat de filipinezul Paty, o autoritate printre menajere şi îngrijitori, acel spaţiu rezervat.

[1] Apelativ cu care erau numiţi, în mod depreciativ, câţiva jurnalişti de investigaţii italieni în anii '70. (n.tr.)

Genito se sculă încercând să nu facă zgomot şi, când deschise uşa de la baie, o găsi aşezată pe closet pe soţia lui Pedro. Fata, blondă şi cu nişte straturi de grăsime în jurul taliei, sări în picioare şi, când înţelese că în faţa ei nu era un maniac, ci chiriaşul care dădea bani, îşi înghiţi ţipătul. Fără măcar să tragă apa, ieşi din toaletă, spunând:

– *Señor, mi casa es su casa*[1].

Probabil era furioasă pe soţul ei.

Nu erau problemele lui Genito.

„Tic-tac, în unele dimineţi n-ar fi rău să opreşti ceasurile din întreaga lume, mai puţin pe unul, al meu", se gândi. Nu era prima oară când mergea la o întâlnire cu nişte răpitori. O făcuse în Italia, în Irak în 2003, în Niger în '96. Sau era în '93? Ei! În anii lui Tangentopoli[2] călătorise foarte mult: „Îmi luam cu mine haine subţiri şi groase pentru că treceam de la minus douăzeci de grade la plus patruzeci, într-un interval de două zile", povestea prietenilor când le explica, în linii mari, câte ceva despre aşa-numitele *sting operation,* operaţiunile de atac, în care era cunoscut ca un maestru. Întâlnise boşi şi oameni obişnuiţi, şefi ai războaielor de gherilă şi terorişti, generali corupţi şi intermediari africani, buni să negocieze ca şi cum erau nişte avocaţi din New York. Cei doi imbecili pe care se ducea să-i întâlnească erau însă dintr-o specie ciudată.

Erau nişte rataţi, dar se comportau de parcă ar fi fost învingători. Obţinuseră eliberarea rudelor lor, dar îl

---

[1] Domnule, casa mea este casa dumneavoastră. (în sp., în orig.)

[2] Termen folosit pentru a desemna corupţia din sistemul politic italian denunţată între 1992–1996 în cadrul investigaţiei Mani Pulite (Mâinile curate) (n.tr.)

ţineau încă strâns pe nenorocitul de Wolfson. De la oameni cu coloana vertebrală complet dreaptă sau complet strâmbă, unul poate presupune la ce să se aştepte, în bine sau în rău. Dar de la doi nemernici cu coloana vertebrală cu o geometrie variabilă, cum erau cei doi răpitori, te puteai aştepta şi la o hotărâre pripită. Şi se ştie că proştilor le plac loviturile de scenă mult mai mult decât oamenilor răi. Culmea ghinionului era să-i întâlneşti pe proştii răi. „Panarello şi Sidi, din ce specie sunteţi?"

Cosmo apucase geanta albastră, o sărutase încă o dată pe Cinzia şi pornise, tăcut, pe holul lung şi întunecat al hotelului, slab luminat şi acoperit de covoare verzi care absorbeau orice lumină.

– Bună dimineaţa, *dottore*. Cafea? întrebă un ospătar durduliu şi pistruiat.

Deasupra oraşului M. se întindea albul unei dimineţi care nu reuşea să devină zi. Pietrele roşii de pe Via Manzoni erau un deşert de praf. Cosmo, îndreptându-se spre staţia de taxiuri din Piazza della Scala, descoperi că îşi murdărea pantofii. Nu putea să zăbovească. Nu trebuia să zăbovească. Avea un singur lucru în minte, unul singur: să meargă la întâlnirea cu Santa şi să o omoare. Să o omoare, ca ultimul act dintr-o stagiune care se termina şi ca botezul unui nou Cosmo care renăştea într-o nouă viaţă.

„*New generation...* Mă voi pregăti cu calm, fără să las loc întâmplării, fără să improvizez. Într-o bună zi, rude şi prieteni vor întreba: «Dar l-ai văzut pe Cosmo?» Va fi prea târziu. Eu voi fi plecat cu Cinzia mea. Cu un alt nume, într-un alt loc. Voi dispărea datorită banilor pe care acel geniu de Rolando i-a făcut să rodească", îşi spuse, imaginându-şi palmieri, tropice, relaxare şi sutiene galbene şi...

Ar fi fost uşor? Dificil? Se va gândi mai bine după ce o va face. Nu putea să n-o facă. „Simţul măsurii e un optim sfătuitor şi capacitatea mea de a absorbi a ajuns la limită. O voi omorî pe Santa şi voi pleca în stil mare." Nici măcar cerul acela, care semăna adesea cu un covor de lână murdar, nu reuşea să-i strice buna dispoziţie: nu se ducea să facă nimic în plus faţă de munca sa, trebuia doar să urmeze valul.

– Aici e un picior.

– Mâini încă nu?

– Nu, Lopiccolo, termină, ţi-aş fi spus dacă se întâmpla, ridică Andy vocea.

Pe pietrişul căii ferate se lungea o dimineaţă în care era greu de respirat, umedă şi vâscoasă, impregnată de mirosul de canal care se ridica dintr-o groapă de gunoi ilegală.

Lopiccolo se aşeză pe şina de tren, îşi făcu o ţigară şi o aprinse. Traficul feroviar fusese deviat cu enorme întârzieri şi acea porţiune de pietriş era plină de poliţişti obosiţi şi deprimaţi. Identificase punctul de impact între om–tren după cantitatea exagerată de sânge stropit. Recuperase o bucată din craniu, trunchiul, câteva haine, o şosetă, însă restul corpului părea fărâmiţat. Sau poate fusese dus în vizuinile şoarecilor negri şi violeţi care se roteau printre pietrele ascuţite, strânşi unul în altul.

Pe celular găsise un sms de la agentul motociclist:

Muncesc! ca urmăritor! Cedro & Cortobardo.

Sunt la 200 m în spate şi îi înlocuiesc pe ei dacă sunt descoperiţi.

Foarte frumos! ţie Cum îţi merge? Mâncăm împreună?

„Mie îmi merge ca dracu' şi, dacă tu ai fi aici să cauţi bucăţile dintr-un mort călcat de tren, probabil ţi-ai vomita sufletul", se gândi Lopiccolo. Îşi lungi picioarele, trase un fum observând echipa de la Omucideri şi pe tehnicienii de la Laboratorul criminalistic ocupaţi să recupereze „rămăşiţele" cadavrului. Munciseră toată noaptea şi aşteptaseră să se facă dimineaţă ca să caute mai bine.

Se gândi că „după ce am fotografiat de la o distanţă mică aproximativ şase sute şaptezeci de cadavre – socotind victimele unor accidente aeriene şi de pe autostradă –, nu se mai poate spune că toţi morţii sunt la fel. Nici că toţi anchetatorii reuşesc să îi privească – să-i privească profesionist. Vezi unele cadavre şi te fac să te gândeşti la sfinţenie: sunt spălăciţi şi mulţumiţi, cum se întâmplă cu statuile din biserici. Ca şi cum nu s-ar fi dus pentru totdeauna, ci numai pentru puţin timp. Ca şi cum, ar fi avut, pe neaşteptate, ocazia să se abandoneze în braţele primitoare ale unui înger. Ca altădată, poate, când leneviseră, râgâiseră şi făcuseră caca în braţe la tata – aproape că erau, din nou, copii senini, morţii ăştia. Fără alte capricii, fără temeri. Somnul lor etern a fost acceptat: poţi să stai să-i priveşti şi te simţi liniştit. Ca şi cum, într-adevăr, viaţa şi moartea, inclusiv moartea violentă, făceau parte din acelaşi ciclu natural".

Lopiccolo stinse ţigara: „În schimb, alte corpuri, alte chipuri pot să te marcheze – şi să te întristeze. E ca şi cum din gura de cristal ar ţâşni sunete ascuţite cu o putere devastatoare. Unii ochi larg deschişi, terorizaţi, pot să-ţi răpească curajul pentru ani de zile. Unele cadavre, se gândea inspectorul de la Laboratorul criminalistic, sunt atât de bogate în sugestii, încât te împing şi pe tine pe marginea gropii, să vorbeşti de tâmpenii ca dreptatea. Şi atunci viaţa şi moartea nu mai fac parte din acelaşi ciclu, ci devin un joc de oglinzi, reflexii de frici atavice, amintiri legate de cromozomi, de când trebuia să fugi în faţa gurilor carnivorilor, de când exterminarea din cauza foametei şi a războiului era ciclică, împărtăşită şi acceptabilă ca anotimpurile bune şi rele. Când tribul tău de rahat, ca să supravieţuiască lipsurilor, se încredinţa asasinilor respectaţi. Şi asasinii, secol după secol, fie că au devenit regi, fie că au rămas anonimi, ştiu să găsească venele hrănite de antica cruzime şi, dacă trebuie să-l omoare pe unul pe care-l cred duşman, o fac pentru că ştiu cum se face, pentru că omul cu servieta nu a făcut foarte multă cale de la cel care strângea în pumn silexul ascuţit ca să fure proviziile sau pe soţia prietenului său".

– Băieţi, scuzaţi-mă, dar dacă vedeţi vreun şoarece cu ceva în gură, împuşcaţi-l, spuse Lopiccolo ridicându-se de pe şină.

– *Adelante*[1], repetase Genito, ghidându-l pe Pedro până în cartierul chinezesc.

Îl puse să parcheze între liniile albastre şi verifică strada. Nu erau poliţişti. Prea uşor. Dar putea să fie totul atât de liniştit? Îşi punea în joc reputaţia şi risca închisoarea. Pentru ce? Pentru bani? Nu. Pentru Maretta? Nu.

---

[1] Înainte (în sp., în orig.)

Nu avea familie sau, mai bine zis, o avea pe Clara. Şi cu ea mergea cum mergea. Dacă ar fi murit, Clara şi-ar fi refăcut imediat viaţa cu unul dintre studenţii ei. Nu suferea pentru dorinţe importante pe care nu le realizase. Nu avea alte cărţi de citit, nu avea îndatoriri speciale. Era ciudat, dar uneori se gândea că atunci când lucra la stat, când servise statul, era mai sărac – fără îndoială mai sărac –, dar, în fond, mai mulţumit să se trezească dimineaţa. Pentru că făcea parte dintr-un trib armat care lupta împotriva altui trib armat, şi al lui era cel care avea dreptate. Acum, pentru ce, pentru cine şi de ce lupta de unul singur?

– Trebuie să ne simţim vii, nu-i aşa, Pedro?

– *Señor? No hablo muy bien l'italiano, sono aquì da poche semanas.*[1]

– Deschide-mi uşa.

Genito îşi pusese pe el haina antiglonţ, două grenade îi atârnau de curea, un pistol era în teaca prinsă cu arici în jurul gleznei şi altul era băgat la spate. Şoferul sud-american îl văzuse înarmându-se, îl dusese până acolo şi, impasibil, deschise uşa, făcându-i loc să ia valiza cu bani.

Pendula bisericii bătea ora 8.00.

– Dă-mi cheile şi du-te, vii să iei furgoneta fie diseară, fie mâine, îţi va spune Paty.

– *E il dinero?*[2]

– I-am dat lui Paty.

– *Yo non...*[3]

---

[1] Domnule? Nu vorbesc foarte bine italiana, sunt aici de câteva săptămâni. (în sp., în orig.)

[2] Şi banii? (în sp., în orig.)

[2] Eu nu... (în sp., în orig.)

– Bine, nu-i nici o problemă.

Genito deschise valiza, luă câteva bancnote dintr-un mănunchi şi i le băgă în buzunarul de la cămaşă. Peruanul, văzând toţi acei bani, se făcu roşu, îşi duse mâinile la piept şi începu să tuşească. Trebui să se încovoaie, apoi se întinse pe asfalt.

– Calmează-te şi respiră bine, nenorocitule. Ce faci, îmi mori aici, în mijlocul străzii? Nu e momentul.

Via Osculati, protejată de palisadă, dormita, ca şi restul oraşului pe care Cosmo îl traversase cu taxiul şi, ultima parte, pe jos.

Se apropie de maşina albastră pe care i-o dăduse 'u Nasuni. Nu o parcase mai bine? Ciudat, i se părea strâmbă. Se apropie şi mai mult: „Două cauciucuri tăiate“.

Nu-i venea să creadă. Un vandal, un laş nenorocit se enervase pe maşina lui. Îi găurise cauciucurile, lui. Şi altor maşini parcate acolo, în apropiere. „Idiotul!“

În timp ce se apleca pentru a verifica tăieturile, doi tineri blonzi şi atletici coborâseră dintr-o furgonetă murdară de noroi şi acoperită cu abţibilduri. Doi hamali, se gândise Cosmo, până când cel mai spălăcit şi pistruiat, trecând pe lângă el, îi dăduse o palmă îngrozitoare, de i-au clănţănit dinţii, şi celălalt, cu o lovitură peste ceafă, îl împinsese tare către portieră.

Cosmo expiră: „Cine sunt ăştia?“ Rămânând în echilibru, pară o lovitură şi, la rândul lui, îl şterse pe spălăcit cu o alonjă la gât, dar şi ceilalţi doi ştiau să se bată: încasă alte palme, sonore ca bătăile în tobe, ca şi cum agresorii lui ţineau să-l asurzească cu forţa loviturilor. Dar nu foloseau numai mâinile. Îi arseră un picior dureros sub genunchi și un cot în coaste și, când redeschise ochii, după două secunde de beznă cauzate de o perfectă lovitură de pumn în centrul frunții, se trezi cu țeava metalică a unui revolver care-i apăsa pe coșul pieptului.

– Dă-ne armele, *move*.

Fuseseră rapizi, preciși. Profesioniști. Cosmo ridicase mâinile și îi lăsase să-i ia pistolul. Ar fi fost nebun să reacționeze. „Cine sunt? Polițiști nu, ar fi fost deja cu miile."

Îl percheziționară rapid, vorbeau între ei într-o limbă est-europeană.

– Urmează-ne, ordonaseră, împingându-l în față: erau ei cei care-l direcționau, urmându-l.

Îl puseseră să traverseze strada, ducându-l în interiorul unui mare bloc gri. Ajunseseră la etajul trei și bătuseră la o ușă. Două bătăi, pauză, două bătăi, pauză, o bătaie.

Ușa se deschise puțin și apoi, în dreptul ei, apăruse un bărbat robust: „Pe ăsta l-am mai văzut", se gândi Cosmo. Acei ochi atât de deschiși ca și cum ar fi transparenți. Nu reușea să-și amintească, era năucit de lovituri, ficatul îi transmitea semnale inconfundabile, junghiuri atât de puternice, încât îl constrângeau să deschidă gura când respira.

– Ai și alte arme?

Clătină din cap.

– Dă-le băieților cheile de la mașina ta. O parcaseși prea bine, ce noroc cu furgoneta albă care pleca ieri-seară, nu, dobitocule?

Străzile și trotuarele din cartierul chinezesc găzduiau, în afară de muște și o pisică neagră, numai două ființe vii:

Genito şi Pedro. Dar, din cei doi, singura fiinţă sănătoasă era primul. Peruanul se forţa să dea un ritm respiraţiei şi o culoare mai puţin neliniştitoare palorii lui.

– Te simţi mai bine? întrebă Cosmo.

– Lasă-mă să respir.

– Nu vreau să te grăbesc, dar acum te ridici şi-ţi iei o cafea cu mult zahăr. Ai şapte copii, gândeşte-te la ei.

Pedro clipi de câteva ori, poate nu fusese foarte înţelept să-l pună faţă-n faţă cu responsabilităţile excesive ale unui imigrant neputincios.

Genito tocmai găsea alte fraze mai puţin problematice, când fu distras de soneria unuia din celularele lui „rezervate".

Îl suna Clara: „Ciudat", se gândi.

– Corrado?

– Da.

– Nu eşti acasă.

– Nu, aveam ceva de rezolvat rapid. Clara, ştiu că...

– Dar trebuşoarele nu ţi le rezolvă cretina aia de clientă? Încetează, Corrado, să mai fii patetic.

– Dacă mă suni să discutăm despre asta, scuză-mă, nu e momentul. Înţeleg că să vezi pe internet...

– Las-o baltă. Au venit să ne percheziţioneze casa, Corrado.

– Ce spui?

– Ai surzit? Percheziţionează casa şi, dat fiind că nu cred că e din cauza mea...

– Bine că nu eram acolo.

– Nu eram nici eu.

– Ştiu.

– Era Paty, a trebuit să deschidă Gărzii Financiare şi sunt oameni care scotocesc peste tot, şi în sertarele mele cu lenjerie, în baia mea, vor să deschidă seifurile unde ştii ce avem. Ai vreo idee de sila pe care o simt?

– Foarte clară. Unde eşti acum?

– Unde este cineva care mă apreciază, pa.

– Aşteaptă. Te-a sunat Paty? Ce ţi-a spus?

– Corrado, ajunge, nu e momentul să discutăm, răspunse Clara întrerupând conversaţia.

Pedro înălţă capul.

– Eşti un mafiot? Jur că nu voiam să-ţi iau banii, nu-mi face rău.

– Da' ce-ţi trece prin minte?

– În ţara mea eram poliţist, dar erau mulţi colegi corupţi, m-au împuşcat, mi-au jurat că se răzbună, de aceea am fugit în Italia.

Cosmo putea doar să privească în jurul lui. Ţinându-i un pistol la cap, străinul îl condusese în mijlocul unei mari sufragerii, cu mobilierul bucătăriei la vedere, covoare persane pe marmura roz a pavimentului şi tablouri colorate pe pereţi. Într-un colţ, o statuie. Toată scorojită, reprezenta o femeie fără cap. Cosmo continua să tacă. Nu întrezărea nici o cale să scape, nici posibile arme de întrebuinţat.

Geanta lui albastră era atârnată de spătarul unui scaun şi conţinutul era răsturnat pe masă.

– Acest celular la ce serveşte, mai precis? La sunat prietenii, nu-i aşa, dobitocule?

– Ce prieteni?

– Cei cu care te-ai întâlnit la restaurant. Nu ne învălui, cu cât faci mai mult pe prostul, cu atât e mai rău pentru tine.

– Ascultă, amice, eu nu ştiu nici măcar de ce m-aţi prins.

Străinul scoase din buzunar o foaie: „ATENŢIE. Am înştiinţat-o pe lupoaica din Monreale...“

– Sau poate nu ştii că lupii muşcă? Sună-i pe prietenii tăi.

Ştia prea multe. Lui Cosmo nu-i venea să creadă ce auzea. „Poate de data asta nu mă mai întorc la mal“, se gândi. Întinse mâna şi luă telefonul mobil:

– Nu-mi pasă deloc de ei, ce trebuie să le spun?

– Trebuie să le spui să vină imediat aici, că Santa e în apartament şi tu eşti deja ascuns în clădire şi că, imediat ce iese, o omori, dar e mai bine să ţii strada sub control. Ei trebuie să se aşeze la colţurile clădirii, nu ai timp să explici, dar linişteşte-i, asigură-i că reuşeşti singur s-o omori, dar acum vrei acoperire. Câţi sunt, apropo, patru sau cinci?

– Cred că patru, cu totul.

– Patru, deci. OK. Îmi spuseseră că nu eşti prost.

Imediat ce Cosmo încheiase conversaţia, în care trebuise să repete de două ori pentru că 'u Nasuni dormea, bărbatul îi smulse celularul şi formă un număr. Vorbi într-o limbă străină, tot est-europeană, şi, în timp ce dădea câteva ordine, îl obligase pe Cosmo să se aşeze pe un fotoliu mare din lemn. După ce lăsase celularul, îi legă cu cătuşe încheietura unei mâini de braţul fotoliului. Lanţul era foarte scurt.

– Să nu-ţi vină idei sinucigaşe. Nu sunt atât de prost să te leg de un fotoliu, ca să te ridici şi să pleci. Vreau doar să fumez liniştit o ţigară. Nu e nici măcar 8.00, avem mult de aşteptat. Peste puţin timp vine prietena noastră.

– Ce prietenă?

– Nu sunt polițist, adică nu mai sunt.

Cosmo nu se resemna ușor, dar înțelese că nu era loc să facă pe șmecherul.

– Santa vine aici?

– Păi, ce dracu', pierde focurile de artificii după ce le-a organizat? Doar nu vrei să te împușc în cur, fără ca ea să te vadă horcăind.

Inspectorii Cedro și Cortobardo stăteau în mașină și nu vorbeau. Lucraseră deja împreună la sfârșitul anilor '60. Făcuseră un tandem bun, apoi simțul umorului și caracterul frumos îl ajutaseră în carieră pe Cedro, în timp ce bombănelile și excesiva subliniere a sarcinilor și a responsabilităților îl ținuseră pe Cortobardo la marginea marilor anchete. Între ei doi însă nu existau îndoieli și știau că fiecare valorează cât zece colegi: erau abili, preciși, intuitivi și experți. Trăiseră destul și rezolvaseră prea multe răpiri ca să se agite. Și totuși, când o văzură pe Santa în blugi, cu fular și ochelari mari, negri, ieșind dintr-o *banister house*, adresa ei secretă, își trăseseră câte o palmă. *Dottoressa* Longino nimerise punctul de pornire. Operațiunea începea. Trebuia să-i pună pe toți în gardă. Cei doi inspectori acționaseră comanda difuzorului.

– Călăuza Unu se mișcă acum, noi procedăm conform schemei.

– Chiar dacă nu știm în ce rahat de direcție.

– Încercăm să localizăm celularul din centrală.

– Dar nu e simplu azi, nu știu de ce... oricum n-o pierdem din vedere. Cei de la N.O.C.S. sunt pregătiți, nu-i așa?

Frazele celor doi ajungeau pe celularul lui Bagni distorsionate şi metalice, viceprocurorul Velia Longino intervenise:

– Băieţi, nu se înţelege nimic. Puteţi să repetaţi, vă rog?

– Călăuza Unu s-a mişcat şi noi suntem în spatele ei. Cei de la N.O.C.S unde sunt?

– Suntem cu comandantul Groppello în curtea Palatului de Justiţie. Echipa operativă e împărţită în trei furgonete. Călăuza Unu e singură?

– Afirmativ.

– De ce vorbeşti ca şi cum am folosi un walkie-talkie? interveni Bagni.

– Tu azi gândeşte-te să conduci ca şi cum ai fi Alonso, replică Cortobardo.

– A, da, azi e şi Marele Premiu, îşi aduse aminte Bagni.

Velia Longino înţelese numai în acea clipă, auzind cuvintele Mare Premiu, că este la conducerea unei operaţiuni gigantice abia începute. Putea să câştige premiul sau să iasă în decor. Ritmul inimii crescu şi ea se apropie de singura persoană care ar fi înţeles-o.

– Francesco, ce zici, îi anunţăm pe Plebei şi pe Palma?

– Sunt colegii tăi, Velia, nu ai mei. Eu i-aş fi sunat de ieri.

Răspunsul nu-i plăcu şi nu aprecie tonul.

– Mulţumesc!

– Iartă-mă dacă îţi spun mereu ce gândesc, şi nu numai legat de muncă.

– Vorbeşte mai încet.

Celularul lui Bagni sună în acel moment, întrerupând cearta.

– Călăuza Unu, spuse Cedro, este pe podul Monte Ceneri, merge în direcţia Bovisa. Ca să nu trezim suspiciuni, ne lăsăm depăşiţi de alţi colegi, şi apoi reluăm noi urmărirea.

– Recepţionat, noi venim spre zona Nord, spuse Bagni.

– Spune-i să nu închidă, să ne indice strada în direct. Cu cât ajungem mai repede, cu atât atacăm mai repede, spuse şeful celor de la N.O.C.S., care urcase în maşina lui Bagni. Ordinul fusese auzit.

– Afirmativ. Salut, John, ce plăcere să te aud, spuse Cedro.

– Cine eşti? întrebă şeful celor de la N.O.C.S.

– Cedro.

– Ia te uită, nu ştiam, dar la vârsta ta ar trebui să fii la pensie, ce faci pe teren? mai întrebă John Groppello.

– Şi ştii cine e cu mine? Cortobardo.

– Salut, John, îl salută Cortobardo, dar după atâţia ani la Roma, mai eşti în stare să munceşti în ritmul oraşului M.?

– Băieţi, e o viaţă... Îmi amintesc mereu de voi şi de răposatul judecător Di Maggio, ăla da...

Dottor Groppello se blocă. „Ăla da magistrat“, voia să spună, dar, cu *dottoressa* sexy în maşină şi cu acel Bagni care se culca cu ea, era mai bine să nu exagereze cu comparaţiile.

Ascultară câteva minute de parcurs al străzilor, până când sosi semnalarea unei străzi.

– Via Camerino. Zona Affori, spuse Cortobardo.

– Călăuza Unu a parcat şi intră pe o poartă din Via Osculati, conchise colegul.

– Apropo de Călăuză, ştiu că e o biserică, acolo în faţă, şi l-am cunoscut pe paroh. Am numărul lui. Ce spuneţi? Îl conving să deschidă terasa şi ne poziţionăm acolo sus? îi spuse Bagni şefului de la N.O.C.S.

Dottor Groppello dădu din cap şi vorbi cu voce tare:

– Băieţi. Obiectiv biserică.

– Scuze, cu cine vorbiţi? întrebă magistratul.

– De acolo, continuă Groppello fără să o bage în seamă, ne împărţim în trei echipe. Echipa Albă, pentru eliberare. Echipa Roşie, pentru a ataca şi a aresta. Echipa Albastră, pentru recunoaştere. *Go-go-go.*

Se auzi urletul de răspuns „*go-go-go*“. Velia se întoarse brusc. Furgoneta cu una dintre echipe era chiar în spatele maşinii lor. Cu cei care participă la incursiune, în contact radio permanent cu şeful lor.

– Mâini sunt sau nu? întrebă Lopiccolo, aruncând un chiştoc pe pietrişul căii ferate.

– Nici o mână, la naiba, nici o mână, mă enervezi, răspunse Andy. Se ridică, se scărpină în zona inghinală şi se apropie de inspectorul de la Laboratorul criminalistic.

– Lopiccolo, se poate şti ce te macină în dimineaţa asta?

– Nu e nici măcar Bagni, suntem aici şi nu ajungem la nici o concluzie bună, asta mă macină.

– Lucrează la răpirea Wolfson.

– Din nou?

– Îţi aminteşti de târfa omorâtă? întrebă Andy.

– Arsa din Baggio? întrebă la rândul lui Lopiccolo.

– Exact. Ei, se pare că Wolfson se ducea să i-o tragă când l-au răpit și deci...

– Lopiccolo, Andy, veniți puțin să vedeți. Îi strigase Amanda, o fată slabă și blondă, venită la secția Omucideri de câteva luni.

– Ce ai găsit?

– O bucată de pantaloni și mi se pare că sunt murdari de urină. Ăsta n-a murit imediat, l-au speriat zdravăn. Poate l-au torturat.

Lopiccolo privi și mirosi. Și confirmă înainte să ia aparatul de fotografiat și să facă niște poze.

– Sunt unii care nu se mulțumesc doar să omoare, ci exagerează, spuse.

Se gândea că, în fața spectacolelor produse de mințile criminale, dacă nu există ajutorul unei minime culturi, dacă nu s-a învățat pe teren meseria, e jale. O și scrisese. Cum era ce scrisese?

„Sunt unii care se laudă: inima mea e dură ca piatra. Dar e și grea, și inertă ca o piatră. De înlocuit, pentru că o piatră valorează la fel ca alta. Omul care nu știe să gestioneze moartea, când o întâlnește, poate să piardă lucrul cel mai important al unei ființe umane, pacea interioară“, așa scrisese Lopiccolo în jurnalul lui pentru psiholog. Fraze pe care le învățase pe dinafară. Creierul îi servi imaginile atroce ale unor fete: uneia îi fusese scos ficatul și asasinul îl tăiase în câteva părți, cealaltă avea un dinte de narval înfipt în fundul gâtului. Se chinui să le șteargă, să le așeze într-un sertar depărtat, într-un colț al minții frecventat rar și reuși.

După atâția ani de experiențe macabre, stabilise că prefera să fotografieze cadavrele iarna, poate pentru că atunci când se ducea la locul cu pricina era mai îmbrăcat – mai blindat. Şi că cele mai tulburătoare cadavre erau cele de recompus, cele făcute bucăţele. Şi iată-l aici, exact unde ar fi plătit ca să nu fie, şi nici măcar nu găseau mâinile ca să ia amprentele digitale, ca să dea o identitate posibilă mortului – un bărbat, alb, corpolent, între patruzeci şi cincizeci de ani – şi să poată pleca de acolo. Geanta neagră, cu inscripţia „Laborator criminalistic" şi un abţibild cu Mafalda, căzu pe o parte, o izbise un şoarece.

– Hei, Amanda, vezi unde se duce şoarecele ăla.

– Dumnezeule, doar nu crezi că?

– Exact, Andy, împuşcă-l, Andy...

Eficienţa manuală a lui John Groppello era o legendă printre oamenii lui. În mai puţin de zece minute realizase pe biserica Santa Giustina o aparatură strategică asemănătoare cu cea a unui DJ. Numai că în faţa lui nu erau plăci şi CD-uri, ci lumini şi luminiţe.

– Echipa Albă, spuse.

– Spre post.

– Echipa Roşie, spuse.

– Spre post.

– Echipa Albastră.

– Fumăm o ţigară, John.

– Nu mai faceţi pe şmecherii, Echipa Albastră. Schema e aceeaşi. Cine are bombele?

– Vichingo.

– Şi încărcătura pentru uşile blindate?

– Aquila.

Celularul lui Bagni sună.

– Francesco. Era vocea lui Cinerino.

– Spune.

– Rallo e mort. Mai știi cadavrul acela de pe calea ferată? El era.

– Nu-i voi plânge moartea. Știi ceva despre cum s-a întâmplat?

– L-au aruncat sub tren. O tocană mizerabilă. Lopiccolo a găsit niște degete și astfel a luat amprentele digitale și a consultat computerul. Trebuie să-i spui că a fost extraordinar.

– Cane e cu tine?

– Nu e, sunt Andy și Amanda însă.

– Ce se întâmplă? întrebă Velia, care ascultase conversația lui Bagni.

– Pregătim descinderea, răspunse comandantul N.O.C.S.

Bagni privi spre clădirea din fața lor.

Cosmo fu ridicat ca un copil în scaunul uriaș și plasat în fața bibliotecii. În apartament cineva pornise combina muzicală. Era Beyoncé, o cântăreață care îl înnebunea, sigur nu pentru calitățile muzicale sau pentru texte. Observa titlurile cărților din bibliotecă. *Radio Patrol*, *Dick Tracy*, *Secret Agent X-9*, *Inspector Wade*, *Dick Fulmine*, *Alack Sinner*.

– Vrei să citești? îl întrebă paznicul lui.

– Nu.

– Mai bine, pentru că acum trebuie să-ți pun o cagulă.

Când îl văzu râzând, Cosmo își aminti. Iată cine era. Era cel care înota, mai mult sau mai puțin, la aceleași ore ca și el, cel care venea la mare însoțit de două femei.

– Acum zece zile, tu erai pe o stâncă, îi spuse în timp ce lumina dispărea sub cagulă.

– Am încercat să mă țin după tine în apă, era imposibil. Ești un campion. Pe pământ, însă, cum spuneți voi? Nu faci nici cât negru sub unghie.

În întunericul mirosind a naftalină, Cosmo se gândi la cerul estival, când tatăl lui se așeza afară, lângă mica lor casă în mijlocul măslinilor, și știa să-i spună numele și povestea tuturor stelelor. Sunt țărani care știu pe dinafară *Divina Comedie* și alții geografia lumii. Tatăl lui reușea să dea vești despre cer ca și cum nu s-ar fi aflat acolo sus, ci lângă el: ca migdalii, cireșii și măslinii lui, ca viile joase și grădina de zarzavat. Își botezase fiul Cosmo în onoarea imensității Universului și îi repetase ani de zile un sfat: „Cocoșează-te deasupra cărților și nu, ca mine, deasupra câmpului".

Cosmo își dorise o altă viață, mai comodă, și o obținuse: acum era acolo, într-un apartament la mii de kilometri de casă, încătușat de un scaun, în beznă și cu un bărbat înarmat la spate.

Șeful N.O.C.S. se forța să judece.

– Omul legat este. Dar de ce vorbesc de atât de mult timp? Microfoanele. Echipa Albă, ce spun microfoanele direcționate?

– Nu înțelegem, John, vorbesc încet și e muzică pe fundal.

– Or fi instrucțiunile pentru eliberare, spuse Velia Longino.

– Da, cu acele instrucțiuni, Wolfson ajunge până la Palermo. Nu, e ceva la mijloc, spuse *dottor* Groppello.

– Noi, oricum, trebuie să-l eliberăm pe ostatic, replică Velia Longino. E Wolfson, nu?

– Cu cagula pe cap e dificil de recunoscut, statura pare similară.

Cu valiza într-o mână şi cu cealaltă gata să se apere, Genito împinse cu piciorul drept uşa de la *banister house* din cartierul chinezesc. Auzea ţăcănitul maşinilor de cusut piele, un copil deschise şi închise uşa exact când celularul lui suna. Lăsă valiza pe podeaua murdară.

– Nu e posibil, spuse, pentru că nu mai avea nimeni acel număr, în afară de Clara şi de Maretta. Pe ecran nu era numărul Clarei, iar Maretta ştia bine că nu trebuia să-l sune, că ar fi trebuit doar să răspundă unui sms de-al lui şi apoi ar fi vorbit.

Cine putea să fie? Hotărî să răspundă.

– Alo.

– Sunt Plebei.

– A, ce plăcere, Armando, ce pot face pentru tine?

– Începe prin a nu face pe tâmpitul prefăcut, ştiu că ţi-a spus Clara de percheziţie şi astfel am dat de numărul tău. Eşti prudent, dar ştii că nu poţi fi niciodată destul de prudent, aşa că spune-ne unde eşti şi venim să te luăm. Trebuie să vorbim despre răpirea Wolfson.

– Scuze, cum ai zis? Nu se aude bine.

– Corrado, ştii că obstrucţionarea investigaţiilor e...

– Nu se aude nimic, spuse Genito şi închise telefonul. Se gândi rapid, avea o singură soluţie. Reapăru la uşă şi strigă:

– Pedro.

Peruanul, care stătea încă sprijinit de capota unei maşini, cu lacrimi în ochi, înălţă capul.

– Pedro, vino încoace. Ia celularul ăsta şi du-l cât mai departe posibil.

Pedro se duse la el şi, cu cât se apropia mai mult, cu atât gura lui se lărgea mai tare într-un zâmbet complice.

– Cine te caută, şefule?

– Te plătesc bine, mai vrei bani?

– Nu, nu mai deschide geanta aia, şefule.

– Nu sunt un bos, bagă-ţi asta în cap, sunt un fost carabinier. Îi ştii pe carabinieri? Fac o anchetă secretă, ajută-mă, ia nenorocitu' ăsta de telefon şi du-l de aici. Abandonează-l într-un tramvai sau într-o maşină care se îndepărtează. Şi dacă, din întâmplare, te opresc, nu vorbi, nu spune nimic. Du-te şi... din partea mea e OK, nu-ţi fac nimic şi-ţi voi da o recompensă frumoasă.

Faţa lui Pedro vorbea pentru el, dar sud-americanul adăugă:

– Eşti din poliţie. Acum înţeleg mai bine. Staţi liniştit, *señor*, nu mă vor opri, îmi cunosc meseria.

Genito îl văzu alergând spre strada pe unde treceau tramvaiele. Da, putea să fie de ajuns, dar trebuia să se grăbească. Se întoarse în clădire, luă valiza şi căută un lift. Să fim serioşi. Nu în acea casă.

Cineva bătu la uşa apartamentului şi Cosmo îşi forţă pupilele inutil: stofa cagulei era deasă. Acest cineva care bătuse şoptise câteva cuvinte timp de câteva minute şi străinul spusese numai un „mulţumesc“, un mulţumesc ciudat, cu o umbră de nelinişte, dacă nu chiar de teamă.

Puţin după aceea, se deschise o uşă şi o voce spuse:

– Da, scoate-i-o.

Vocea aceea.

Lumina zilei.

Santa nu se schimbase prea mult: slabă, cu sânii voluptuoşi, ochii mari şi rotunzi, părul lung pe gât, pieptănat pe spate, cizmele de motociclist sub blugi, brăţările de aur la mâna dreaptă, una cu medalionul securii cu două tăişuri. Timpul doar îi înnegrise şi îi adâncise cearcănele, în timp ce chirurgia plastică îi subţiase nasul.

– Ar trebui să te împuşc imediat. Când mi-au zis că tu erai killerul, nu voiam să cred.

Îi privi mâna încătuşată şi îşi mută privirea.

– Cum de te-au trimis pe tine?

– Puteam să spun nu?

Se priviră, nu aveau nevoie de minciuni.

– Ce viaţă ai avut, Cosmo?

– Nimic special, după povestea cu jafurile, am fost propriul meu şef. Nu mă mişc cine ştie ce, fu răspunsul lui.

Era foarte bronzat, ar fi putut să facă publicitate verii, în timp ce Santa era palidă, ca şi cum nu mai stătuse la soare de ani de zile. De o grămadă de ani.

– Ţi-a mers cum voiai, cel puţin până azi. Eu sunt exact invers. Ştii că te-am invidiat mereu, ştii să te mulţumeşti cu puţin, eşti un tip simplu, îţi acorzi limite. În schimb, eu căutam mereu mai mult.

– Te-ai convertit...

– Unicul mod pentru a-mi reface viaţa.

– Ambiţie legitimă.

– Dar nu pot trăi cu coşmarul foştilor mei naşi şi stăpâni care se străduiesc să mă omoare. Şi am avut această idee.

Santa râse, iar străinul râse atât de tare, încât Cosmo nu reuşi să rămână serios.

– Dacă te gândeşti, spuse Santa, a fost o idee genială.

Cosmo nu mai ştia ce să spună, ce să facă, ce să gândească. Înţelesese că fiecare piesă de pe tabla de şah se suprapunea perfect. Dar în ce mod? Soluţia nu putea fi decât una singură.

– Te-ai folosit pe tine ca momeală.

Santa îl privea, cu mândrie, în timp ce Cosmo făcea deducţiile:

– Ai organizat cursa făcându-i să creadă că puteau să te omoare.

– Ei, da, nu se aşteptau.

– E nevoie de curaj.

– Nici măcar prea mult, e nevoie de disperare. Este mereu subapreciată forţa disperării.

– Însă acum eu sunt în rahat.

– Da, tu eşti. Nu voiam să cred că te-au angajat tocmai pe tine.

– Aici Albaştrii, *mister.* Atenţie, *mister*, nou-sosiţi.

– Ce se întâmplă, Spartacus? întrebă John Groppello, acţionând prudent printre lumini şi luminiţe.

– Nou-sosiţi, confirm.

– În ce direcţie, Echipa Albastră?

– La 9.00.

– E prea multă mişcare ca să fie o răpire, ceva nu se potriveşte. Albaştri, Roşii, Albi, alertă maximă, urlă Groppello din locul lui de pe acoperişul bisericii.

– Ceva nu se potriveşte, *mister.*

– Am spus asta deja.

– Dar cine sunt ăştia care vin? îl întrebă Velia pe Groppello.

– *Mister*, au arme. Au arme, confirm.

Corrado Genito îşi curăţă mătreaţa de pe haina neagră şi se aşeză cu picioarele crăcănate pe palier.

– Am banii, ce facem?

– Lasă-i acolo, spuse Panarello, arătându-se în deschizătura uşii.

Să-l ştie pe Panarello de la telefon, din fotografii sau văzându-l din spate în timp ce pleca, era o chestie. Să-l vadă pe viu, în tricou, cu burta de serios mâncător de macaroane, cu fălcile căzute, cu braţele foarte păroase, era cu totul altceva. Genito era antrenat în confruntarea corp la corp, dar cu un tip ca ăsta ar fi evitat-o.

– De ce nu vii să-i iei de aici, de unde sunt eu? Vrei să încerci?

– Pentru nimic în lume, glumeşti? Vreau să fiu corect.

– Perfect, răspunse Genito.

– Atunci ţi-l trimit pe Wolfson. Ţine minte că e în bătaia puştii.

– Ţine şi tu minte o idee de bază. Nu mă mai interesează deloc dacă îl omori, pierzi numai banii. Şi ar fi inutil.

– Ştiu, ştiu, doar că, în acest moment, ne-a venit un gând. Am putea să te împuşcăm pe tine, pe ostatic şi să luăm banii. Frumos şi curat.

Santa privi de la fereastră, absorbită în gândurile ei.

– Cunoscând mentalitatea prietenilor mei mafioţi, n-a fost dificil. M-am gândit: dacă le furnizez indicaţiile corecte ca să mă omoare şi ei muşcă, sunt în regulă. Vor să mă omoare de o mie de ori şi, când mi-l vor trimite pe killer, li-l restitui în şase sau şapte cutii de pantofi. Şi, în schimb, îmi vii tu.

– Jur că dacă aş fi putut, aş fi refuzat.

– Nici unul din noi nu poate refuza. Şi treaba va fi la fel de în regulă.

– Cum, Santa?

– Cine mă atinge, moare. Acesta trebuie să fie mesajul de azi. Vezi, reluă Santa, neascunzând bucuria de a da o lecţie fostului asociat de jafuri, eu sunt o convertită, una pe care orice fugit de acasă, cum spunea celălalt, Angelino il Tebano, strămoşul nostru, al tuturor infamilor, visează să o întâlnească, din întâmplare, într-un bar autogrill şi să o omoare din zbor, ca să-şi facă un nume. Se putea întâmpla, dar un proiect ştiinţific de eliminare nu, nu putea să vină decât de la foştii mei colaboratori. Ei fac o figură de rahat dacă nu-i pedepsesc pe trădători. Nu? Dar dacă eu îi fentez? Ai înţeles, Cosmo? Spune-mi că am fost bună, spune-mi asta, repetă Santa. Pe boşi îi fac să treacă printr-o aşa spaimă, că am să-i pun în genunchi pentru un timp suficient ca să mă ajute să dispar definitiv din panorama europeană şi, poate, cea mondială. Nouă faţă, nouă viaţă, noi experienţe. N-am dreptate?

Cosmo rămăsese mut.

– Ştii, trăiesc de ani de zile într-un alt oraş, fac semipreparate pentru îngheţate, nu trebuie să văd pe nimeni, aprovizionez prăvăliile cu îngheţată, după gusturile mele, şi încasez o groază de bani. Cel mai mult cu cornetele, crede-mă. Fără stresul de a-i omorî pe drogaţi şi de a-i cumpăra pe judecători. Nu pot să-mi permit o logodnică adevărată, una care pune întrebări şi merită răspunsuri. Dar, până la urmă, am angajat o femeie de serviciu care nu doar că-mi mătură casa, trece şi în pat dacă i-o cer, de câteva ori pe săptămână. Şi, astfel, n-am probleme. Şi apoi îl am pe el, ne cunoaştem de mult timp, avem un o relaţie bună, seamănă puţin cu cea pe care o aveam cu tine. Sunt o femeie aproape fericită şi, după ce m-am convertit, mi-a lipsit un singur lucru. Siguranţa zilei de mâine. Numai dacă...

– Numai dacă, spuse străinul, întorcând gâtul masiv, nu sunt eliminaţi cei care deranjează.

– Nu mai e nevoie de organizaţiile noastre, prea multe reguli, prea mulţi tâmpiţi în circulaţie, în timp ce aceşti prieteni ai lui, toţi ruşi, lucrează curat, iau o brumă de bani şi apoi dispar. Sunt fantome, fără nume, fără amprente, fără trecut şi, dat fiind că sunt toţi „ex" ceva, ştiu cum se mişcă dobitocii noştri. Nu-i aşa, Guglielmo, iubitule?

– Aşa e, iubito.

– Astfel că, prin el, m-am încredinţat lor. Aceştia sunt foşti participanţi la raiduri.

Viceprocurorul Longino se apropie de Bagni.

– Nu mai întoarce pe toate părţile moartea peştelui de Rallo şi cazul arsei din Baggio. Ai vreo idee vagă despre ce se întâmplă în acest apartament?

– Fie şi-l vând între o bandă de delincvenţi şi alta, fie nu înţeleg.

– Este plauzibil, da. Îl trec de la o bandă la alta. Ce spuneţi, comandante Groppello, suspendăm intervenţia?

– OK, băieţi, suspendaţi intervenţia. Albaştri, Roşii, Albi, aşteptăm să vedem ce se întâmplă.

– *Mister*, am numărat optsprezece unităţi de luptă. Se localizează la fiecare intersecţie. S-au plasat rapid.

– Militari, Echipa Albastră?

– Afirmativ, *mister*, puteţi verifica dacă sunt şi alte operaţiuni ale poliţiei în curs?

– Negativ, Echipa Albastră.

– Ar fi putut să-i trimită Genito, spuse Bagni.

– În ce sens?

– O operaţiune ca să-l elibereze pe ostatic, cu oamenii lui pe care i-a adunat cine ştie de unde.

Dottoressa Longino rămase cu gura căscată.

– Îl sun pe Plebei.

– Au arme? întrebă Groppello.

– Da, *mister*, nici unul nu le-a scos, dar sunt în poziţie de tragere. Dacă nu sunt înarmaţi, pe mine nu mă mai cheamă Spartacus.

– Noi suntem douăzeci şi doi. Şi avem avantajul surprizei, tu şi ceilalţi puteţi să apăreţi din furgonetă când se aşteaptă mai puţin...

– *Mister*, alarmă, aici tot Echipa Albastră.

– Iar?

– Sosesc alţi tipi înarmaţi. Coboară dintr-o maşină deteriorată. Sunt patru. Un bărbat de vârstă mijlocie, înalt şi slab, apoi unul la vreo patruzeci de ani, un fel de culturist, şi doi tineri, unul gras fără păr şi unul uscat şi nervos. Au arme şi se mişcă repede spre obiectivul nostru principal.

– Ce arme au, Echipa Albastră?

– Pistoale, terminat.

– Velia, la naiba, dar Plebei ce spune? întrebă Bagni, care nu ratase un cuvânt.

– E tot ocupat.

– Sună-l pe Palma.

– Nu-mi răspunde.

– Cred că se termină rău. Insistă.

Genito rămase nemişcat pe palier, lângă valiza cu bani. Nu se atinse de nici o armă, nici de grenade, nici de pistoale. Rămase impasibil şi concentrat. La cea mai mică mişcare greşită, ar fi trimis la moarte cât mai mulţi oameni posibil. Dar avea puţine îndoieli: Panarello blufa. Nu avea nici o intenţie să ucidă. Era însă dificil să stabileşti ce gânduri apar în capul unui soldat din *'ndrangheta*, care, la rândul lui, primeşte ordine de la un şef care, la rândul său, când se găseşte la picioarele statuii Madonna dei Polsi, în Aspromonte, poate să stea cu capul sus în faţa celorlalţi şefi numai dacă s-a comportat ca un om de onoare.

– Da, e adevărat, îi spuse. Respiră adânc. Tu şi complicii tăi aţi putea să ne împuşcaţi, pe mine şi pe ostatic. Teoretic. Dar practic poţi să o faci numai dacă nu te interesează deloc rudele tale. Numai în acel caz ar fi o judecată corectă. Din păcate, şi eu sunt obişnuit să-mi risc pielea când merită. Aşa că, dacă nu mă voi putea bucura de banii mei, am lăsat câteva memorii, ordine şi dispoziţii de plată prietenilor mei, foarte pricepuţi în ceea ce priveşte focul. Dacă nu mă întorc, cimitirele de prin părţile voastre vor trebui să se lărgească.

Panarello își încrucișă brațele pe piept. Se întoarse spre interiorul casei. Obloanele erau închise și nu erau lumini aprinse.

– Ți-am spus că e unul deștept... Oricum, nu e nici o problemă. Noi, se uită fix la Genito, suntem aici pentru că putem să avem încredere unul în altul, ca în alte vremuri.

– Da.

– Da, repetă Panarello.

Elvio Wolfson, împins de o forță nu prea misterioasă, probabil o lovitură în fund, apăru puțin debusolat în semiobscuritatea ușii de la intrare. Era legat cu o sfoară groasă la subsuori.

– Chiar e necesar acel laț?

– Nu i l-am pus pentru că n-am încredere în tine, ci pentru că e el prost. Îl cunoști?

– Nu l-am mai văzut până acum.

– N-ai pierdut nimic, crede-mă. Când ții pe cineva legat, îl înțelegi puțin, iar ăsta, ascultă-mă, e numai unul supercomod care nu valorează doi bani. Și, dat fiind că se crede un șmecher, e capabil să facă o figură frumoasă și să fugă și, dacă o face, suntem nevoiți să tragem. Apropo, tu te gândiseși să reacționezi și să tragi, aici, pe aceste scări? Fluieră.

Se deschiseră câteva uși și apărură vreo doisprezece tineri chinezi. Unul de vreo douăzeci de ani, cu păr portocaliu, ținea un cuțit. Un altul ținea în mână, pe lângă el, un pistol cu patul de lemn, sau de os, aproape sigur un Norinco, bănui Genito.

– Nu vreau un joc greu. Îl vreau doar pe Wolfson şi aici am valiza cu ceea ce ştii. Preferi ca toţi aceşti chinezi morţi de foame să ştie ce e înăuntru?

– Poţi şi să o goleşti pe scări, mi-ar aduce fiecare bancnotă. Cine te crezi? Sunt toţi angajaţii noştri. Familiile lor sunt pe undeva pe acolo, în marea, dar mica Chină, unde locuiesc prietenii noştri. Dacă unul face pe imbecilul aici, în oraşul M., ştii ce se întâmplă cu familia lui de-acolo? O înmuiem în Fluviul Galben. E un discurs care funcţionează mereu.

– Lumea e mică. Poate ar trebui să ştii că nu am copii şi nu sunt însurat.

Din boxele combinei muzicale din apartament se auzea mieunând Janet Jackson.

– De ce n-ai vorbit niciodată despre mine cu poliţiştii? întrebă Cosmo.

– Nici de tine, nici de ceilalţi prieteni ai „rezistenţei". Am respect pentru noi, jefuitorii. Suntem o castă de curajoşi, unicii supravieţuitori. Intram în bănci, luam ce era şi ne riscam pielea cu armele în mână. Acum, printre telecamere, ADN, draci şi laci, şi noi am fost constrânşi să devenim traficanţi, fiinţe oribile, şi ţi-o spune una care a vândut la greu. Traficanţii nu au nici un pic de curaj. N-am spus numele tău şi pentru că ai fost un prieten, dar asta n-are nici o legătură.

În acel moment se auziră împuşcături şi pe chipul lui Iole Pacifico, zisă Santa, înflori un lent şi crud zâmbet. Era un zâmbet pe care Cosmo îl cunoştea. Încercă automat să se ridice şi să se ducă la fereastră, simţi cătuşele care îl ţineau pe loc şi-l văzu pe rus care se întorcea rapid, cu un pistol în mână, gata să-l omoare.

Putea numai să asculte. Se auzeau din stradă împuşcături rapide, seci, ca aplauzele epuizate ale bolnavilor dintr-un cămin de bătrâni. Un ţipăt şi alte împuşcături, apoi o demarare în trombă cu scârţâit de roţi.

– Cred că e aranjată, îi spuse Santa rusului.

– Avem nişte antiviruşi buni, nu? glumi Guglielmo.

Velia Longino, uitându-se de pe acoperişul bisericii, strigase, dar nimeni n-o auzise.

– I-au omorât. Pe băieţi, pe bătrân.

– Pe toţi.

– Unul horcăie, doi sunt nemişcaţi, cel mai robust a fugit cu maşina.

– Aici Echipa Albastră, îl urmăresc doi cu o motocicletă neagră, terminat.

– Aici Echipa Roşie, ce facem, *mister*?

Şeful N.O.C.S. privi cerul şi se prefăcu că e stăpân pe situaţie.

– Noi trebuie să ne gândim la ostatic, ostaticul e încă în viaţă.

– Corect, suntem aici pentru ostatic, spuse Velia Longino.

– Să ne grăbim, atunci. Echipa Albă, Echipa Roşie, ordonă Groppello.

– Gata, *mister*.

– Echipa Albastră, vă împărţiţi în Albaştri şi Azurii. Echipa Albastră în recunoaştere în spatele celor care au tras, Echipa Azurie să prindeţi motocicleta. Ordin să trageţi la cel mai mic dubiu.

– Sosesc cei din cartier, *mister*. Şi ambulanţele.

– Echipa Albastră, nu sunt orb şi surd. Să nu ne pierdem cumpătul, executaţi rapid, puneţi la pământ pe oricine face pe deşteptul, Spartacus, ai mână liberă. Albii şi Roşii pe locuri, obiectivul nostru rămâne Wolfson, e în acea cameră.

– Gata de atac, terminat.

– Aşa cum am stabilit.

– Gata. *Go, go, go.*

– *Go, go, go,* strigară bărbaţii în microfoane.

– Spune-mi ce vrei să fac, Panarello, spuse Genito. Am ajuns până în acest punct ca să găsim o soluţie.

– El e problema. Dacă Wolfson vorbeşte, ne ducem dracului. Ar înţelege asta şi un copil.

– Am nişte calităţi de convingere monstruoase pe care le voi exercita asupra acestui domn. El va spune că a văzut mereu oameni cu cagulă. Nu va recunoaşte nici un sunet, nici un miros, nici o zonă a oraşului, a fost drogat, a leşinat. Ba, voi purtaţi mereu ceva pe cap şi printre voi, va spune, era o femeie care mirosea a gel de duş cu aromă de tamarin. Nu aveţi prenume şi nume, nici acum, nici altădată, fără dacă-uri şi fără dar-uri, aşa va spune Wolfson.

– Cere-i-o.

Genito se aşeză în faţa bărbatului cu cagulă pe cap.

– Wolfson, aţi auzit ce am spus?

– Am auzit.

Cu cagula pe cap, Wolfson nu putea să-şi imagineze că Genito şi Panarello îşi făceau diverse semne care voiau să spună că

dându-i câteva lovituri
prostului
s-ar fi rezolvat
chestiunea

– Îţi spusesem. Problema e el. În acest punct, patru sute de mii de euro în plus sau în minus nu valorează prea multele trăncăneli ale acestui porc, ce zici?

– Bine, atunci din partea mea poţi să-l împuşti, oricum soţia m-a plătit, răspunse Genito.

– Dar sunteţi nebuni, urlă Wolfson şi încercă să-l împingă pe acel necunoscut, însă un pumn zdravăn primit în piept îl obligă să se oprească să-şi reia răsuflarea.

– Poate, îi spuse Genito, n-ai înţeles bine că eşti viu printr-un miracol. Acum poţi să alegi dacă să uiţi multe lucruri şi să te întorci viu, sau viaţa ta s-a terminat când ai fost răpit. Asta a fost ca un sejur într-un cerc al Infernului. Acum eu sunt salvatorul, Domnul Dumnezeul tău. Sau plec, sau rămân, iar dacă plec, ei te împuşcă. Liberul arbitru.

– Fac tot ce vreţi. Voi face cum vreţi, rămâneţi, vă rog.

– Nu ştiu dacă ei au încredere. Tu ai încredere, Panarello?

– Tito, salut, sunt Armando. Iartă-mă că te sun, dar întâmpinăm nişte dificultăţi. Credeam că am pus mâna pe Genito, urmăream semnalul celularului său secret, dar se pare că fusese strecurat în ghiozdănaşul unui maratonist. Voiam să-ţi spun că acum sunt percheziţionate nişte blocuri locuite de chinezi. Nu, Genito nu e de găsit.

Procurorul-adjunct, Armando Plebei, pufni şi se uită la pompierul care-l urmase, împreună cu echipa de la intervenţii de urgenţă. Pompierul clătină din cap în semn de solidaritate.

– Conform telefonului mobil, ar fi trebuit să fie de mult timp aici, dar problema e că...

Ridică ochii spre cer. Procurorul-şef, Tito Tonale, voia să fie informat în detaliu.

– Da, da, am cerut şi ajutorul carabinierilor şi am dorit să fie trimisă o patrulă în fiecare zonă unde s-a oprit el. Un plutonier de la Radiomobile ar fi identificat un apartament unde Genito e posibil să fi dormit, dar trebuie să fie o greşeală, e un loc plin de extracomunitari, mai ales peruani. Şi acum suntem în cartierul chinezesc. Ai noştri intră într-o clădire, parcă suntem la Beijing. Te ţin la curent, pa.

Armando Plebei, din stradă, îi controla pe oameni intrând, doi câte doi, în vechile construcţii rezidenţiale publice abandonate de italieni şi locuite mai ales de orientali.

– Ca să faci o percheziţie aici ar fi nevoie de o armată, spuse.

– Cum credeţi că se va termina, *dottor* Plebei? Eu mă învârt prin case de aproape douăzeci de ani şi nu mai pot, spuse pompierul. Mă duc să-i ajut şi încearcă să-mi şterpelească portofelul sau să mi-o vândă pe fiica lor. Mai devreme sau mai târziu vom merge numai cu soldaţii înarmaţi.

– Angajând poliţişti chinezi şi albanezi, veţi vedea că se vor diminua necazurile. Hai, că o sun pe Longino, care mă pisează de ceva vreme.

– O avea necazuri.

– O, stai, sună şi chestorul. Îl văzură schimbându-şi expresia, de parcă devenise de ciment: gri şi imobil. Un bătrân: statuia unui roman antic care a pierdut războiul. La dracu', De Pedis, câţi morţi sunt? Unde? Venim imediat, nu, nu, serios, nu ştiam că era în curs o operaţiune pentru a-l elibera pe Wolfson. Ţi-a spus Bagni care e cu ea... Sunt fără cuvinte, literalmente fără cuvinte.

– Toţi înăuntru, *milicìa,* strigase un chinez din fosta cameră de portar.

– Sosesc sticleţii.

Panarello se uită la Genito şi la Wolfson. Şi se uită la chinezii pregătiţi să tragă.

– Lasă-ne să intrăm, spuse Genito.

– Lăsaţi-mă în viaţă, vă rog, imploră Wolfson.

Genito şi Wolfson intrară în apartamentul răpitorilor. Pe hol, era un bărbat ascuns în spatele unei mobile. Complicele lui Panarello.

– Sst! spuse.

Vocile de pe scări spuneau că percheziţia începuse la întâmplare şi fără cea mai mică urmă de convingere.

– Ştiu cum se mişcă, dacă tăcem, pleacă, spuse Genito.

– Dar dacă e să se tragă, tu de ce parte eşti? întrebă complicele lui Panarello, aprinzând o lampă.

– Dar tu nu eşti Siddi.

Genito își dădu seama că nu era bărbatul din fotografia dosarului întocmit de Procuratura orașului M.

– Nu, Siddi e mort și îngropat de trei ani. O chestiune de familie.

– Tu semeni cu unul care avea un bar la Baggio.

– Sunt Big Ben, fiul.

– A, sigur. Nu-mi închipuiam că unul ca tine ar risca personal. Tu ești numărul unu acum sau greșesc?

– N-ai răspuns la întrebare. Dacă se năpustesc, noi nu putem să ne lăsăm prinși, înțelegi. Dacă se trage, Genito, de partea cui ești?

– Santa, fă-mi o favoare, din acest loc trebuie să plecăm fără să pierdem prea mult timp. E momentul ideal. Ați terminat de vorbit? Îl omor? întrebă Guglielmo.

– Ești plătit să faci ce spun eu, așa că dă-mi cheile, ordonă Santa.

Îi scoase cătușele lui Cosmo și încercă să-l îmbrățișeze.

– Cosmo, felicitări pentru viața ta, pentru tot.

– Da, răspunse fostul ei camarad de jafuri – părea în stare de șoc.

– Ascultă-mă bine, sicilienii vor veni să te interogheze. Trebuie să le spui că ai scăpat ca prin minune. Salvarea ta a fost că ai tras bine, cum știi să faci. Crezi și că ai nimerit două persoane. Când ai înțeles că era o cursă, tot ce ai putut să faci a fost să fugi.

– Dar eu n-am tras.

– Și cine a zis asta? Arma ta – aia pe care ți-au luat-o prietenii lui – a tras, te asigur, așa că acum e pe jos pe undeva. Și pe asfalt am vărsat două pungi de sânge, cumpărate din spital, ca să demonstrezi că i-ai rănit pe doi dintre ai noştri. M-am gândit la tot. Dacă Laboratorul criminalistic va lucra aşa cum trebuie, la proces va reieşi că sunt aceste două grupe de sânge diferite. Prietenii lor avocaţi o vor spune. Nimeni nu te va bănui, pentru că tu le vei spune că ai tras. Şi pentru că e logic. În acea confuzie, nimeni nu a văzut. Câţi eram, aici, cu şoferi, killer şi acoperiri? Spune-i prietenului meu, Guglielmo.

– Douăzeci şi cinci.

– Ai înţeles, Cosmo? Nu aveaţi nici o şansă. Am vrut să-ţi salvez viaţa. Am ţinut la tine. Ţine minte asta. Şi ţine minte că soldatul care fuge e bun pentru o altă bătălie, spune asta sicilienilor şi păzeşte-ţi mereu spatele de ei. Eu sunt şi voi fi o fantomă pentru toţi şi un coşmar pentru ei. E prima oară când o victimă desemnată le-o trage naşilor prinzându-i pe picior greşit, şi scapă nevătămată.

– Pot să-ţi pun o întrebare? Cum de ai ştiut tot? întrebă Cosmo.

– Îl supravegheam pe omul sicilienilor în oraşul M., ’u Nasuni. Şi te-am depistat şi pe tine, imediat ce ai sosit împreună cu acea bucăţică bună de fată, nu v-am pierdut niciodată din vedere. Nici în oraşul M., nici în Elveţia, nici la Rocca di Angera. La restaurantul unde aţi fost să vorbiţi aveam un sistem propriu de ascultat. I-am urmărit şi pe ceilalţi. Nu aveaţi nici o şansă..., repetă.

– Bine, îţi datorez viaţa şi nu o voi uita niciodată. Am încheiat cu restul.

– Unde te duci?

– Mă întorc la logodnica mea.

– Aia pe care ai adus-o de la Bari e logodnica ta? Jură.

– Ce e așa de ciudat?

– Cosmo, scuze, dar am urmărit-o o dată și trebuie să știi că...

Fu ultimul cuvânt pe care Cosmo îl auzi. Explozia orbitoare a bombei făcu să se zguduie zidurile casei.

Cineva îl prinse și-l ținu pe loc, apoi îl aruncă la podea, iar în jur șuierară câteva proiectile.

– Ostatic liber.

– Doi prizonieri, *mister*, și un rănit. Chemați ambulanța, ambulanța!

„De ce parte stau dacă se trage? Asta e întrebarea“, își spunea Genito.

– Stăm tăcuți și vor pleca. Asta e procedura, spuse.

– Au venit aici pentru că te urmăreau pe tine.

– Așa e, soția mea a făcut-o de oaie cu celularele.

– Femeile!

– Au ajuns aproape, dar nu destul de aproape ca să se gândească că unul ca mine stă aici în mijlocul chinezilor. Trebuie să spun că ați avut o fantezie frumoasă.

– Păi, chinezii sunt viitorul, spuse Big Ben. Își umflă pieptul, mândru: În Asia am sosit mai întâi noi, calabrezii de la Banca Mondială. Încheiem o alianță. Nu citești ziarele? Nu auzi câte răpiri fac între ei? Cine i-a învățat? Noi.

– Voi.

– Când am aflat că putem să punem mâna pe prostu' ăsta, am făcut-o fără probleme, pentru că ne-am împărțit sarcinile. Chinezii se ocupau de locul răpirii și de recuperarea banilor, noi de negocieri.

– Chinezul pe care l-au oprit în timpul răpirii era de-al vostru, deci?

– Era unul dintre trei, ceilalţi doi au fugit. Şi chiar dacă acum ne plăteşti mai puţin, important e să plăteşti. Trebuie să le demonstrăm asociaţilor chinezi că sistemul funcţionează şi, astfel, va începe o nouă eră.

Un chinez se dusese să bată la uşă, trei lovituri seci, pauză, alte două puternice, pauză, o alta. Semnal că pericolul trecuse, calabrezii se relaxară şi Beniamino Panebianco se duse să ia o bere din frigider. Într-un colţ al bucătăriei erau împăturite o perdea şi două salteluţe.

– Cu Wolfson ce facem?

Ostaticul îşi ridică uşor cagula de pe gât.

– Nu voi vorbi, lăsaţi-mă să plec. Numai un lucru aş vrea să vă rog şi sunt dispus să plătesc în plus.

– Vorbeşte, spuse Big Ben.

– E un loc pe care Panarello îl cunoaşte, se cheamă Dalia White, aş vrea ca administratorul, complicele lor, să nu vorbească niciodată despre mine.

– Ştii, domnişorul se ducea la curve şi avea gusturi speciale.

– Rallo, numele lui era Rallo, spuse Genito. Am aflat că a avut un accident.

– Ireversibil? întrebă Big Ben.

– Ar fi nevoie de un geniu al chirurgiei ca să pună laolaltă bucăţile, cred că a sfârşit sub un tren de marfă.

Wolfson nu reuşi să ascundă o clipă de bucurie pură, în timp ce Big Ben îşi spuse supărat:

– Era un trântor imbecil, dar asculta şi se făcea ascultat de târfe. Întreabă-l pe frumosul ăsta de ce îi era frică de Rallo? spuse Big Ben.

– Îţi spun eu de ce. Plătise zece mii de euro ca să aibă la dispoziţie o fătucă însărcinată. Dar, adăugă Panarello, arzându-i un picior răpitului, las-o însărcinată pe soţia ta dacă eşti în stare. Eu cred că bogaţii sunt toţi puţin poponari.

– Dacă pot să las valiza şi să iau pachetul de aici, aş pleca.

– Trebuie să-i numărăm.

– Pe toţi?

– Pe toţi. Hai, nu înţelegi glumele. Vrei un şofer? E chinez, dar se descurcă dacă nu depăşeşte o sută la oră.

Guglielmo horcăia, era rănit grav la piept şi fusese bandajat de unul dintre cei de la N.O.C.S.

– Cine e ăsta? Spuneţi-mi cine e? Nu eşti Wolfson, atunci cine dracu' eşti? Trezeşte-te.

– Sconosciuto.

– Ce dracu' spui? Ăsta s-a tâmpit din cauza bombei.

– Mă numesc Sconosciuto Cosmo, strigă ostaticul.

– E un killer, spuse rusul de pe podea. Strângea din dinţi, dar voia să vorbească: Nu ştim nimic despre ce s-a întâmplat în stradă, am auzit împuşcături, dar îl capturaserăm pe el, a fost trimis în oraşul M. ca să o ucidă pe Santa.

– Tu eşti un killer? urlă unul dintre cei de la N.O.C.S, lovindu-l pe Cosmo în coşul pieptului.

– Păi, atunci americanii au avut informaţia corectă, spuse comandantul Groppello.

– Velia, sună-i pe colegii tăi acum, ridică vocea Bagni.

– Vin încoace, m-a sunat Plebei, ar fi trebuit să te ascult, Francesco. Acum o fac pe Santa să vorbească. E singura.

– Crezi că una ca ea vorbeşte cu una ca tine? întrebă Bagni.

În acel moment se gândi că Velia Longino era foarte ambiţioasă şi încăpăţânată, dar nimic mai mult.

Primii morţi rămaşi pe asfaltul din cartierul Affori fuseseră identificaţi datorită amprentelor digitale şi faptului că aveau toţi antecedente penale. 'U Nasuni şi Miche il Feto fuseseră duşi la morgă pentru autopsii care vor dezvălui utilizarea de pistoale Makarov de către asasini. Eddi Bosnia, sau Eddibello, cum i se spunea, era la Reanimare: un glonţ îi atinsese inima şi două îl nimeriseră în picioare. La căpătâiul lui alergaseră două femei de aceeaşi vârstă, mama, care nu-l văzuse de trei ani, şi o poliţistă, care-l arestase când era încă minor.

Rusul, care avea actele în regulă şi se dovedea a fi patronul mai multor societăţi de investigaţii, era păzit la spitalul Niguarda. Iar la sediul poliţiei din Via Fatebenefratelli fuseseră duşi Santa şi Cosmo pentru a fi aranjaţi în două camere diferite în aşteptarea interogatoriului.

Dottor Groppello era neliniştit pentru că îi asculta prin radio pe oamenii lui aflaţi în urmărirea câtorva killeri care, cu o motocicletă, îl urmăriseră pe bărbatul care reuşise să fugă, în timp ce 'u Nasuni şi complicii lor rămăseseră pe asfalt.

– Se apropie, nu vom ajunge la timp să-l salvăm.

– A frânat și a verificat dacă e urmărit. Suntem sub podul căii ferate.

– Nu mă interesează deloc, Spartacus. Trebuie să trageți! ordonă șeful N.O.C.S.

– *Mister*, trimite întăriri, Via Bovisasca, Via Bovisasca, repet.

Chinezul, aflat la volanul furgonetei care-i transporta pe Genito și pe Wolfson, asculta radioul și, în timp ce o lua spre Monza, programul despre trafic fusese întrerupt: „După doi morți și un rănit grav pe Via Osculati, alți trei oameni au fost uciși pe Via Bovisasca. Al doilea conflict armat într-o jumătate de oră în orașul M."

Știrile, „încă fragmentare", vorbeau de un italian ucis într-o mașină veche ce se izbise într-un stâlp și de doi străini „uciși în conflictul armat cu poliția. La locul faptei este *dottor* Groppello de la N.O.C.S."

Chinezul conducea prins de volanul furgonetei. Lângă el, Wolfson nu putea să respire.

– Nu-ți face griji, spuse Genito, când ai stat mult timp închis, se întâmplă.

– De ce mă duci la Monza?

– O surpriză în transmisie televizată internațională pentru soția ta, o asigurasem că pe 18 vei fi înapoi acasă.

Un zâmbet amar apăru pe chipul lui Wolfson.

– Pot să-ți pun o întrebare? Însă trebuie să-mi răspunzi sincer.

– Da, m-am culcat cu ea. De mai multe ori. Nu mă mai simțisem bine cu o femeie de o groază de timp. Și dacă n-aș fi mai bătrân decât ea și atât de ocupat, aș fi încercat să ți-o iau. Asta voiai să mă întrebi?

– Mi-ar plăcea să-ţi spun că nu, spuse Wolfson.

– Ţi-aş fi spus-o oricum, poate. Desigur, nu azi. Apropo, cam puţi, dar fanii tăi nu vor băga de seamă, şi nici piloţii, constructorii, tatăl tău...

– *The show must go on.*

Genito privea pe geam când Wolfson continuă:

– Ai fost plătit bine de familia mea?

– Atât cât trebuia, pentru că mi-am riscat viaţa ca să te salvez pe tine.

– Vrei să-ţi spun mulţumesc?

Genito se întoarse şi, fără să-i dea timp lui Wolfson să reacţioneze, îi arse un pumn în ficat şi îl prinse de gât cu degetele şi strânse.

– Nu mă enerva, eu te duc unde trebuie să te duc, dar stai la locul tău.

Chinezul zâmbi. Şi spuse:

– Tu gelos.

Magistraţii îşi împărţiră sarcinile. Plebei şi Palma îl chinuiau cu interogatoriul pe killerul venit din sud, bronzatul, taciturnul şi liniştitul Cosmo Sconosciuto. O percheziţie în camera hotelui luxos unde se cazase nu avusese nici un rezultat.

Velia Longino se închisese într-un birou cu Iole Pacifico şi, fără grabă, îi explicase în ce nenorocire se găseau amândouă: una pentru că încălcase toate regulile de comportament ale convertiţilor şi cealaltă – numeroase reguli de deontologie ale unui magistrat: nu-l anunţase pe procurorul-şef, nu se coordonase cu colegii, fusese prea liberă în folosirea oamenilor şi a mijloacelor poliţiei.

Bagni nu mai suporta ziua aceea, voia să-l găsească pe agentul principal Cane şi dorea să vadă cu ochii lui locul unde fusese ucis Rallo. Dar nu putea să plece din Via Osculati. Stătea într-un colţ al bisericii Santa Giustina, împreună cu neconsolatul Lopiccolo, abia sosit de la cabinetul Laboratorului criminalistic pentru a coordona coordona observaţiile.

– Fir-ar să fie, e „duminica morţilor".

Jurnaliştii din jumătate din Italia îşi împărţiră oraşul: grupul cel mai numeros încerca în zadar să ajungă la locul măcelului, în cartierul Affori, trecând prin grădinile unui parc. Alţii, în schimb, se făcuseră comozi în cele trei baruri din Via Fatebenefratelli, ca să supravegheze mişcările poliţiei, ca să încerce să schimbe două vorbe cu primul detectiv care ieşea chiar şi numai pentru o cafea. Un al treilea grup era, în schimb, ţinut în faţa uşilor de la Urgenţe. Şi un tânăr reporter, încă travestit ca infirmier, bea o bere lângă motocicleta sa, înconjurat de alţi colegi. Povestea ce păţise în postul de poliţie al spitalului: fusese recunoscut de Andy, agentul principal de la Omucideri, în timp ce încerca să intre la Chirurgie cu o mapă de plastic în mână. Unul râdea, altul se gândea cum să găsească o ştire pentru a avea un titlu diferit de al celorlalţi.

– Hei, tinerilor, ştiţi că povestea asta are legătură cu răpirea Wolfson? întrebă un tip la vreo cincizeci de ani, cu barba căruntă, coborând de pe o motocicletă neagră.

– Nu e ziua glumelor nenorocite, Kola.

– Cred că sunteţi puţin în urmă cu ştirile. Cum de au ajuns Palma şi Plebei la spital, ca să încerce să vorbească cu un străin rănit, înainte să se ducă la poliţie? Cât fac doi plus doi? Îmi sunteţi datori o ştire, ţineţi minte pentru când nu voi mai avea chef să trudesc. Pa, spuse, luându-şi de pe suport, cu extremă prudenţă, motocicleta mare.

– Unde te duci?

– Bună întrebare, răspunse, accelerând în trafic.

– Cum de ştia idiotul ăla? întrebă un ziarist foarte înalt şi elegant.

– Kola e din Puglia, o fi pus în camera de spital un „gândac“... de sfeclă.

– Dar sunt Plebei şi Palma? îl întrebară toţi pe ziaristul travestit în infirmier.

– Nu i-am văzut, însă era acel carabinier grăsun, care face pe secretarul lui Plebei, cel care a ţinut regim.

– Deci e adevărat, să încercăm să aflăm mai multe, spuse un jurnalist, lipindu-şi celularul de ureche.

Trecuseră câteva ore fără nici cel mai mic progres. Iole Pacifico declarase că ar fi vorbit, dar nu în absenţa avocatului ei de încredere, care se întorcea în goană din Camogli, împreună cu soţia şi cei patru copii mici.

Rusul Guglielmo îndura urmările anesteziei, dar operaţia decursese foarte bine: fusese nimerit de un glonţ, care ieşise prin spate, şi nu vătămase organe vitale, nici nu compromisese prea mult osatura. Cosmo Sconosciuto continua să repete o versiune *light* a responsabilităţilor lui:

– Voiam să o întâlnesc pe Iole Pacifico, zisă Santa, pentru că o cunoşteam de mult, un prieten, al cărui nume nu mi-l amintesc, îmi spusese că o voi găsi aici, dar cineva m-a prins şi m-a dus în acel apartament. Eram dezarmat şi altceva nu ştiu să spun, nu sunt un killer şi dacă aş fi ştiut ceva, aş fi anunțat-o, dar nu ştiam nimic.

O neaşteptată ploaie torențială, puțin înainte de ora 14.00, transformă culorile cerului: din alb deveni negru, apoi maro, apoi norii dispărură. Cerul albastru se reflecta pe asfaltul ud în fața cofetăriei care-l găzduise pe inspector, în timpul cercetărilor la locul crimei. Bagni închise celularul şi fu însoțit de una dintre echipele mobile la pietrişul căii ferate acolo unde fusese ucis Rallo, zis il Papero. În zona aceea nu plouase, căzuseră doar câteva picături. Se cățără şi privi dezolat panorama.

– Francesco.

Agentul principal Cane se ivi dintr-un tufiş şi, înainte ca şeful să-i pună vreo întrebare, explică:

– Am venit să văd unde a murit porcul ăla. Îşi sublinie cu un scuipat vorbele.

– Dispăruseşi, am încercat să te căutăm, aş fi avut nevoie de tine, la naiba, dar cum îți trece prin minte să pleci aşa?

– Am fost acasă, cu familia. Ştii, Francesco, nu mai sunt un polițist bun, nu, nu, nu. Şi ştii de ce? Voiam să-l ucid, specia aia ordinară de animal feroce. Şi nu cu imaginația. Am studiat un plan, fiind la Omucideri, aş fi reuşit să o scot la capăt, era de ajuns să am datele lui – şi noi le avem – ca să-l omor. Mă duceam la el acasă. Am fost, adică...

– Nu eşti din cei capabili să comită această crimă, Cane.

– La casa porcului am ajuns, numai acolo am înţeles că nu puteam... Şi m-am întors acasă la fiica mea şi, chiar dacă e o domnişoară, am ţinut-o în braţe două ore. Cu programul pe care-l avem, o neglijez pe ea, pe soţia mea, pe celălalt fiu, care e un pic cretin, dar ne iubim, suntem o familie, când mă gândesc că amărâta aceea de Valentina avea o mamă imbecilă, şi apoi se întâmplă ce se întâmplă...

– Dat fiind că eşti aici, dă-mi o mână de ajutor, căci, uneori, patru ochi văd mai bine decât doi. Poate a scăpat vreun detaliu. Pentru că situaţia nu e clară. Dacă Rallo o ucide pe Valentina, cine îl ucide pe Rallo? Eu cred că au fost răpitorii lui Wolfson, ca să elimine un posibil martor.

– E plauzibil.

Bagni privi fix pata de sânge. Privi împrejur, perplex. Înregistrase şi un indiciu, pe care-l ţinea însă pentru el. Ce făcea Corrado Genito, în acea noapte, în faţă la Dalia White? Observase cât îi erau de plini de noroi pantofii. Se uită la ai lui. Culoarea noroiului era aceeaşi. Pietrişul. Teritoriu al şoarecilor, al noroiului şi al murdăriei.

Începu să studieze amprentele rămase: trecuseră peste ele cu zecile. „Imbecili“, se gândi.

Observă zidul.

– Ce ai văzut, şefule?

Lui Bagni i se păru că era o pată mai închisă la culoare.

– Tu, mai devreme, ai scuipat. Unde?

– Acolo, nu am scuipat aici.

– Dacă nu te-aş fi văzut scuipând pe tine, n-aş fi observat. Uită-te aici, ce părere ai?

– Salivă de fumător.

– Şi eu cred la fel. Sună la centrala celor de la intervenţii rapide: Trimite-mi pe cineva de la Laboratorul criminalistic, dacă e Lopiccolo, mai bine, dacă nu, pe oricine e în stare să facă o prelevare cum trebuie.

Ca să treacă de blocajele înspre autodromul din Monza, Genito îi telefonase Marettei şi, fără să spună un cuvânt despre soţ şi eliberarea lui, îi ceruse să trimită una dintre maşinile de serviciu în faţă la Villa Reale. Imediat ce-şi puse fundul pe pielea scaunului din Mercedes, Wolfson se întinse.

– Mă simt ciudat. E ca şi cum nu m-ar mai interesa absolut nimic.

Genito se străduia să nu-i mai răspundă după ce-l ameninţase. Fostul ostatic privi, prin geamurile mate, mulţimea imensă care se îndrepta spre autodrom.

– Pot să-ţi pun o întrebare, Wolfson? Dar tu, cu soţia ta, cu toate femeile cu care te puteai culca fiind în Formula 1, de ce să te duci să o plăteşti pe fetiţa aceea însărcinată?

– Pentru că aveam chef.

– Asta am înţeles...

– Nu cred.

– Sunt un tip isteţ, ajută-mă cu jumătăţi de cuvinte.

– Noutatea.

– Să te culci cu o tipă însărcinată e o noutate.

– Da, mă gândeam şi mă excitam. Are acelaşi efect al unui enorm, mare succes. Simţeam adrenalina. Nu e cocaină, nu e haşiş, nu e heroină, adrenalina e drogul cel mai bun. Ai citit cartea mea? spuse.

– Câteva pagini.

– Şi succesul dă adrenalină. Îmi explici de ce mă duci la Monza şi nu acasă la mine?

– Soţia ta.

– Adică?

– Maretta voia ca tu să fii eliberat pentru Marele Premiu. O fixaţie. Spune că eliberarea ta va face să crească audienţa la televizor, deci investiţiile, totul e o afacere.

– Marettei nu i-a păsat niciodată, dimpotrivă, zice că suntem atât de bogaţi, că aproape stârnim milă.

– Ea, tatăl tău, Cucchi...

– Cucchi?

Pronunţase acel nume cu un ton atât de strident, că Genito se întoarse să-l privească. Wolfson avea pumnii strânşi şi începu să respire din nou greu.

– Stai liniştit, că am ajuns, spuse Genito, în timp ce maşina se oprea în „parcarea VIP".

La poliţie, Plebei şi Palma încetaseră să-l mai chinuie cu interogatoriul pe Cosmo Sconosciuto, iar Velia Longino, cu scuza falsă că trebuie să se întoarcă acasă la copil, o abandonase pe convertita, sau fosta convertită, Iole Pacifico.

Cei doi suspecţi fuseseră duşi în aceeaşi încăpere. Era atât de plină de microfoane, încât şi un suspin s-ar fi transformat într-un tsunami. Îi puseseră acolo, împreună, ca să vorbească, dar cei doi nu erau născuţi ieri. Abia se salutară, închipuindu-şi că sunt supravegheaţi, şi încercară, într-un fel, să se pună de acord asupra unei versiuni foarte inocente.

– Dar tu ai înţeles cine a tras lângă casa ta?

– Dacă aş şti, Cosmo, le-aş spune. Cine a vorbit o dată, vorbeşte mereu, şi apoi, cu tine chiar n-ar trebui să deschid gura, la naiba. Voiai sau nu voiai să mă omori?

– Eu? Glumeşti? Voiam să te anunţ că era ceva în aer, dar ştiam atât de puţine...

Şi aşa mai departe.

Cinerino, care sărise peste prânzul duminical în familie, cu soacra, ca să stea acolo să-i asculte pe cei doi suspecţi, ar fi intrat în cameră şi i-ar fi bătut până la sânge. Nu din cauza celor spuse, ci pentru că interpretau prost.

– Măgarii ăştia, repeta.

– Băieţi, Marele Premiu. Cum îl vedem?

– Eu am televizor în maşină, spuse ziaristul înalt, elegant, cu un breton lung pe frunte, faimă de Don Juan şi o importantă avere moştenită pe care o risipea în călătorii şi cu femei.

– Dar nu încăpem toţi, spuse, deblocând uşile maşinii lui cu două locuri, albastru-închis.

– Deschide televizorul, hai, oricum de la spital încă n-avem nici o veste.

– Dar sonorul?

– Nu pot să cred, strigă unul.

– Dar ce se întâmplă? întrebă ziaristul care o curta pe colega de la un post de radio privat.

– Dă drumul la sonor, la naiba, e Wolfson, la Marele Premiu.

Şefului poliţiei De Pedis îi picase greu cafeaua pe care voise să o ofere magistraţilor în biroul lui. Toţi se ridicaseră în picioare şi se apropiaseră de televizorul cu plasmă. Nu le venea să creadă ce vedeau şi ce auzeau. Aşteptau startul la Marele Premiu înainte să reia interogatoriile, dar rămăseseră buimăciţi în faţa imaginilor.

– Tâmpitul ăla de Genito, spuse Plebei.

Îl recunoscuse, era fostul căpitan de carabinieri care – înconjurat de un grup de voluntari, cu şorţul verde, de la autodrom – îl conducea pe Elvio Wolfson spre tribuna de onoare. Comentatorul nu mai vorbea despre alegerea cauciucurilor, şi cameramanii nu mai făceau zoom pe noile salopete ale „cauciucurilor-modele".

Un minunat prim-plan încadra lacrimile Marettei Zara, „mari cât perlele", spusese un ziarist, care coborau spre buzele lui Miss Sorriso, în timp ce în jurul ei, în tribuna oficială, erau cei care săreau în sus de bucurie şi aplaudau şi, până şi un preot, prezenţă permanentă în programele TV, ridica două degete ca să binecuvânteze scena.

– Ce se întâmplă?

Genito auzi întrebarea în spatele lui, apoi fu înghiţit de urletul mulţimii. Ştia ce se întâmplase şi, chiar dacă i se părea absurd, era real.

Wolfson se prăbuşise, pe neaşteptate. Genito îi mai luase şi pe alţii în braţe, morţi sau răniţi. Cad fără să te aştepţi, fără să rămână ceva solid, ca şi cum s-ar topi.

Cineva îl împuşcase pe Wolfson. Un killer. Unul care ştia ce are de făcut. O ziaristă de la o televiziune leşinase în faţa lor, după ce văzuse sângele directorului sportiv scurs pe maioul ei alb.

Genito trase în aer, ca să-i îndepărteze pe ziariști și mulțimea de fani. Puse lângă ziaristă corpul lui Wolfson, îi atinse gâtul, nu avea puls. Pe piept îi înflorise o crizantemă roșie sângerie. Un glonț cu vârful moale, în centrul inimii. Poate două, dar trase de un zeu al ochitului.

Mii de celulare sunară deodată.

– Atunci, killerul nu e tâmpitul ăsta. Ziceam eu că n-avea cum să fie neisprăvitul ăsta, spuse Palma.

– Ne-au păcălit pe toată linia, spuse *dottoressa* Longino, cu un firicel de voce.

– Pentru că această anchetă n-a fost condusă cum trebuie, adăugă Plebei, uitându-se la șeful poliției care dădu din cap și văzu apărând pe ecranul celularului numele „proc șef".

– Ziua asta mi-o voi aminti ca pe una care a început de două ori, spuse De Pedis.

IV

Ultima pradă

1

Corrado Genito închise celularul. Era a zecea încercare în acea dimineață și Maretta Zara nu îi răspunsese. Concluzia era una singură: „Am fost păcălit de Miss Troiaggine & Sorrisi“[1] Pentru că doi și cu doi fac mereu patru și acum îndoielile dispăruseră.

Nu voia să creadă. Îl făceau praf. Știa că e căutat de poliție. Clara, ca o profesoară bună, deșteaptă și serioasă, și puțin idioată, îi explicase că „trebuie să luăm act de relația terminată, ai întins prea mult coarda, Corrado, și s-a rupt. Și când mă gândesc că nu trebuia decât un mic efort să te înțelegi cu mine“. Nu mergea totul rău. Salvase suficienți bani în conturile lui protejate de societăți paravan, în paradisurile fiscale.

Dacă însă punea la loc fiecare fragment de cunoaștere, pe lacul minții lui antrenate să judece perfidiile umane, se crea o ondulație: asemănătoare cu cea pe care o piatră, aruncată de pe mal, o creează în lacurile adevărate. Picase în plasă: „Un tâmpit, Maretta m-a tratat ca pe un tâmpit“.

---

[1] Curve & Zâmbete

Era evident că Maretta avea legătură cu nenorocirile lui. Reuşise să întrevadă motivele proaspetei văduve Wolfson numai când, folosind o veche tehnică a serviciilor secrete, pusese negru pe alb, pe o foaie A3, numele protagoniştilor şi ale figuranţilor. De la Elvio Wolfson la *dottor* Plebei, de la Attilio Rallo la tânăra prostituată care servise ca momeală. Aproape pe toţi îi cunoştea personal şi pe alţii învăţa să-i cunoască din minuţioasa lectură a ziarelor: ca şi pe Cosmo Sconosciuto, un killer trimis să facă nu se ştia bine ce.

Îi legase pe unii de alţii cu săgeţi. Fiecare săgeată reprezenta o relaţie, o informaţie, un fapt istoric, o impresie. Şi, în multele linii care o legau pe Maretta de *ingegner* Pietrino Cucchi, Genito găsise o pistă.

„Cum dracului am făcut să nu înţeleg mai înainte?" Îi trecuse cheful de mâncat amestecul de fructe de mare tocmai comandat.

– Sunt un tâmpit, repetă cu voce tare, privindu-l pe Pedro în timp ce fostul poliţist peruan îi dădea înapoi fotografiile cu câteva operaţiuni antiterorism şi antidrog pe care Corrado Genito le condusese.

– Ai făcut lucruri bune.

– N-am fost niciodată un bos, Pedro, dar, exact ca tine, am luptat contra boşilor, spuse consultantul pentru securitate. În jurul lor, erau puţini turişti, o masă de romani şi câteva cupluri. Cine altcineva se îndoapă la ora două într-o zi cu soare cald şi mare liniştită şi strălucitoare?

– Dar, şefule, n-am înţeles de ce ai vrut să-mi plăteşti în avans un an de muncă?

– Pentru că ai şapte copii.

– Crezi că voi muri?

– Ce naiba spui, Pedro?

– Vei muri tu?

– Lasă-mă să analizez, du-te...

De când o ştersese de la autodrom, Genito rămăsese cu Pedro. Fusese primit în câteva apartamente liniştite: numeroasa comunitate de sud-americani deschisese larg uşile şi ţinuse ferecate gurile. Mai mult decât unul bun la toate, Pedro devenise un fel de tovarăş de încredere la necaz.

– Suntem de zile bune pe drum, eu n-am copii, dar aş vrea să fiu sigur că ai tăi vor avea ce să mănânce, în timp ce mă vei ajuta. Cu cât analizez mai mult povestea asta, cu atât îmi dau seama mai bine de ceva care a fost sub ochii mei încă de la început şi n-am văzut. A venit momentul să acţionez.

Proprietarul restaurantului – câteva mese de lemn pe o străduţă din Porto Venere – servise, direct de pe un platou vechi, două magnifice porţii de ravioli de peşte cu sos de sepie, iar sud-americanul, cu buzele negre, zâmbise, în sfârşit, ascultând lamentările lui Genito despre ghinionul pe care şi-l asmuţise împotrivă.

– Sunt căutat pentru o crimă şi n-am comis nici un delict, minţi.

– Numele tău nu apare în ziare.

– Nu din cauza presei îmi fac griji, ci a judecătorilor.

Se hotărî să îi divulge lui Pedro câteva informaţii.

– Am câţiva prieteni vechi la Palat. Tangentopoli, ştii ce e? Ei, în realitate, nu se mai vorbeşte despre asta, dar era cea mai mare anchetă anticorupţie din Italia. În anii '90 au fost arestaţi sute de politicieni şi industriaşi, chiar s-a întâmplat. Şi ca să urmărească evoluţia situaţiei în Italia, şi să profite de ea, unele grupuri multinaţionale ne-au cerut să-i spionăm pe magistraţi. „Reţeaua" nu s-a închis niciodată. Acum sunt în interior avocaţi importanţi, destui agenţi ai forţelor de ordine, câţiva jurnalişti. Mi-au suflat că a fost semnat un ordin de arestare pentru mine. Dacă vreau să mă salvez, trebuie să dau în schimb ceva, şi acest ceva e adevăratul responsabil de moartea lui Wolfson.

– Nu vreau să trag, şefule, ţi-am spus deja.

– Nici eu nu vreau să trag.

– Şi dacă trebuie să te aperi?

– Ne urmăm conştiinţa, spuse Genito, dându-i într-un şervet de masă un ceas de aur şi un mănunchi de bancnote de o sută de euro pe care le pregătise de câteva zile. Consideră-l un bonus, spuse.

– Ştii cum se spune? Cu toţi banii pe care mi dai, dacă vrei, scuipă-mă în faţă, că apoi oricum mă spăl.

– Grăbeşte-te să termini, peste puţin timp intrăm într-un mic port privat şi nu vreau să fiu filmat de camerele de supraveghere.

– A început ancheta?

– Dacă n-o s-o dăm în bară, da.

– Va trebui să trag?

– Ai fost poliţist, chiar dacă în America de Sud.

– Ce faci, mă jigneşti?

Titlurile ziarelor. Întâlnirile. Amprente digitale. Recomandare de la minister. Recomandare către minister. Fundul care transpiră şi nu te poţi ridica. Hârtiile. Rapoartele. Colegul care dă înapoi şi când întrebi: „Ai făcut chestia aia?", îți spune da, dar nu e adevărat, și îți face necazuri, cretinul. Interceptări. GIP. PM. Interogatorii. Senzații. Judecată. Supravegheri lungi. Incredibila oră care s-a făcut. ADN. Bariu. Izotopi. Verifică asta și aia. Cum de n-ai ajuns încă? Cine-l sună pe procurorul din Palermo? Îmbrăcat în albastru. Întrebarea repetată de șase, șapte ori. Și apoi încă o dată. La volanul unei mașini model... Agenda de telefon. Carabinieri. A semna. Parafină. Zori. Dacă n-ar fi vorba de un birou public, unul care nu e de găsit ar fi concediat. Ora trei noaptea. Este el. „Mă doare capul." A scrie.

Cu acestea și cu alte cuvinte, zilele, și viața, și minutele, și oboseala se scurgeau în spatele marii vânători. De la așa-zisa „duminică a dublului masacru" sau „duminica morților", Francesco Bagni nu se oprise niciodată din muncă, dar, așa cum îi promisese Umei, odată terminată perioada de maximă urgență, cu procesele-verbale de semnat pentru a apăra fundul tuturor, pretinsese și obținuse trei zile de vacanță. Voia să plece departe de orașul M.

– Dacă sunt obosit, risc să-l împușc pe primul dintre voi care-mi răspunde urât, le explicase colegilor.

Plecase spre munte, în Trentino, cu un singur gând: „La dracu' cu toții, vii și morți".

Prima oprire într-unul dintre restaurantele preferate ale viitoarei soții, să mănânce melci, *Orzotto alla Mildas*, filé la cuptor, înghețată din ricotta cu miere de arbutus. O odihnitoare și reciprocă manipulare sexuală înainte să adoarmă într-o pensiune care nu avea perdele la ferestre, dar oricum în jur erau numai stelele – și lătrăturile, „la dracu' și cu natura".

A doua zi, alegerea şi cumpărarea de vinuri la Institutul Agrar din San Michele all'Adige şi *dolce far niente* pe lacul Caldaro. Bagni era odihnit, Uma foarte liniştită. Îi pusese o singură întrebare:

– La începutul relaţiei noastre, cheltuiai mai mult. Cum de ai devenit atât de zgârcit?

– Nu sunt zgârcit, ştii ce salariu am, dar când te-am cunoscut avusesem un mic câştig care, din păcate, s-a terminat. Oricum, tu tot mă iubeşti chiar dacă sunt sărac.

Nu putea să spună că atunci folosise, cu extremă moderaţie, banii furaţi unui beneficiar în timpul unei percheziţii. Un furt care-l pusese faţă în faţă cu el: de ce, într-o zi, mâna îi fusese mai rapidă decât mintea? Nu ştiuse să găsească un răspuns şi, din cauza ironiei sorţii, acei bani îşi luaseră zborul. Îi încredinţase tatălui său, acum la pensie în Sicilia, după o viaţă de ospătar-şef, şi „nenorocitul acela", în loc să-i îngroape, îi investise cumpărând un restaurant pe coastă. Şi în fiecare săptămână suna: „O nuntă, France', o sută cincizeci de tacâmuri la şaptezeci de euro fiecare". Sau: „A venit primarul cu jumătate din consiliu, voiau reducere, dar sunt toţi din UDC[1], au bani, şi le-am scăzut numai cafelele şi lichiorurile încornoraţilor ălora". Cine ştie, poate într-o zi va ieşi la pensie şi în loc să deschidă o agenţie de investigaţii, va deveni hotelier: „Chiar nu mă văd".

[1] Unione dei Democratici Cristiani e Democratici di Centro – Uniunea Democraţilor Creştini şi a Democraţilor de Centru

A treia zi, Uma şi Francesco înfruntau, cu imensă lene, ultima excursie. Aveau ca ţintă sanctuarul San Romedio când sunase celularul lui Bagni.

– Bagni, salut, sunt Plebei.

– Domnule procuror... Era perplex – şi puţin stânjenit. Nu mai vorbise la per tu cu omul acela care fusese protagonistul istoriei magistraturii în ultimii treizeci de ani.

– Ştiu că sunteţi în vacanţă şi aşa mai departe, dar e absolut necesar să veniţi în oraşul M. Tocmai am primit rezultatele examenului salivei descoperite la calea ferată, la mică distanţă de locul unde a fost omorât Attilio Rallo.

Bagni înţelesese din zbor.

– ADN-ul.

– Exact.

– Şi e compatibil cu cel al lui Corrado Genito, îmi închipui.

– Vă închipuiţi bine. Credem că dumneavoastră puteţi avea mai multe posibilităţi decât alţii de a-l face să chibzuiască pe amicul nostru comun.

– Nu-i nici o problemă, ştiţi unde e?

– Nu.

„Aha, uite unde e păcăleala", se gândi. Şi rapid îşi formulase sentinţa:

– Mai devreme de mâine dimineaţă nu pot.

– E foarte bine, glumiţi? Graba nu e bună în aceste poveşti, dimpotrivă, e rea.

Proaspătă ca un trandafir, cu faţa odihnită, mâinile încrucişate pe burtă, Uma reflecta cu voce tare:

– De fiecare dată când venim în Trentino, trebuie să ne întoarcem înapoi pe fugă. Ce se întâmplă de data asta?

Ce legătură are Corrado? Nu-mi spune că au ceva cu el şi te sună pe tine, care eşti prietenul lui, ca să îl înfunzi.

– Nimic, iubito, plecăm în seara asta. Acum terminăm excursia şi pe drumul de întoarcere, dacă vrei, vorbim. Am chef să stau liniştit, departe de nebunia oraşului, şi acest sanctuar, cu brazi în jur, e foarte liniştitor. Vrei să-ţi povestesc legenda lui San Romedio?

– Da, da, să auzim ce inventezi de data asta.

A doua zi, la ora 10.00, Bagni stătea pe banca din holul care ducea în biroul procurorului Plebei. Una dintre secretarele lui îi spusese să mai aştepte câteva minute. Inspectorul se opri din citit ziarul când auzi, pe podeaua unde nu alerga nimeni niciodată, o cadenţă de paşi de maratonist. Văzu înaintând, cu capul plecat şi lovindu-se cu marginea dosarului peste coapsă, un poliţist care fusese la echipa mobilă, la secţia Omucideri, dar care, de cincisprezece ani, se transferase la Tribunal. Îl salută pe Bagni cu amabilitate, deşi în câteva secunde îi aruncă:

– Scuză-mă, dar chiar trebuie să fug.

Inspectorul nu reluă articolul. Fu distras de o intuiţie: „Omul ăla era un stresat de când lucra în poliţie, dar aici a devenit un obsedat, şi nu putea decât s-o sfârşească aşa".

Trecu în revistă persoanele pe care le cunoştea: „Palatul de Justiţie funcţionează ca un intensificator". Cu cât se gândea mai mult, cu atât îi părea mai adevărat: „Aici, un tip minuţios, după câţiva ani, devine atât de chiţibuşar, încât moare de plictiseală el însuşi şi îi omoară şi pe colegi. Cine caută sex întâlneşte atâta materie primă şi, în loc să studieze practicile, studiază cum şi pe unde să se culce cu avocate, magistrate şi secretare. Cine e rău devine un nenorocit și cine e bun, devine un om cumsecade, gata să ierte mereu. Dacă e asigurator, se convinge că toți sunt nevinovați, chiar și șefii mafioți. Dacă e justițiar, crede că singurele remedii sunt pedeapsa cu moartea și închisoarea pe viață. Cine are încredere în umanitate găsește mereu noi motive de speranță și cine crede că există numai strâmbătate aici găsește numeroase motive de descurajare. Cine colaborează cu ceilalți devine un perfect om de echipă pe care oricine l-ar vrea alături, dar cine preferă să stea singur se izolează până la a ajunge un eremit. Cine e mincinos devine un actor profesionist. Cine caută mântuirea de trecut o va găsi. Și un infam devine un ditamai infamul și să dea naiba dacă nu am cunoscut ditamai infamii aici".

Deschiderea ușii biroului lui Plebei îi întrerupse gândurile. Fu invitat să se așeze la marea masă de lemn negru, având-u-i pe Palma și Longino în dreapta și pe Plebei la stânga, cu spatele la perete. Terminaseră de vorbit între ei. Deci aveau o idee clară să-i prezinte.

– Stai în capul mesei, Francesco, sugeră Velia Longino.

Nu se aștepta să o găsească la acea întâlnire. Era frumoasă, era amabilă, îl privea ca atunci când se întâlneau numai ei. Dar își dădu seama că nu mai are chef să fie cu ea: „În ciuda frumuseții ei, nu-mi mai spune nimic și chiar că aș fi făcut orice lucru dacă mi-ar fi cerut-o, din fericire, n-a știut asta niciodată". Nervii și ieșirile ei, după „duminica morților", îi făcuseră rău.

– Domnule inspector, trebuie să vă cer personal scuze, începu Arrigo Palma.

Bagni ridică din umeri, ca şi cum voia să spună că nu era nevoie. Celălalt insista, îl asigura că e sincer şi că nu putea să nu se explice, iar Bagni se gândi: „Chiar am nimerit. În acest loc de rahat devin toţi exageraţi. Ăsta e ministru public şi eu poliţist, dar cu mine frizează autoflagelarea".

Palma, cu aer mâhnit, într-adevăr, continua:

– Cum explica maestrul meu, Falcone, nu trebuie să fii atent la cuvinte, ci la fapte. Şi în timp ce la cuvinte se pricep toţi, dumneavoastră, numai cu puterea faptelor, aţi demonstrat că sunteţi un detectiv preţios şi o persoană foarte eficace. Aţi făcut schimbarea de direcţie corectă în ancheta răpirii Wolfson şi ne-aţi permis să-l plasăm pe Genito în locul unde Rallo a fost ucis. M-am îndoit de dumneavoastră din cauza prieteniei cu Genito şi mă înşelam. Aşadar, acceptaţi-mi scuzele şi, cu extremă sinceritate, vă rog să uitaţi eşecul meu de evaluare.

– Bine, *dottore*, incident încheiat.

– Daţi-mi mâna.

Bagni se gândi exact cât o clipire, îi prinse mâna delicată, de intelectual, şi i-o strânse, bucurându-se să vadă faţa magistratului devenind roşie din cauza durerii.

– Prietenul meu Genito e deja căutat pentru crimă?

Cei trei magistraţi dădură din cap şi Palma explică:

– Da, dar nu ştie şi nu trebuie să o afle. Nici măcar nu am pus numele lui pe listele Interpol. Are prea mulţi prieteni, cineva ar putea să-l avertizeze. În acest moment foloseşte pentru a obţine informaţii o serie de celulare pe numele unor cetăţeni sud-americani. Îl găsim peste vreo patru sau cinci zile. Se mişcă de nebun, dar fără să comită vreo imprudenţă. Şi noi trebuie să-l găsim, deoarece cu cât înaintăm mai mult în măruntaiele acestei afaceri complexe, cu atât o scoatem mai greu la capăt.

– Vreți să spuneți, încheie Velia, că răpirea Wolfson, omorârea Valentinei Castiglioni și a lui Attilio Rallo, sosirea killerului din Puglia și banii dați de Genito lui Iole Pacifico par să fie legate toate între ele, dar nu se știe prin ce fir.

– Oameni care să vorbească nu avem, martori noi care să colaboreze, zero, să spunem mai repede ce nu știm din ce știm. Vrei, te rog, să rezumi tu, Velia? spuse Arrigo Palma, forțându-se să pară amabil.

– Bine. Atunci, să începem cu avertizarea americanilor în legătură cu killerul care trebuia să sosească. Era adevărată. Dar posibilii killeri sunt doi. Unul e Vincent Calogero, sau mai bine zis Vincent Calogero e numele cu care a fost înregistrat în Statele Unite acest domn.

Îi arătă lui Bagni, care nu știa nimic de această parte a anchetei, o fotografie făcută de camerele de luat vederi din aeroportul Malpensa. Un bărbat nici înalt, nici scund, fără mustăți și barbă, nici elegant, dar nici șleampăt, o ființă anonimă: un asasin perfect.

– Echipa lui Cedro și Cortobardo a analizat mii de date. Au folosit un nou soft, studiat de Pentagon, care identifică trăsăturile persoanelor și au ajuns la acest subiect. Debarcă vineri din Newark, petrece prima lui seară în oraș la William's și pleacă, spre miezul nopții, împreună cu două rusoaice. A doua zi se duce să vadă probele de la Marele Premiu din Monza și duminică locul lui din tribuna centrală rămâne gol, spuse Velia, adăugând o altă fotografie.

– Aici îl vedem trecând de controalele de acces în jurul orei 12.30. Însă camerele de luat vederi nu l-au prins la ieşire. Evident, trebuie să se fi schimbat.

– I-au pus arma undeva înăuntru, a tras şi a plecat. Şi cel care i-a dat arma a făcut-o apoi să dispară. Plauzibil, spuse Palma.

– Apoi e a doua chestiune, care ne-a tulburat mult. Killerul venit din Sud. Cosmo Sconosciuto. Prea ambiguu comportamentul lui înainte şi după arestare. A venit să o omoare pe Santa? Sau era el omul desemnat să-l omoare pe Wolfson şi a folosit vreun complice? Se comportă într-un mod inexplicabil. Dat fiind că nu-şi schimba versiunea, ne-am gândit să-i dăm drumul, bineînţeles în calitate de cercetat, ţinându-l sub o permanentă supraveghere telefonică şi, când e posibil, vizibilă.

Privind chipurile celor trei magistraţi, Bagni înţelese că operaţiunea se dovedise inutilă, dar îl ascultă pe *dottor* Arrigo Palma care, dezolat, rezumă:

– Sconosciuto al nostru s-a dus imediat la hotelul luxos, ca să-şi ia bagajele şi logodnica. Însă Intonti Cinzia nu era.

Magistratul consultă o notă.

– Sconosciuto a sunat în Puglia. N-a găsit-o nici acolo. Atunci a sunat în Elveţia, la biroul unui notar şi licenţiat în ştiinţe economice. I-au spus că nu era nici el. Aşa că a plecat cu taxiul spre Lugano. S-a plimbat pe la diverse birouri şi diverse bănci. A vorbit cu directorul unei bănci, suspectată de mai multe ori de spălare de bani pentru clanurile din Puglia. La scurt timp după, l-au văzut plângând lângă un lac, de parcă s-ar fi gândit la sinucidere. Un agent secret elvețian, colaborator asiduu alor noștri, a făcut câteva verificări. Contabilul lui, se pare, unul din Mendrisio, i-a suflat logodnica și celor doi porumbei li s-au pierdut urmele în Guatemala. Eu credeam că un killer e un tip dur, în schimb acela plângea de parcă pierduse tot, dar chiar tot.

– Deci killerii sentimentali nu există numai în cărți, conchise Bagni.

– Oricum, contiuăm să-l urmărim, trebuie să aflăm ceva.

– Îmi imaginez că Santa și amicul ei rus nu vorbesc.

– Deloc. Am descoperit că rusul și Genito au vorbit și s-au întâlnit de mai multe ori în timpul răpirii Wolfson. Și rămânem foarte nedumeriți în legătură cu cele două masacre rămase fără vinovați. Le punem în legătură cu răpirea, dar numai prin excludere, ce altceva pot să însemne? Santa, care a pierdut protecția din partea legii și s-a întors în închisoare, admite că a luat bani de la Genito, dar susține că e vorba de vechi datorii la cărți.

– E posibil să spună adevărul, pentru că Genito, cel puțin în trecut, era un jucător serios. Dacă a încasat vreo răsplată de la familia Wolfson, poate și-a rezolvat problema datoriilor, spuse Bagni.

– Și asta ne-o poate confirma doar el.

– Atunci n-aș fi foarte încrezător. Scuzați-mă, dar am și eu o idee fixă. Știu că în legătură cu omorârea Valentinei Castiglioni au fost mici progrese.

– Da, Bagni, da. Ipoteza că fata a fost folosită ca momeală pentru răpire a găsit noi confirmări. Au constrâns-o să fixeze o întâlnire cu Wolfson și apoi au eliminat-o. Următoarea mișcare pe care o vom face e să mergem să le ridicăm pe cele două animale care au violat-o şi au ucis-o. Le-am înţesat casele şi maşinile cu microfoane. Au fost identificaţi cu precizie de mai mulţi martori. De la un reparator de biciclete care îi văzuse împreună cu Rallo, ocupaţi să ameninţe nişte albanezi, până la Spada Serena, prietena lui Landolfi, principalul nostru martor al acuzării. Îi aşteptăm să se trădeze, nu-i aşa, Armando?

Plebei dădu din cap, dar continuă să tacă.

– În plus, avem certitudinea că Panarello şi un altul, pe care nu l-am identificat, l-au ţinut ostatic pe Wolfson într-un cort montat într-un apartament din Via Nicolini, chiar pe strada unde, în acea duminică dimineaţă, s-au pierdut urmele lui Genito. În apartament sunt probe clare ale captivităţii lui Wolfson, spuse Velia Longino.

– Martori?

– Nimeni, ba dimpotrivă, avem proba că am fost fraieriţi. Unul dintre chinezii clandestini, pe care-l înşfăcasem când Maretta Zara se dusese să plătească prima tranşă a răscumpărării, locuia cu două etaje mai jos şi, probabil, făcea parte din bandă. L-am azvârlit în închisoare. Interpretul i-a explicat că riscă treizeci de ani de închisoare. Dar se prevalează de dreptul de a nu răspunde. Poate e vorba de o inedită alianţă între chinezi şi *'ndrangheta*.

– Oricum, întregul tablou a devenit mai clar în raport cu nimicul pe care-l ştiam până acum două săptămâni. Dar, în opinia voastră, eu ce trebuie să fac? întrebă Bagni.

– Să te gândeşti împreună cu noi şi să încerci să-l prinzi pe Genito, spuse Velia.

– Într-adevăr, am vrea mult să-l interogăm, reprezintă piesa de legătură între răpirea Wolfson și uciderea lui Rallo. Ce credeți că s-a întâmplat? Scuzați ipoteza nebunească, dar ne bazăm pe date concrete. În fine, îmi dau seama că e greu de crezut, dar ar putea să fi fost Genito cel care a organizat răpirea și a făcut să dispară câteva capete incomode? întrebă *dottor* Palma.

Bagni se necăji. Mintea și inima îi spuneau că nu, dar, în teorie, acuzația ar fi putut să țină. Era sigur că Genito n-ar fi putut niciodată să se comporte ca un gangster? Nu mai era. Și totuși îl apără oricum, adăugând în susținerea pledoariei lui și o părere:

– În acest tablou de indicii, nu găsesc nici o explicație plauzibilă. De ce l-a dus pe Wolfson din cartierul chinezesc din orașul M. până la Monza?

– Dar crima ți-o explici? întrebă Velia.

– Să le luăm pe rând. Mi-am făcut impresia că Genito, angajat de familie să-l elibereze pe Elvio Wolfson, a reușit. Poate Rallo i-a fost de folos ca să obțină adresa vizuinii. S-a dus, l-a eliberat pe ostatic, și apoi, după părerea mea, a fost constrâns să-l ducă pe Wolfson la Monza. Probabil a fost Wolfson însuși cel care i-a cerut-o, ca să se facă din nou văzut în șa, în lumea televiziunii.

– E posibil ca Genito să fi plătit răscumpărarea pe furiș? Sau poate a făcut ceva mai rău. Tu ce zici? îl întrebă Velia Longino.

– Nu-i place să plătească, uneori îi place să împuște. Așa că e posibil să-i fi mitraliat pe răpitori sau să-l fi pus sub presiune pe vreunul foarte puternic din *'ndrangheta*. Însă cu mult timp în urmă – eu nu eram și nu o știu cu certitudine, să fie clar – se pare că a reuşit să-l facă să vorbească pe unul dintre boşii răpirilor în Lombardia şi, datorită mărturisirilor lui, să distrugă o bandă întreagă. De câteva ori îl întrebasem cum a reuşit şi el mi-a zis că...

Bagni se blocă. În acea vreme Genito făcuse un gest ciudat, pe care el îl interpretase ca pe o suită de pumni, în schimb – o înţelegea abia acum! – era imitarea montanţilor unui tren în mişcare.

– Îmi spusese că trecuse peste limita legii, dar având un scop bun, le spuse magistraţilor.

– Această depăşire a limitei se întâmpla când încă îmbrăca uniforma?

– Cred că da, dar v-a venit o idee, spuneţi-mi-o.

– Maretta Zara. A anunţat că va pleca în Statele Unite după înmormântare, în schimb e în Italia şi e disponibilă.

– O supravegheaţi?

– Ştim unde e şi am răspândit zvonul că e inutil să o urmărim şi să o supraveghem. Dacă Genito are vreun informator, poate îl prindem, şi oricum, în realitate, nici unul dintre ai noştri nu-i e în preajmă.

– Până acum, mi se pare că înţeleg, spuse Bagni.

– Trebuie acţionat cu maximă discreţie. Mergeţi singur, vă rog.

Plebei se trezi:

– Da, şi pentru că doamna se culca cu Genito.

– Şi cu atât mai mult ar putea să ne fie de ajutor dacă ne-ar face să înţelegem cum au decurs de fapt lucrurile, adăugă Palma.

– Are cu peste douăzeci de ani mai puţin decât el, e foarte frumoasă, l-a împins la maximum ca să obţină eliberarea soțului și apoi n-a mai răspuns niciodată la vreun telefon de la el, spuse Plebei.

– Speram ca ei doi să ia legătura, spuse, astfel încât să depistăm celularul folosit de Genito și să-l localizăm prin satelit, însă Maretta Zara și-a schimbat numerele. Am lăsat-o să facă asta, sperând că, simțindu-se mai sigură, va fi ea cea care îl va suna pe prietenul nostru consultant pentru securitate. Dar, nimic. E o dură. Și unei astfel de femei, sfătuiți și de *dottoressa* Longino, trebuie să-i răspundem angajând pe unul ca dumneavoastră.

„Trebuie să o urmăresc pe Maretta la sugestia Veliei", se gândi Bagni, necrezându-și urechilor.

Vechea, prețioasa, foarte închisa la culoare barcă cu vele a președintelui Pietrino Cucchi, o ambarcațiune englezească cu două catarge, care fusese în proprietatea unui lord înrudit cu amiralul Nelson, era legată de digul micului port. Printre golfurile, insulele și coastele Liguriei și ale Toscanei, bătrânul lup de mare era de-ai casei. Era salutat din orice barcă și avea prieteni peste tot. Ca să stea liniștit, se aranjase pentru câteva zile în punctul cel mai îndepărtat al digului. Bea șampanie, așezat pe un șezlong, sub zborul rapid al pescărușilor, cu o carte în mână.

O legănare neașteptată îl trezi: un vânzător de flori extracomunitar urca la bord.

– Nu cumpăr nimic, coboară imediat, spuse *ingegner* Cucchi și voia să ridice vocea când văzu că, sub buchetul de flori, omul ținea în mână un pistol. Hainele erau de vânzător ambulant, dar în spatele armei, la încheietură, se observa un ceas scump.

– Stați jos, domnule. Lăsați telefonul. Un prieten trebuia să sosească. Zece minute. Ce barcă frumoasă, costă mult?

Cucchi numărase optsprezece minute înaintea sosirii unui alt vizitator de vârsta lui: „Nu l-am mai văzut până acum“, se gândi bătrânul președinte. Chiar dacă i se părea că recunoaște ceva la acel bărbat de vreo șaptezeci de ani: poate în felul de a merge sau poate în lărgimea umerilor ușor căzuți.

Musafirul neinvitat urcă la bord, cu agilitate, și se așeză în fața lui. Zâmbi cu o dantură de rechin. Luă din frapieră șampania, citi eticheta și bău din sticlă de câteva ori.

– Sunt cel care l-a eliberat pe Elvio Wolfson, spuse Genito, dându-și seama că travestirea funcționase.

– Vă felicit.

Îl recunoscuse după voce. Nu era uimit. Prevăzuse o vizită de-a lui.

– Știți cum e, *ingegnere*.

– Multă cunoaștere inutilă, asta e sigur.

– Va fi bine și pentru dumneavoastră să mă ajutați.

– Prietene, ajunge. Adică, știți ce vă spun? Și azi, chiar azi, mor satisfăcut datorită vieții pe care am avut-o și pedeapsa pe care mi-a dat-o destinul prin suferința cauzată de moartea fiicei mele nu face decât să mă facă și mai – cum să spun? – volatil.

– Să fiți acuzat că ați mandatat o crimă, vi se pare un lucru frumos pentru un volatil de vârsta dumneavoastră?

Cucchi își făcea vânt cu o pălărie de paie.

– Dacă sentința ați emis-o dumneavoastră și vreți să fiu împușcat de gâdele dumneavoastră sud-american, nu ezitați.

– El e un fost polițist, un om onest, n-ar încălca niciodată legea. Dar sunt sigur că nu ar e-zi-ta să vă împuște cu un glonț calibrul 38 între picioare dacă doar încercați să faceți o mișcare hazardată.

– Ce pot face pentru dumneavoastră, Genito? Spuneți-mi.

– Așa e mai bine.

Consultantul pentru securitate se scotoci în buzunar, scoase un recipient steril gol și un recipient steril plin de o materie maronie. Bău încă o înghițitură de șampanie, observă manevrele de acostare ale unei foarte moderne bărci, toată numai oțel și alamă strălucitoare.

– Vreau să mă scuz pentru cât am făcut, dar, dat fiind că e în joc viitorul meu, nu puteam să ezit. Iată ce se întâmplă. În mașină, într-un frigider, am un eșantion de materie organică a Marettei, vă imaginați că nu mi-a fost dificil să fac rost de ea. Apoi, acesta, iată, mă scuzați, dar aparținea fiicei dumneavoastră.

Cucchi se agită pe șezlong, încercă să se ridice, dar Genito îi puse două degete pe frunte, așezându-l din nou pe scaun.

– Ce înseamnă asta? întrebă Cucchi.

– Din păcate, fata aceea a avut o viață dificilă și nici măcar moartă nu o lasă în pace..., răspunse Genito, arătând borcanul cu conținutul maroniu.

Bronzul lui Cucchi deveni brusc bordo.

– Ce ați îndrăznit să faceți? Cum ați...

Genito se uită la Pedro, care ridică țeava pistolului spre Cucchi.

– Vă sfătuiesc să nu vă pierdeți calmul, oricum acum ce e făcut e bun făcut și sunt primul căruia îi pare rău. Am forțat mormântul Deliei și am prelevat un eșantion de materie organică. Acum suntem aici să luăm puțin din sângele dumneavoastră. Nu e greu de înțeles, nu-i așa, la ce mă refer?

– Pentru ADN merge și puțină salivă.

– Desigur, răspunse Genito.

Președintele Cucchi scuipă pe scândurile băncii elegante.

– Atunci ia de aici, mizerabilule.

Râsul lui Genito îl contamină pe Pedro, imigrantul peruan care-i câștigase încrederea însoțindu-l la întâlnirea cu răpitorii lui Wolfson.

– Ajunși aici, *ingegnere*, de ce nu mă scăpați de filiera laboratoarelor? Nu terminăm mai repede dacă îmi spuneți care e povestea? Toată însă, sublinie Genito.

Cucchi se ridică de pe șezlong, se duse la parapet și vomită în mare. Îi luă vreo zece minute să se liniștească și să decidă că nu mai avea sens să mintă.

– Sunteți bun. Vă aduc două scaune.

– Se duce să le ia prietenul meu, dumneavoastră nu vă mișcați. Vreți ceva dat fiind că aveți stomacul deranjat?

Președintele ceru suc de fructe și îi oferi lui Genito un trabuc scump.

– S-o scurtăm. Maretta a fost cea care l-a chemat pe killer sau ați fost dumneavoastră? fu prima întrebare a lui Genito, după ce își aprinse trabucul și trase în piept.

– Am vorbit despre asta.

– Hai, fiți inteligent.

– I-am dat banii ca să plătească nu știu pe cine și nu știu unde. Restul l-a făcut singură. Fata aceea are cunoștințe în multe medii, a fost mereu întreprinzătoare.

– Până la punctul de a ucide.

– Elvio era un nenorocit, zdrobirea lui a fost un lucru bun. Nici măcar nu ne-am mânjit pantofii. Vreți să ni-i murdăriți dumneavoastră acum? Vi se pare corect?

– Vă rog, *ingegnere*, cu cât îmi spuneți mai repede cum stau lucrurile, cu atât plec mai repede. Acum vă explic ce am înțeles. Am făcut legătura între vârsta dumneavoastră, a Marettei și a fiicei dumneavoastră, Delia. Am verificat perioada în care dumneavoastră și Maretta v-ați cunoscut. Am căutat în biblioteci și am verificat toate ocaziile în care v-au fotografiat pe toți trei. Am văzut cum, în toți acești ani, ați protejat-o pe Maretta. Doi și cu doi fac patru. De aceea concluzia mea este că Wolfson știa că Delia era fiica dumneavoastră și a Marettei, Miss Sorriso, și v-a făcut vreo nenorocire. Un șantaj? O presiune asupra vreunei afaceri de familie?

Cucchi lăsă ochii în jos. Nu mai putea să-i privească în față pe cei doi intruși.

– Da, Maretta era foarte tânără și tocmai câștigase titlul, visa să devină actriță. Eu eram proprietarul unei mici, dar foarte urmărite televiziuni în Liguria. Am invitat-o împreună cu părinții, și apoi s-a întâmplat tot ce s-a întâmplat.

Bărcile se întorceau în port. Peste câteva ore soarele avea să apună și, pe chei, câțiva băieți băteau mingea.

Cucchi se încordase de parcă i se făcuse frig, deşi erau 28 de grade.

– Am fost împreună câteva luni, ne întâlneam într-unul dintre hotelurile mele pe coasta din Levante, o iubire nebună, un lux pe care mi l-am îngăduit fără nici o oroare de Lolita, pentru că Maretta avusese deja unele experienţe şi nu toate cu bărbaţi de vârsta ei. Sentimentele mele de vinovăţie dispăruseră după prima oară când fuseserăm împreună, dar ştiam că era o greşeală. Mai ales când a rămas însărcinată, am simţit că mor. Şi apoi, pe neaşteptate, că renasc. Pentru că puteam să dau un sens oricărui lucru.

Cucchi mai bău suc de fructe, apoi vru ca Pedro să se ducă în cambuză să ia şi să golească un lighean cu nişte somon extraordinar. Încerca să-i facă pe cei doi să se simtă în largul lor, ca şi cum s-ar fi putut relaxa, iar el puţin mai mult: o încercare disperată.

– Aşezasem, oricum, multe lucruri la locul lor. Delia, îşi aminti Cucchi, s-a născut în Statele Unite, am obţinut actele datorită mafiei locale, şi a rezultat că soţia mea, Corinne, este mama naturală. Şi am crescut noi fetiţa, da, eu şi soţia mea, dar în deplin acord cu Maretta. Care a trecut peste dificultăţi şi a intrat pe făgaş. Pe de altă parte, i-am dat bani şi i-am schimbat viaţa în bine. S-a dus la petrecerile potrivite, a obţinut ce voia, vizibilitate, şi eu... – ei! – nu sunt un animal şi de aceea Maretta era adesea la noi, în toate casele noastre, a văzut-o crescând pe Delia noastră şi a luat-o adesea cu ea. Era ca o soră mai mare, ca o minunată babysitter care făcea parte din familie.

Bătrânului preşedinte îi tremurară obrajii.

– Delia şi Maretta, nu le mai am nici pe una, nici pe cealaltă.

Îşi pierduse fiica şi, aşa crezu Genito, şi pe femeia pe care o iubise. Un antreprenor de cincizeci de ani nu poate să-şi abandoneze statu-quoul pentru o fată de şaisprezece ani săracă: dacă o iubea pe Maretta, şi poate că o iubise, nu putuse să o păstreze. Dacă unul precum Cucchi se culcase cu o puştoaică, nu fusese doar pentru distracţie. Poate fusese victima acelor iubiri senile care-i constrâng pe unii să-şi schimbe viaţa, pe alţii să se deprime.

– Şi Elvio, într-o zi, s-a culcat cu ea.

Genito nu mai înţelegea despre cine vorbea. Urmărise firul discursului, dar era confuz.

– Nenorocitul ăla, spuse Cucchi, aproape adunându-şi puterile şi continuând: Era aşa, sexul ca o boală infecţioasă, ceva care te face să contaminezi tot ce există, fără cea mai mică oprelişte. Marettei nu-i venea să creadă când a aflat. Avusese o suspiciune teribilă citind, înainte de publicare, *Soţia campionului*, pentru că vorbea despre relaţia dintre un boxer faimos şi o fetiţă care se sinucide din cauza unei iubiri nesănătoase. Apoi a fost chiar Delia cea care i-a mărturisit.

Luă un trabuc. Îl mirosi şi îl aprinse.

– Delia i-a povestit Marettei că s-a îndrăgostit de un bărbat matur, dar nu putea să-i spună mai mult, nici să-i dezvăluie cine era acel bărbat. Până la urmă a cedat, spunându-i că ele erau prietene, că ştia bine că Elvio era soţul ei, ştia bine, da, dar se întâmplase şi inimii nu-i comanzi...

Genito se gândi la Wolfson în maşină spre Monza, în casa unde fusese ostatic, şi-l închipui în sala de sport de la Dalia White și îl urî și mort. Regretă că nu-l făcuse bucățele.

Cucchi, uitând deja de orice fel de complicitate, îmbogățea povestea cu detalii, cu cuvinte pe care consultantul pentru securitate le asculta cu compasiune.

– ... Și Maretta, atunci, apucată de nu știu ce, a reacționat. Cred că pentru a o proteja. Și i-a spus adevărul. Că era mama ei și că Elvio știa asta. Și că încercau să aibă un copil.

– Nu e vina Marettei pentru ce s-a întâmplat apoi cu fata. Îmi pare rău, nici nu știu să vă spun cât de mult.

– Nu reușesc să mă gândesc la asta. Elvio a avut tupeul să vină la înmormântare, ne-a prezentat condoleanțe.

Privirea lui Cucchi exprima un sentiment nesfârșit și foarte trist.

– M-am gândit și că o omorâse el, nenorocitul ăla. Am pus să fie făcută o anchetă specială, mulțumită unui prieten de-al meu general, dar nu, sinucidere fără cel mai mic dubiu. Delia s-a omorât. Poate pentru că își trădase mama, poate pentru că văzuse făcându-se bucățele imaginea unui tată pe care-l credea perfect, poate pentru că soția mea Corinne nu era mama ei adevărată. Ce știu eu, ce pot eu să știu...

Mâinile lui Cucchi se mișcară pentru prima oară de când începuse să vorbească. Și acele mâini de bătrân, fragile, exprimau durerea celui care rămăsese dezarmat în fața tragediei.

– Aș fi vrut să existe un bilet, dar nu a lăsat nimic.

Când rosti „nimic“, palma mâinii drepte semănă cu a unui cerșetor.

– Poate s-a omorât din alte motive, dar nu există alte motive. În ce o privește pe Maretta, s-a gândit cum să se răzbune. Avea un plan pregătit de multă vreme, care a fost însă împiedicat de răpire. Nenorociții ăia de calabrezi... Și atunci am apărut eu și dumneavoastră. Ne-a cerut ajutor amândurora. Maretta ne-a târât în acest haos și iată-ne aici, unul în fața celuilalt.

– Eu nu pot să tăinuiesc acest aspect despre care am vorbit, știți asta, nu? Și nu o spun numai ca să scap de închisoare.

– Cât timp îmi dați ca să vorbesc cu soția mea? întrebă Cucchi.

– Timpul care îmi va trebui mie să vorbesc cu Maretta. Cum pun mâna pe ea, fie o pun să scrie o declarație și îi dau drumul, fie o duc la *dottor* Palma și mă salvez. Îmi pare rău, pe Elvio Bomber Wolfson l-aș fi împușcat cu mare plăcere eu însumi, după tot ce am aflat. Sunt de partea voastră, dar nu pot trăi fugind. A, țineți borcanul. N-am profanat nici un mormânt, astea sunt ciuperci. Prietenul meu rămâne să vă țină companie, n-am vrea să faceți vreo nenorocire, cum ar fi să o anunțați pe fata cu zâmbet încântător, nu?

– Dar dacă și eu, de exemplu, aș pleca imediat?

– Pentru moment, nu plecați nicăieri. Mai întâi trebuie să mă întâlnesc cu Maretta. Imediat ce o găsesc, îl sun pe Pedro și plecați unde vreți. Adică, ajutați-mă să termin repede. Spuneți-mi unde e fără să mă duceți la disperare. Nu vreau să-i fac rău. Dacă mă ajutați, vă las să plecați mai repede.

– Nu e departe, am văzut-o ieri, mi-a spus că ştie că o căutaţi. Rămâneţi să dormiţi aici, făceţi-mi o favoare, jucăm cărţi, mâncăm, şi mâine vă voi spune tot.

Se chema The Sahara's Beach locul unde Maretta Zara se ducea uneori să facă plajă. În ciuda indicaţiilor, pentru inspectorul Francesco Bagni nu fusese uşor să-l găsească, pentru că, după ce traversase Aurelia, nu mai exista nici un indicator. Urmări un Jaguar lovit, condus de o femeie cu părul lung, blond care flutura în bătaia vântului cald: „Dacă asta e bogată şi merge la plajă, se va duce la plaja celor bogaţi". Nu se înşelă şi ajunse într-o mare parcare, unde o mână de paznici pe scutere prăfuite fluidizau traficul. Ultima porţiune a străzii, în pantă abruptă, trebuia parcursă pe jos, iar nisipul era încins de soarele din Maremma, un soare nemilos.

În sfârşit, la dreapta se întindea dezordonata plajă liberă, iar la stânga, anunţată de prezenţa unor elegante corturi albastre şi distinsă prin coşuleţe de răchită, era aşa-numita Beach. Bagni îşi dădu seama că e unicul care poartă sandale cu barete printre degete şi un slip cu dungi albe şi roşii în mijlocul unor oameni cu cămăşi de in, bermude până sub genunchi şi pantofi nemţeşti.

Fu interpelat, cu grosolănie, de un robust şi spilcuit domn cu ochelari închişi la culoare, care se dovedi a fi proprietarul plajei. Îi spuse că vine din oraşul M. şi că are o întâlnire cu doamna Zara.

– A, Marettina, draga de ea, e la numărul 25, pe primul rând. Va sosi în curând, aşteptaţi-o. Bună, scumpo, astăzi sunt raci-de-mare proaspeţi, spune-i soţului tău, o salută pe o bătrână respectabilă, de culoarea cacauei, tocmai sosită, cu un inel minunat care-i strălucea pe deget.

Plaja aceea i se păru lui Bagni un amestec între un exclusiv club de tenis, un sanatoriu pentru bătrâni şi un loc de întâlnire rezervat clasei conducătoare a ţării. Se duse la bar, comandă o bere medie la draft şi începu să se învârtă printre cabine şi umbrele.

Era o zonă rezervată jocurilor pentru copii. Îl înveselea să asculte discuţiile celor care nu erau nici măcar adolescenţi. După zece minute, îşi dădu seama că nici unul nu se numea Mario: Galeazzo, Jacopo, Edoardo, Verde, Uberta şi Isabeau se jucau leneşi, mâncând îngheţată, supravegheaţi de un stol de babysittere străine. Sud-americancele, copleşite de cereri impertinente, se uitau la păpuşile lui *señor* cu priviri care vădeau dorinţe de pruncucidere. Un băieţel blond, puţin mai departe, încerca să-i provoace un infarct bonei, o femeie corpolentă la vreo şaptezeci de ani, obligată să ţină în mână o rachetă gălbuie şi să răspundă din zbor lansărilor lui. Binevoitoare, bătrâna se străduia, era clar că-l văzuse la naştere pe acel frumos tip şi îl considera, un pic, fiul ei. Un fiu degenerat.

– Dar, Annina, eşti chiar varză.

– Ce ai spus, Alessio?

– Scuze, dar joacă mai bine, şi zdrang! o minge pe care săraca femeie încerca în zadar să o urmărească, întinzându-se ca una din surorile Williams. Părinţi? Nu erau la acea oră. Sau erau toţi în oraşe îndepărtate să muncească, sau dormeau până târziu: clasa conducătoare avea treburile ei şi nu avea timp să-şi educe nici măcar copiii.

În sfârşit, sosi Maretta împreună cu două prietene. O brunetă cu nişte ochii imenşi de culoarea alunei, o rochie de culoare ruginie cu decolteu adânc, ornată cu perluţe şi cochilii, corali mici, negri şi cristale. Şi o blondină, destul de bronzată, acoperită de un deux-pièces de stofă, tot de culoarea ruginei, probabil culoarea la modă în acel an, pe acea plajă, dar cu mici inserţii albe, un tricou alb în mână şi doi cercei rotunzi, de cel puţin şapte centimetri în diametru.

Etală un zâmbet prietenos, deşi complet incapabil să producă efecte pozitive. Fu confundat cu un plicticos playboy de plajă şi explică neînţelegerea scoţând din geantă ecusonul.

– Iar poliţişti? Nu mai suport.

– Imaginează-ţi cât suntem de fericiţi noi, poliţiştii, să transpirăm pe căldura asta lângă oameni care ne tratează rău.

– Sunt văduvă, probabil aţi auzit. Şi am dreptul să fiu lăsată în pace.

– Vă înţeleg mai bine decât credeţi, pentru că şi eu sunt văduv. Din păcate, da, de doi ani.

Maretta Zara se opri. Bruneta elegantă din dreapta şi blonda artificială din stânga aveau un aer monden, trist. Bagni profită imediat.

– Câteva precizări, promit, cinci minute şi plec.

– Bine, veniţi sub umbrelă, spuse Maretta care mergea pe plajă fără să se preocupe de efectul produs de formele ei fine.

Sub umbrela din spatele ei era toată familia lui Umberto Eco, alături – cântăreţul Jovanotti cu câţiva copii, la ultima umbrelă un politician care servise sub toate drapelurile, cu o soție slabă și nervoasă care-l comanda cu multă autoritate, dezvăluind adevărata natură a acelui bărbat: se supunea prompt oricui ridica vocea.

Se concentră.

– Am fost prieten cu Genito și încă mai sunt, spuse Bagni.

– V-am văzut pe Via Mac Mahon. Eram în Mercedes.

– Îmi amintesc. Magistrații îl vor pe consultantul dumneavoastră pentru securitate.

– Trebuie să-l duceți dumneavoastră? Succes!

– Fie îl duc pe el, fie înmânez măcar o reconstituire precisă a evenimentelor.

– Dar am făcut-o eu, pentru Longino. E totul atât de limpede, nu?

Fața lui Bagni o convinse să continue:

– Genito organizase o anchetă proprie și, chiar dacă nu vă voi spune niciodată cine sunt ele, am cunoscut unele persoane care au muncit pentru el. În rest, nu v-ar fi greu să dați de urmele lor, trebuie doar să vreți. Datorită acestei anchete, prietenul nostru comun a ajuns la vizuină. A fost mai eficient el singur decât voi toți polițiștii și carabinierii la un loc, nu credeți?

– Ce s-a întâmplat când Genito a identificat vizuina?

– Nu știu, am doar o senzație, cred că, dacă îmi îngăduiți termenul, i-a șantajat pe șantajiști. „Fie mi-l dați pe Wolfson, fie trimit poliția." Ceva de genul ăsta, așa cred, cel puțin. N-a trimis poliția, dar l-a eliberat pe soțul meu, și îi voi fi mereu recunoscătoare, chiar dacă apoi s-a terminat cum s-a terminat.

– Dar de ce l-a dus pe soțul dumneavoastră până la autodromul din Monza?

– Cred că, a fost o dorinţă de-a lui Elvio, mai exact, ultima dorinţă. Aşa era el, pentru o fotografie potrivită la momentul potrivit, ar fi înfruntat orice pericol.

– Deci pentru dumneavoastră a fost o surpriză să-i vedeţi apărând, pe Genito şi pe soţul dumneavoastră, pe pistă?

– Am avut un şoc.

– Ciudat.

– De ce?

– Dacă Genito vă caută, mă sunaţi?

– Sincer? Nu cred. Îi sunt recunoscătoare, e o persoană bună, dacă a greşit, a făcut-o ca să mă ajute. Dar în această perioadă nu reuşesc să trăiesc cu durerea pe care o simt. Nu vreau persoane care să-mi amintească de suferinţa mea. Scuze, dumneavoastră n-aveţi nici o legătură, dimpotrivă, mi-ar face plăcere dacă aţi rămâne să mâncaţi cu noi. Pregătesc nişte prânzuri delicioase şi ni le servesc chiar aici dacă vrem. Vreţi? Faceţi o baie. Ascultaţi, şopti, după cum vă privesc prietenele mele, aici sunteţi ca acasă, râse ea.

Merita să-i zâmbeşti şi tu acelei Miss Sorriso, Bagni însă nu reuşea să deschidă gura. Şi nici nu avea chef să mănânce cu cele trei femei.

Erau multe lucruri pe care nu le ştia şi nu le înţelegea. Dar un lucru n-ar fi făcut: să o piardă din vedere pe Maretta. Apărea prea sinceră şi echilibrată ca să fie, prin forţa lucrurilor, o mincinoasă.

– De ce spuneţi că sunteţi curios de reacţia mea? se auzi întrebând, în timp ce prietenele îşi scoteau sutienul şi intrau în apă.

2

Datorită indicațiilor prețioase date de *ingegner* Cucchi, se dovedise ușor să o găsească pe Maretta. Văduva lui Wolfson închiriase, de la o prietenă din nobilimea romană, o casă frumoasă cu terasă într-un vechi sat în Maremma, la scurtă distanță de mare, și acolo se prezentase Corrado Genito, la ora patru după-amiaza. Ca să afle că Maretta luase bicicleta și se dusese, ca de obicei, să viziteze un fel de muzeu în aer liber, denumit Giardino dei Tarocchi.

Acolo sosi și Genito: „Un loc pentru trăsniți", se gândi observând un alt zid de tuf, atât de înalt, că „pare o închisoare", și câteva figuri care se iveau printre copaci. Traseul în jurul statuilor hipercolorate se întindea de-a lungul unui parc, lumea se așezase la rând ca să plătească biletul. Plăti și urcă scările care se cățărau pe deal, aruncând o privire spre statuile și sculpturile, înalte și de cincisprezece metri, decorate cu oglinjoare și bucățele de sticlă.

Citi o etichetă: *Magicianul*. Apoi o alta: *Marea Preoteasă*. Văzu figura unei statui feminine care se plimba cu un dragon verde. Maretta unde era oare? O căută lângă *Soare*, *Moartea* călare și cu o coasă în mână, *Dreptatea* care conține în ea *Nedreptatea*, cu un paviment de oase tocate, două zăbrele deschise pe mamelele enorme care permit să vezi schelete, laţuri, roţi ruginite şi zdrobite. Era uimit că Marettei îi plăcea să se plimbe pe acolo.

O găsi pe Maretta printre oglinjoarele apartamentului miniatural care fusese construit şi aranjat în interiorul statuii celei mai mari şi mai complexe. Erau o sală cu şemineu, bucătărie, baie, unde puteai să vezi, repetată la infinit în pereţii cu oglinzi, propria imagine şi pe a celorlalţi.

Maretta tresări, zărind într-una dintre reflexii faţa dură şi palidă a lui Genito, dar numai pentru o clipă. Zâmbi. Îl salută cu mâna. Păru chiar bucuroasă că el o căutase. Şi o găsise. Îl întâmpină:

– Ştii că aceasta e sculptura *Împărătesei*, aici trăia artista care a creat totul. Nu e rău să ne reîntâlnim, ştii?

– Ar trebui să-ţi dau două palme. M-ai pus la colţ.

– Nu reuşesc să te cred, Corrado, răspunse în mijlocul unui grup de nemţi care se uitau în jur perplecşi: pentru ei acea fantezie era excesivă.

– Dimpotrivă, ştiam că mai devreme sau mai târziu te-aş fi văzut pe aici, spuse Maretta.

– Încetează.

– De ce acest ton? Cred că am înţeles cum judeci, în locul meu ai fi făcut la fel pentru fiica ta. Văd şi revăd la video imaginile de la Marele Premiu, prietenele mele îmi spun „Nu-ţi mai face rău“, ele nu ştiu câtă furie am în mine. Aş putea să-l revăd de mii de ori, dar n-ar ajunge ca să mă eliberez.

Cuvintele lor răsunau în pântecele *Împărătesei* şi turiştii nemţi îi fixau cu privirea. Genito o conduse afară, să stea pe bancă, deasupra statuii fetei care ţine în lanţ un dragon, dar Maretta se ridică.

– Să mergem, te rog.

– „Să mergem, te rog." Să mergem, dar nu se schimbă nimic. Nu mi-ai răspuns la telefoane. M-ai folosit. Am tonul celui care te duce la închisoare.

– Nu cred că ești atât de prost...

– Am vorbit cu Cucchi.

– Îmi imaginam, dar de ce să mă duci la închisoare?

– Pentru că în acel loc simpatic, care se numește Procuratura orașului M., lumea crede că eu ar trebui să ajung la închisoare. Crede că aș fi contribuit destul de mult la omorârea soțului tău.

– Chestie de reputație..., îi spuse și îi întoarse spatele, sărind peste poteca ce o ducea spre o sculptură cenușie, *Turnul.*

– Nu-ți folosește să mă enervezi, pentru că știu că tu ai găsit un killer, Cucchi l-a plătit și eu sunt sigur că nu am fost complicele vostru la omorârea soțului tău, spuse.

Femeia se opri. Se întoarse.

– M-am folosit de oricine, inclusiv de mine, ca să am iluzia că Delia se va odihni în pace. Ce vrei de la mine? Astăzi vreți toți ceva de la mine. Era pe-aici prietenul tău Bagni.

Genito privi în jur. Erau trei sau patru grupulețe de turiști străini, vreo zece copii însoțiți de o călugăriță, nici un chip nepotrivit cu atmosfera locului. Însă nu se putea ști: Bagni fusese un excelent urmăritor când lucra la secția Arestări.

– E încă aici?

– Cred că da, l-am lăsat pe plajă cu o prietenă de-a mea brunetă care colecționează povești pe care le numește „Dă lovitura și pleacă". Spune că-i mențin pielea fină.

– Păi, nu mi-ar lua mult să o satisfac şi să plec oricum.

Sub sculptura *Turnului* răsunase vocea lui Bagni. Cu o pereche de ochelari la ochi, o haină de blugi deformată peste o pereche de bermude şi ţinând mâinile la spate, poliţistul se desprinsese de un grup de turişti elveţieni, cu care vorbise despre tinereţea lui la Geneva.

– Ce vrei să faci, Francesco? întrebă Genito.

– Nu e o problemă de a vrea sau a putea, dar eu trebuie, chiar dacă îmi pare rău, să te arestez.

– Nu încerca.

– Nici tu.

Bagni, când se aşezase la pândă în Grădina dedicată celor douăzeci şi două de Arcane Majore ale Tarotului, rămăsese entuziasmat de puţinul pe care apucase să-l vadă. Nu-i distrăseseră atenţia miresmele plantelor, nici discuţiile la care trăgea cu urechea, nici continua declanşare a aparatelor de fotografiat printre acele milioane de fragmente de sticlă, pietricele, ceramică. Citise că „sculpturile emană un aer melancolic şi un fel de frumuseţe tristă. Deşi scopul meu era acela, scrisese creatoarea acelui parc, de a crea o grădină a bucuriei".

Bucurie. Un cuvânt care se auzea rar. Şi care era deplasat, în acea după-amiază, pentru că de-a lungul mozaicurilor, intrând în Arcanele care se transformau în balcoane, în colibe, în muzee, Bagni nu putea să-şi permită altceva decât să rămână concentrat asupra misiunii lui. Şi misiunea lui era să-l aresteze pe prietenul lui care, acum, stătea la câţiva paşi de el.

– Dacă mă împuşti, spuse Genito, nu vei şti niciodată cum a decurs răpirea Wolfson.

– Vei înţelege că puţin îmi pasă de Wolfson.

Se deplasă câțiva pași ca să intre în umbra *Turnului*.

– Corrado, poate ești îmbătat de ea și te înțeleg, dar ai devenit orb. Și aici te înțeleg mai puțin. Nu m-au trimis după tine pentru ce i-ai făcut sau nu i-ai făcut lui Wolfson, ci pentru o problemă mai simplă. Ești arestat pentru uciderea lui Attilio Rallo și eu mă tem că știu cum s-a petrecut întâlnirea dintre pește și trenul de marfă. Exista o a treia persoană care incomoda. Tu. Trebuie să știi că ai lăsat unele urme, răspunse Bagni.

Mâna dreaptă, la spate, mângâiase mânerul pistolului, Beretta cu încărcător bifilar, cu paisprezece gloanțe în butoiaș și unul pe țeavă.

– Nu, Rallo a fugit, iar el l-a și urmărit, interveni Maretta.

Genito ridică brațul ca să-i spună lui Bagni să nu mai avanseze și să rămână unde era. Inspectorul se supuse. Amândoi erau înarmați și știau asta. Erau prieteni: știau și asta.

– Corrado, poate că e mai bine să ne resemnăm. Eu vin cu tine, voi vorbi în favoarea ta, propuse Maretta, foarte agitată din cauza situației.

– Stai și tu nemișcată. Toți nemișcați o clipă, vă rog. Voi nu mă înțelegeți. M-am apărat douăzeci de ani și acum, din cauza telejurnalelor din toată lumea, sunt dobitocul ăla de Corrado Genito care l-a ținut în brațe pe Wolfson în timp ce murea. De aceea Magistratura italiană e una dintre problemele mele, dar una. Deci soluția e simplă. Tu pleci, Maretta. Eu dispar și Bagni mă lasă să plec, nu m-a văzut. Ce zici, Francesco? Știu că mă înțelegi.

– Nu mai ești în stare să observi ce se întâmplă în jurul tău.

– Ce ar trebui să văd?

Bagni fluieră. În spatele unui măslin era bătrânul inspector Scorpacciati, abia întors după convalescenţă: unicul palid printre grupurile de turişti. În sus, aşezat pe o bancă, era agentul principal Nando Cane, Tiffany era lângă el şi Landolfi lăsase un aparat de fotografiat şi luase în mână o mitralieră.

– Îmi pare rău, Corrado, mi-au dat o treabă de terminat şi treaba asta eşti tu.

Cei doi se priviră câteva clipe, Bagni se rugă – şi nu se ruga prea des la Dumnezeu – ca prietenul lui să rămână nemişcat, să se lase prins, să nu apuce arma pe care sigur o ascundea la spate, băgată la centură. Îşi luase în mână pistolul şi întinsese braţul în faţă, rigid. Ştia că trăgea bine: n-ar fi avut nici o ezitare să-i găurească un umăr sau un genunchi.

Cu coada ochiului observă că Tiffany se ridica în picioare şi striga, dar nu auzi strigătul ei.

Auzi, în schimb, ţipătul unui perscăruş, care zbura razant pe deasupra măslinilor şi a statuilor simbolice, piramide înălţate cu cărămizi de teamă, care înveseleau după-amiaza, chiar dacă Tarotul, cititul în cărţi, viitorul, trecutul, prezentul, marea înşelătorie despre cine suntem, încotro mergem sunt numai fraze gata făcute şi locuri comune, soţul e capul, soţia inima.

Landolfi alerga ca să-l aresteze pe Genito, iar Cane unde era?

Scorpacciati avea nasul strâmb şi scrâşnea din dinţi. De ce?

Aceea era grădina destinului, dar destinul nu există, e doar un joc de oglinzi, aşa credea Bagni şi îşi atinse în treacăt fruntea. Pentru că odată, în viaţa lui, într-o dimineață care acum i se părea îndepărtată, ca și copilăria, fusese un glonț care îi atinsese fruntea.

„Sunt criminali printre noi, fir-ar să fie."

Credea că glonțul îi revenise ca într-unul dintre foarte îndrăgitele filme de Sam Peckinpah. În loc să moară, devenise faimos – „o, Doamne, faimos pentru cinci minute..." – și primise un elogiu. Autoritățile se duseseră să-l salute la spital, la fel și televiziunile, și, într-o dimineață, se dusese lângă patul lui și acea foarte frumoasă – gura, sânii, cum se mișca – Velia, da, Velia o chema, mâinile ei și părul. Să faci dragoste, până la urmă, înseamnă numai să visezi, dacă nu te gândești că trebuie să existe o porțiune de călătorie în același tren care se urnește din gară, lasă mulțimea, și sunteți doar tu și ea, și copiii, dacă vor veni.

Și apoi s-a făcut bine, „la naiba, foarte bine", și-și reluase viața normală de polițist normal, care se ia la trântă cu un oraș M. anormal.

Patul pistolului era atât de greu, încât

de câte ori îl privise pe Genito în ochi, bând o bere sau un pahar de vin bun

trebuie să vezi fără ochi, pentru că ochii pot să-l înșele pe cine îi spusese

Scorpacciati trăgea și nu-l mai văzuse trăgând

părea că un uragan de lacrimi

Genito privindu-l

și el care avea soarele în ochi

și să spună că se așezase la umbra *Turnului* intenționat

cerul păru că e străbătut de un fulger, verdele ierbii îi inunda pupilele

văzu chipul Umei, dar Uma nu era

catifea în care să te înfăşori

Genito îl privea cum îl privise într-o seară după ce băuseră, dar un fir verde îi obtura vederea

iarba aceea în faţa ochilor

chipul Umei palid şi trist gura ei de cireaşă mâna prelungă care încerca să prindă din zbor un pescăruş care

– Nu şi-a dat seama că moare.

O spuneau de fiecare dată când vorbeau despre el, la poliţie, între colegi, între prieteni. Şi autopsia stabilise că murise în câteva clipe, creierul mic fusese terciuit de plumbul moale al unui glonţ de calibru 7,65.

Francesco Bagni avea patruzeci şi unu de ani când fusese omorât din spate de un peruan, unul apărut din neant, la rândul lui ţintit de rafala de gloanţe explodate de colegul Scorpacciati: asasinul murise două ore mai târziu, în spital, din cauza unei hemoragii interne, suferise puţin „acel nenorocit, care făcuse şi pe poliţistul în rahatul lui de ţară“.

În zilele următoare, datorită controalelor telefonice terorizante şi a unor interogatorii în familiile de imigranţi străini, aflaseră că acest peruan – Alvaro Soria Molino pe numele său adevărat, cu porecla Pedro Coneco, – şi Genito fuseseră mult timp împreună, în aceleaşi locuri, în aceleaşi case, implicaţi în aceeaşi anchetă.

Dar Genito, vârât fără prea multe complimente în închisoarea de maximă siguranţă din Voghera, nu recunoscuse nici măcar că-l cunoaşte. Se prevalase constant de dreptul de a nu răspunde, ceruse un avocat din oficiu şi un singur lucru îi explicase bine directorului închisorii:

– Nu beau cafea.

Era o referire la bancherul falit, Michele Sindona, care murise otrăvit în închisoarea din Voghera: o metodă foarte italienească și foarte veche de a elimina pe oricine putea să devină incomod. Era, prin director, un mesaj către cunoștințele sale directe și indirecte: voia să se știe faptul că avea de gând să rămână de încredere.

După câteva zile în care nu avusese voie să iasă, un agent de poliție penitenciară îi dăduse câteva CD-uri cu celebre recviemuri, autorizate regulamentar, și, în timp ce aranja ștecărul casetofonului, îi transmisese cele mai sincere salutări de la *dottor* Panebianco, adică de la Big Ben. Îi transmisese și el înapoi, cu admirație sinceră: putea încă să-și facă niște prieteni.

Calculase că, dacă Panarello ar fi continuat să-și facă bine meseria de urmărit și nu ar fi fost prins niciodată, ar fi putut să se descurce cu câteva luni de arest preventiv. Și pentru că familiile serioase din *'ndrangheta* au o caracteristică: se bucură de o etanșare perfectă. Și nici mama lui Panarello, nici celălalt amărât de fiu al unuia deja omorât n-ar fi povestit „unui polițist" că au fost răpiți și apoi eliberați. Ar fi rămas un secret al clanului că au fost folosiți pentru un schimb egal, plus un beneficiu adecvat, cu ostaticul celebru.

Datorită unor astfel de elucubrații, Genito, întins pe patul pliant din celulă, se simțea încrezător: în legătură cu sentința de achitare, cel puțin la apel, nu avea nici cel mai mic dubiu.

Scrisese numai două scrisori: ambele pentru Uma. Dar le aruncase. Nu reușea să se gândească că moartea lui Bagni îi luase unicul prieten: din fericire, nu suferise, dar cine știe, cine poate s-o spună?

Umei i-ar fi dat nişte bani, ar fi urmărit-o de departe: chestii din astea, din umbră, întorcându-se cât mai repede şi el în umbră, ştergându-şi din minte amintirea unui prieten care murise, „la dracu' cu Maretta, m-am lăsat îmbătat de Miss Sorriso".

Maretta Zara, în schimb, colabora cu magistraţii, dezvăluind o entuziastă iubire pentru adevăr. Îşi schimbase atitudinea şi numise un alt avocat în locul celui al familiei Wolfson. Fusese ales descendentul unei dinastii de avocaţi şi profesori, un bărbat cu ochelari mari, demodaţi, haine foarte închise la culoare, un aer bonom aflat în contrast total cu metodele sale de om abil. Maretta umpluse procese-verbale peste procese-verbale, zi şi noapte, într-o cazarmă a carabinierilor. Evitase să-l implice pe Cucchi şi îşi asumase toate responsabilităţile posibile: fusese ideea ei să angajeze killerul, plata tot a ei, mulţumită prietenului care nu ştia nimic. Explicase cum excepţionalul, onestul, omul de încredere Genito organizase o anchetă proprie „mai bună decât cea a magistraţilor". Şi, datorită declaraţiilor ei, fusese adus în cazarmă şi William Chiodi, care confirmase investigaţiile propriului grup în Via Mac Mahon şi identificarea lui Attilio Rallo.

– Dar ne-a urmărit spontan, chiar nu ştiu cum s-a putut spune că era ţinut şi legat la ochi în casa unei prietene şi colaboratoare de-a mea, exclud asta în modul cel mai categoric.

Marettei, în virtutea colaborării ei, îi fusese îngăduit arestul la domiciliu şi, conform cu dezvăluirea unui ziar, ai cărui ziarişti erau – ce întâmplare! – apăraţi de avocatul ei abil, sosiseră unii producători de la Hollywood. Conform indiscreţiilor, văduva Wolfson, moştenitoarea unei averi în imobile și acțiuni, vânduse, încredințând câștigurile unor instituții caritabile, drepturile unei viitoare cărți de memorii pentru a scoate un film.

Uma plângea. La înmormântare se simțise rău. Plânsese și mai mult când descoperise că este însărcinată. Numele copilului avea să fie Francesco. Sau Francesca dacă era fată.

Nu reușea să se gândească. Își făcu un tatuaj pe umăr: o inimă străpunsă de o săgeată. Căută, printre cutiile de la mutarea niciodată încheiată, cărțile lui Bagni, pe acelea mai uzate, și le citi chiar dacă nu prea le înțelegea. Începu să se simtă mai bine după vizita unei femei, o fostă deținută al cărei nume nu și-l amintea, mama unei fete, una care poate se numea Micaela, și al cărei caz îl rezolvase Francesco: „Era o persoană bună“, spusese acea femeie și Uma îl pusese pe Scorpacciati să-i povestească unele anchete ale celui care ar fi devenit soțul ei dacă nu ar fi murit, ca să înțeleagă mai bine cum gândea, pentru că ar fi vrut, la rândul ei, să explice asta fiului sau fiicei ei.

Când inaugurară o școală generală, într-un sătuc aflat la zece kilometri de orașul M., erau toți, și ea cu burta mare, mama ei cu iconițele cu San Pio și părinții lui Francesco, îmbrăcați în negru, împreună cu câteva rude siciliene. Îi propuseseră: „Restaurantul pe care-l avem la mare e al tău, de ce nu te muți în Sud?“

Veni la ceremonie, cu șoferul și un atașat de presă cu servietă, un musculos ministru adjunct – ministrul era la Roma din cauza crizei guvernului. Nu rosti nici un discurs, vorbi puțin cu chestorul și plecă, uitând să prezinte sincere condoleanțe părinților.

Mulţi care-l cunoscuseră pe poliţist, chiar şi numai din vedere, sau citiseră de moartea lui în ziare, erau emoţionaţi. *Dottoressa* Mazzini consumase un pachet întreg de batiste de hârtie. Şi chestorul De Pedis fusese văzut cu lacrimi în ochi. Velia Longino nu plânsese: *dottoressa*, într-un elegant taior albastru-închis, sosise împreună cu inspectorul Enrico Landolfi. Cei doi nu ascultaseră nici un discurs oficial şi plecaseră. Inspectorul Scorpacciati clătină din cap: „Lando vrea să-i ia locul lui Bagni, în toate sensurile". Lopiccolo de la Laboratorul criminalistic rezistase la ceremonie îndopat cu calmante. Ar fi făcut, cât mai curând, o călătorie lungă în Australia, cu aparatul de fotografiat şi câteva carneţele.

Dintre cei mulţi care promiseseră că abandonează echipa mobilă, numai Cane o făcuse, ieşind la pensie. Ca să stea cu copiii. Pentru că ştia că destinul persoanelor, şi al poliţiştilor, adesea e acesta: să nu reuşească. Pentru că lumea ştie mereu cum să fie de rahat. Lumea e, pentru unii, un funest *Turn* din Arcanele Majore.

Unul ca Bagni, „un geniu în descoperirea mobilelor", ar fi trebuit să trăiască şi să muncească. Să-şi tragă sufletul. Să se bucure de logodnica pe care alesese să o iubească, pe care poate nu o iubea cum credea că ar trebui iubită o femeie, dar o alesese ca tovarăşă. Însă.

În schimb se întâmplase lucrul de care era conştient fiecare poliţist, în orice parte a lumii: ştie când pleacă, dar nu şi dacă se întoarce.

Aşa cum se întâmplă în orice anotimp, şi când florile de şofran înveselesc câmpiile, iar râurile devin gri şi umflate, şi apa curge ca să ajungă la mare, iar în marea agitată din cauza mistralului se vede un bărbat înotând. Se duce tot mai în larg. Se întreabă dacă va mai avea puterea să se întoarcă la mal, şi are mereu această putere. O găseşte de fiecare dată.

Se numeşte Cosmo Sconosciuto şi nu ştie nici măcar el de ce lucrurile se pot termina cum te aştepţi cel mai puţin şi secretul e unul singur, pentru toţi, iar el îl cunoaşte bine: să te menţii la suprafaţă atâta timp cât se poate.

„Dar nu ca idioţii. Niciodată ca idioţii“, spune.

La limită, ca plutele. Ca bucăţile de lemn aduse la mal. Poate ca peştişorii. Cel puţin până nu soseşte aripa unui pescăruş flămând: şi umbra lui te smulge din braţele vieţii. Ciocul lui va cauza numai o durere rapidă, în faţa căreia suntem deja resemnaţi.

La Editura RAO

a apărut

DOAR O LACRIMĂ

Lorenzo Madralta, fost militar lăsat la vatră după războiul din Liban, este responsabil cu securitatea unui centru comercial dintr-un oraş de provincie somnolent.

Dur, eficient, rece, Madralta pare un funcţionar model, un câine de pază credincios care refuză oase şi mângâieri. Dar, sub masca de indiferenţă care pare să-l separe de tot şi de toţi, fierbe o nelinişte profundă. Imaginea unei plaje tropicale unde să ia totul de la capăt şi chipul proaspăt şi curat al Laurei, măcinată de insatisfacţia ei, îl vor împinge să se îmbarce într-o aventură nebunească şi riscantă: marea lovitură care îţi poate schimba viaţa.

Astfel, câinele de pază rupe lanţul şi se avântă cu capul înainte în lungul unui drum pe care îl va descoperi semănat cu capcane şi câini vagabonzi care rânjesc. Într-adevăr, în timpul spargerii ceva merge prost, şi Madralta se va trezi implicat într-o partidă neclară şi violentă, lipsită de reguli şi bogată în înşelăciuni.

JUAN CARLOS SOMOZA *Clara și penumbra*
JUAN MANUEL DE PRADA *Păsărici*
JULIA KRISTEVA *Samuraii ◆ Moarte la Bizanț*
JULIAN BARNES *Privind în soare*
KAZUO ISHIGURO *Nemângâiații*
KENZABURŌ OE *O experiență personală*
LUIS GARCÍA JAMBRINA *Vise paralele*
M. VAZQUEZ MONTALBAN *Pianistul*
MARGARET DRABBLE *Drumul strălucitor*
MARGUERITE DURAS *Amanta engleză ◆ Hiroshima dragostea mea ◆ India Song*
MARTIN GÜLICH *Îmbrățișarea ◆ Bellinzona, noaptea*
PAOLO GIORDANO *Singurătatea numerelor prime*
PATRICK MODIANO *Dora Bruder*
PHILIPPE SOLLERS *Steaua amanților*
REGIS JAUFFRET *Case de nebuni*
RICHARD WAGNER *Miss București*
ROBERT FINLEY *Indiile accidentale*
ROMANO BATTAGLIA *O inimă curată*
ROSA MONTERO *Ziua Inocenților ◆ Stăpân iubit ◆ Povestea regelui străveziu ◆ În inima infernului*
ROSE TREMAIN *Restaurația*
SANDRO VERONESI *Haos calm ◆ Forța trecutului*
TONINO BENACQUISTA *Alter ego*
YANN QUEFFÉLEC *Nuntă nemiloasă*

Autori români contemporani

ALEX MIHAI STOENESCU *Misiunea Dominicană*
ANA CALINA GARAȘ *Masca norocului ◆ Jocul de-a viața ◆ Taina ◆ Broderii în vid*
NICOLAE ROTARU *Îngeri de oțel ◆ Trilogia de lut ◆ Trilogia de apă*

Thriller, aventuri, acțiune, roman istoric

AGATHA CHRISTIE *Crăciunul lui Poirot ◆ Întâlnire cu moartea ◆ Ucigașul ABC ◆ Mâna ascunsă ◆ Cei cinci purceluși ◆ Crimă la vicariat ◆ Moarte pe Nil ◆ Crima din Mesopotamia ◆ Misterul Trenului Albastru ◆ Martorul mut ◆ Muncile lui Hercule ◆ Nemesis ◆ Cadavrul din bibliotecă ◆ Misterul din Caraibe ◆ Doamna McGinty a murit ◆ Zece negri mititei ◆ 13 la cină ◆ Pisica printre porumbei*
A.J. ZERRIES *Taina lui Van Gogh*
ANDREAS ALBES *Comoara*
ANDREAS ESCHBACH *Filmul Isus*
ANDY MCNAB *Misiune specială*
ANNE RICE *Interviu cu un vampir ◆ Vampirul Lestat ◆ Regina damnaților ◆ Ora vrăjitoarelor ◆ Vampirul Vittorio ◆ Povestea hoțului de trupuri ◆ Lasher ◆ Mumia ◆ Plecarea din Egipt ◆ Vampirul Armand ◆ Taltos*
ANTOINE B. DANIEL *Prințesa soarelui ◆ Aurul din Cuzco ◆ Machu Picchu, Cetatea Secretă ◆ Dansul zeilor ◆ Lanțurile de aur*
ANTHONY DURHAM *Mândria Cartaginei*
ANTONY HOROWITZ *Un banc criminal*
BARBARA VICTOR *Coriander*
BEN ELTON *Popcorn ◆ Crimă în direct ◆ Prima victimă*
BERNARD CORNWELL *Harlequin ◆ Vagabond ◆ Eretic*
BERNARD KNIGHT *Dincolo de liman ◆ Potirul otrăvit ◆ Căutările coronerului John ◆ Înfricoșătoarea taină ◆ Cadavrul meșterului făurar*
BILL NAPRIER *Tripticul*
BRIAN LOWRY *Nu vă încredeți*
CAMERON WEST *Pumnalul Medici*
CANDANCE BUSHNELL *Totul despre sex ◆ Frumusețe de vânzare*
CHRIS CARTER *Francezul ◆ Gheena ◆ Înfruntă viitorul*

CHRISTIAN JACQ	*Nefer cel Tăcut ◆ Femeia înțeleaptă ◆ Paneb cel Zelos ◆ Locașul Adevărului ◆ Arborele Vieții ◆ Uneltirile Răului ◆ Calea de Foc Marele Secret ◆ Afacerea Tutankhamon ◆ Ce dulce e viața la umbra palmierilor! ◆ Marele Magician, Fiul Luminii ◆ Din dragoste pentru Philae*
CHRISTOPH RAMSMAYR	*Ultima lume*
CHUCK HOGAN	*Încercuirea*
CLIVE BARKER	*Cabal ◆ Everville*
CLIVE CUSSLER	*Sahara ◆ Aurul incașilor ◆ Vântul negru*
COLIN FORBES	*Fără cruțare ◆ Furia sângelui ◆ Rinocerul ◆ Înfruntarea Pe muchie de cuțit ◆ Abis ◆ Navele fantomă ◆ Operațiunea Shockwave*
CLAUDIA CROSS	*Maestra Runelor*
CONN IGGULDEN	*La porțile Romei*
CRISTINA BAJO	*Grădina otrăvurilor*
DAN BROWN	*Conspirația ◆ Codul lui da Vinci ◆ Îngeri și demoni ◆ Fortăreața digitală*
DANIEL EASTERMAN	*Ziua mâniei*
DAPHNÉ DU MAURIER	*Rebecca ◆ Verișoara mea Rachel ◆ Hanul Jamaica*
DAVID BALDACCI	*Ultima secundă ◆ Ultimul supraviețuitor ◆ Putere absolută*
DAVID COPPERFIELD	*La limita imposibilului*
DAVID GIBBINS	*Atlantida*
DEAN KOONTZ	*Unicul supraviețuitor*
DIDIER CONVARD	*Triunghiul secret*
DOMINICK DUNNE	*Un anotimp în purgatoriu*
DOUGLAS PRESTON	*Codicele*
EMILI ROSALES	*Orașul invizibil*
ERNEST VOLKMAN	*Spionaj*
FRANCISCO M. GUERRERO	*Colinele Edenului*
FRANCO LIMARDI	*Doar o lacrimă*
FREDERICK FORSYTH	*Fantoma din Manhattan ◆ Dosarul Odessa ◆ Răzbunătorul Alternativa diavolului ◆ Ziua Șacalului ◆ Afganul ◆ Al 4-lea protocol*
FRÉDERIC LENOIR & VIOLETTE CABESSOS	*Promisiunea îngerilor*
FRÉDÉRIC LENOIR	*Oracolul Lunei*
GEORGE PELECANOS	*Grădinarul nopții*
GERHARD MEIER	*Tărâmul vânturilor*
GIORGIO FALETTI	*Eu ucid ◆ Cu ochii altuia ◆ Dincolo de un destin evident*
GUILLAUME MUSSO	*Și după...*
IAN CALDWELL & DUSTIN THOMASON	*Misterul manuscrisului*
IAN FLEMING	*Bărbatul cu pistolul de aur ◆ Doar pentru ochii tăi ◆ Operațiunea Thunderball ◆ Spionul care m-a iubit ◆ Trăiești numai de două ori ◆ Caracatița și alte povestiri*
IGNACIO GARCÍA-VALIÑO	*Cele două morți ale lui Socrate*
JAMES PATTERSON	*1-ul pe lista morții ◆ A 2-a șansă ◆ Al 3-lea caz ◆ 4 Iulie ◆ Al cincilea călăreț ◆ Salvamarul ◆ Bikini ◆ De-a v-ați ascunselea*
JAMES PATTERSON &	*Casa de pe plajă*
JOHN TWELVE HAWKS	*Râul întunecat*
PETER DE JONGE	
J.M. GUELBENZU	*Moartea vine de departe*
JAMES GRADY	*Câini turbați*
JAMES TWINING	*Vulturul cu două capete ◆ Soarele negru*
JAMES ROLLINS	*Harta oaselor ◆ Furtuna de nisip*
JEFFREY ARCHER	*Nici un ban în plus, nici un ban în minus ◆ O duzină de tertipuri ◆ În linie dreaptă ◆ Primul între egali ◆ O chestiune de onoare*
JEFFREY DEAVER	*Scaunul gol ◆ Maimuța de piatră*
JOHN CASE	*Întâiul călăreț al Apocalipsei ◆ A opta zi ◆ Codul genetic ◆ Sindromul*
JOHN BRUNNER	*Rețelele infinitului*
JOHN GRISHAM	*Ultimul jurat ◆ Moștenitorii ◆ Avocatul străzii ◆ Maestrul ◆ ... Și vreme e ca să ucizi ◆ Firma ◆ Cazul Pelican ◆ Clientul ◆ Maestrul Camera morții ◆ Un altfel de Crăciun ◆ Juriul ◆ Omul care aduce ploaia ◆ Ultimul jurat ◆ Campionul din Arkansas ◆ Apelul ◆ Partenerul ◆ Frăția ◆ Testamentul*
JOHN KATZENBACH	*Omul din umbră ◆ Războiul lui Hart ◆ Ziua răfuielii ◆ Analistul ◆ Povestea unui nebun*

JOHN LE CARRÉ	*Experiment secret ◆ Omul nostru din Panama ◆ Spionul care a ieșit din joc ◆ Casa Rusia ◆ Cârtița ◆ Premiantul ◆ Oamenii lui Smiley*
JOHN LESCROART	*Audierea ◆ Justiție exemplară ◆ Vinovăția ◆ Jurământul ◆ Al treisprezecelea jurat*
JOHN O' FARRELL	*Perfect bărbătesc*
JOHN SAUL	*Umbra ◆ Creatura ◆ Mâna dreaptă a diavolului ◆ Prezența Chinuiește-i pe copii ◆ Întuneric ◆ Somnambulii*
JOHN TRENHAILE	*Legile sângelui ◆ Unealta răului*
JOSEPH FINDER	*Puteri excepționale*
JOSEPH KONAN	*Misterele Berlinului*
JORGE MOLIST	*Întoarcerea catarilor*
J.R.R. TOLKIEN	Trilogia *Stăpânul inelelor*
KARIN ALVTEGEN	*Rușinea*
KARIN SLAUGHTER	*Obsesia*
KATHERINE NEVILLE	*Opt*
KATHY REICHS	*Oase încrucișate*
KEN FOLLETT	*Alb infinit ◆ Prin urechile acului ◆ O avere periculoasă*
KENNETH ROYCE	*Președintele a murit*
KEVIN J. ANDERSON	*Anticorpii*
KEVIN GUILFOILE	*Joc de umbre*
LINO ALDANI	*Crucea de gheață*
MARA VOLKERS	*Mireasa magului*
MARC DUGAIN	*Blestemul lui Edgar*
MARCO BETTINI	*Culoarea sângelui*
MARGARET MITCHELL	*Insula pierdută*
MARIO PUZO	*Nașul ◆ Omerta ◆ Ultimul don*
MARK BURNELL	*A treia femeie*
MARTIN CAPPAROS	*Enigma Valfierno*
MAUDA SCOTT	*Boudica*
MAX GALLO	*Întru acest semn vei învinge ◆ Parisul în rugăciune ◆ Spartacus. Revolta sclavilor*
MICHAEL BADEN & LINDA KENNEY	*Tăcerea*
MICHAEL CORDY	*Lucifer*
MICHAEL HARVEY	*Crima în Chicago*
MICHAEL LAWSON	*Cercul interior*
MICHAEL REILLY	*Stația polară*
MICHAEL TEITELBAUM	*Bărbații în negru II ◆ Aventurile Omului-Păianjen*
MICHAEL TOLKIN	*Printre morți*
MIREILLE CALMEL	*Camera blestemată ◆ Răzbunarea lui Isabeau ◆ Slujitorii regelui ◆ Jocul umbrelor ◆ Patul lui Aliénor*
MIKE HORN	*Luptând cu imposibilul*
MISHA DEFONSECA	*Printre lupi*
MO HAYDER	*Tokio ◆ Omul-pasăre*
NATSUO KIRINO	*Afară*
NELSON DEMILLE	*Plum Island ◆ Fabrica de spioni ◆ Spencerville ◆ Fiica generalului ◆ Coasta de Aur ◆ Căderea nopții ◆ Odiseea lui Talbot*
NEREA RIESCO	*Ars Magica*
NOEL BARBER	*Plâns și râs*
PAUL ERDMAN	*Panica din '89 ◆ Filiera elvețiană ◆ Ultimele zile ale Americii ◆ Sub semnul riscului*
PAUL LEVINE	*Solomon* vs. *Lord*
P.D. JAMES	*Fiul omului ◆ Moarte în Sfântul Ordin ◆ Gustul morții ◆ Păcatul originar ◆ Farul*
PETER MAYLE	*Viață de câine ◆ Un an în Provence ◆ Din nou în Provence ◆ Un an bun ◆ Lecții de franceză ◆ Hotel Pastis*
PETER SPIEGELMAN	*Pisica roșie*
P.J. TRACY	*Operațiunea Monkeywrench*
RALPH PETERS	*Flăcări din cer*
RAY BRADBURY	*Fahrenheit 451*
RAYMOND BENSON	*Să nu mori azi*
RICHARD DOETSCH	*Hoții paradisului*

RICHARD DÜBELE	*Biblia diavolului*
ROBERT DUGONI	*Stăpânul juriului*
ROBERT FERRIGNO	*Rugă pentru asasin*
ROBERT FINN	*Inițiatul*
ROBERT JORDAN	*Ochiul lumii* ◆ *În căutarea Cornului* ◆ *Dragonul renăscut* ◆ *Umbra se întinde*
ROBERT ROSENBERG	*Camera de montaj*
ROBIN COOK	*Răpirea* ◆ *Risc asumat* ◆ *Marker*
SCOTT SMITH	*Un plan simplu* ◆ *Ruinele*
SCOTT TUROW	*Erori judiciare* ◆ *Prejudicii morale*
SERDAR OZKAN	*Trandafirul dispărut*
STEPHEN BOOTH	*Sălașul morții* ◆ *Câinele negru*
STEPHEN CLARKE	*Un an în Merde* ◆ *În ce Merde te bagă dragostea*
SUE GRAFTON	*A de la Alibi* ◆ *B de la Bandit* ◆ *C de la Cadavru*
SUE MONK KIDD	*Viața secretă a albinelor* ◆ *Jilțul sirenei*
TED ALLBEURY	*De o parte și de alta a frontierei*
TERRY PRATCHETT	*Stranii surate* ◆ *Piramide* ◆ *Gărzi! Gărzi!* ◆ *Eric* ◆ *Imagini mișcătoare* ◆ *Domnul cu coasa* ◆ *Prin cele străinătăți*
TESS STIMSON	*Clubul infidelilor*
TESS GERRITSEN	*Ucenicul* ◆ *Păcătoasa*
THOMAS GIFFORD	*Puterea destinului* ◆ *Assassini* ◆ *Operațiunea Praetorian*
THOMAS HARRIS	*Hannibal – în spatele măștii* ◆ *Tăcerea mieilor* ◆ *Hannibal* ◆ *Dragonul roșu*
TIM LAHAYE & JERRY B. JENKINS	*Supraviețuitorii* ◆ *Armata pătimirilor* ◆ *Nicolae*◆ *Pecetluirea sfinților* *Apollyon* ◆ *Cavalerii Apocalipsei* ◆ *Posedatul* ◆ *Semnul*
TOM CLANCY	*Centrul de comandă V – Echilibru de forțe* ◆ *Furtuna roșie* ◆ *Vânătoarea lui Octombrie Roșu* ◆ *Centrul de comandă VI – Stare de asediu* ◆ *Dezbină și cucerește* ◆ *Linia de demarcație*
TOM GABBAY	*Conspirația din Berlin*
VALÉRIE TASSO	*Insațiabilă*
WALTER M. MILLER JR.	*Cantică pentru Leibowitz*
WILBUR SMITH	*Festinul leilor* ◆ *Sunetul tunetului* ◆ *Sanctuarul* ◆ *Țărmul în flăcări* ◆ *Războinicii Nilului* ◆ *Ultimul papirus* ◆ *Magul* ◆ *Puterea sabiei* ◆ *Fuga* ◆ *Căutarea*
WILLIAM DIEHL	*Domnie în iad* ◆ *Eureka* ◆ *27* ◆ *Cameleonul*
WILLIAM C. GORDON	*Vasele chinezești*
WILLIAM GIBSON	*Chrome* ◆ *Contele Zero*
WILLIAM KOTZWINKLE	*E.T. Extraterestrul*

Dramă, romance, saga, umor

BIBA MERLO	*12 luni*
GIANNI RIOTTA	*Alborada* ◆ *Prințul norilor*
JANET FITCH	*Leandrul alb*
NICHOLAS SPARKS	*Nopți în Rodanthe* ◆ *Nunta* ◆ *O plimbare de neuitat* ◆ *Miracolul* ◆ *Accidentul* ◆ *Jurnalul unei iubiri* ◆ *Dragoste la prima vedere* ◆ *Dragă John*
ROSAMUNDE PILCHER	*Septembrie* ◆ *Căutătorii de scoici*
TONY PARSONS	*Copil și bărbat* ◆ *Bărbat și soție* ◆ *Spiritul familiei* ◆ *Lecții de viață*

Istorie, sociologie, filozofie, politică, religie

ALEX M. STOENESCU	*Eșecul democrației române (Istoria loviturilor de stat î n România, II)* ◆ *Cele trei dictaturi (Istoria loviturilor de stat în România, III)*
ANTONY BEEVOR	*Stalingrad*
AUNG SAN SUN KYI & ALAN CLEMENTS	*Vocea speranței*
BERND INGMAR GRUTBERLET	*50 de mari minciuni și legende ale lumii*
CARLOS CASTANEDA	*Călătorie la Ixtlan* ◆ *Învățăturile lui Don Juan* ◆ *Povestiri despre putere* ◆ *Cealaltă realitate* ◆ *Al doilea cerc de putere* ◆ *Pase magice* *Darul vulturului*

FEDPRINT
TIPOGRAFIE